心理學新論

高尚仁 主編

序言

心理學是探討人類內在心理與外在行為的知識及學術領域。古今中外的思想家，對人類心理的各個層面，都做過詳密的觀察、分析與思考，並提出了許多精闢的立論與思想，這是心理學在東、西方早期發展的共通特點。而以文化為心理學探討的重要內涵，現代心理學之父馮特在 1888 年時便已在他的著作之中肯定無疑。這個發展的脈絡標示出心理學術的文化與傳統特性，及其在發展過程中的重要意義。

現代心理學的開拓與成長，近百年來走向了自然科學的範式，採用了邏輯實徵的觀點，着重對人類行為的基礎歷程及人的物性本質的探討，經過長期的努力，此一範式下的心理學研究取得了輝煌和重大的成就，但是，也正由於主流意識的自然科學化發展，使當代心理學對人類行為文化本位的思維及立論的研究，一直裹步不前，直到近年才受到學者們的注意。以長遠的發展及宏觀的角度來看，心理學的未來必須重視其科學觀的思維架構，繼續向前邁進，但同時也不能忽視心理學術的文化性質及人本理念。做為介紹心理學術的教材，必須對這兩方面平衡對待，以構成心理學學術、教育及推廣活動的重要目標。本書的撰寫，就是根據這個原則和架構而努力的。

中國近代及現代心理學的傳播，在"五四"運動以前，着重於對古代心理思想的探討，以及西方心理學在中國社會與文化教育方面的應用。在書籍方面，最早的一本心理學專著是顏和京於 1889 年翻譯的《心靈哲學》；1900 年出版的《京師大學堂心理學講義》是最早來自日本的心理學教材；而 1905 年陳榥編輯問世的《心理易解》大致反映了 20 世紀初期，我國接受西方心理學的主要內容及程度；王國維也在 1907 年出版過譯介《心理學概論》。其後，隨着心理學在中國的傳播，各種專業書籍陸續出版，其中均以翻譯書本為主，編譯之作次之，原創性較少。近年來，中、港、台三地心理學的基礎教材，也仍然以推介西方主流心理學術為主，這個情況逐漸不敷讀者的需要和期望。匯編具有中國人特點的材料，是時代潮流之所向，也是我們編寫本冊《心理學新論》的一項宗旨。本書有下列幾項特色：

首先，我們盡量採用在大陸、香港及台灣有關中國人行為的研究成果，尤其重視行為的文化意義，及其與西方心理學不同的觀點及立論。其次，我們也重視心理學術的承傳性思想及其價值，所以重點介紹中國古代心理學思想的重要貢獻，並把一些與現代心理學的觀點或結論相符的歷代思想，以語錄方式，在各章中列出，作為提示讀者和幫助思考之用。再者，我們也注意行為的跨文化意義，因此許多題目的討論，採納比較性的觀點或結論。最後，基於對讀者的興趣及需要的了解，我們特別加重對心理學應用性題目的探討及中國人特色行為的介紹。

本書的順利完成歷時兩年，其間最為備極辛勞和最先要致以敬意和感謝的，首推各章的作者同仁，他們在撰寫及編輯過程中，始終給予編者不懈的合作及熱忱，以及充分的耐心和體諒。而書中有關傳統心理學思想的討論主要是參考燕國材、楊鑫輝及朱永新合編之《中國心理學史資料選編》(共四卷，北京：人民教育，1988、1989、1990)，高覺敷、燕國材、楊鑫輝合編之《中國心理學史》(北京：人民教育出版社，1985)，燕國材(1990)論中國古代心理思想的主要成就與貢獻一文，以及其他學者的專述。對這些學者的努力和貢獻，本人深表崇高的敬意。而這些資料的整理與語錄的選編，由港大管慶慧女士細心研讀和分析得以完成，功勞非淺，使本書的特色為之突出不少。

另外，對負責全書電腦文字處理工作的心理系同仁李賀蓓女士、後期負責有關協調和稿件整理工作的鍾佩玲小姐，要特別表示讚賞和謝忱。同時，在行政和資源上，本書常得香港大學心理系的支持和支援，我們也深表謝意。

最後，本書自始至終，幸得香港商務印書館的信任、鼓勵及支持，並全程給予充分的合作。其間廖劍雲先生和鄧昭小組給我們最大的熱忱和耐心，使所有的作者都能安心寫作，使本書順利付梓，我們由衷地表示敬意和致謝。最後我們也希望，海內外學者先進能給予指正和鼓勵。

高尚仁

1995 年 4 月 12 日

目　錄

V 應用心理篇 317

VI 中國人特色篇 445

I
導論

1

心理學的發展：文化、科學與適域性

高尚仁 • 香港大學心理系講座教授、前系主任

“宇宙之間一理而已，天得之而爲天，地得之而爲地，而凡生於天地之間者，又各得之以爲性，其張之爲三綱，其紀之爲五常，蓋皆此理之流行，無所適而不在。”

—— 朱熹《讀大紀》

1
心理學的發展：文化、科學與適域性

人類的文明演進，代表着生存過程中經驗的長期累積，其中以人類知識與智慧的儲存和提煉最能構成文明史上的精髓和內涵。這個活動和過程，就是人類求知的歷史，也是學術的動力和根源。

心理學探討的是人類內在的心理和外在的行為現象，而研究的最終目的，在於認識和了解我們自己週圍的環境，用來改變人類物質世界，促進生存的安全和生存的舒適及美好。另一個目的，在於通過對人、對自己的認識來了解人類生存的意義與價值，以發揮生存的潛在能力。前面的目的探討人類的物性本質，而後者關心的是人類的精神生活及文化內涵。這兩方面的追尋和探索，都是人類行為的重要層面，所以也是心理學術關懷和重視的主題。

自從人類有了文明的記載開始，一直都有人對人類的種種行為現象和活動，做出觀察、記錄和推理，哲學家、思想家們對這方面的貢獻最大。古今中外的哲人和學者，對人類心理各種層面的活動，都曾憑他們的觀察、分析和思考，提出了許多真知卓見。這些具體的成果，構成了現代心理學術的思想根源及立論的依據。數千年來人類此種智慧的累積，以哲學家或思想家的觀點和陳述方式流傳了下來，對心理學所探討的題目及內容有重要的構思和啟發，它們不會因為時代的變遷而褪色或失去意義。所以，心理學的發展史中，我們探討的是些思想性的知識和思辯，本書有些篇幅介紹了古代中外心理學思想的精要和貢獻，這些資料對人類精神生活的探討甚多，比較少於對物質生活的討論，但基本上兩者都得到了充分的兼顧。

人類物質生活的探討，隨着自然科學的演進及主導，在19世紀和本世紀初，強烈地影響了心理學術發展的動向、主題、立論及方法上的步調及成果。從這個導向的開發，現在我們談論的心理學，係以科學心理學術為主流的一門學問，也幾乎是當代心理學的全部內容。本章後面會對這個發展有簡單的介紹，重點陳述科學心理的來龍去脈。同時，我們也發現，人類文化及精神層面的心理學探討不屬於科學心理學的範疇，但是由於心理學對人類文化層面的行為現象注重較遲，所以從哲學思想所導源的人類行為的文化和人文性關注，到近年才有了新的認定、思考及學術開展。

本章在介紹中西哲學論點的心理思潮之後，分別對大陸、香港及台灣三地的心理學術發展，做出簡要的鳥瞰和回顧，將中國社會的心理學現狀和未來趨向更為明確地呈現給讀者。最後我們會對心理學現狀與當前中國人社會之間的學術思潮的協調、我們應有的態度，提出一些看法，供讀者參考。

1.1 中國古代心理學思想的特色

1.1.1 人的"身"、"心"關係

現代心理學討論身(body)及心(mind)的關係，是一個古老而且仍被熱烈思辯的問題，這種關係在古代叫作形神關係。中國古代採取形神一元論思想的學者很具影響力，南北朝宋齊梁陳之際的范縝綜合了歷代有關思想，提出"形存則神存、形謝則神滅"的觀點。另外，他也討論了"形神相印"、"形質神用"、"心理是人的生形之質的特殊作用"以及"心理是我們身體器官的產物"這四項重要的立論。這是中國千餘年來古代身心觀的精神所在。

另外，古代學者也探討了我們行為的生理機制問題。常見的有兩種觀點：第一是"主心説"，認為人的全部心理活動是由心臟來支配的，並且還認為人的行為與五臟活動相關，但此説缺乏科學支持。第二説主張

人的全部心理活動是由人腦來支配的，人腦即是人類行為的器官。清初劉智提出的大腦的統覺作用和大腦的功能定位思想，很符合現代科學的觀點。

1.1.2 人類行爲的“心”、“物”關係

這是一個有關人的心理狀況與外界現實環境關係的有趣問題，也是古代哲學家和現代心理學家都感興趣的問題。荀子所提出的"精合感應"，認為人的心理或行為是外物刺激引起的反應，其間包括人對物刺激的"物感"和人因刺激而引發的"人應"。沒有"物感"（或稱人對刺激的感受）和"人應"（或稱人的反應行為），行為是不會自生的，這裏強調的是心理客觀性（即物感）和心理主觀性（即人應）兩方面的意義。簡單地講，也就是人的心理和行為有受動或被動及能動或主動兩種本質：人們只有在受動性（對外界刺激的接收）和能動性（對外界的主動反應）之間的交互過程中才發揮出心理活動的真正功能。歷代這類的研討很多，明清之際的戴震認為，強調純粹物質刺激的味、色、嗅的"在物不在我"觀點與人的口、身、目、心等本能性"有自具之能"的觀點，都不能產生人的行為和心理活動，必須兩者相結合，在"事止心應"和"物至而迎受"的基礎上方能產生。這與荀子的"精合感應"異曲同工，與現代心理學的精神與原理不謀而合，具有深遠的意義。

1.1.3 “性”“習”論：行爲的一個基本規律

心理活動的成因，或受先天因素、或受後天條件的影響，千百年來是中外學者共同討論的課題。先天性是說人的生物本性對行為的作用：而後天性則重視環境與社會的本性。前者在古代稱之為"性"，後者在古代稱之為"習"，古代心理學思想對這個問題有相當的發揮和建樹。

孔子提出了"性相近，習相遠"的看法，說明人的"生性"，即天生自然本性是人人相近的，而人的"習性"即後天獲得的社會性則差別很大，這種行為的先天與後天兩大元素可以說明人與人之間差異的根源和程度。荀子提出了"性偽之合"的觀念，"性"指的是自然本性，而"偽"卻是習得的社會本性。他認為我們生性是一塊材料，而且是一塊壞的材料，

經過學習和教化可以將這塊材料改造和改進，使人變得更好。他所說"性偽之合"的過程，就是人類行為的先天因素和後天因素互動和結合的過程。

秦漢之後，歷代思想家對性習論有類似的發揮。明代的王廷相肯定人的先天本性，說"天賦相近"：而人的後天因素的差別，則日益增大，就是他說的"習性日殊"，他並將之綜合成"凡人之性成於習"的精闢命題。清代王夫之也認為性與習有互相影響的作用，人的習性發展有了變化，人的生性也會隨之而出現變化，所以才有人際間的個體差異和各別發展。現代心理學談論的個性差異的本質和發展，基本上也是在這個認定上思考和開展的。

1.1.4 "人爲貴"之人文主義傳統

心理學在60年代美國的發展重視個人生活和經驗的價值，並從個人本位的思考，指出人的善良、積極、進取和追求個人實現的正面意義。因此，重視對人的生存、人的尊嚴的尊重，相信、愛護和肯定人的全面價值，主張發揮人們的才智及道德素質。中國古代心理學思想史上，一直都有這種人文的"人為貴"思想傳統，而且延綿兩千多年，構成中國思想家論人的主流思想。從《尚書》所說"惟人萬物之靈"開始，到清末龔自珍談及"天地主頑也，得倮蟲(指人類)而靈"都是突出人的獨特面和存在的價值。

在討論"人為貴"的人的價值時，古代學者十分關心人類在宇宙間的定位和作用。首先，他們把人的重要性與天地並列。老子並將"道"引入，使"人"、"道"、"天"、"地"為世間的"四大"；荀子認為人是從無生物進化到最高階段的結果，並指出各個演進的階段和本質；董仲舒一方面強調人在自然界的身份，也強調人在自然界的特殊地位："超然萬物之上而最為天下貴"(天地陰陽)。至於人的作用，古代的思想家突出人的潛能及人定勝天的思想，所以有"制天命"之說。戴震指出人有能認識事物的本性，也能經此而駕馭和改變它們，突出了人的積極和進取精神。

除了"人為貴"對人的觀點之外，歷代心理思想也很重視個人或人格的價值。孔孟的學說肯定個人的獨立意志、道德品格、優秀的潛能以及每個人極欲發揮這些潛能，使它由潛在變成實在的基本需求；孟子特別強調每個人具有的為善的動因，也就是行為的潛在動機，人若能強化主觀的努力，就能使潛力得以發揮和實現。人的向上、向善和自我發揮的本質，是傳統人文思想的精髓所在。這種精神與美國心理學發展出來的人本心理學的理論和精神不謀而合，也為行為在文化層面的敍述和立論，提供了重要的思考和討論依據。

1.1.5 “人性論”思想

心理學探討人的各個層面，其中最大的兩種劃分是人的自然本性和人的文化(或社會)本性，但在對人的總體討論時，也時常涉及人性本質的善惡及來源問題。這個涉及哲學、倫理、教育許多方面的問題在心理學上也很重要，中西皆然。

古代有關人性論的討論形形色色，十分豐富，歸納在一起可分為性善、性惡、性無善無不善及性有善有惡這四大派別。性善論是孟子提出的人性觀點，他認為人的社會屬性是善良的，所以人本來就有惻隱、羞恥、辭讓、是非四個"善端"。這些善的表現能否得到發展，有賴環境、教育和學習。荀子的性惡說認為人性天生就是不好的，須經由後天禮儀法度的培育及改造才能成善，而改造人向善的途徑有環境的安排、教育學習及主觀的努力三種。其整個思想有鼓勵人們發揮能力，積極向上的作用。告子的觀點認為，人性本來就無善或無不善之分，其發展關鍵在如何把人向善良的一方面引導，人的善惡趨向是在環境和教育的條件之下，自然學習的結果。墨子的思想也是如此，說人性如素絲，"染之蒼則蒼、染之黃則黃"。他們二人否定人的自然本性有善惡之分，重視後天的教育和環境的改造作用，所以把人的自然屬性和文化(社會)屬性分開來。性有惡有善論由戰國時之世碩等提出，認為善惡是人的兩種基本自然本性，並肯定教育能對兩者的發展有所影響。

西方心理學派對人性善惡的爭辯與中國傳統的人性爭論頗為相似，但都是由發展其心理學理論時的觀念取向所反映出來，倒不一定是針對這個問題的立論。原則上，人本主義心理學家的觀念取向，接近孟子的性善論；精神分析派的弗洛伊德，傾向人性本惡的荀子學說；新精神分析學派 Erickson 的觀點主張人性無善惡之分，與告子的無善無惡論相近。人的心理現象錯綜複雜，在自然本性上相近，在社會(文化)本性上較遠，中西思想家對人的整體問題的探討和思考竟然如此接近，說明心理學思想的共通性及它在心理學術上的同源性。學術研究的啟思、開發都離不開各個時代及傳統思想的精神，人性論的思考對學術理論的成形、研究動向及理論與推理都有直接的關係和影響，其影響如此重大和廣泛，原因也就在此，這是可以肯定的。

1.1.6 "情"、"慾"行爲的本質及對應

古代學者談論的"情"，大致上指的是現代心理學中的情緒(emotion)；而"慾"所說的差不多近似"動機"(motivation)和慾望兩種行為類別。情與慾的探討不但涉及對人類行為本質的認識，而且在教育及生活的應對上都有意義。古代對情的討論，有時兩者並提，有時將慾看為情的一種，構成"喜、怒、哀、樂、愛、惡、慾"的七情觀點，這都是依據經驗而來的分類問題。

對情的討論，歷來涉及情感的內涵、生理機制、情感的實質等基本問題，同時也注意情感為心理波動的反映、其動力的功能、就利避害之特點、如何節導和對待情感行為所引發的問題等。這些都涉及到現代心理學中情緒與行為間的關係以及調適與對應等相關問題，在心理健康和調治上有現實的意義。

古代對慾望的問題，現在是屬於人的驅力(drives)和行為的動機(motives)問題，其探討的重心是慾的規律：以荀子的"慾不可去"、"慾不可盡"及"慾物相持而長"三原則最為突出，指出了動機來源於人性本質，人可通過學習來適當維持心理與慾望的平衡狀態。另外，古人也把人的慾望分為生理的慾望(衣食)及精神的慾望(禮節榮辱)，兩者相輔，構成平穩健全的心理狀況。王夫之的分類則是生理、物質、基本慾求以及權力和功名的社會性和自我實現的慾望，當代心理學的分類與此相距很小。

中國古代對情慾的言論，常常談到如何面對情慾的利弊。這與人的心理健康與正常生活有密切的關係，同時也涉及道德上的考慮。儒、

道、法家的學者多半主張"寡情去慾"，是強調人的情慾愈少愈好的節慾哲學；恣性縱慾派主張任情慾充分的發揮，不必加以限制；第三派是荀子代表的節情導慾說，肯定人類情慾的正負兩面本質，不能去除也不能放縱，應以節制和輔導相結合來調適人的日常生活行為。這三方面的觀點，都與人的正常生活、身心健康有關，它們可以說明正常生活中情慾的態度，尤其對心身健康的維持和調適，有相當重要的理論和實踐意義，很符合現代心理保健的科學精神。

1.1.7 "智"、"能"獨立論

人的智力和能力是現代心理學的重要探討題目，其中有兩種看法：一方面用智力(intelligence)來概括所有人的能力(abilities)，能力因此是智力的構成因素；另一個觀點則認為能力分許多種，其中包含有智力。這兩種說法都十分普遍，不過都頗為籠統而含混，所以許多時候心理學家以操作性的定義和實際的測量來分別能力的種類和性質。

中國古代的心理學思想，一直把智力和能力做為兩個獨立的概念來考察。孟子的"良知"與"良能"就是把兩者並列並舉的，同時也構成行為的兩種潛力。歷來學者認為智力是一種認識潛力，發揮這種潛力能加強人們的理解力；能力則是一種實踐的潛力，對它的發揮，能不斷提高解決問題的能力。所以傳統看法認為，智力屬於認知活動的領域，直接涉及理解(comprehension)和推理的問題(reasoning)；能力則屬於實際活動的範圍，涉及的是問題的解決及必備的個人條件。似乎這個分法特別注重人類行為的"知"與"行"或由"腦力"與"體力"所需的兩類能力，同時也配合智、能兩者的結合，來面對生活上各種活動的需要。

上面是對中國古代心理學思想主要成就的回顧，簡要地介紹了一些有關心理學內涵幾個重要方面的中國傳統觀點和思考。有幾點值得我們注意：

第一、這幾方面問題的討論，都與當代心理學所討論的重要問題相呼應，同時也都十分符合科學心理學研究的精神動向和主要成果。這個回顧使我們了解到心理學思想與科學心理學的關係，以及心理學思想所代表的文化特色和傳統具有跨文化的共通性，同時也包括經驗與實徵觀

察的共通性。

第二、這幾項中國心理學思想所涉及的都是些大型和整體性很強的心理學術問題，而傳統心理學的思想問題方式常把人的心理劃分為支離的幾個方面來研究。古代思想是從人的整體本性、自然本性和社會本性來着眼的，比較能把心理學現象的分解層面作整合的透視，具有重視思維全面與部分兩方面的特性，避免了以偏蓋全之弊。

第三、古代心理學思想，代表古代學者對人類行為的認識、分析和經驗的累積，其跨越之時空極大。也正因如此，心理思維的內涵往往具有深層文化性的意義和特色，也往往對心理學的探討有思想上的啟發、指導和比較性作用。這方面的努力有助於當代心理學發展的深化和獨特研究。

最後，有關中國古代心理學思想的進一步及全面的整理，可以幫助我們建立中國心理學發展的傳統淵源、文化內涵及科學意義，這無疑不僅對中國心理學的發展有促進作用，同時也有潛力為普世心理學的發展帶來生機。

1.2 西方心理學的淵源

心理學在西方的發展也有一段頗長的淵源。現代心理學的前期，也受西方哲學思想和理論的影響，在這方面有三位最具影響的古代人物，值得簡略的介紹(高覺敷，1982；Atkinson 等人，1993)。

德漠克利特(460–370 BC)認為人的靈魂或精神是由許多原子構成的，這些原子是不可再分及能動的，他的重點是靈魂的物質性，並用此來說明靈魂的活動。這是早期對人類知覺、想像、思維和情緒的解釋。柏拉圖(Plato, 427–347 BC)卻持不同看法，認為人的精神是自足的，並非依賴物質而存在的，人未出生，他的靈魂已經存在了；他又認為靈魂與理性是合一的，所以人的理念不是對外在世界的反映，而是外在世界的根源，所以非萬物產生理念，而是理念產生萬物。人生而有理念，學習活動就是從靈魂深處把理念發掘及回憶出來，所以學習對柏拉圖來說就是回憶。亞里士多德(Aristotle, 384–322 BC)卻反對柏拉圖的理念觀，不認為理念是萬物的根源，他認為世界即使沒有萬物的理念，還會有萬物。亞里士多德在人的認識方面，認為引起感覺的東西是外在的，沒有感覺就沒有認識，也就沒有理解：他認為人的思維可以由自己做主，自由進行思維的活動。

這三位古希臘時期的哲學家有關心理現象的學說，對現代西方心理的思想潮流具有重大的影響，其後從古羅馬到中世紀的文藝復興時期，都有不少哲學心理學的討論。例如中古時期的阿奎那(Aquinas, 1224–1275)曾把靈魂區分為植物性的、感性的和理性的三個等級，感性級和理性級涉及感覺、想像、記憶及情緒等心理活動。他還以為這些心理活動是人和動物所共有的，但屬於靈魂的理智活動卻是人所獨有的。文藝復興時期的法國哲學家迪卡爾(Rene Descarts, 1596–1650)認為人生而具有獲得感官經驗的能力，因為心主身，身體的所有活動都由與生而來的理性心理機能所支配。他重點提出了"反射弧"的重大發現，為刺激與反應的人類本能行為提出理論基礎，並開始把人及動物以機器來比擬。他另一重要的觀點是身心交感論，認為心靈和身體既是兩個不同的東西，又是可以相互影響、互成因果的東西。此外，迪卡爾對情緒也有深入的討論，並認為有些情緒主要是由於心理狀態所引起，有些情緒則是身體心理的影響而發生。迪卡爾對心理學思想的貢獻很多，其一便是使心理現象的探討擺脫了神學的控制，而用人體機器的功能性思維和客觀研究取而代之，為心理學的發展提供了新的方向和思考。這些哲學家有關人的理論，說明我們對心理現象的認識和立論淵源頗為長遠，此種哲理性的思考與東方哲學家對人的思辯和爭論異曲而同工，都產生了重要的影響。本章前面對中國古代心理學思想的簡述，也是為心理學近代科學性的發展，提供一些歷史性及思想性的依據和淵源。

到了 19 世紀，西方心理學的理論發展，有了明顯的進步，構成近代心理學科學化發展的重要里程碑。其中兩個具體的思想體系值得介紹。其一就是官能心理學派的觀點(faculty psychology)，強調的是人的心理組織可以用官能(faculty)來組成，例如人心有思維、感覺、意志等組成的心理部門，分別負責人的日常行為：下一級的官能有記憶、想像等具體活動，所以人的行為是由我們的許多專責部門來指揮和負責的，分門而別類地構成心與行為的關係。在當時官能心理學說的影響之下，有些學者如 Gall，曾設法用測量的方法來研究人的各種官能在大腦的分區和定位。

與官能心理學思想持相對立場的是聯結心理學派(association psychology)，以英國哲學家洛克(Locke, 1632–1704)的學說為代表。洛克否定人的心理是由幾項具體官能支配的，但認為人類內心活動的內涵是種種觀念(ideas)，而觀念的形成是經過人的感覺系統，並且由於類同(similarity)、對比(contrast)及鄰接(contiguity)等原理而形成，洛克將一切內心活動(mental activity)用觀念的聯結原理來解說。他同時提出了"白板說"(tabula rasa)，認為人的本性有如白板，上面沒有顏色、記憶和觀念，是由於後天的經驗，才在板上留下了痕跡。洛克指出觀念是構成人類知識的基礎，其來源一方面是外來經驗即感覺經驗，另一種則是內省的經驗，即我們常說的反省。後者通過對人的心靈中內在活動的體驗而得來，如知覺、思維、信仰、推理和意慾等一切的人心作用。這些都是聯結心理學派思想的中心論點。

19 世紀的官能心理學派和聯結心理學派的影響深遠，當代心理學的學說有許多都可追溯到他們的思想導源。例如，心理測驗尋找人類能力分類和描述，可自官能學派找到根源；認知心理學探討的學習、記憶可探源於聯結學派的學說。官能學說重視人的遺傳因素對行為的影響，而聯結學派則強調環境對行為的決定性影響。這個有關遺傳與環境或先天與後天對人類行為影響的爭議，是現代心理學發展史上爭論不休而引發長期思辯的重要課題。這兩個思想上的討論與本章前述中國古代的"習性論"及"性偽論"對先天後天的辯論不謀而合，都對心理學的研究有啟發和指導性的歷史意義。

1.3 大陸心理學的發展

心理學在中國的發展有着一段相當長久的歷史。如果從 1847 年中國第一個留美學生容閎在美國學習心理、生理和哲學等課程為開始，到現在已經有將近 150 年。但是，中國心理學做為一門獨立的科學，還是在 20 世紀初葉，新興學制的建立和西方近代科學傳入中國之後才逐漸展開的。清朝末年的同文館和師範館以及後來一些中級師範學校裏，都曾經教授過心理學的課程。1911 年之後，若干高等學校也相繼開設了心理學的課程，1917 年，北京大學即設立了第一個心理學實驗室。到 1920 年前後，國外留學的老一輩心理學家回國之後，心理學才逐漸有了開展。就在那一年，東南大學成立了中國第一個心理學系。

心理學在中國早期的發展主要是在西方心理思潮的影響下逐漸邁步的，所以馮特心理學、結構心理學、功能心理學、行為主義學派、心理分析以及完形心理學等主要學派都因留學生回國和教學的介紹而引進，並構成了心理學在中國最初 30 年的明顯特色。

1949 年之後一段期間，基本上是心理學在大陸的一個重整時期。在此重整期間，大陸心理學家抱有一項共同的信念，便是西方心理學難以配合中國的社會與文化環境，因此需要為建立一系列新本土性的心理學作努力。因此在這個時期，產生了下列幾項比較重要的相關活動：

1. 重視條件反射理論

這個時期的心理思潮方面，有人建議心理學的發展應該建立在馬列主義的辯證論以及巴甫洛夫理論的基礎上。由於這些主導思想的影響，當時心理學者多認為心理現象是腦的功能作用或產品，同時"心"是客觀現實的一種外在的反映。學者們以這種共通的觀點和條件反射的理論架構來討論"心"與"身"的問題。

2. 對西方心理學的評判

大陸心理學在重整過程之中也開始討論如何對西方心理學派以及心理學的種種理論結構做出批評和討論，對象包括結構主義、功能主義、行為主義、完形心理學、弗洛伊德心理分析、社會心理學等。這時期大陸心理學界對心理學基本問題的實驗性的探討，也開始重視。

3. 蘇聯心理學導向

這個時期的大陸心理學界向蘇聯學習。這個時期不僅蘇聯的心理學專著被翻譯成中文，作為課本和教材，同時蘇聯心理學家也開始在大陸授課。巴甫洛夫的條件反射理論也因此成為心理學、生物學以及醫學各方面的理論基礎。

4. 心理學科學本質的辯論

大陸心理學家開始對心理活動與神經活動之間的關係發表了他們的意見。比如，有些學者認為心理活動跟高等神經活動是一體而且是一樣的，另一方面也有人認為心理活動是更高一層的現象，是無法以神經活動來解釋的。這兩派學說爭論之後，心理學界因而開始建立了共識，認為心理活動是高等神經活動經過長期演變所產生的一種現象，是特屬於人類的。也正因如此，它的真象相當複雜而有別於一般動物。雖然多數心理學者認為心理學的任務就是要認識和研究人的大腦，但他們也同時強調，心理現象本身也是現實環境的一種反映。

1957 年左右大陸與蘇聯的關係破裂，心理學界普遍把注意力放在大量的實驗與田野研究工作上，同時也開始強調研究與應用的結合問題。這個時期的另一特色就是，心理學研究工作的內容不再以蘇聯心理學為導向，其發展逐漸走向獨立性與國際性的道路，並且重視從東方文化傳統中吸取有用的思想泉源。

從 1976 年文革時期過去以後，大陸心理學的發展有了新的轉機和復甦，大量開展國際活動和廣闊視野的學術研究。到現在，心理學界在各方面的發展已有可觀的成果。

在大陸心理學經過長期的動亂之後，對未來發展的主要動向也有着共同的看法：第一，人事訓練方面：側重於科技人才的培訓以及心理研究與現代教育發展的關係。此外也強調外國研究與中國國情的配合問題。第二，以促進生產力為主的心理研究活動：這裏主要強調的是發揮心理學界的智能，以及創建企業管理的成效。第三，展開與生理及與心理健康有關的種種研究課題。第四，加強基礎理論方面的研究，尤其在知覺、感覺、神經化學、神經內分泌等方面的基礎性研究。第五，其他比較先進的心理學領域也被提出做為今後發展的新興學術研究，如神經、知覺、體育運動心理和人工智能等領域。

大陸心理學另一方面的發展很具本土性的意義，就是希望建立以中國特色為基礎的心理學理論體系（Wang, 1980）。這個心理學體系，有幾個特色：1. 體系基礎理論的研究方法必須有獨特性。2. 這個體系必須有中國特色，並包含對中國古代心理學思想的整理與發揚，且對中國人的基本精神有所反映。3. 這個體系要能結合心理的自然與社會現象而不取此捨彼。4. 這個體系也必須充分利用現代科技的理論。5. 這個體系必須是以理論與實際相結合為基礎的體系。這種本土心理學體系的倡議廣受學界人士的注意。近年來大陸心理學者對中國古代思想中具有心理學意義的觀念與思潮的整理已有相當的進展，為心理學的根源，做出了初步的整理。

（本節資料參考高尚仁 1985 報告，及 Jing, Q 1994 報告及其他文獻）

1.4 台灣心理學的發展

台灣地區之有心理學研究，起始甚早。早在 1918 年日據時代，在台北帝國大學（台灣大學的前身）文教學部哲學科創設"心理學研究室"，招收學生專攻心理學。當時的研究領域以"民族心理學"為主，調查台灣山地原住民的智力、形狀知覺、色彩偏好、行為特性與懲罰制度等等。

台灣光復後，1949 年，台大心理學系正式成立，開啟了今日台灣地區心理學社羣歷史。台大心理學創系之後，大多在物質條件相當艱困的環境下，孜孜矻矻地從事教學及研究工作。當時的研究工作主要是以完形心理學（Gestalt Psychology）及場地論（Field Theory）為基礎，探討一些基本的知覺現象。60 年代，台灣地區大專院校開設心理學課程的現象愈來愈普遍，從事心理學教學及研究的專業工作人員也愈來愈多。1964 年成立"中國心理學會"。整體而言，這個時期在台灣接受心理學啟蒙教育，然後再到國外深造的心理學者，陸續返回國內任教，指導學生從事較高層次的研究工作，為日後心理學的繼續發展奠下了良好的基礎。同時，社會上也慢慢體認到心理學的重要性。70 年代，較值得注意的變化方向約有以下數端：第一，心理學教學及研究機構的增加。第二，心理學專業人才的增加。經過第一代及第二代心理學者訓練而且曾經到國外修習學位的心理學者，返國人數逐漸增加。不僅如此，國內大學心理學系及研究所每年訓練出來的碩士及學士級人才，也較過去為多。第三，心理學研究領域的擴大。早期的心理學研究大多偏重在以實驗方法研究與知覺、學習、人格發展有關的現象，研究題目及內容反映出學院派的旨趣。從 70 年代開始，台灣心理學界的研究領域逐漸擴大，研究題目逐漸變小，許多與人類行為有關的大學系所，如教育、社會工作、企業管理等等，也紛紛開始研究心理學的實際應用。

經過 20 餘年的沉潛醞釀之後，台灣的心理學界已經累積了相當"數量"的研究成果。研究成果累積愈多，大家對其內容的品質也開始產生懷疑。80 年代初期，台灣社會科學界對以前所作的實徵研究提出了相當深刻的批判，有學者更撰文闡述心理學研究中國化的層次與方向及心理學研究的本土化問題，多年來有了可觀的成績。

過往研究結果大致可以分爲幾個層次：

一、實用型的研究。這類研究多半不重視理論及文獻回顧，研究者的主要旨趣在於解決現實中的實際問題。這類資料對現實問題的解決可能不無助益，但其學術上的意義卻有待後來學者以更寬廣的視野，作更深入的闡釋。

二、移植型的研究。這類研究的主要旨趣在於探討西方心理學中的問題，在本土社會中驗證西方心理學的理論。採行這種研究路線的人多熟諳西方心理學的理論和文獻，他們從當代西方心理學的理論中導衍出問題，翻譯或運用西方心理學者發展出來的研究工具，從事研究工作。他們雖然以台灣地區的中國人作為研究對象，在解釋研究結果的時候，卻很少考慮本地特有的社會、文化或歷史因素，充分顯現出"學術移植"的特性。

三、草根型的研究。從事這類研究的學者雖然可能從西方心理學的理論或研究結果中獲得靈感，不過其關注的焦點，卻是在本土社會中有重要意義的問題。他們運用中國的材料或自行設計研究工具，以本地區的中國人作為對象，從事實徵研究。這類研究比較容易突顯出中國人行為的特性，也比較容易獲得引人注意的豐碩成果，如有關中國語文及中國人現代及傳統性格的研究及近期大量的本土性研究等。

總的來說，早期台灣的心理學研究大多屬於實用型或移植型研究，近年來，草根型研究勃然而興，同時已經有人試圖在回顧型研究上下工夫，希望能在理論建構上有所突破。這是世界學術體系中位居邊陲地帶國家的學術發展模式，繼續努力下去，在不久的將來，台灣的心理學界可望建立起屬於自己的知識體系。

（本節資料參考黃光國 1985 年報告、楊國樞 1994 年報告及其他文獻）

1.5 香港心理學的發展

香港心理學在 1967 年之前，屬於哲學科目下之教程，而香港大學首位心理學教席於 1948 年聘自於英國學成回國的曹日昌先生。由於心理學的開展與政治社會及文化背景脫不了關係，所以心理系在香港的成長也與此有關，一直與醫學、社會福利及本土的教育關係密切，例如臨床心理學就是一個案例。許多心理學的發展與政府的政策有所配合，可說是特色之一。同時，研究的主要題材，也幾乎全受西方心理學的主流思潮影響。

1968 年至 80 年代前期的科研重心，一直都以比較文化或跨文化心理學的發展和推動為主。香港居東西文化交匯之地，是跨文化研究的天然實驗室，因此這方面的特色一直是香港心理學的重要標記。早期的跨文化學術活動使跨文化心理學以香港為基地得以發揚光大，並構成心理學術發展的一支主流。

80 年代後期開始的心理學研究方向，乃是自跨文化性質導向到本土性和文化內導向。許多專屬中國人的概念與行為現象，如集體性——個人性、面子、恥感、中國人的性格、中國語文等題目受到心理學者的注意和探討。尤其對中文語言心理的努力，使香港形成此一新興學術分支的國際學術中心，其影響頗為深遠。

香港心理學近年來的重要動向，是漸將注意力轉向國家的發展，也就是心理學的知識與技術對大型政策性問題的應用，及國際心理學發展兩個新的層面。這種發展一方面與香港回歸中國的政治現實有着密切的關係，因為心理學的應用與社會效應在中國廣受重視，而外國訪問近年有關心理學對社會建設的具體意識也蔚然成風。在這兩個因素影響之下，香港心理學在應用方面，與政府的諸多政策有所關連。第二方面，香港心理學在國際心理學的發展是其原來已有跨文化心理活動推廣的自然延伸，尤其在開展各國的本土性心理學、亞洲心理學、中國人特色行為如漢字心理的關係研究幾個方面，都有比較突出的貢獻。

未來香港心理學發展趨向，除了繼續在跨文化、本土性、政策性及國際性的心理學主題方面邁進之外，仍有幾個可能的動態。首先有關本土性和具有中國人特色的研究會逐漸深化，也與香港回歸中國及大陸強調有中國人特色的研究導向有密切的關係。這方面可以從中國文化根源上着手，例如對古代心理學思想的整理到現今少數民族心理及行為現象的分析，以逐漸界定出中國人心理學的發展內涵與架構，這方面的努力會配合大陸與台灣學界的共同努力而取得成績。其次是加強開發跨學科合作性的學術研究活動，尤其對實用層面的具體問題的探討，有新的嘗試。例如近年有關配合心理學與免疫學而開展的心理免疫效應研究，及心理學配合臨床醫學而開展的書法關於心因症疾病的治療與後進效應的研究等，具有可觀的實徵及臨床成效。最後，香港心理學在未來也會依據香港本身文化、社會、及政治上的獨特地位和特色行為現象，在心理學術的理論架構方面有所基礎性的深思和努力，以便將學術研究的成果提升到高層和普及性的學術層面，並從而建立較為長遠的學術地位和作出更大的學術貢獻。

（資料來源：Spinks and Kao 1996 報告）

1.6 當代心理學：本質、現狀及動向

本章一開始就回顧了中國古代心理學思想的發展及其在思想上和理論上主要的心理學意義，然後又簡單地回顧了 20 世紀以前，西方哲學思想家在面對人的探討時所提出的對心理學的重要啟發和意義。這個對照是有特別目的的，主要是強調在一個文化的傳統思想史之中，必然有對人的心、性、先天、後天、善惡、人的習性、行為的生理機能、人的

認識、思維等等行為層面有所思考和討論。我們可以看出，這兩方面的心理學思想的回顧，很能為現代心理學的理論、內涵及方法尋找到古代文化和思想史上的根源，也可以說明人類行為的探討有相當的文化內涵和連貫性的歷史意義。這種情形如果引伸到對其他古老和重要的文化傳統，例如印度或伊斯蘭文化，做出類似的考察和分析，應當可以發現各個文化傳統中的哲學思潮和學術理論，對人的心理與行為的思考、觀察和立論，都有其共通性和相近性，並非某一文化傳統下的學術體系所專有。文化作為心理學探討的主要內涵之一，雖然在 1888 年現代心理學之父——德人 Wundt（馮特）的著作中早已肯定和揭示出來，但這個認識在當代 20 世紀心理學的發展中逐漸受到排斥，流於邊陲性地位，甚至在主流思潮中消失無蹤（Misra 和 Gergen, 1993; Jahoda, 1990）。主流西方心理學的演進中，對文化因素影響人類行為的研究發展非常遲緩，也把科學心理學創始人所關心的文化在科學探討中的關鍵作用徹底遺棄，可以說是一個非文化（aculture）的行為科學。

現代科學心理學也就在這個學術環境之中逐漸發展，再走向了以自然科學為範式，把心理學帶上了以實證與實徵（positive—empiricist）為圭臬的行為科學道路，並從對行為基礎歷程（process）的觀察和分析，來建立心理的普世規律和真象。此一主流思想的基本假設，就是認為對行為的最高層次的分析必能找出和確立行為機制普世不變的共通性。因此心理學的探討，一直以追求可重複性和可引伸性的科學本質為最終目標，這就是心理學的主流意識和發展的原動力（Morawski, 1988），也因而使心理學的文化本質流於被放逐的命運。

這種主流科學心理學的觀點和思考架構及其對行為文化本質的排除，使得當代心理學的研究注重於對個體的檢驗和實驗，而忽視了個人在羣體與文化的環境之中可能及應該展現的行為現象和行為模式，使其遺失在主流心理學的思潮、研究方法及理論建樹之外，因而造成心理學科學性與文化性在學術研究上的失衡和失調。這無疑會令心理學的發展有所缺失。

主流心理學的演進既然強調理論與結論的科學本質，必定也十分重視其學術成果的普及性和行為的一般性意義。60 年代後期開展的跨文化心理學（cross-cultural psychology）從主流心理學的觀點來說，是要探討發生在不同文化環境中的人類行為和經驗如何受到文化的影響，以及對現存文化所造成的變遷（Triandis, 1980）。這種跨文化心理方面的研究，建基於主流心理學對人類行為的跨文化考驗和確定。

過去 20 幾年來的大量研究使跨文化心理學的成果斐然，但卻未能在根本上使心理學的視點轉離對個體行為探討的思路。它對於推廣主流科學心理學的影響和貢獻是功不可沒的，它配合主流心理學的思潮和研究，構成了當代心理學的科學地位，並取得了公認的輝煌成就。

1.7 文化本位的跨文化心理學及文化心理學

科學心理學的貢獻無疑是偉大的，是心理學發展道路上一個主流觀點和理論體系。而以人類行為文化性本質為基礎的跨文化本土心理學研究，是另一種觀點和理論體系，雖然這方面的學術發展仍處於萌芽階段，但已引發廣泛的注意（Misra 和 Gergen, 1993a, 1993b）。

簡單來説，文化本位的心理學術，是要以各個文化地區的文化傳統及特質為基礎，來考察、分析以及推理在該環境中人的行為現象和特點，以做為主論和解釋行為的根基。這個過程中，每個文化社會會產生其特殊的心理學概念、研究方法及合適的理論建構，這也就是所謂本土心理學研究的目標，例如印度人研究他們的瑜伽、默思、社會關係概念下的人的觀念（relational concept of person）、社會個人主我（social individualism），和因時、地、人而定的人際關係等等印度行為，終究會形成文化性的印度心理學。中國學術長期對中國人各種行為的研究，例如：性格、面子、人情、中醫心理學、漢字讀寫、社會教化、禮尚行為、氣功、書法，以及許多其他文化社會性的行為現象，也會累積出中國人的心理學。如此類推，構成各個文化地區特有的心理學發展，同時也提供了不同觀點的心理學興起和開發的機會。這樣的心理學平行、共進的發展就是文化傳統的心理學；也只有在許多這樣的心理學的體系建立起來後，才能進一步為文化本位的整體心理學注入實質、實際的內涵和生命（Kao, 1989；楊國樞，1994）。

當各地的文化心理學匯集到一定程度時，就可以在個別的基礎上，探討並建立文化本位的整體性心理學觀點理論和體系。這個目標的達成要經過對各地文化本位的心理學術的跨文化比較和整合過程，這種跨文化心理學的努力，着眼於在文化間的"異"中，求取心理學的共通性和普世性，與主流心理學跨文化的行為探討有別，但可以齊頭並進為心理學的整體進展共謀貢獻，使心理學真正成為一個多元（pluralistic）的心理科學（Misra 和 Gergen, 1993a）。這方面的努力已經開始，例如對認識行為的共同語言，對主題意識、思想與行為的文化內涵、現象的解說（Bruner, 1990; Gergen, 1990; Shotter, 1990; Shweder, 1990）等。這些題目的探討已有學者採取較為寬廣的視角和不同文化的觀點加以對待，並且企圖走出西方實徵主義的思路和局限，加深對行為文化情境的重視和思考。

近年來，國際心理學界對本土心理（indigenous psychologies）的努力是心理學邁向文化本位發展的新興事業，Heelas 和 Lock（1981）認為本土心理學是與心理現象有關的一些文化觀點、理論、假設、猜測及隱喻。

事實上類似的發展也出現於其他學科，如"本土人類學"、"印度民族社會學"等近期的新景象。80 年代開始的本土心理學的學術運動，在菲律賓（Enriquez, 1979）、墨西哥（Diaz, Guerrero, 1982）、日本（Azuma & Imada, 1994）、中國大陸（Ching, 1984; Jing, 1994）及印度（Neki, 1973; Pandey & Naidu, 1986; Sinha, 1994）、香港（Ho, 1988；Kao, 1989; 高尚仁，楊中芳，1991；楊中芳，1991）和台灣（楊國樞，1982，1994）逐漸開展，蔚為潮流。這些動向在將來一定會對心理學術的文化本位研究與立論，以及心理學整體的二元觀點的長遠發展具有深遠和重要的貢獻。

1.8 適域性心理學：本書之觀點與特點

本書是一本介紹心理學的大專教材。在編寫的過程中，我們在做法上有幾項選擇，其一就是以中文形式簡介西方主流心理學的理論、研究、方法和結論。這種做法無疑就是把現存的主流心理學的貢獻，用中文推薦給中文的讀者和同學們，其撰寫比較簡單也容易見效。第二，就是以促進心理學新興文化本位的心理學觀點，介紹過去從本土跨文化嚴格考驗而得的心理學理論與知識，這是最能配合我們需要，並有啟發性和切身感的呈現方式。但是令人遺憾的是，文化本位心理學的發展尚不能提供我們充分的理論、方法和結果上的資料以構成一本大學教材。至少在討論所有重要的心理學課題時，我們無法全面地、透徹和有效地呈現全然一新的心理學架構和知識，在現階段更談不上結合文化與科學本位心理學的普世心理學。這恐怕會是一個長期的盼望和等待。

第三個考慮，就是試着以現階段科學心理學的知識為主軸，同時在可能的情形之下，搜集各個心理學重大題目有關的文化性、本土性和跨文化性的概念介紹、理論思考及實徵研究的成果。這個做法的特點是，我們應該也必須將主流科學心理學的知識介紹給讀者，以示對當代心理學術發展的重視和認同，同時也開闢容納及推介文化本位心理學知識成果的機會。我們的意圖是介紹主流學術的同時，也介紹非主流的文化本位心理學的普及性知識與文化性心理科研知識之長處和特點，並對中國人的行為與心理現象以及一般人的心理現象做出合理、正確的解說及推論，我們稱這種知識的展現為適域性心理學理論和知識。這也就是本書撰寫的指導原則，它具有下面幾個特點：

（一）主流科學本位心理學的標準章目，共有九章。分別是知覺、學習、動機、思維與記憶（基本心理歷程篇）；發展、個性與智能、異常行為（人格與發展篇）；以及社會交往與社羣影響（社會心理篇）。其內容所介紹的都是基礎心理學所探討的題材與知識。這些基本心理現象的討論，我們盡量以中國人的資料及圖片為說明依據，或退而求其次，採用亞洲人的研究和資料來補充。只有在相關資料從缺的情況之下，才借用西方的資料。這樣做是為了顯示教材的文化性及本土性意識，以增加讀者的興趣和親切感。

（二）本書在討論基本上的心理學主題之外，也重視這個學科的實用意義，因此設"應用心理篇"，共五章。涵蓋了心理保健與生理適應，經濟心理與消費行為，工業與組織心理、心理輔導與治療，以及應用認知行為五大領域。從這些題目可以清楚看到，它們都是直接與香港、台灣及大陸中國人最為切身相關的心理學應用層面，而且所佔篇幅比率不小。我們的用意是希望將心理學的基礎內容發揮到針對及解決個人與社會的某些現實問題上去，而陳述的方式也以重點突出中國人和亞洲人的特點和面貌為原則。由於心理學的應用通常與現實環境裏的種種問題直接相關，行為的社會與文化特徵也更容易顯現出來，這幾章的中國意味要比前幾篇更為濃厚。

（三）在追求終極的二元性心理學的發展時，文化性及本土性的心理學題材應受到更多的重視和研究。我們因此在最後一篇裏，首次重點介紹了四項中國人獨具的心理學課題：語言思維與中文、中國保健心理學、中醫心理治療及書法心理學。這些都是主流心理學所沒有的心理活動，但可以填補心理學術的空白，同時也是文化本位心理學發展的幾個實例，所以特色性和趣味性都很高。至於是否真正如此，有待讀者去體會。

參考資料

高尚仁（1985），"大陸心理學發展的回顧與前瞻"，見《海峽兩岸學術研究的發展》，台北：中國論壇社，頁 137－151。

高尚仁、楊中芳（合編）（1991）。《中國人、中國心：傳統篇》。台北：遠流出版公司。

高覺敷主編（1985），《中國心理學史》。北京：人民教育出版社。

高覺敷主編（1982），《西方近代心理學史》。北京：人民教育出版社。

高覺敷主編（1982），《西方近代心理學的新發展》。北京：人民教育出版社。

黃光國（1985），"四十年來台灣心理學的發展"，見《海峽兩岸學術研究的發展》。台北：中國論壇社，頁 120 136。

楊中芳(1991)，“緒論”．高尚仁、楊中芳(1991)，《中國人、中國心：傳統篇》。台北：遠流出版公司。

楊國樞(1982)，“心理學研究的中國化”，見楊國樞、文崇一主編，《社會與行為科學研究的中國化》。台北：中央研究民族研究所，頁153–188。

楊國樞(1994)，“我們為甚麼要建立中國人的本土心理學”，《本土心理學研究》，(1)創刊號，頁6 88。

燕國材(1991)，“論中國古代心理思想的主要成就和貢獻”，見高尚仁、楊中芳合編，《中國人、中國心：傳統篇》。台北：遠流出版公司，頁63–92。

燕國材主編(1988)，《中國心理學史資料選編》。北京：人民教育出版社。共四卷。

Azuma, H & Imada, H. (1994). "Origins and development of psychology in India. Outgrowing the alien framework", *International of Psychology*, 29 (6), 707–716.

Bruner. J. (1990). *Acts of Meaning*. Cambridge. MA and London: Harvard University Press.

Ching, C. C. (1984). "Psychology and the four moderizations in China", *International Journal of Psychology*, 19, 57–63.

Diaz–Guerrero, R. (1982). "The psychology of historico–cultural premise", *Spanish Language Psychology*, 2, 283–310.

Enriquez, V. G. (1979). "Toward cross-cultural knowledge through cross-indigenous methods and perspectives", *Philippine Journal of Psychology*, 12, 9–16.

Gergen, K. J. (1990). "Social understanding and inscription of self", J. W. Stigler, R.A. Shweder & G. Herdt (Eds.), *Cultural Psychology*, 569–606. Cambridge: Cambridge University Press.

Heelas, P., & Lock, A. (Eds.) (1981). *Indigenous Psychologies: The Anthropology of the Self*. London: Academic Press.

Ho, D. Y. F. (1988). "Asian psychology: A dialogue on indigenization and beyond", A. C. Paranjpe, D. Y. F. Ho, & R. W. Rieber (Eds.), *Asian Contributions to Psychology*, 53–77. New York: Praeger.

Jahoda, G (1990). "Our forgotten ancestors", J. J. Berman (Ed.), Nebraska

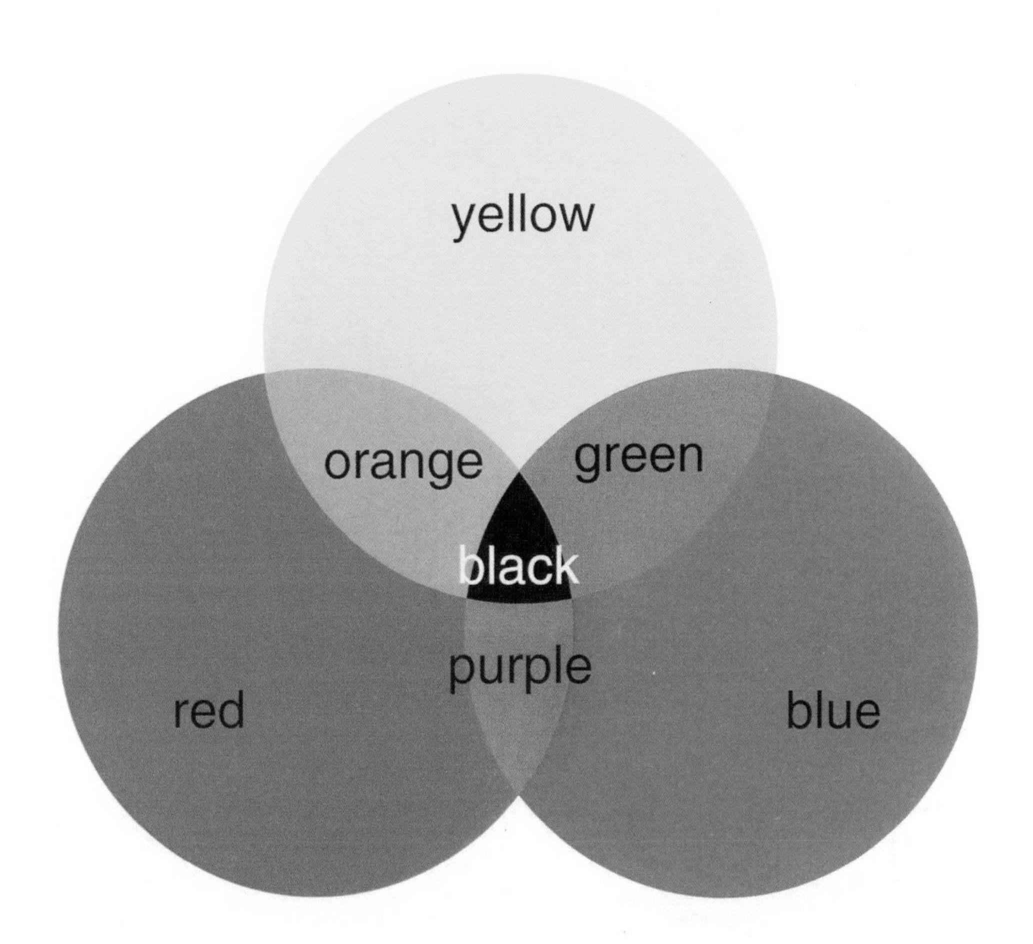

第3章圖10　相減混合：紅、黃、藍三種顏料混合，不同的波長被吸收，產生不同的顏色 (p. 61)。

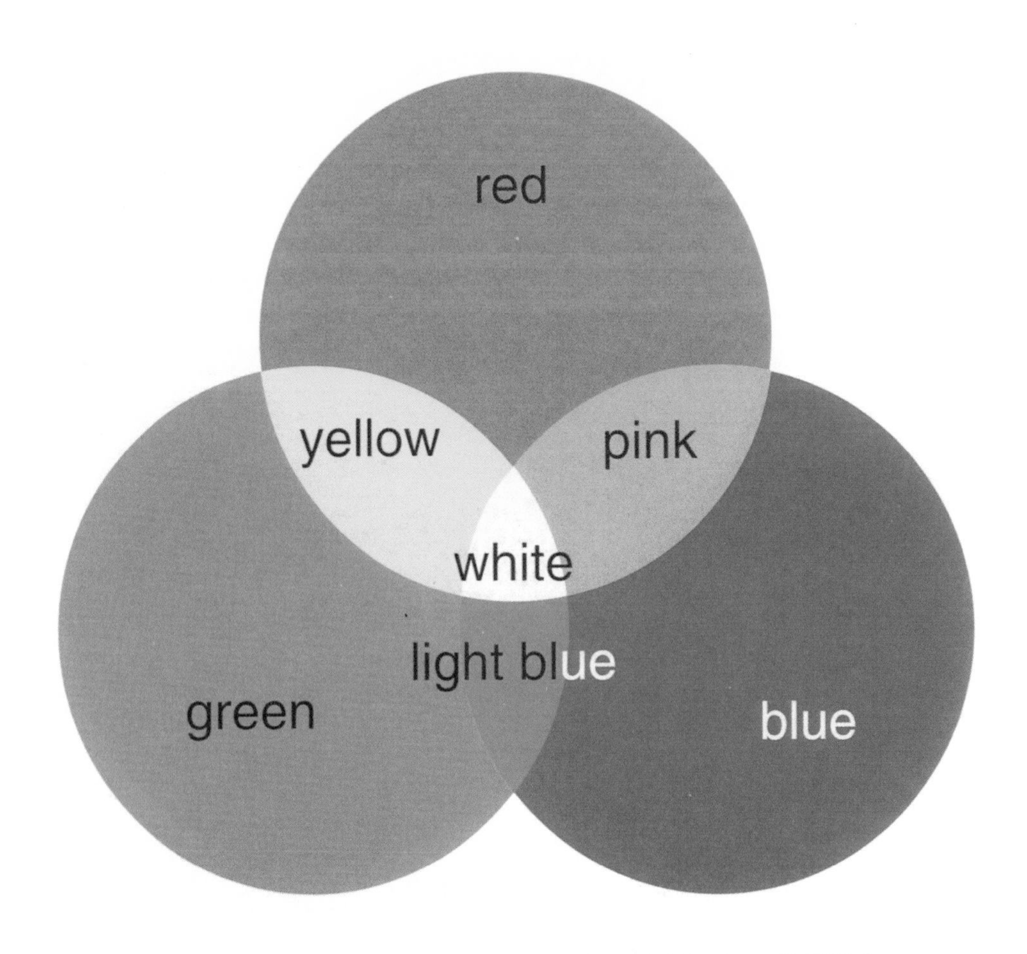

第3章圖11　相加混合：紅、青、藍三種光混合，保留混合後的各種波長，產生不同的顏色 (p. 62)。

2
心理學的本質與方法

2.1 心理學的界定

心理學發展有百年的歷史，其對自身的定義也隨着各時期演進的步伐而有所變更。美國學者 Atkinson, Atkinson, Smith and Bem（1993）四人綜合回顧了歷來心理學定義的演變，使我們對此可以有較深刻的認識。

最早的 19 世紀末期 William James 的看法，強調心理學對人內心活動（mental activity）的探討，因此，心理學家注意我們的感情、慾望、認知、推理與決定行為等內心狀態及現象。Wilhelm Wundt 的觀點，也突出以人們內心的感覺、情感、思維與意願（volition）為心理學的研究對象，並把人的外表行為留給自然科學來處理。此外，Angell 將心理學的範疇鐵定於對生命現象中的意識行為的描述和解說，其中包括人類和動物的正常與異常行為，更把這個早期學者對心理學的定義嚴格鎖定在人們內心活動的範疇裏。這種早期的發展與人們對自我內心的探索以及對行為現象的解說和歸因的自然傾向有關。各個社會早期對人性與行為的摸索，都是循此觀點着眼和展開的。

20 世紀的前期，隨着自然科學的精深發展，致力於心理學研究的學者，開始強調心理學的科學性及其科學本質。因此，在觀念上和方法上漸漸傾向建立人類行為的科學性規律和原則。故有 John B. Watson 認為心理學應屬自然科學的一支；並有把焦點放在人與外界接觸層面上的相關行為的 Koffka 觀點：把我們對行為的辨別、描述和分類，列為主要的研究主旨，屬於 Gates 的進一步具體化界定。這個基本純自然科學的態度，主導了本世紀前數十年心理學界的主流定義，是研究的導向啟思。

50 年代開始，學者們仍然遵循心理學的科學架構和態度前進，但逐漸在客觀、具體的行為觀察和分析的同時，將注意重心逐漸轉向早期人們對個體內在的、主觀的經驗探究，所以內心行為如思考等就成了重要的題材。此時期的發展對內心活動的研究，並非採取內省方法，而是以客觀的方法來探討人的主觀內心活動。這個發展，使心理學的範圍更加充實和擴大，逐漸形成視行為包含有可以觀察的行為活動如姿態、語言、生理現象等，以及只能依據客觀行為現象推理而得的行為，如思想和夢境現象兩大類別。這是 Munn、Clark 及 Miller 諸人對心理學界定的內涵。

80 年代開始，由於電腦資訊的發展，人工智能的研究需要，學者們投入了大量的研究和思考，把心理學的重心帶進了更深、更新的對認知活動的重視階段，使得心理學的定義再進一步演變成對人們內心與外觀行為科學性研究的現有觀點。

以上這幾項心理學定義上的演變，可說是自主觀自省的分析走向客觀科學態度的一個長期過程。現階段雖說又尋回了個體經驗、內心活動的重要性，卻還是沿着行為的自然科學本質和精神而發展，同時也是採取以個體為分析單位的研究取向。如果我們更加創新，將心理學的對象由個體擴大到羣體來對待，心理學也可以用人類行為研究的自然科學觀點和社會科學觀點來探討。

2.2 當代心理學的範疇

心理學的百年歷史，使它得以深化和擴大其內涵和領域。總的來說，心理學的探討，涵蓋人的各個活動層面：內心與外觀的、個體和羣體的，這也構成了心理學的整體內容。但因為它的發展過程，本質及方法上的着重點有所不同，心理學的領域也因此有不同的探討對象和內容。下面我們可以將心理學的主要支別，簡單加以介紹，以喚起讀者的興趣和初步的認識。

2.2.1 實驗心理學與心理學的生物基礎分支

科學的心理學本質，有着長遠的發展背景和淵源，但卻與其研究方法和過程有着密切的關係。我們看到心理學演進歷史中，學者探討的目標、內容、結論往往受到科學觀點和精神的影響，所以心理學在沿着自然科學道路發展的過程中，也逐漸開發出一套獨特但不離科學典範原理的實驗方法，並形成了一個重要的學科分支，這就是實驗心理學的來源。雖然我們可以用實驗方法研究行為的各個層面，但心理學把有關個體的基礎活動歷程，如學習、知覺、記憶、動機、感覺等常為科學方法所探討的行為，也歸納在實驗心理學的範疇之內。當然，廣義來說，因為心理學也強調以生物體為研究的對象，所以對動物的行為也有濃厚的興趣，但也只是以進一步了解人類的行為為依歸。此外，實驗心理學還以開發精確的測量方法和工具、探討對行為控制的有效程序如治療技術等為重要的努力項目。

人是高等動物，所以有動物的本能和本質。我們要對人進行科學探討，必然也需要從人類的生物基礎來着眼，才能更全面、更科學和更深入。因此，心理學研究很重要的一支，就是針對人類行為的生物基礎來探究，這就是生理心理學的重要任務：建立生物歷程與人類行為之間的密切關係。常見的研究題材有：我們的大腦如何對我們不同的日常活動進行分工？思維、動作、情緒的指揮中心在腦的哪些部位？左、右利手的起源與神經的關係何在？漢字閱讀與英文閱讀在大腦的活動是一樣的嗎？荷爾蒙的分泌如何影響性行為？等等。

2.2.2 人類行爲的發展和展現：發展心理學、人格心理學與社會心理學

說到人的心理與行為，我們必須從人生存的整個過程的觀點來看，因為人的行為有其發展的、生物的、成長的和連貫性意義。人從初生到死亡，早期經過一些固定的階段，而逐漸演進並習得了語文能力，情緒

的成熟或不同成長時期如幼兒期或少年期的智能狀態、思維現象等，都是發展心理學的研究題目。大的發展項目則有人類人格的形成及成長、社會行為的發展等等。心理學在這些方面關心的是人們一生的過程，如何開展人格特徵、個體間人格的差異、人格的分類及測量和人格形成的理論探討等，是人格心理學的主要題材。人乃羣性的動物，故必須恰當地發展人與人之間的社會行為，其間涉及重要的心理層面，有彼此的態度、互動關係、團體行為、心理溝通和相互的影響活動等基本心理現象；在應用方面，熱門的題目則有團體衝突和化解、從眾行為、面子問題、人情關係、族羣偏見和攻擊行為等社會心理學研究的有趣現象。

2.2.3 行爲的矯正與治療：臨床心理學與諮商心理學

人類的行為，有時會出現偏差，這可能出現在情緒上、具體行為上，例如精神病症、少年犯罪、吸毒、智能殘缺、家庭及婚姻問題等都需要有專業心理學訓練的人幫助解決或減輕症狀。在這個領域服務的臨床心理學家，從事對心理或行為的診斷和對應，採用各種心理治療的手段來介入心理的偏失以達到矯正的作用，也是運用心理學的科技來助人和救人，是技術性較高的心理學分支。通常其適應範圍可及精神病院、青少年感化中心、法庭、監獄和懲教機構、心理衛生部門以及高等科研部門。此類臨床心理專家與醫生、精神醫學大夫和助人專業人員之間的關係相當密切；另外有些心理學家也從事助人的診斷和對應性的工作，但其專業服務對象所面臨的問題較輕，較不受環境所影響，如學生讀書問題、青少年情緒問題、學生家庭對學習的影響、交友問題等等，都可經過學習和輔導而得到協助或解決。另外如婚姻及職業問題的輔導等，也都屬於諮商心理學的中心服務項目。

2.2.4 “教”與“學”相關的領域：教學心理學、教育心理學及學校心理學

心理學在學習與教育方面的努力及成績，可從傳統的學習原理和教學觀點來看。許多學者從探討教學方法、課堂教程設計、學生動機之引

發、教具的開發等方面着手，希望有助於有效的學習、授課方式原則和教師行為方針，這些均是教育心理學有興趣的題材，也是其中心目標。近年來，由於大量心理學對人類認知活動的認識與開發，把教育心理學中學習歷程的研究帶到了嶄新的層次。許多認知心理專家把人的思維、記憶和推理行為的特徵，運用到設計教材、促進理解和提高學習效果等幾個具體層面，使得心理學的應用具體化、科技化，同時也產生了重大的學習成果。這個心理學的分支就是新興的"教學心理學"，它與傳統的教育心理學有相輔相成的功能。

另外一個與學生有關的心理學分支，是學校心理學(school psychology)。它是針對學生，尤其是中小學的學生在學校生涯裏遭遇到較為嚴重的情緒、學習上的困難時，所提供的指導和協助。這方面的服務，多半結合我們對兒童發展、兒童教育及臨床和諮商心理的知識和技巧進行。具體的協助方式包括兒童學習困難和情緒困擾問題的測量，測試兒童的智能、成績和人格特徵等，並協助學校教師、家庭一起來幫助兒童克服困難，完成學業。因為這些活動都在學校的整體環境之中出現，而且須幾方面人員的配合方能奏效，所以在心理學的領域裏，把這類專業項目列為學校心理學。

2.2.5 經濟發展所需的心理學：工業與組織心理學、功效心理學、消費者心理學及廣告心理學

心理學的知識和理論，有一部分長期運用在經濟活動的幾個層面上，並產生了有助其發展的積極功能和貢獻。工業及組織心理學，討論如何使心理學在工商及事業機構裏發生具體的效用，可分為人事管理及組織心理兩個分支。前者着重應用心理測驗及其他心理學技術，從事人員的甄選、訓練、升遷、人員發展、職務分析、職責評定等方面的研究；後者則重視工作機構裏的領導方式、激勵、態度分析、溝通、決策過程及組織中的人際關係等方面的行為活動。這兩種分支上的成功貫徹和實行，對事業組織的工作績效、生產力、員工滿足感會有正面的促進及成效。第三個分支涉及的心理學的理論與原則在工作的操作過程、工作方法和組織環境的設計與配合方面，起着重要的作用，涉及具體的效

率、安全、舒適、滿足感等員工心理和操作需求條件的配合，對組織的經濟效益和人員效益有直接的影響，這個分支稱為功效學(ergonomics)或人因心理學。最後一項也和企業組織效益相關的分支包括有消費者行為(consumer behaviour)及廣告心理學兩種。消費者行為側重心理學對消費者的動機、認知、知覺行為的認識，以便了解並設計產品、佈置市場和影響其態度及消費行為，其中也涉及社會行為、個人人格特徵對消費者的影響等。而廣告心理學則更進一步探討心理學在廣告之設計、分析與比較，市場的動態分析及產品形象的推動和維護各方面的應用，充分利用心理學的理論與成果作為客觀依據，從而促進廣告的影響力及市場活動的質量。

2.2.6 心理學的文化性及政策性領域

心理學的共認定義將它定位在科學的自然性和社會性兩個層面。其自然性的本質以個體為探討的對象和內涵，其理論與結論對促進我們對人的心理或行為規律的了解，肯定具有重大的意義，不易受人們所處不同社會狀況的差異影響而有所不同。但到了談論心理學的羣體或社會層面，西方主流心理學以自然科學的理念及成果做普世心理為目的的推廣和應用，則經常遭到批評和質疑。過去20餘年興起的跨文化心理學的主旨在於驗證科學心理學的原理、方法及結論的普及性，及如何提出替代性的理論模式或典範依據。這一蓬勃的發展，涉及前面所介紹的每一個心理學領域，並以發展中國家為推動的主力，總稱為跨文化心理學(cross-culture psychology)或為文化心理學的新興分支。

另一類似的心理學支別在新興國家的開拓領域，是將心理科學的知識運用於國家社會的具體建設項目上，具有相當政策性的涵意及影響。例如，有關環保的心理態度和觀點、民眾對核能功能及利弊的反應、全國性公務人員的考核標準等大型政策性的研究，有國家性及社會性的心理學意義。這些新進的題材，代表心理學學術和應用面的擴展範圍，超出了心理學慣常以個人及小羣體為主的傳統着眼焦點，走向了大型政策性和社會效益性的新方向和新格局。

2.2.7 其他心理學的分支

除了上述重要的分支之外，心理學的演進，近年來也隨着社會的發展、科技的開拓、學者的興趣等，分別有新的學術性及應用性分支的出現和建立。例如，在法制、懲教部門的心理學者與警務人員、感化人員及司法人員有緊密的工作關係，犯罪調查、疑犯測驗、犯人身心健康狀況之分析及報告等都是法制心理學界同仁的服務項目。研究人類認知行為的專家常與資訊電腦界專家合作，致力於人工智能的設計和研究，都是深具潛力的新興分支。

2.3 行為的透視：心理學的主要學派

我們日常生活中的行為活動，往往可以從不同的分析角度來加以說明。心理學的分析，因為有許多不同的層次、理論和觀點，所以對心理及行為現象的描述和討論往往有不同的依據。例如學童學習漢字這個活動，有的心理學家可以從兒童的內在動機加以研究，如喜愛讀書使父母高興，或者因兒童性格沉靜而樂於讀書習字；有人可自大腦的電波現象來看每個漢字閱讀時的大腦變化，或自眼睛左右移動的狀態來判定識字是否得法；也有人會自兒童同輩間的社會影響來着眼：漢字學得好，或比別人好，自己會覺得有面子，自豪感高；或者，盡快學會了漢字可以開始讀故事書等等的看法。我們光是看兒童讀書寫字，便有許許多多的理由可以用來解說此行為現象，同樣，我們平時做的每一個活動，也都可自不同的觀點來說明和解釋。

心理學家過往對行為的討論，立意和推理的角度和觀點很多，但是某些比較為人們所接受的大型說明行為的思想體系，我們稱之為心理學的學派（schools）；而其各自的着眼觀點彼此有別，若從其角度的獨特意義來說，每個學派所代表的正是一種對待行為研究的導向（approach）或研究的態度。茲舉其中影響重大的派別簡單介紹。

2.3.1 神經生物導向

人的大腦由數億神經細胞組成和連接。我們日常生活的一舉一動原則上都與人腦和神經系統有直接的關係和對應。心理學家可以以此為基楚來探討人類行為的生物、神經根源和機制，例如，我們學習漢字的前後，大腦的活動狀況會有何種變化；我們欣賞國畫作品時，眼睛所傳送的視覺信息，是如何經過神經細胞來處理的；腦部機能如何辨別及輸送色彩的信息，如何呈現畫中人物的形象等等問題，都是他們所關心和研究的。

事實上，人類的可觀行為和經驗及內在心理活動，都與腦的活動有着非常密切的關係。我們的七情六慾、動作、語言表達、感知行為都與大腦的某些部位相連接。人的痛覺經驗、快樂感覺都可經人工刺激特定的大腦皮層中心而產生，我們的記憶有時深藏腦海之中，即使是電流的刺激也能幫助我們回憶美好的或悲情的歲月，可見人的行為與大腦之間密切而複雜的關係。它是心理學者最引以為傲的研究領域，也是21世紀我們開拓生命科學奧秘的關健學科，是具有無窮探索潛力的學術境地。如漢字與英文字的學習與處理、在大腦活動的定位、漢字與英文的書寫在大腦兩半球的功能劃分等一直都是中外學者共同鑽研的熱門題目。

神經生物觀點的心理學研究導向，必須受科學發展的現狀、科學儀器及學術理論幾個因素的影響，而人的自然科學本質與行為科學本質兩者之間的關連都需要有長期及大量的研究基楚，才能產生更直接和明確的陳述。人類行為的大腦與神經系統的研究取向，無疑是今後學者們努力的先鋒領域。

2.3.2 觀察行爲導向(behavoral approach)

我們一舉一動如說話、駕車、走路、吃飯都是具體可以觀察到的活動，而非內心進行的看不見的行為。心理學界以可觀察的行為現象為研究和描述的對象，稱為行為學派。美國心理學家 Watson 在本世紀的初期倡導這個觀點，使當時的心理學思潮重重，脱離了更早人們以內省

(introspection)原理探討人們內在體驗的努力方向。一般說來，內省所代表的是個人對自己之思想、知覺和情感經驗的自我回顧和自我省察，記錄和反映個人私隱的心理層面為主，具有獨特性，主觀成分較強，但卻難以與人共享此類內心的體驗。

針對內省式分析人類心理現象的缺點，行為學派認為客觀地觀察和測量行為才是正道，才是科學的心理學術。Watson 因此認為，內省有關情感的知覺心理的報告可由個人私自完成，心理學者應該專注研究對行為的觀察和客觀的分析。這是 Watson 的心理學獨特觀點，也構成心理學的科學本質的重要演變。

由於行為學派着重對行為外顯現象的觀察與測度，因而特別注重行為的反應活動(response)和行動、說話、辨認信號等等，以及引發反應活動的外界因素即稱為刺激(stimulus)的類別、強度和頻次等有關特徵。本世紀前 50 年的科學心理學的主流發展受到這個刺激 — 反應(stimulus–response, 或 S.R.)思想模式的主導，並且因為刺激與反應的直接聯繫，有關維持這種關係的因素譬如對加強 S-R 的獎勵條件和促進 S-R 關聯消失的懲罰條件，也成為行為分析上的重點目標，但對個體在處理刺激與反應之間的內心活動加以排除，或忽視其重要性。此種極端的對 S 和 R 主導地位的認定，使人們覺得這一學派的取向專限於刺激的內輸(input)和反應的外輸而已。人的思維、記憶、推理等內心的意識行為，因為是人所感知的，不易觀察的，所以在這個學派的思想模式中沒有明顯的地位。科學的演進往往受到時代思潮的影響，同時主流思想也推動學術潮流的前進，在心理學的發展史上，行為學派的客觀、科學測量性特徵，確為它建立了不可忽視的地位。

2.3.3. 心理分析導向(psychoanalytic approach)

在行為學派大力主張人類的外顯行為研究的關鍵性科學意義的同時，也有許多學者對人的內心活動和行為的內在動力來源有十分強烈的興趣。他們對內心行為的探討不是以自我省察個人的感覺經驗為對象，而是探求人的隱秘層面的無意識(unconscious processes)活動，如我們知覺不到的思想(thoughts)、意願(wishes)、悲情、恐懼等對人們經常行為的影響和關係，也就是說，要重視人們潛在內心的動因，不僅能影響其外在行為和內在活動，而且能解說人們常見行為現象的來源及因由。這些觀點和導源由弗洛伊德(Sigmund Freud)正式建構出有系統的學說和實用技術。弗洛伊德認為人類許多潛在的慾望，因為家庭或社會的禁制而得不到正常的發散和滿足。在不同的家庭和社會環境之下，個人私慾(多半是本能的私慾)之能否發揮及遭受懲罰的程度，會在意識的生活中遭到壓制，消失於無意識或潛意識狀況之中。雖然如此，被排斥於意識之下的意念和慾望，仍會隨着種種的機會顯露出來，例如夢境、溜口、偶然奇特的小動作，以至於較嚴重的行為現象如心理症狀的冒升，或轉換為高度創作的文藝活動等等，都可以代表是心理狀態的外顯反映行為。這個學派因為強調內心的動源以及外在行為的內在機制與行為的關係的解釋，所以稱之為心理分析導向學派。

心理分析學派對人類行為的討論，主張人的基本本能對人類行為有所影響，而且人的一切活動，都可自人的生物動機裏找到根源和動因，其中以性和攻擊本能的作用最大，並在人的成長過程中，可以說明我們個性的形成和演變、人類心理病狀的起因和治療對策。這個學派有其重要的理論和實踐意義，是心理學主要思潮之中，最能將人的內在和外顯行為的來源和動因以及人的動物本質與本能連在一起的臨床及理論體系。我們可以將行為學派視為心理思潮中的"顯"性思想，而同時，心理分析學派卻強調行為的"密"性思想，兩方面的關係，對心理學的演進都有不可漠視的重要貢獻。

2.3.4 認知行爲導向(cognitive approach)

心理學的演進，除早期的對外外顯行為的行為學派，和對內隱秘本能行為的心理分析兩個導向的思潮之外，前面也說到了從純自然科學的生理、神經方面着眼的生物神經心理學的探討導向。這都分別表現出心理學界的努力是朝着多元的觀點和思路前進的。

另外一個較新近的思潮和學派，把探討的重點放在人類高等心智活動的層面，如思維、記憶、智慧、信息的傳遞和分析等，涉及我們日常獲得新知、面對問題、策劃生活、美化人生等具體活動所需的內在歷程。這些相關的行為稱之為認知行為，而心理學以實驗的科學工具和方法對它的探討和成果，則屬於認知心理學的焦點範圍。

由於行為學派過度強調刺激與反應之間的連接，而忽略兩者之間在過程中的高度心智活動，使得認知相關的思維、推理、計劃、回憶、決定、創思等上等活動，變成一個遙不可及的黑箱(black box)，並把人的行為用機械式的反應行為來概括，使之流於理論上的失調。認知心理學的努力，在於對這個心智活動的黑箱，用客觀的實驗精密地探討真象。由於認知活動難以直接測察，大腦的認知活動的處理並不如身體檢查般可以做針對性的分析和說明，所以心理學對這個認知黑箱，目前還借助於 S-R 連接關係來推論人的心智活動和現象，所以特別重視 S-R 之間信息處理的過程和活動(information processing)。其中，人類的知識、思維、記憶和組合如何面對問題、解決問題，促進人類生活的進步等，是這個學派的重要目標。因為人的認知活動幾乎涉及人類各個層面的行為，所以認知心理學的探討，也自然而然地包括人類行為的各個領域，同時也使得心理學的面貌一新，從外顯行為、本能行為和生物基礎的導向，提升到大腦的心智功能和人的高等心理活動，並把它帶入一個研究的新紀元、新境界。

2.3.5 人本主義心理學導向(humanistic approach)

前面四個心理學派和思潮，重點在於追求、探討人類行為的本質和真象，尋求可以用來描述和解釋人類內在和外顯行為的原理和根源。這些導向基本上是採取客觀、系統的態度來看行為，並不涉及人們在生活中實際的感受和體驗，所以不會着重人的主觀經驗。例如對自己的認識，對世界、宇宙的觀念，人生的抱負，內心生活如愛、恨、悲、愁的感受等。但是，在現實的生活中，這些主觀的經驗才是人們最直接面對、具體剖析和尋求人生價值的豐富活動。人本主義導向的心理學家，追求建立理論來對這些與人類存在相關的主觀經驗做出分析和說明，進而對這類行為的推測提供說服力。相關的人本行為包括人的自尊、意志、自我、和個人實現等意識。

這個學派反對人的行為由外界因素和潛在因素所支配和決定，其強調的是人的生存價值、生存經驗，和個人自由發揮潛能的權利、過程和目標可以解釋人們的常見行為。人們主觀的心理活動都與其生存、發揮自我潛能的需求有關，因此其比較能面對心理活動的真實面和主觀面。因為它的人文精神思想導向和現實人生的重點關懷，所以也稱為人本主義學派。這一學派由於對個人主觀意識和經驗的重視，對加強人類意識行為的研究如靜坐、禪思，及精神層面的經驗，有較密切的關係和認同，同時也着重科學的人性層面的探索。人本心理學關心的顯然是人的生存、現象和價值，是以人為中心的人性化導向。它有別於其他努力把心理學放置於理性的科學架構來思考和探討人類行為的思潮和理論模式，為心理學的發展開拓了一個新的境界。

2.3.6 文化本位的心理學導向

心理學的演變在不同的時期有其不同的時代意義和時代精神。前面介紹的幾個重要學派，基本上採取一種以個體為中心的思潮導向。也就是說，它的發展一直忽視了人類行為的社會及文化層面的考慮，這主要由於當代心理學的演進，是以西方學術潮流為主軸而推進的，所以對人的研究的主力，是沿着自然科學的精神和模式而邁進。但是，人類各層面內在和外顯的行為必然會受人們所處社會和文化環境的巨大影響，心理學的討論終究要面對這一現實現象，就是說人的行為除了受制於生物本能、刺激和反應規律及高等認知活動的影響和制約外，也應受人本身的意識和意志行為，以及社會文化條件的影響和制約。人本主義基本上開啟了心理學探討人類主觀心理和行為與現實環境中生存活動相關性的大門，並成為60年代的學術思潮。心理學界在70年代開始，也逐漸注意到了文化和社會條件下的人類心理和行為現象，形成了文化與行為之間新結合的異軍突起。在心理學理論上和成果上都產生了重要的啟思和貢獻。

這個導向的發展，從70年代開始，以檢驗主流心理學的概念和理論為目標。許多學者在發展中國家的土壤上，開展了大量的所謂"跨文化心理學"(cross-cultural psychology)的研究和探討，其中以人類行為在不同社會文化環境的通用和普及性為主導思想，題材涉及人類心理的各個層面，但以人格、社會行為、行為動機等方面的研究範圍較大。迄今這類的探求及努力，對主流心理學的思想和理論，有相當的驗證、修正和補充，成效頗大。但是，由於主流心理學的傳統自然科學的典範思路和方法，使比較文化性的心理學研究，不得不從科學理念的架構之中，另謀出路。當今這一個導向的動態是加強以文化為主導的觀點，審查心理學的過去，並提出在這個思考架構下，心理學研究該走的道路、研究的題材及其理論及應用上的意義。總的趨勢來說，我們對人類行為的分析從文化的角度着眼，可以擴大視野，也可加深原有的認識，更能使心理學走向民間，與現實現象相配合。可說是以文化社會條件來看人類行為的另一人性化的探究導向。

2.3.7 心理與行爲的多元化透視

心理學對人類行為的敍述和分析，上面簡單地介紹了六個常見卻很基本的思想體系或觀點。它們各有中心理念，各自構成解說人類行為的理論架構，所以也分別能從各自的立場對同一種行為現象，做出彼此不同卻互相補充的看法和解釋。雖然心理學家基於個人興趣、訓練的背景或師承，或者學術的執着，會對某一個學派或思潮有所特別的認同或偏愛，但在實際對人類行為現象的討論時，極少是只從單一的角度或觀點出發的，這樣無疑會流於偏狹的概念和學理的巷道；大多數心理學者都會採取比較、統合、多元的角度來分析行為現象。本文前述六種學派關心的焦點不同，所以能夠在自己的思想體系中充分發揮其分析和解說的優勢，這些研究整合在一起，對心理學上內在和外顯行為的探討會起着深化和豐富其內涵的作用，構成了心理學多彩多姿的學術特色，也使我們覺得心理學的探討具有更透徹和更全面的剖析和解說。同時，這個特色也說明了心理學令人發生興趣和令人嚮往的原因。

2.4 心理學的研究方法

科學研究講求採用客觀準確的方法和程序，樹立正確可信的訊息或智識，並用有效的方式傳遞給別人，擴大交流，促進學術的進展。心理學的研究方法很多，其中較主要的幾種可以簡略介紹於下。

2.4.1 實驗法(experimental method)

心理學的科學本質，十分重視行為因素之間的關係。為求建立種種因素之間的關係，心理學者常常設法把行為現象盡量約化，以便準確的觀察其間的因果和變化。在控制條件比較嚴格的實驗室裏，我們對引發行為的因素，稱為獨立變項(independent variable)；因應變化的因素，稱為依變項(dependent variable)。變項的掌握，可以依據理論要求有彈性的變化，觀察其所引起的行為後果。譬如，我們要研究光度對閱讀時視覺的影響，可以在實驗室的情境下，適度的調高或降低燈光的明亮程度(獨立變項)，同時觀察閱讀者的閱讀效果(可用閱讀速度、準確率、或眨眼的次數為依變項)。這個實驗過程因為可以隨意按照理論的要求，變換變項的內容和條件，所以行為的結果，比較能真切地顯示燈光與閱讀之間的關係，而其理論也會因為實驗的客觀控制和調適，更能加強其可信度。這種實驗研究的關鍵是兩種變項互存關係的確立及其因果次序，同時也構成了實驗的優越性：實驗結果的可信度高，可重複性也高，具有科學研究裏"真象不懼再驗"的精神，所以很受心理學家的喜愛，是實驗心理學，尤其是新近認知心理學研究近年常用的客觀研究方法。當然，實驗的應用並不只限如此，幾乎我們要探討的任何行為現象，都可以經由對獨立變項和依變項的界定，以這種強有力的實驗方法來進行。但事實上，不是所有的研究項目都需要採用實驗法才能展開，有些題目，如電視對兒童學習興趣的影響，就未必能從實驗法取得最佳的答案。

2.4.2 觀察法(observational method)

心理學探討人的行為和心理狀況，而心理及行為現象表現於外，就成為可觀察的活動。我們研究人的各種行為最直接的方法，就是順着可觀察性的活動去追蹤和記錄其現象和變化。這就是觀察法的起始和主要功能。

一般來說，我們要對人類自然的、主動的行為活動有所認識的最簡單有效的方法，就是系統的對行為現象、細節和過程加以觀察與分析，用以做為對行為的描述。我們研究動物行為，要到自然的環境中去觀察和記錄，然後才能敍述和推理其行為背後的動因和現象。嬰兒在床上的吃、喝、笑、怒，也可經由觀察其過程而推想這些行動的來源和需求；精神病人的情緒起伏，街頭暴動背後的動機，和學生在考場的常見活動，都有觀察法的適用場所。可以說，我們只要研究人或動物的自然活動，不受干擾的信息和記錄都可構成有關的研究資料。只是從事這類研究的工作人員必須具備充分的觀察訓練和經驗，必須能排除個人主觀的價值和意念，以及偏見。觀察法可以是獨立的研究方法，也可以與其他研究方法配合使用，其間的取捨和技巧則會因人、問題和對象的不同，而有不同的效果。

2.4.3 測驗法(testing)

有時候，我們研究的題目可能涉及大量的對象或人口，為了提供比較一致的測量基礎和統一的比較根據，往往會設計心理測驗，來提供所需要的資料。例如，我們想了解中國人、猶太人和白人的智力，中學男女學生的職業興趣、人生觀、藝術傾向，各級學校學生的學業成績和大學入學的基本能力水平，企業人員的人格特質等等問題，都可經由測驗方式取得可信和有效的結果。其他的心理特質如心情(mood)、神經質、工作考核、創造性能力等特殊的行為表現，也可以設計適當的測驗來取得。

測驗法在心理學上的應用，歷史悠久且十分普遍、廣泛。目前早已形成一種強有力的心理學技術，其編訂、設計、考驗、測試、分析及報告等都有一套系統的標準和程序，同時也有其理論上和方法上的科學依據。

2.4.4 調查法(survey)

心理學對許多心理或行為現象，不便採用觀察法或其他方法，此時為求大量的數據和資料，可以設計問卷供人填寫回答。例如，近年在大陸有學者研究過日本企業在中國人心目中的形象問題、中德合資企業中文化與價值差別對工廠管理所帶來的問題、中國員工對台灣經驗的態度、獨生子女對父母教養方式的態度等等，都以採用大型問卷為較佳研究方法。問卷的應用範圍極廣，常見於消費者行為調查、社會現象的意見、民主選舉候選人的民意支持率等生活層面常見的社會行為。各國都有民意調查機構的設立，針對各種社會現象的羣眾觀感作出調查，就是此類研究方法的組織化運用。與此相關的方法有訪談(interview)法，其過程可以口頭詢問問卷上的問題，也可以是公然開放的即興式訪談記錄。問卷和訪談要注意的是樣本的代表性、問題的編選以及資料分析等技術性的考慮，以確保研究成果的可信度及代表性。

2.4.5 個案法(case)與追蹤法(longitudinal)

心理學者許多時候利用傳記資料來深入考察主人翁的成長、性格、思想背景、人際關係、成就的動機、特殊人生體驗等，以認知其心理活動的來龍去脈或情感生活的深層結構，這些要點通常是透過被研究者生活史的重組來進行的，類似傳記的心理活動的再現，對人物的分析是很有用的、可行的方法。這種方式的取向，由於是屬於事後的回憶和報告，含有追溯既往性質，成功與否要看報告人或資料的真實性、正確性及個人能力而定。

另外一種類似的方法同樣也有長時間的探索過程，但卻是在行為或事件的進行過程中，對其發展與變化加以客觀的、適時的觀察、測驗及記錄，這就是常見的追蹤法。例如，中國前些年有學者對二位半腦人的智能狀況及變化做過10年以上的定期觀察和檢測，所以對他們在不同時期的心理狀況、思維活動和記憶能力有較深入的了解；另外，上海曾有心理學者對中國僅有的"白痴學者"——智能很低，但對某種認知活動具特別超能力的人做過長期連續性的考察，均是此種研究方法的實例。通常，這些特殊罕見的行為現象可遇不可求，只有採用追蹤性連貫和長期的深入探討，才能取得有意義的成果。

2.4.6 跨文化研究法(cross-cultural research)

心理學追求行為的科學性本質，同時也重視行為在差異文化情境下所造成的特殊和共通現象。為了取得相關的知識，心理學者經常採用跨文化的研究方法來探討人們在不同文化背景中的種種行為及相互的差異。一般來說，前面所談到的觀察法、訪談法、調查法、實驗法、測驗法等都是跨文化比較行為時常用的方法，是常見而普遍的。但是因為文化與行為間的複雜關係，文化之間的差距以及要探討的行為特質，我們也必須採用一些人類學的研究方法，如釋夢法、圖畫分析法 、民間傳說和民間藝術分析法及投射法(projective)等。在實地運用時，則要考慮不同方法的針對性和局限性以及研究問題的性質和我們需要的解答是甚麼而定。

在跨文化的心理學研究方面，我們要特別注意到研究主體和研究客體之間的關係。這裏有兩個觀點：其一是行為表面(etic)的觀點，是從某特定文化的外部去研究其文化成員的行為，例如我們去雲南少數民族地區探討文化與人格的關係，或是文化與視覺的問題。研究者是旁觀者，是處於客位的身份來研究行為。另一觀點是行為要素(emic)觀點，要求我們深入文化的內部去探討文化成員的行為現象，例如我們可以到黃土高原去深入農村，與羣眾共同生活，一起工作，同時研究農村經濟變化對農民傳統價值觀的改變、他們對兒童讀書上學的態度，或者考察山地人民的工作動機問題等，這裏的特點是研究者採取以主體身份來從事研究，對研究的深度有很大的幫助。

2.4.7 測量與推理

前面介紹的各種研究方法，最終目的在於提供我們分析、比較和推論的根據，因為我們只有把行為的現象和特徵加以數量或質量的劃分才能做出精確的描述和結論。有些行為我們可將之分類，如男女、職業、教育程度、宗教信仰、左右利手和方言種類等，這些行為或現象很多，是我們日常經常接觸的。另外一些行為資料則可以用度量標準來表示，例如藥量、學習時間、血壓高低、行車速度和人們緊張的心率變化等。

這兩類以簡易方法對行為現象進行分析，所需的數據，是經過各種測量方法來取得，可以用實驗法配合精密儀器，也可用鄉村觀察和記錄。個人生活史的分析、心理測驗的資料等都提供這種量性或質性的數據，以方便我們分析及比較。

行為現象的數據在分析時，其性質可分為兩種。一種是我們希望由此來建立行為變項之間的因果關係，譬如運動量的多寡對身體免疫機能的作用，或打針次數與人們痛覺反應的研究，我們便可以設計實驗，控制運動量或打針次數，然後同時觀察人的免疫能力或對痛覺反應的變化，推理變項之間的因果關係。或者我們把時間拉長，長期及定期觀察運動員的運動量，或病人的打針次數，慢慢觀察他們行為上的變化，也能提供獨立變項與依變項之間的因果關係。這類研究和這種行為現象的測量，是心理學上一項重要的方法和研究目標。同時這種測量數據使我們對分析行為現象時的推理和結論的提出，更有信度、效度和說服力。至於如何才能確保這種推理的進行和結論的正確，則是有關實驗設計和統計分析方法上的技術性問題，不在此加以申述。

我們觀察行為的內在和外顯現象時，未必能夠對變項加以客觀的和技術的控制，來考察其相應的行為變化。這個時候，我們無法追求行為因果關係的確定，但可以找到行為變項之間的關連即可。例如，我們探討長久練習書法的人會否在性格上有某些基本的變化，可採用心理測驗的方式，找出內向性格與書齡之間的關係，但這個關係的成因，是否由於書法操作，則較難評定。另外，中國割裂腦病人的研究發現，病人在手術後一個時期對漢字的辨認和歸納能力有所恢復，並能從事正常認知活動。這個情形要根據大量的病歷分析方能建立腦損傷部位與語言能力的癒後之間的關係。又如，中國兒童的學業成績高於美國白人兒童，與父母對子女學習的關懷態度有關，這能說明相關的現象，但未必能提供因果的關係，我們稱這種研究目標為相關性（correlational）研究，也是心理學研究的重要手段。

因果性研究在實驗的研究方法中最為普遍，由於心理學想要探討行為的真象，所以此種關係的建立是我們研究工作的重要目標。相關性研究能夠建立變項間的某種關係，但未必是因果關係。一般來說，兩種手段可以同時採用，做為深層探討的依據。這兩種研究手段各有其特色和功能，對心理學的發展均有重大貢獻，但其性質不同，面對不同問題，結論也會不同，值得注意。

參考資料

高尚仁、林秉華(1989)，"'書畫國源'之心理觀點：心理實驗基礎"，見楊國樞、黃光國合編《中國人的心理與行為》。台北：桂冠，頁359-381。

高覺敷(主編)(1982)，《西方近代心理學史》。北京：人民教育出版社。

張述祖，沈德立(1987)，《基楚心理學》。北京：教育科學出版社。

郭可教、高定國、高尚仁(1993)，"書法負荷對兒童大腦的激活效應的實驗研究"，心理學報，第四期。

高覺敷(主編)(1985)，《中國心理學史》。北京：人民教育出版社。

張春興(1991)，《現代心理學》。台北：東華書局。

黃元中、洪英正(1992)，《心理學》。台北：桂冠。

黃希庭(1991)，《心理學導論》。北京：人民教育出版社。

彭聃齡(主編)(1988)，《普通心理學》。北京：北京師範大學出版社。

鄭肇楨(1989)，《心理學概論》。台北：五南圖書公司。

鍾思嘉、陳皎眉、陳彰儀、顏乃欣(1988)，《心理學》(上、下)。台北華視文化事業公司。

Atkinson R. L., Atkinson R. C., Smith, E. E. & Bem D. J., *Introduction to Psychology*. 11th edition, Newyork: Harcourt Brace. Jovanovich.

Atkinson R. L., Atkinson R. C., Smith E. E. & Hilgand, E. R. (1987), *Introduction to Psychology*. 9th edition, New York: Havcourt Brace. Jovanovich.

Guo, K., & Kao, H. S. R. (1991). "Effect of calligraphy writing on cognitive processing in the two hemispheres", 30-32, G. E. Stelmach (Eds.), *Motor Control of Handwriting: Preceedings of the 5th Handwriting Conference of the International Graphonomics Society*, October 27–30, 1991, Tempe, Arizona.

Zumbardo, P. G. (1988), *Psychology and Life* (12th edition). Boston: Scott Foresman.

II

基本心理歷程篇

3
感覺與知覺

陳天祥 • 香港中文大學心理系講師

"晝日星不見者，光耀滅之也，夜無光耀，星乃見。"

—— 王充《論衡 • 說日篇》

"察物近則大，遠則小。"

—— 王充《論衡 • 說日篇》

"譬如耳、目、鼻、口，皆有所明，不能相通。猶百家衆技也，皆有所長，時有所用。"

——《莊子 • 天下》

3
感覺與知覺

要在任何環境中運作，如走路、獵食等，必須先知道環境所分佈的物件(object)及發生的事件(event)。個體因察覺(detect)有關的資訊(information)而意識到環境的物件或事件，稱之為知覺(perception)。要有知覺，必須要有物理能量(physical energy)對人體不同感官(sense organ)的感受器(receptor)產生刺激作用(stimulation)，就如光波刺激眼球內的網膜細胞(retinal cell)，有資訊傳到大腦，才能看見。純由外界刺激感受器而來的經驗，稱為感覺(sensation)。本章先談感覺，再看知覺，最後談知覺與感覺的關係。

3.1 感覺

感覺的研究分兩個範圍，一是研究物理能量與知覺的關係，也就是感官的受納器對刺激的感受性(sensitivity)，稱為心理物理學(psychophysics)；另一範圍是研究感官對刺激的生理反應，稱為感覺生理(sensory physiology)。

3.1.1 心理物理學

心理物理學研究的課題，重要的有三個：第一個是閾(threshold)，就是能產生知覺的最低的物理能量；第二個是心理量(psychological scaling)，說明相對於物理能量的增減而有的知覺幅度的改變，如光的照明度增加了 10 倍，相對感覺的明度(brightness)增加了多少倍：第三個課題是訊號察覺(signal detection)，研究如何排除混淆因素，準確地量度個體對訊號的感受性。

1. 閾(threshold)

一種刺激需要達到某一強度，個體才能有所感覺，劃分感覺與非感覺的一個刺激強度，稱為絕對閾(absolute threshold)。另一方面來說，不同強度的刺激，需要達到某個最小差異，個體才能分辨兩者的強弱，這個最小差異稱為差異閾(difference threshold)。

絕對閾有兩種。當刺激低於某一類強度時，如在漆黑的房間，光線太弱，個體不能察覺它的存在，這個強度稱為下絕對閾(low absolute threshold)；當刺激繼續增加到某一類強度(如在看太陽時)，個體就會失去原來的感覺，只會覺得痛楚，這個強度稱為上絕對閾(upper absolute threshold)。絕對閾規限了某一類感受器與某一類刺激的關係，如眼球網膜的一種錐體細胞(cone cell)對紅色光線的感受性，但如換了棒體細胞(rod cell)或別種光線，其關係就會改變。

個體的絕對閾也有其或然性。對某一類強度的刺激，個體有時知覺它的存在，有時則沒知覺。絕對閾是指那些刺激強度，個體有 50% 機會知覺它的存在。

差異閾與絕對閾不同，並沒有恒常的刺激強度。同類的刺激，較強的刺激差異閾要比弱刺激的差異閾大。然而，不同強度的刺激(I)與其差異閾(△I)的比率(△I/I)卻是一分數(△I/I = K)，這個分數為韋伯(E. H. Weber, 1785–1878)所發現，故名韋伯分數(Weber's fraction)，而△I/I = K 稱為韋伯定律。例如，100 克的重量只加 2 克就能知覺重量改變了，而 10,000 克的重量需加 200 克才知覺，雖然差異閾不同，比率卻是一分數。而 K 值則會因不同的刺激而不同(見表 1)。在此舉的例子是 0.02。

某一刺激的強度(I)，其差異閾(△I)也有或然性，如兩個不同強度的刺激，個體有時會感到它們不同，有時卻又感到相同。與絕對閾相似，個體 50% 時間知覺不同的兩個程度，其相差就是差異閾。

表 1、不同感覺通道的韋伯分數

感覺通道	韋伯分數(△I/I)
視覺(明度)	.08
聽覺(噪音)	.05
觸覺(指尖的顫動)	.04
動覺(重量)	.02
味覺(鹽)	.08
嗅覺(火酒)	.07

2. 心理量(psychological scaling)

從韋伯定律可以求得一心理量的關係：S = ClogI，S 是感覺量，I 是物理刺激量，C 是一恆數。例如，I 是聲音的幅度，S 是響度；I 是真實線的長度，S 是知覺到線的長度等。在任何刺激中，S 與 I 關係都是一樣。史蒂文斯(Stevens)卻發現，感覺量(S)與物理刺激量(I)的關係會因不同的刺激而異。他用一種叫強度估計(magnitude estimation)的方法進行測量，發現感覺量與刺激量有一乘方(power)關係，叫乘方定律(或冪定律)：$S = aI^b$，a 與 b 都是恆數，會因不同的刺激而異。不同的 b 值(乘方函數)決定其關係是線性與否，若 b 等於 1，感覺量與刺激量有線性(linear)關係；若 b < 1，如明度，感覺量的增加率與刺激量成反比；若 b > 1，如電擊，感覺量的增加率與刺激量成正比(見圖 1)。後兩者都用曲線來代表，稱為非線性(non-linear)關係。

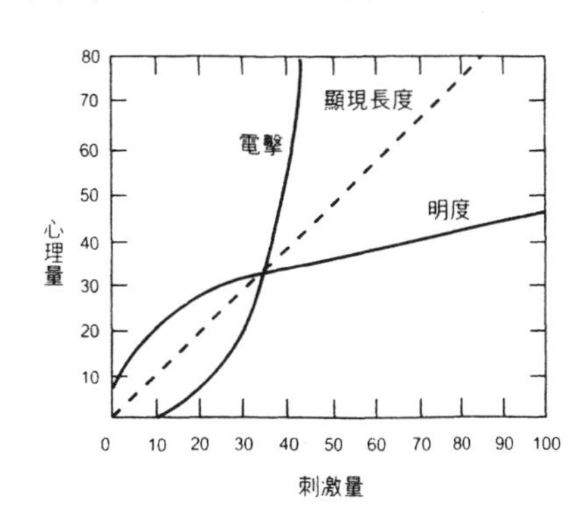

圖 1　心理量與刺激量的乘方關係

3. 訊號察覺(signal detection)

測試絕對閾的時候，受試者要知覺某一訊號的存在，並加以報告，即使個體對刺激感受性保持不變，但知覺的報告卻受動機(motivation)及環境因素的影響。例如測試一個人對微弱聲音的感受性，在 20 次測試中，受試者在 20 次呈示響聲的測試中 12 次報告聽見聲音，而在 20 次沒有呈示響聲的測試中 2 次報告聽見聲音，擊中(hit)為 60%，虛報(false alarm)有 10%。若標準有所改變，嚴懲有聲不報，受試者在 20 次呈示響聲的測試中 16 次報告聽見聲音，而在 20 次沒有呈示響聲的測試中 8 次報告聽見聲音，擊中(hit)為 80%，虛報(false alarm)有 40%。

若保持標準不變，卻更改呈示刺激的成分，在 40 次測試中只有 10 次呈現響聲。受試者在 10 次呈示響聲的測試中，只有 6 次報告聽見聲音，而在 30 次沒有呈示響聲的測試中，卻有 3 次報告聽見聲音。擊中(hit)有 60%，虛報有 10%。

這些結果顯示，在任何絕對閾的測試中，動機或刺激的成分都影響其結果，若單一看擊中(hit)的結果來判斷受試者對聲音的感受性，就會有錯誤。要排除這兩個因素的影響，擊中和虛報必須同時用來作判斷。圖 2 顯示了利用擊中和虛報結果繪製的接收者操作特徵曲線(ROC curve)，每一曲線代表一個感受性的值(d')，若 d' = 0，則受試者對刺激完全沒有感受性，d' 越大，受試者的感受性越高。以上列舉的三個例子，雖然擊中與虛報率不同，卻同屬一條操作特徵曲線，有相同的感受值。

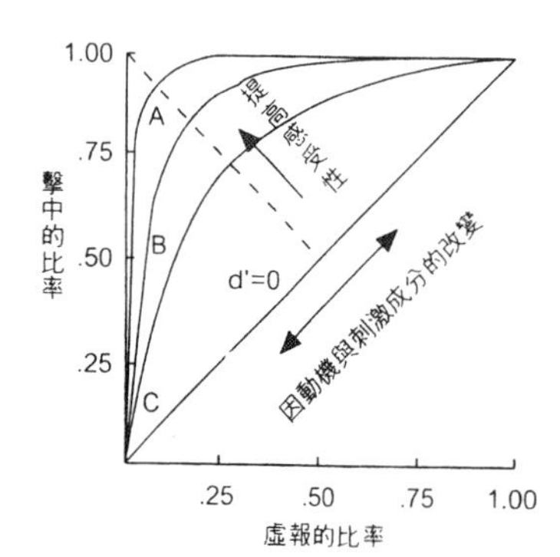

圖 2 接收者操作特徵曲線，每一曲線代表一個感受性的值 d'。

3.1.2 感覺生理(sensory physiology)

人與其他動物知覺的事物有所不同，其中一主要原因是人類的視覺、聽覺、觸覺、味覺、嗅覺與平衡覺的感官有其特殊性構造，現分別簡單說明之。

1. 視覺感覺(visual sense)

眼球是視覺的感官，而網膜是眼球內的神經組織。網膜只有一個地方沒有感受器，就是視神經離開眼球的地方，這地方不能感受光，稱為盲點。現在我們可以用一個小實驗來測驗盲點的存在。請讀者把右眼閉上，以左眼凝視圖 3 的 + 字，把書放在距離 1 尺左右，然後前後移動，當圖點失蹤時，就是剛好投射在盲點上了。

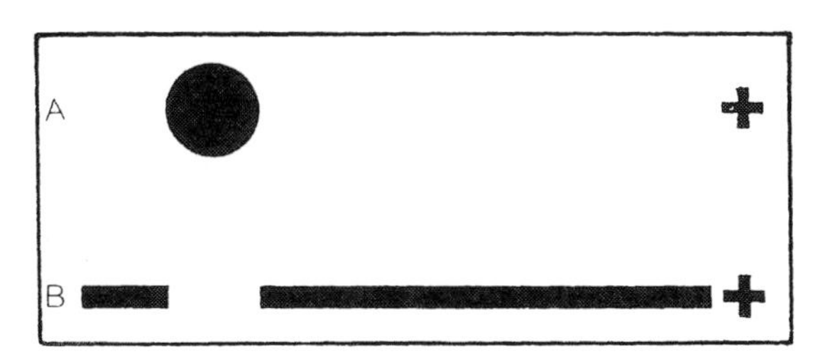

圖 3　經歷盲點：把書放在一尺距離左右，把右眼閉上，以左眼凝視上面的 + 字，然後前後移動，當圓投射在盲點上，就會看不見。若左眼凝視下面的 + 字，線的缺口就會消失。

視覺的過程，首先把光線匯聚在網膜上，網膜的光感受器(photo-receptor)經過轉導(transformation)把光能量變成動作電位，經過網膜蒐集細胞(collector cell)的處理(processing)，由視覺神經轉導到大腦中樞進行處理。

<u>匯聚</u>

如圖 4 所示，眼球把光線由一反射物件(樹)經弧形的角膜(cornea)及可調整焦距的晶體(lens)聚焦(focus)在網膜上，形成物件的投影。反射物件稱為遠距刺激(distal stimulus)，投影則稱為近距刺激(proximal stimulus)。

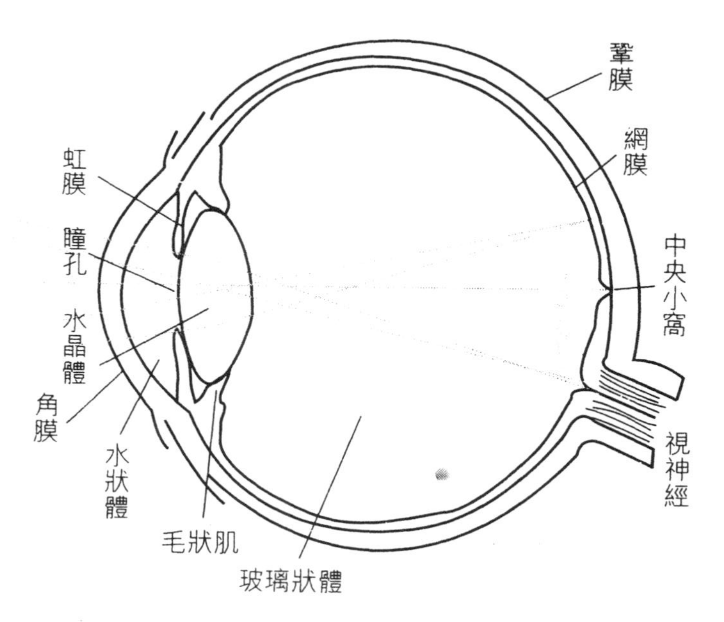

圖 4　遠距刺激被聚焦在網膜上

轉導

網膜有兩種不同的光感受器：1.2 億棒體細胞(rod cell)及 600 萬錐體細胞(cone cells)。這兩種細胞各有不同的形狀、分佈、光譜敏感度(spectral sensitivity)及暗適應(dark adaptation)。圖 5 顯示兩種細胞不同的形狀，圖 6 顯示兩種細胞的分佈。錐體細胞集中在中央窩(fovea)，而棒體細胞只分佈在中央窩的周圍。當我們仔細觀看時(如看書)，主要是使用中央窩的錐體細胞，但當我們走路時，就要靠中央窩周圍的棒體細胞了。

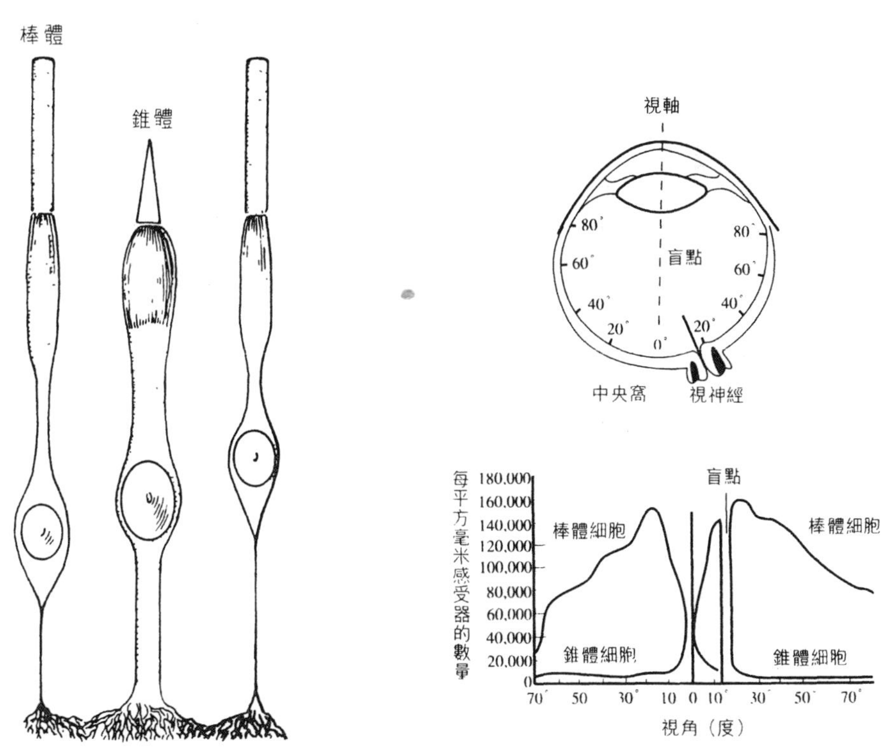

圖 5　錐體與棒體細胞的不同形狀

圖 6　錐體與棒體細胞的分佈不同

當光線射在一感受器時，細胞內的視覺色素(visual pigment)吸收了光能量，便產生分裂，轉導成動作電位。由於棒體細胞與錐體細胞的視覺色素有別，對不同頻率光波的吸收性能不同，因此，彼此的光譜敏感度就有不同。棒體細胞對綠黃色的光特別敏感，而錐體細胞有三種，分別對紅光、綠光及藍光最敏感，這便產生顏色感覺。

當視覺色素吸收光線而產生變化後，需要時間來補充，所以當我們跑進漆黑的房間時，微弱的光線不能使少量的色素產生變化，視力很差。視覺色素的補充，錐體細胞較快，約八分鐘就可完成，而棒體細胞則較慢，需半小時才能完成(見圖 7)。因此，當我們跑進黑暗的房間時，因棒體細胞還未適應，走動不便，但已可以用錐體細胞看書了。

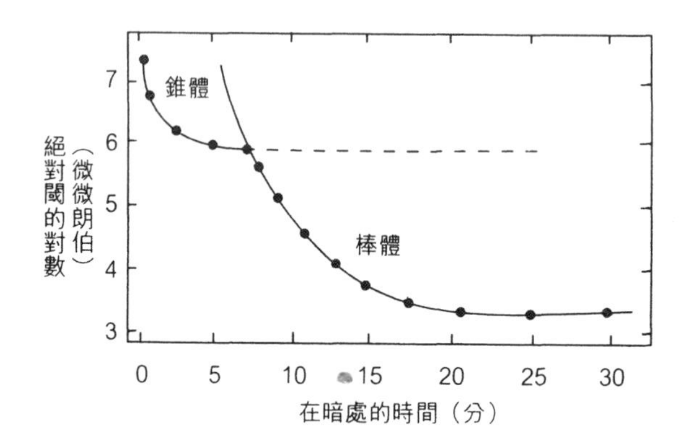

圖 7　錐體與棒體細胞的黑適應曲線

處理

光感受器輸出的電流並不是直接傳到大腦，它要先經蒐集細胞的處理(見圖 8)。蒐集細胞有四類，即兩極細胞(bipolar cell)、神經節細胞(ganglion cell)、水平細胞(horizontal cell)及無長突細胞(amacrine cell)，處理後由神經節細胞把動作電位傳到大腦，經處理後的輸出增加了三個特點：

(1) 變化的特點：神經節細胞有兩種，一稱 X 細胞，另一稱 Y 細胞。當光線在網膜的位置不變時，X 細胞會按光的強度輸出，而 Y 細胞則只會在光線強度有變化時輸出。

(2) 敏感性(sensitivity)與敏銳性(acuity)：當許多的棒體細胞連接到一個神經節細胞時，即使很微弱的光線射在棒體細胞上，匯聚起來也

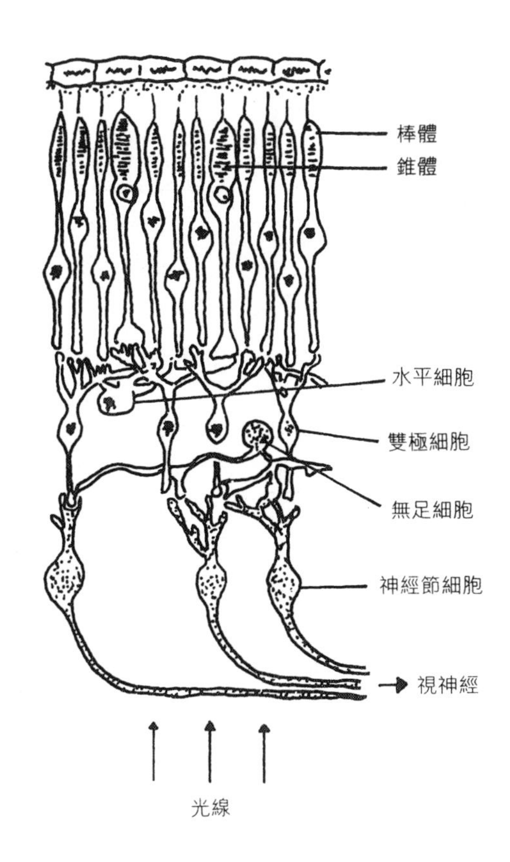

圖 8　網膜的組織結構，最主要有三種細胞：光感受器、兩極細胞，與神經節細胞，神經節細胞的鞘形成視覺神經。

可使神經節細胞產生輸出，因此敏感性提高了，但連接一起的棒體細胞，視覺上就沒有區別，敏銳性就低了；相反地，錐體細胞一般只有少數連到一個神經節細胞時，敏感性於是便低，敏銳性就高了。

（3）感受域（receptive field）：連在一個神經節細胞的光感受器的領域，叫感受域。感受域分中央及周圍兩部分。周圍部分的光感受器通過水平細胞接到兩極細胞，產生抑制作用（inhibition），與中央的光感受器相反，如圖 9 所示。當光線只射在感受域的中央時，神經節細

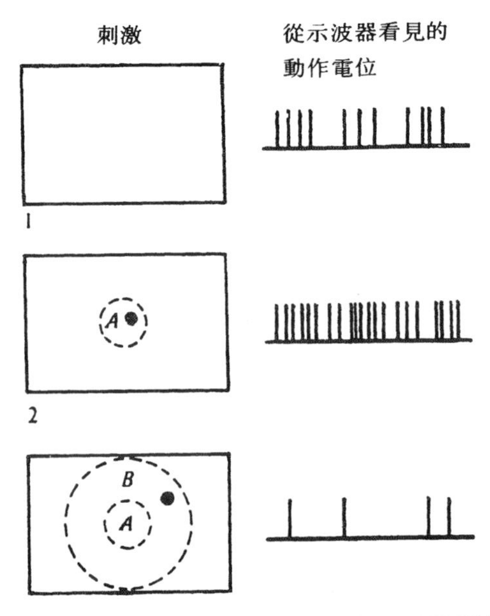

圖 9　光線射在感受域不同的地域產生不同頻率的動作電位(• 代表光線投射的地方)

胞的動作電位頻率便提高；當光線射在四周時，神經節細胞輸出的動作電位頻率便降低，比在沒有光的情況下還低，這種感受域稱為按中脱道(on-centre-off-surround)的感受域。

顏色感

我們所看的世界是五彩繽紛的。顏色有三個基本特性，就是色調(hue)、飽和(concentration)及明度(brightness)。色調就是因光波長度而產生的感覺；飽和是顏色的鮮明程度；而明度就是光線的強弱。如上文所説，顏色的知覺是因網膜有三種錐體細胞，在未有精細的儀器可分辨這三種細胞時，早期的科學家楊氏(T. Young)及黑氏(H. V. Helmholtz)已由配色的經驗中提倡三色理論(trichromatic theory)，説明我們感覺的數以百計的顏色都是由三種基本的顏色混合而成。混色有兩種，就是顏料混合與色光混合。圖 10(見彩頁)顯示顏料混合，不同的波長被吸收了，只有相同的波長才會被保留，稱為相減混合(substractive mixing)，就如黃色(也反射紅色及綠色的光譜)加上藍色(也反射綠色與紫色的光譜)便成了綠色。圖 11(見彩頁)顯示色光混合，保留混合後的各種波長，因此黃光加上藍光就有了紅、黃、綠、藍、紫的光譜，便呈白色，這叫相加混合(additive mixing)。無論是顏料或色光，都可以用三色來混合成不同的顏色。

不過，三色理論不能解釋為何色輪(圖 12，見彩頁)相對的顏色(叫補色，complementory colors)，混合後會變成灰白色；也不能解釋為何負後像(negative afterimage)會是補色(圖 13，見彩頁)。請定睛看圖 13A 的 + 字，五秒鐘後轉睛看圖 13B 的 + 字，你必會看見紅色與綠色倒轉過來。要解釋這個現象，我們必須要用對立色理論(opponent-process theory)。大腦有三種對立細胞(opponent cells)，一種是黃藍對立細胞，就是黃光增加時，細胞提高它的活躍程度，當藍光增加時，細胞降低它的活躍程度，這叫"黃 + 藍 –"的對立細胞，而與此對稱的就是"藍 + 黃 –"對立細胞；第二種是綠紅對立細胞；第三種則是黑白對立細胞。在我們看圖 13A 時，中間的"紅 + 綠 –"細胞活躍，而"綠 + 紅 –"細胞的活躍程度減退低過灰光的情形。五秒鐘之後，"紅 + 綠 –"細胞疲倦，這時若看圖 13B，"紅 + 綠 –"細胞的活躍程度必定低過灰色的情形，而"綠 + 紅 –"的活躍程度就高過灰色的情形，因此呈現綠色。相反地，綠色的四周就是紅色的負後像了。

色覺不健全叫色盲(男性有 8%，而女性只有 0.03%)，分全色盲和局部色盲。全色盲一般是眼球內缺乏錐體系統，而局部色盲是因為對立系統的缺陷。最通常的是紅綠色盲，患者看紅色及綠色為灰色；其次是黃藍色盲。

2. 聽覺

我們能聽見聲音，是由於耳朵對空氣振動的敏感。人耳把空氣的振動匯聚，通過外耳道集中鼓膜，把空氣的振動變成機械振動(見圖 14)。中耳內有三塊小骨，由於它們的形狀相似，故名錘骨(hammer)、砧骨(anvil)及蹬骨(stirrup)。這三塊小骨利用槓桿原理將機械振動的幅度減小，以增強其聲壓，傳遞到內耳的卵圓窗(oval window)，同時由於骨膜的面積是卵圓窗的 20 倍，因此，當振動經過中耳時，其聲壓大

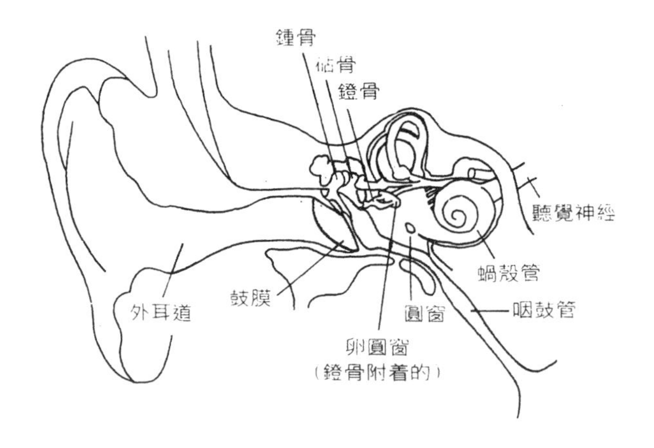

圖 14 空氣的振動，由外耳經中耳至內耳

約提高 20 ~ 30 倍，可以使內耳的淋巴液產生振動。

內耳有耳蝸管。淋巴液的振動由卵圓窗開始，經過耳蝸管時，引起基底膜（basilar membrane）的擺動，在基底膜上有柯蒂氏器（corti organ）（見圖 15），包含着毛細胞（hair cell）。當基底膜擺動時，毛細胞的細毛突（cilia）被壓而使毛細胞興奮，產生動作電位，完成能量的轉導，由聽覺神經（auditory nerve）傳送到大腦。

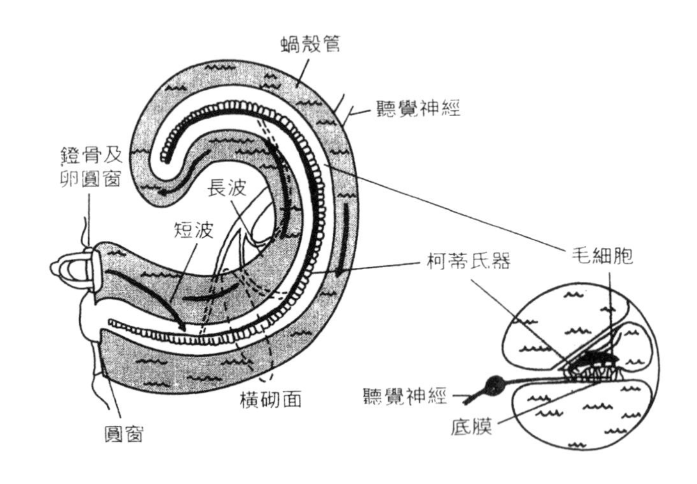

圖 15 柯蒂氏器，包括聽覺的感受器——毛細胞

3. 觸覺(haptic sense)

包括了三種感覺：膚覺(cutaneous sense)、體內感受(proprioception)及動覺(kinesthesis)。膚覺包括了壓力、振動、冷、熱及痛等，是由皮膚內不同的感受器接受刺激所致，這些感受器有些是原始的神經末梢(free nerve endings)，能接收多種刺激，有的是已發展的特殊的小體(corpuscle)(見圖 16)，特別接收某一種刺激；體內感受是由於藏在肌肉內的感受器接受刺激而產生，知覺身體四肢的位置；動覺是藏在骨膠囊中的感受器，在骨節運作時受刺激而有的感覺。這三種感覺，結合成觸覺。

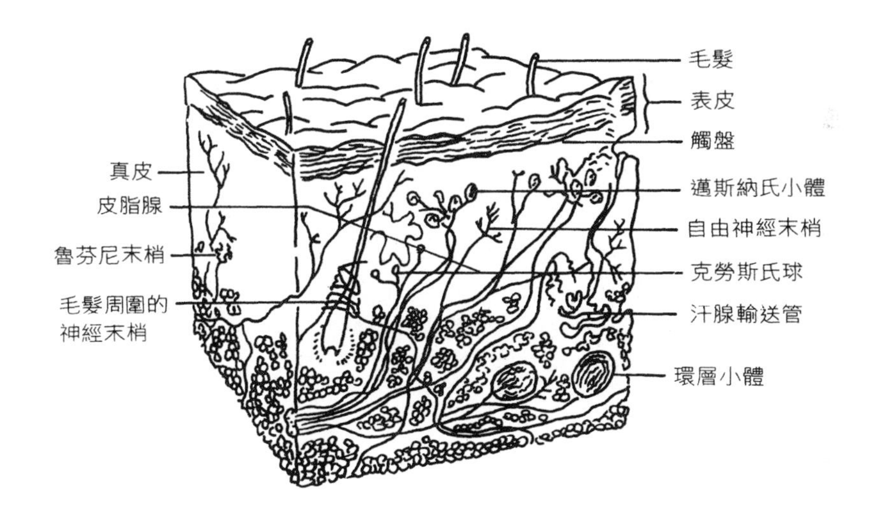

圖 16 皮膚的感受器細胞

4. 味覺(taste)

味覺幫助我們分辨食物的類別及狀況，由特別發展的感受器——味蕾(taste buds)來擔任，對溶解於水的化學物品敏感。一般人大約有一萬個味蕾，分佈在舌頭及口腔其他部位。味覺有四種基本的特點：酸、甜、鹹、苦，而辣則主要是基於嗅覺。

5. 嗅覺(smell)

嗅覺是因在鼻腔頂部嗅覺黏膜(olfactory epithelium)的嗅細胞，因受刺激而產生動作電位。氣味包括了為數很少的香(如玫瑰)、辣(如黑椒)、臭(如腐蛋)等等。不同的氣味並非由特殊的嗅細胞興奮所致，而是不同的嗅細胞同時興奮所產生的樣式，不同的樣式相對於不同的嗅覺。

6. 平衡覺 (balance)

除了上述的五種感覺外，還有內耳的平衡覺，由內耳的三個半規管(semicircular cannal)及前庭(vestibule)產生。三個半規管各成 90 度。身體的移動，因為液體的惰性，其中半規管的液體便隨反方向轉動，刺激感受器，知覺身體位置的移動。而前庭內有毛細胞，毛細胞的末端有黏膠在一起的微小鈣粒子，叫耳石(ototith)。當身體直立時，耳石在毛細胞上的重量使我們有直立的感覺，耳石的左右擺動告訴我們身體的傾斜。

3.2 知覺

知覺環境所分佈的物件及所發生的事件，一般都依賴視覺，本節以視覺的運作來闡釋知覺的過程。

3.2.1 物件知覺

無論是物件或事件，最基本的視覺單位是表面(surface)。要知覺物件或事件，眼所接受的光射都是反射光(reflected light)，而非發射光(radiant light)。反射光都是由不同的表面所反射的，有平面、圓面，也有不規則的面。不同的表面有不同的反射(reflectance)，而表面與表面之間就是邊界(edge)。一般來說，光源都是由一個方面而來，因此，由邊界所連接的面，它們的照明度(illumination)不同，形成明暗不同的表面。這些不同明暗的表面及其邊界就是視覺資訊最基本的結構。若接收的只是散發光(diffused light)，如望一片藍色的天空或用半個乒乓球把眼睛蓋上，那麼，我們就一點東西也看不見；當視網膜習慣了之後，我們就如同處在黑暗之中。

表面與邊界的基本性質及它們的關連性可由下列三個例子看見。圖 17 顯示馬赫帶(Mach band)，由反射強度不同的表面組成。儘管每個表面的明度平均都一樣，讀者必然覺得靠近邊界的地方明暗有所變化(A 比 B 亮)，這種現象是由於眼球網膜鄰近細胞的相互抑制而成，稱為側抑制(lateral inhibition)。這種網膜的機能就是用來使表面之間的邊界更加明顯的。圖 18 顯示兩個平面：圓面在方面之上，兩平面的交界有邊。若看不見邊界，圓面也會失蹤。讀者可試試不斷地注視圓中的圓點，邊界不久就會消失掉，圓也跟着失蹤了(用單眼看的效果更快、更明顯)。圖 19 顯示主觀輪廓(subjective contour)。三個缺口的黑圓，其缺口可指定(specify)邊界，若這些邊界成直線，就會連接起來。有了這些連接起來的指定邊界，就形成一個面。因此，讀者可以看見一個三角形，把三個缺口圓連接起來，而且三角形還會比較明亮。

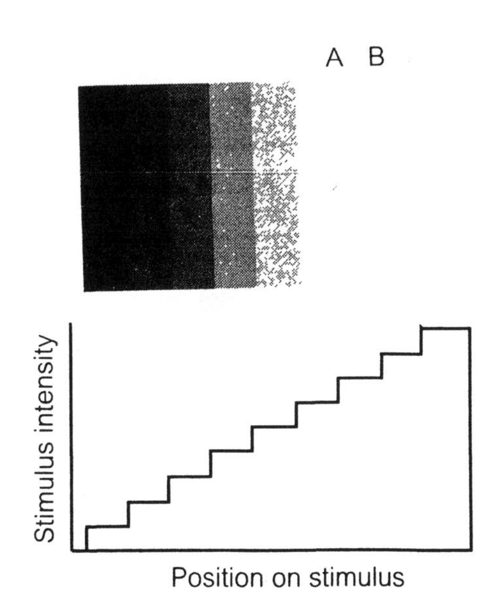

圖 17 馬赫帶(解釋見內文)

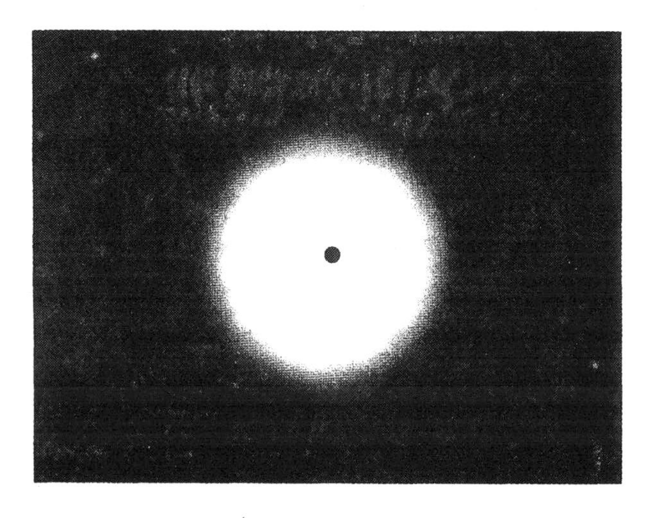

圖 18 邊界與表面的關係：若看不見邊界，圓面也會失蹤。

圖 19 主觀輪廓(解釋見內文)

一個表面有其特性，就如明度(brightness)、形狀(shape)、距離(distance)及大小(size)等，現在簡單逐一說明。

1. 明度

由於感受域的結構，當照度(illumination)增加時，每一感受域都增加了興奮及抑制，明度的知覺增加得很慢。這樣一來，我們就能在值域(range)很廣的明度看東西。也由於感受域的結構，當光線射在鄰近的光感受器時，就會對神經節細胞產生抑壓，稱為側抑壓(lateral inhibition)，因此，一塊灰色面在白色背景下比在黑色背景下顯得比較黑(如圖 20 所示)，產生明度對比覺(brightness contrast)。

圖 20 明度對比：一塊灰色面在較白的背景下顯得比較黑。

知覺表面的反射(reflectance)，不是藉照度的多少來決定的，而是依賴兩表面照度的比較率而成的，因此，白的表面在暗的地方雖然反射的光很少，仍是白色；而黑的表面，在陽光下有很強的反射，仍是黑色，這叫明度恒常性(brightness consistancy)。

2. 形狀

邊界構成表面的形狀，但因方向的緣故，表面的形狀與網膜上的投射有所不同，正方形的表面會形成梯形的投射。若觀察點(point of observation)保持不動，所見的形狀就會與投射相同；若觀察點移動，我們就會知覺表面的真正形狀。因此，當長方形的門被掩動時，我們絕不會感到它的形狀在改變，這叫作形狀恒常性。圖 21 顯示亞馬士室

(Ames Room)，正面的牆本是梯形的，只是長的邊較遠，網膜上的投影就成長方形，若由一小孔用單眼去看，因觀察點不動，牆就看如長方形，靠近左邊的人就看成矮小；若眼一移動，梯形就馬上現形，靠近左邊的人就不矮小了。

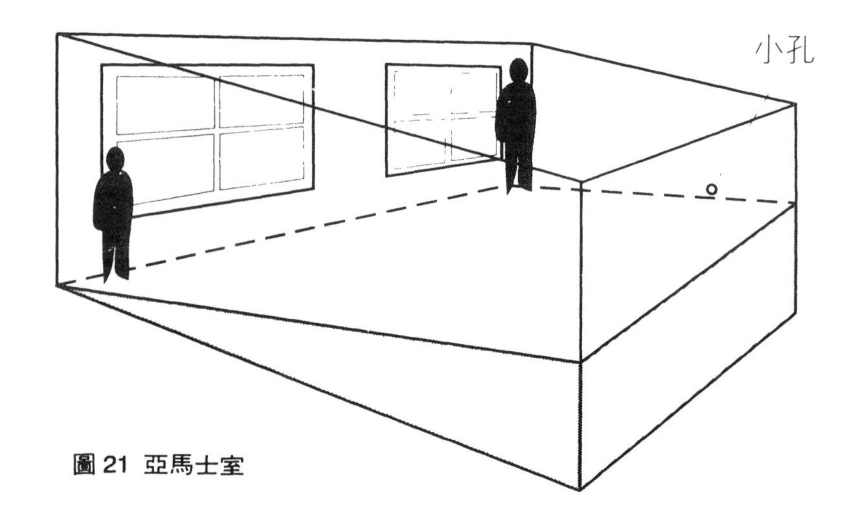

圖21 亞馬士室

3. 距離

顯示距離的提示(cues)有三種：在注視物件時眼部的肌肉提示(oculomotor cues)、網膜投影所產生的靜止視覺提示(static visual cues)，以及因物件或觀察點移動所產生的動力提示(dynamic cues)。在這裏，我們先說明兩種肌肉提示；然後說明兩種靜止視覺提示：單眼提示(monocular cues)與雙眼提示(binocular cues)；最後說明一種動力提示：運動視差(motion parallax)。

肌肉提示：在看遠近不同的物體時，控制水晶體曲度的睫狀肌需要收緊或放鬆，使投在網膜的物像清晰，這叫調節(accomodation)。對焦較近的物體，睫狀肌要收縮，而對焦較遠的物體，睫狀肌則要放鬆，睫狀肌的收緊或放鬆，就是物體遠近的提示。一般來說，這種提示只是在物體較近時才起作用。除調節以外，每隻眼球外的肌肉，也會收縮或放鬆，使兩眼的視軸能聚到被注視的物體上，這叫輻合(convergence)。這樣，眼球外肌肉的狀況，也是物體遠近的提示。

單眼提示：這種提示，用一隻眼也可以察覺。一般所提的有六個，包括影像的面積大小(size)：在視覺範圍的高低(height)：影像的重疊(superposition)：地面的紋理遞變度(texture gradiet)：影像的清晰性，稱為大氣透視(atmosphere perspective)：以及線性透視(linear perspective)(見圖 22)。

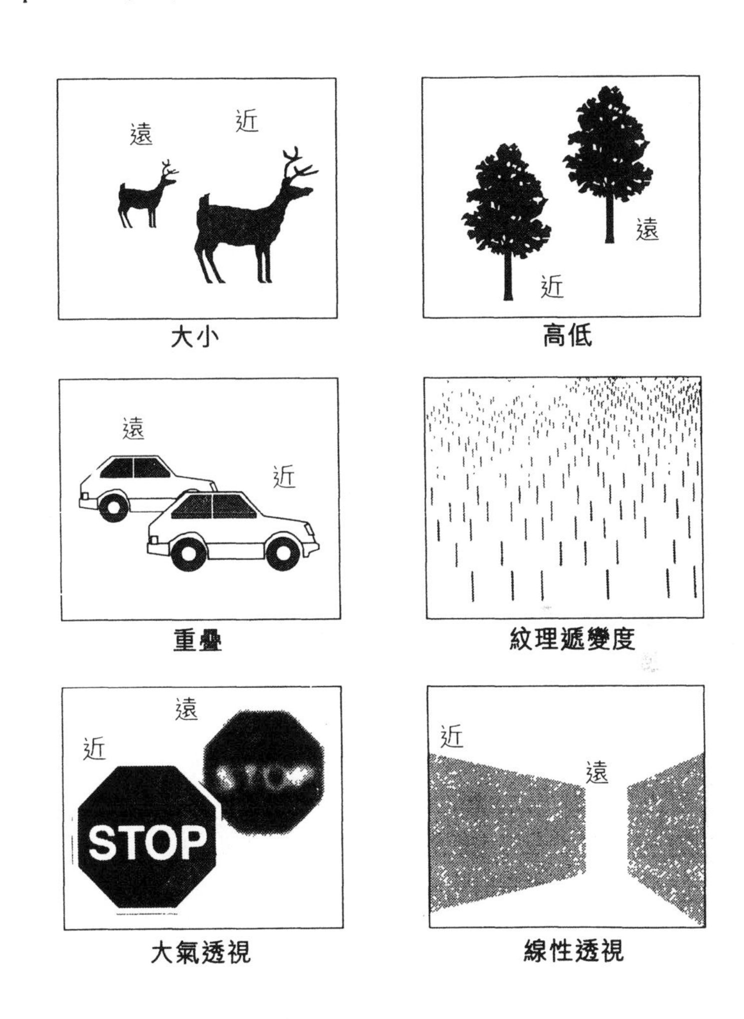

圖 22 距離提示(單眼)

雙眼提示：當我們注視一物件時，兩眼就會匯聚(converge)或散聚(diverge)，以至影像同時投射在網膜的正中，其他較遠或近的物件，在兩眼就會被投射到網膜不同的部位。腦部的側膝形核(lateral geniculate nuclei, 簡稱 LGN)有六層結構，分別呈示兩眼的影像，每眼各三，用來比較兩眼投射影像的差異，稱為雙眼像異(binocular disparity)，這樣就可知物件的遠近了(見圖 23)。

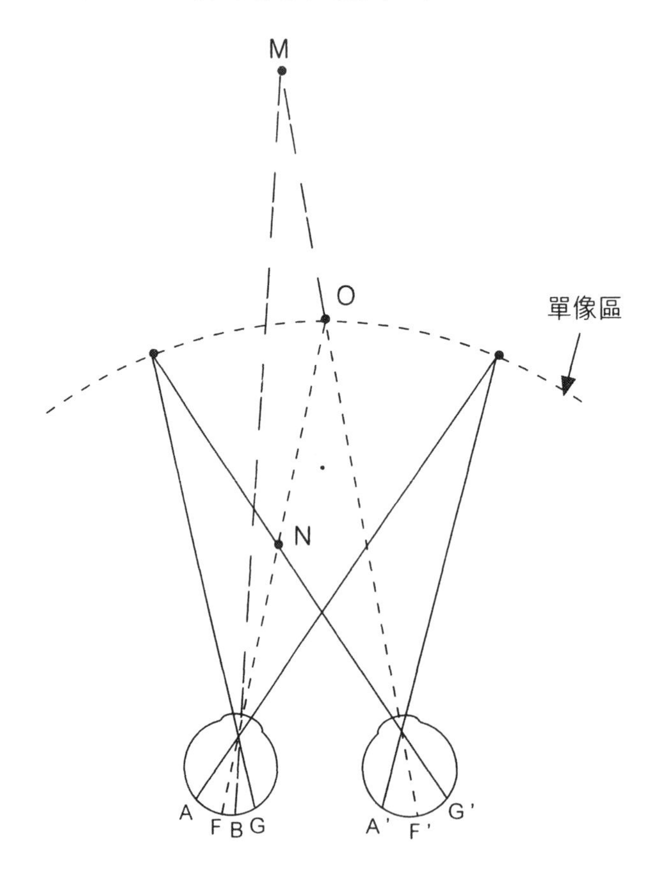

圖 23 距離提示(雙眼)：雙眼看着 0 點，與 0 點同距離的景物(稱爲單像區)兩眼的投影都在同一位置(FF' AA' 與 GG')。比單像區近或遠的景物，兩眼的投影在不同的地方(M 投射在 BF'，N 投射在 FG')。

運動視差：當我們走動時，觀察點在移動，在我們周圍的物件也會相對地移動，遠近的物件就有不同的相對移動，如圖 24 所示。觀察者以速度 V 前進，觀察者注視着 C 點的物件，C 點就保持不動，比 C 點近的物件(如在 A 及 B 點)就會以不同的速度以反 V 的方向移動，而比 C 點遠的物件(如在 D 點)，就會以 V 的方向移動。因此，物件表面移動的方向及速度，就顯示其遠近了。

圖 24 運動視差

4. 大小

雖然是同一個物件投射在網膜上，影像的面積會因距離而受到影響。至於物件的真正體積的大小，則要靠其他的因素來確定，這些因素大致有兩個：第一個是對物件的熟悉程度，較熟悉的物件就很少會因網膜影像的面積的變動而被錯估其體積。換言之，年長的孩童因經驗累積，對物件體積的評估比年少的為準。第二個因素是靠地面的紋理(texture)，吉卜生(J. J. Gibson)主張物件的體積及距離都可依地面的紋理同時確定，相同體積的物件，不論其遠近，必遮蓋數量相同的紋理，同體積物件網膜大小的差異，就能顯明其距離(見圖 25)。這樣一來，物件大小的知覺並不受網膜影像的面積影響，這叫體積恒常性(size consistancy)。相反來說，沒有相同的紋理作比較，物件的判斷就難準

圖 25 表面的地面紋理顯示物件的距離與大小

確，而且會產生錯覺。地平線上的月亮看起來比頭頂的月亮大，叫月亮錯覺(moon illusion)，就是因頂頭月亮並沒有任何距離的提示，而地平線上的月亮則有單眼提示顯示其距離。因此，地平線上的月亮所處的平面看起來比頭頂月亮所處的平面遠，然而它們在網膜的影像卻有相同的面積。因此地平線上的月亮就看起來比較大。同樣，站在亞馬士室左邊的人，雖比右邊的人在網膜的影像小，若靠着線性透視的提示，就知道左邊的人站得遠，這樣，兩人看起來應當是同等高度。由於亞馬士室的設計破壞了這個線性透視的提示，因此，左邊的人就看來矮小了。

3.2.2 動作知覺及事件知覺

本章開始時說過，知覺是對周圍物件與事件的意識，上節已描述了對物件的知覺，本節將描述事件的知覺。

所有事件都包括動作(movement)，因此，在我們談事件知覺(event perception)以前，先描述動作知覺(perception of movement)。

1. 動作知覺

若觀察者保持不動，就是沒有機動動作(motor movement)，任何環境物件的移動都會產生以下的視覺動作(visual movement)：移動物件的投射影像會在網膜上移動，移動物件與其他物件會有相對移動(relative motion)，或物件的距離縮短或增長致使投影擴大或縮小。所有假動作(unreal movement)都是在物件不移動的情況下產生以上的效應。當左右兩個鄰近光源輪流地以 30～300 毫秒週期地閃亮時，影像投射在不同的網膜位置，光源似在左右移動(見圖 26)，這稱為似動

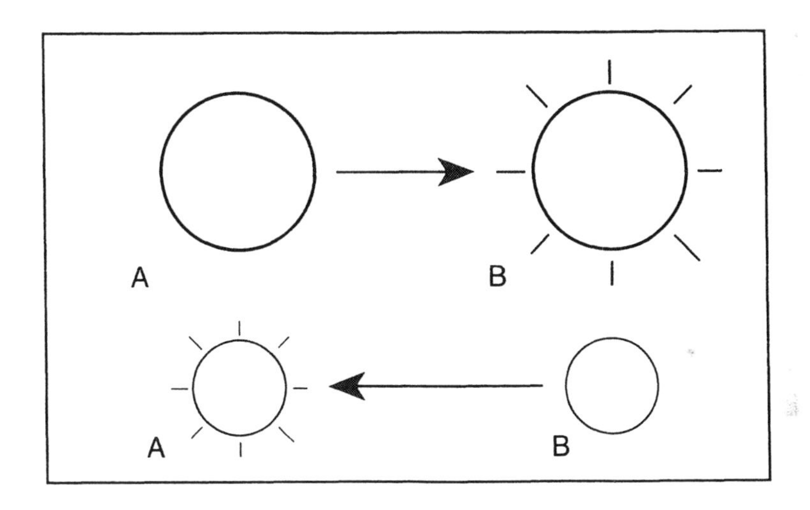

圖 26 似動：A 與 B 點輪流閃亮，這樣 A 與 B 點就似左右移動。

(apparent motion)。當一靜止物件的周圍有較大的物件在移動時，靜止物件似以相反的方向移動，稱為感應移動(induced motion)，這是因為大的物件移動時產生的相對移動(見圖 27)。在漆黑中的靜止光源，似前後移動，這叫自動現象(autokinetic phenomena)，這是因為缺乏環境的物件去確定光源的距離，光源可前可後，因此產生這種浮動的知

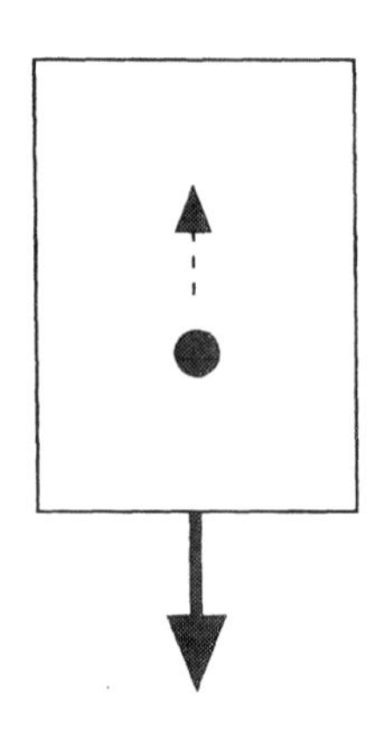

圖 27 感應移動

覺。另一方面來說，倘若觀察者在移動，雖然物件沒有動，但物件的投影在網膜上移動，產生了視覺動作。然而在我們知覺中，物件仍是靜止的，這是因為當我們移動時，腦部的機動命令(motor command)也送到視覺系統，我們所得的動作知覺是由視覺動作減去機動命令而產生的。

2. 事件知覺

當事件進行時，表面的結構有所轉變(transformation)，產生上列的視覺動作，觀察者依據表面結構的轉變意識所發生的事件。現舉下列逼近(looming)的例子加以說明。

當你過馬路時，車輛向你駛來，車頭的影像在你網膜上逐漸擴大，你從這種表面結構的轉變中知覺了逼近的事件。倘若車的速度保持不變，這個表面結構的轉變還告訴你相碰時間(time-to-contact, 簡稱 tau, τ)，就是相隔多少時間後那輛車會碰到你，是一個不變量(invariant)。這是十分準確的，所以許多喜歡冒險的朋友，都看準時間，過馬路時讓車輛在身邊擦過。

若有車向你駛來，司機以某一力度去剎車，車輛減速，這種減速所產生的表面結構轉變就告訴你相碰時間的變率($\dot{\tau}$，讀作 tau dot)，就是相碰時間的不斷地增長。這一相碰時間的變率是一個不變量，這不變量告訴你車輛是否會在未碰到以前先停下來，而所產生的相碰是無傷大雅的軟碰還是會導致傷亡的硬碰。當你的親人吻你時，那不變量會告訴你這是軟碰；然而，當你閃避不及車輛時，那就不擔保了。逼近知覺是不用學的，兩天大的嬰兒就會反應了。同時也不用真正有物件逼近才可產生這種知覺，電影編導及實質真實(visual reality)的製造商都曉得如何製造表面結構的轉變，確定不變量，以達到親臨其境的效果。

3.3 感覺與知覺

物理刺激引發受納細胞(receptor)起反應而帶來的經驗叫感覺，那麼，這些由個別受納細胞匯集來的反應是否就是知覺的來源呢？直覺上好像是必然的，實際的數據卻告訴我們並非如此。證據如下：

(1) 網膜的影像是倒立的，而且光線要透過有血管及其他雜質的玻璃狀體才能達到有盲點(blind spot)的網膜，所得影像不完整；其次，物件的體積與形狀都因不同的距離與方向而有所歪曲，況且影像只有兩度空間，即平面的。這樣的影像，並不足以產生我們所看見的完整的、沒有盲點、體積與形狀正確、直立的三度空間物件。

(2) 知覺恒常性(perceptual consistancy)，如上文所說的體積恒常性以及形狀恒常性，並不存在感覺中。

(3) 錯覺(illusion)也指明感覺與知覺不同。例如繆氏錯覺(Muller-Lyer illusion)、龐祖錯覺(Ponzo illusion)、蒂希鈉圓形(Tichener circles)、及松奈錯覺(Zollner illusion)(見圖 28)。

(4) 完形心理學(Gestalt psychology)指出，整體並不等於成員的總和，就如音符的總和並不產生調子；似動的知覺並不能在光源閃亮的感覺裏找得到。

倘若知覺不是單由感覺而來，它又是怎樣來的呢？在心理學歷史上大概可找出三個不同的理論作答案。

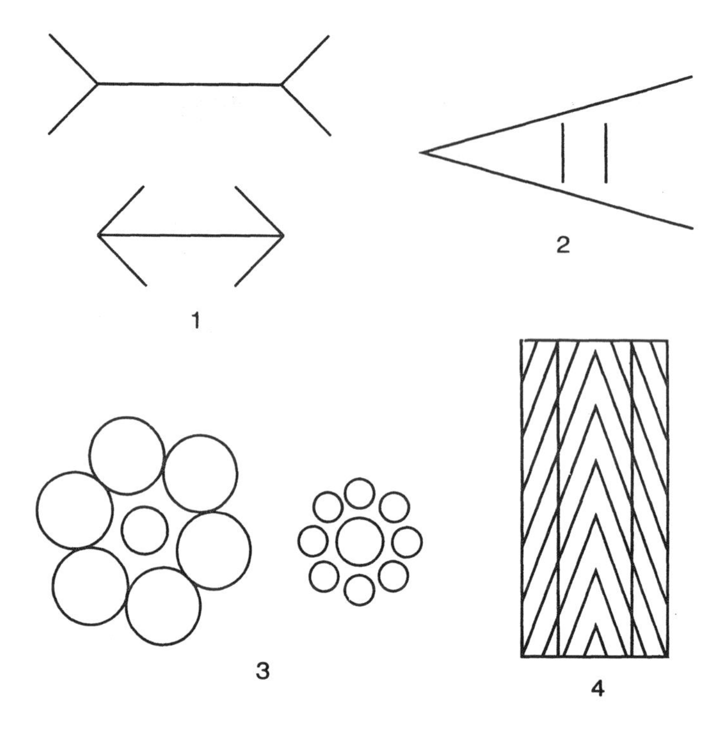

圖 28 錯覺：1. 繆氏錯覺，2. 龐祖錯覺，3. 蒂希鈉圓形，4. 松奈錯覺。

3.3.1 資訊處理(information processing)

資訊有兩種處理，一是從感覺開始，處理資料(data)的特徵(feature)，這叫資料推動(data-driven)處理。這些感覺資料是沒有意思的，要用這些資料來知覺環境事物一定要有外加的資訊，就是預先慮積下有關世界事物的知識，加上了由知識而來的觀念推動(concept-driven)處理，感覺資料才有意思，可用來辨別環境的事物。這一派肯定知覺是由感覺小點開始，只是這還不夠，要加上知識，才能產生知覺。前者叫底上處理(bottom-up processing)，後者叫頂下處理(top-down processing)。這樣一來，雖然感覺資料不全，知覺仍是清楚完美的。這一派裏，有強調底上處理的，如馬雅(D. Marr)，稱為運算取向(computational approach)；也有強調頂下處理的，如侯特伯(J. Hochberg)的建構取向(constructive approach)。

最好的例子用來說明資訊處理的理論莫過於圖形辨識(pattern recognition)。當我們去辨識A字的時候，首先要分析A字的特徵：有一頂點，有兩斜線，一橫線，一個斜線的接合，兩個斜線與橫線的接合。在知識庫中，我們已知字母V、Y、K、X，都有兩斜線，但都沒有橫線，T、H雖都有一橫線，但沒有斜線。所以，有這些特徵的只有A才有，這字母就是A。

如圖29所示，感覺資料的不規則斑點沒有甚麼意思，但知識庫中若能提供線索，說明這圖可能是一隻動物，例如一條狗，那麼，黑斑點馬上呈現狗的輪廓。

圖29 資料需要加上觀念，才有知覺。

3.3.2 完形心理學(Gestalt psychology)

完形心理學也肯定感覺資料的不足，但否定用知識來補足。這一派強調有完形(整體性)的資料，用以組織感覺的局部資料。經過組織後會產生兩個結果：首先是把形象(figure)與背景(ground)分開，如圖 30 所示，形象可以是對臉，也可以是花瓶：其次，形象會變成¨最完美的形象(pragnanz)¨，圖 31 會被組織成簡單圖案，如分成三份，每份兩行，如圖 32。這些組合由四個規則來確定：

圖 30 形象與背景

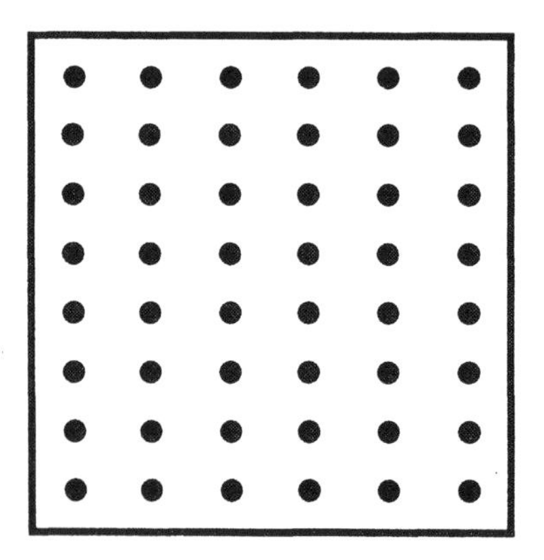

圖 31 同距的小點會被結合起來

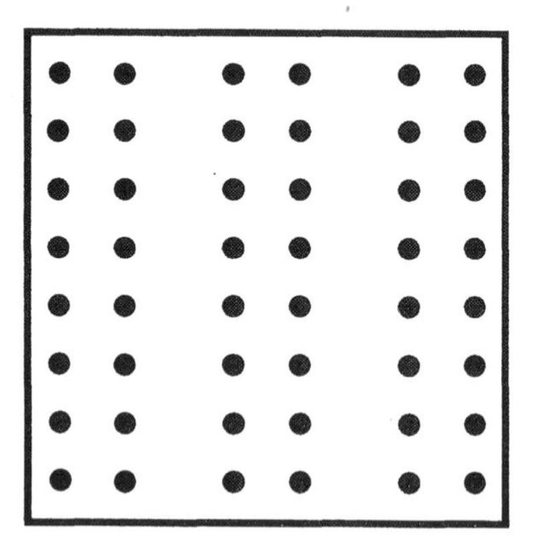

圖 32 小點分成三份，形成較簡單的圖樣。

1. 相近律(law of proximity)

把距離較近的資料結集成一單元，就如圖 33A 的小點被組合成 6 橫線。

2. 相似律(law of similarity)

把相似的資料集成一單元，就如圖 33B 的小點被組合成 6 直線。

3. 封閉律(law of closure)

把缺口連起來，形成較完美的形象。就如圖 33C 的缺口被連起，形成一圓。

4. 連續律(law of continuity)

圖 33D 所示兩形象重疊，圓線與直線相切，直線可連直線或圓線，但因直線與延續的直線有較強的連續性，而圓線與圓線有較強的連續性，所以兩形象應該被看為圖 b 的圓與三角而非圖 c 的形象。

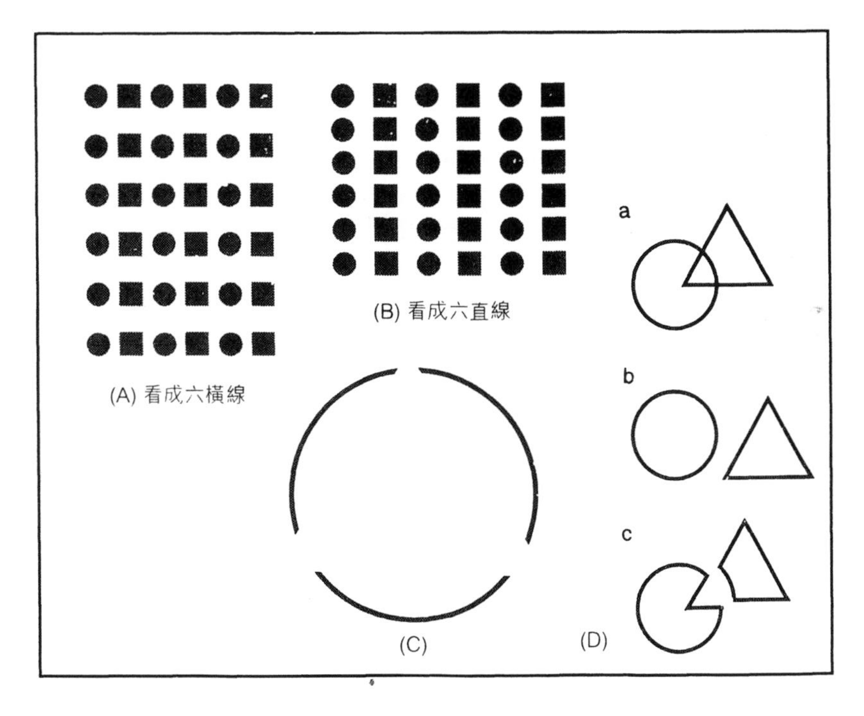

圖 33 組合感覺資料的四個規則：A. 相似律，B. 相近律，C. 封閉律，D. 連續律。

3.3.3 生態心理學

吉卜生認為，知覺並非源於感應細胞的感覺小點，而是因察覺到有關的刺激樣式(stimulation pattern)，就如上文知覺逼近的例子。這刺激樣式是表面結構的某種轉變，當這種轉變出現時，你就知道物件要碰過來了。無論是甚麼車輛衝過來，這轉變都是一樣，因此，這是一個不變性(invariant)。這樣，知覺就是源於察覺到刺激樣式某一不變性而直接產生的，其間不用運算，也不用頂下動作。

體積的知覺也是因察覺到紋理被遮蓋的多寡而決定的，這也是一不變性。

圖 34 顯示三柱竿，哪一支最長呢？我們馬上就可以肯定 B 是最長的，其次是 A。事實上，B 在網膜的影像並非最長。判斷柱竿的高矮是靠甚麼呢？如果我們把水平線的竿長作分子，水平線下的竿長作分母，得出的值就是 B 最大，A 其次，而 C 最小；換言之，這個值是一個不變性，界定在自然環境中高度的大小。

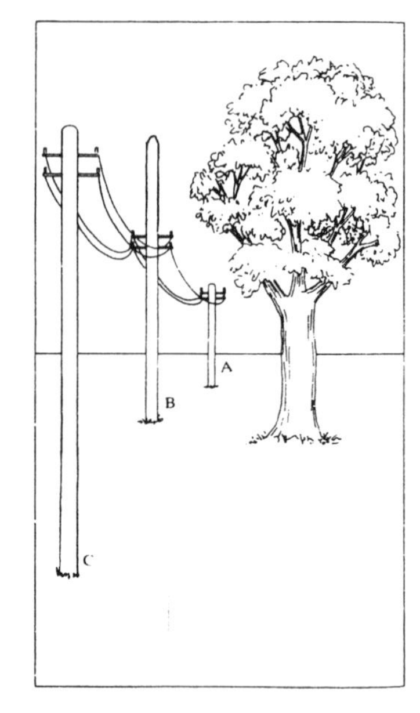

圖 34 竿長的不變性(見內文)

三學派對觀察者認知能力的要求

按資訊運作的理論，觀察者必先有知識庫，才可知覺環境的事物，學習就成了知覺的先決條件，完形心理學及生態心理學都沒有這樣的要求。但事實上，學習對知覺是有幫助的，尤其以景象不清楚的情況最為顯著。圖 29 的狗就是一個很好的例子。生態心理學認為，有許多數據都證明，孩童很早就可以知覺許多事物，如逼近、高度、人面等等，因此，學習對知覺的必然性是不存在的。只是在某些情況下，不變性不易察覺，例如觀察者必須作某些探討性（exploratory）行動才能察覺有關的不變性，觀察者而且要注意所抽取的不變性才能看見，學習的需要就只在於抽取與注意有關的不變性了。

參考資料

彭聃齡編（1987），《普通心理學》。北京：師範大學。

劉英茂（1977），《普通心理學》。台北：大洋。

Bruce, V., and Green, P. R. (1990). *Visual Perception: Physiology, Psychology and Ecology* (2nd ed.). Hillsdale, NJ: Lawrence Erlbaum.

Gibson, J. J. (1979). *The Ecological Approach to Visucal Perception*. Boston: Houghton Mifflin.

Hubel, D. H. (1988). *Eye, Brain, and Vision*. New York: Acientific American Library.

Robinson, J. O. (1972). *The Psychology of Visual Illusion*. London: Hutchinson.

Sekuler, R., & Blake, R. (1985). *Perception*. New York: Alfred A. Knopf.

4

學習

梁展鵬 • 香港中文大學心理系高級講師

"學貴心悟，守舊無功。"

——《經學理窟 • 義理》

"教之當於可以受教之時。至於其時已過，則其聰明知慮已不及昔，學之雖勤苦， 而難得完成。"

——《論語 • 衛靈公》

"學而時習之，不亦說乎？"

——《論語 • 學而》

4
學習

很多學生認為學習是一種責任，而真正的學習只可以在學校內發生(見圖 1)。這想法並不正確，因為若我們細心觀察，便發覺學習是自動發生的，不論你喜歡與否，它是無分年齡、時間及地點的，即使離開了學校，學習仍然如常進行。例如工作的公司剛購入一種新電腦軟件，作為一個職員，你需要學習才可以應用。其實嬰孩從出生的一刻起，他便開

圖 1　很多人都誤解學習只可以在課室內發生。

始學習，利用感觀系統探索周圍世界的事物。若給一個嬰兒一件顏色鮮艷、帶有光澤並且會發聲的玩具，他自會不停地拿在手裏把玩，用眼細看，搖着聽它發出的聲響，還不時把它放到口裏"品嘗"。不錯，嬰兒正在試驗手上的物件，學習有關它的特性。當小孩漸漸長大，可以四處走動時，他便四處找尋試驗的對象，這種無盡的"好奇心"(curiosity)，有時候給父母帶來不少煩惱，家裏的東西也要放妥，否則一定會給小孩找到。由此可見，兒童都有一種學習的衝動，他們在探索周圍環境的奧秘的過程中，不斷學到新的事物，並似乎從學習中得到不少樂趣。但是，為什麼很多長大了的兒童反而討厭學校？為什麼學習再不是樂趣、再不能自動發生呢？我們有沒有辦法把這個現象改變過來呢？如何能夠幫助學生們更容易、更有效及更快捷地學習呢？這一連串的問題正是心理學家希望通過研究學習這個題目可以解答的。相信本章的內容可就這些人所關注的問題提供初步的了解。

以下我們將探討兩種基本學習過程、它們發生的條件、有關的理論及研究，最後還會介紹一些有關的現象及日常應用的例子。

4.1 基本概念

4.1.1 學習是甚麼？

對"學習"(learning)一詞的了解，各人不同，有些人把學習等同記憶，更有些人認為只是有智慧的人才會學習。而事實上，百多年來心理學家們也並未能為學習找到一個公認的定義，但這並不代表我們不能對學習這種現象進行研究，因為心理學家們認識到有些基本的特質是任何學習過程都有的，如下所列：

A. 學習者的行為因學習而有所改變，而這種改變是相對地恒久的(relatively permanent)；

B. 這種行為改變並不是與生俱來的，而是從接觸外界事物中的經驗得來的；

C. 這種行為改變是由於學習者的內在或神經系統產生了本質上的變化而引起的。

如此說來，決定學習是否完成，需從觀察行為入手。我們知道，大多數的情況下，學習的成果不能從表面上察覺到，行為表現(performance)就是可跟踪學習情況及進度的主要線索。在學校，老師便是以考試卷上的表現判斷學生們學習了多少，稱之為學業成績。話雖如此，我們仍要小心判斷錯誤，因為若以觀察到行為變化，可以證明學習了，但觀察不到行為變化，卻並不一定能證明沒有學習。例如老師測試學生對加數的認識，後來發覺小明的加數都做錯了，因此認定這個學生學不到這種計算方法，甚至推斷他智力比其他同學差。但事實上，可能性有很多：如小明可能考試期間病倒了，因而沒有精神做好試題；也有可能他當時沒有集中精神，只想着考試完了可以跟家人到外國旅行；又或者小明根本不覺得考試成績重要，所以毫無動機要把題目做好等。因此有好表現是學習的最準確的憑據，但沒有表現卻不能充分說明沒有學習。要決定學習的成效，還需要多方面的資料才可作出定論。

4.1.2 學習與記憶之關係

假如你參加網球班，通常第一課會教授正手抽擊，教練首先給你講解如何握拍、身體的動作及集中眼光在來球的位置上等等細節。但單靠把這些步驟記熟並不可以把球打好，還需有很多機會實習整套動作，教練不停供應球讓你打，才會漸漸把動作配合好，自如地把球打到對手的場區上。從這個例子中我們可以得知學習通常包括兩個有關的部分，就是內容(content)及技巧(skill)。內容方面的學習是關於資料的結構、存放的形式及提取舊資料的辦法；而技巧學習卻是有關行為出現及其變化的規律。在傳統心理學裏，這兩部分是分開研究的(原因下述)，分為記憶(memory)與基本學習過程(basic learning processes)。本章集中講述有關行為的基本學習過程。

4.1.3 S—O—R 模型

上面清楚指出，學習包括兩個部分，記憶與行為，缺一不可，但不同的心理學家對學習現象有不同的觀點，意見頗為分歧。為方便討論，我們可把動物的世界簡化來看，變成一個S—O—R模型，這裏S代表外來的刺激(stimulus)，O代表接收到刺激的動物(organism)，而R則代表動物作出的反應(response)。例如強光(S)投射到動物(O)的眼球上，反應R便會出現：眼球上的瞳孔會縮小，眼皮隨即合上以及頭會向左或右轉移。認知心理學家認為了解學習現象最有效的方法，是研究動物O在學習過程中內在認知系統的改變，因為這是引起表面行為的來源，所以這些心理學家專注於研究記憶系統的結構及運作。另一方面，行為心理學家卻有完全相反的看法，他們認為若要明白學習須從外面入手，因為行為R及引起這些反應的內在和外在因素S容易被觀察及量度，符合科學研究的首要條件，即資料的客觀性(objectivity)；而動物內裏所發生的變化卻不可以直接見到，只能從行為表現推測，未能符合客觀性條件，對心理學走上科學的道路沒有幫助。行為心理學家更指出心理學最終的目標是預測(predict)及控制(control)行為的出現。為達到這兩個目的，了解S如何影響R的出現便已足夠，而O內在的轉變並不需要知道。這種行為學的觀點，把學習由S—O—R模型改成S–R模型，將O的一環省略。本章主要從行為學的角度出發，討論技巧學習的基本過程及S–R模型的擴展。基本學習過程可分為兩個大的範疇，包括古典制約(classical conditioning)及操作式制約(operant conditioning)。

4.2 古典制約

4.2.1 制約與關連

何謂制約(conditioning)呢？有一次上課時，我提出一個問題："你們之中有幾位住在北區？"有十多個學生跟着便舉起手來，我問他們為甚麼要舉手，我並沒有這項要求啊！同學們稍為想了一下，便都失聲笑了。他們都知道，只要是居於提問區域內的學生都會不自覺地舉起手來。這種對問題作出的反應便是制約，它是經學習及過去的經驗得來的一種自動行為。例子中的學習是在課堂裏發生的，老師曾提出類似問題，並曾接着說"請舉手"，好讓他數一數。經過多次之後，老師再提問時，學生不用等"請舉手"的要求，便已毫不考慮地舉起手來。細心分析，便很容易看出提問與舉手反應經過多次的學習已經建立起一種緊密的關連(association)。"制約"的真正意思，就是指提問在以上例子中成為引起舉手行為的一項特定條件。

4.2.2 古典制約的例子

第一類要介紹的制約過程就是古典制約(classical conditioning)。我們可以用一個簡單的生活例子加以說明：有一位三歲的小女孩，家裏養了一隻白色的小貓，一天，她坐在地上玩耍時，小貓從身邊走過，女孩伸手抓了牠的尾巴，小貓迅速轉過頭來，在女孩的手上狠狠地咬了一口，她感到疼痛，也十分驚慌，並放聲大哭起來。此後每當女孩見到這隻小貓都會十分不安地避開，牠已成為一個引起驚恐的刺激物。女孩原本是不怕小貓的，為何現今變得十分害怕呢？答案當然歸咎於那次被咬的不愉快經驗。若就這個過程分析，就像圖 2 所示：小貓原本對小女孩

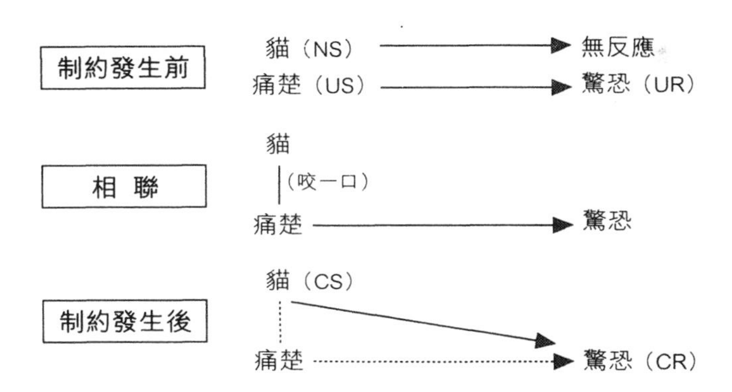

圖 2　驚恐反應的古典制約過程。制約發生前，貓對小女孩只是NS，不能引起驚恐反應(UR)，但當她被貓咬了一口後，貓與痛楚產生相聯，使制約發生，因此貓變成了 CS，可以直接引起驚恐反應(CR)。

並沒有甚麼意義，我們稱之為"中性刺激"(neutral stimulus 或 NS)；但另一方面，痛楚卻可引起(elicit)小女孩的驚恐(fear)，痛楚稱為"非制約刺激"(unconditioned stimulus, 略作 US)，因之而起的驚慌稱為"非制約反應"(unconditioned response, 略作 UR)。經過那次被咬後，女孩對小貓有了新的經驗，牠會帶來痛楚，引起驚恐的情緒反應。就這樣，小貓與痛楚間產生了關係，稱為相連(pairing)。小貓的出現變成了痛楚的先兆，小女孩不用等到被咬便已產生驚恐的反應。制約過程完成後，小貓成了一種特別的刺激，稱為"制約刺激"(conditioned stimulus, 略作 CS)，而牠引發的情緒就是"制約反應"(conditioned response, 略作 CR)。

這個特別的例子，不單說明了古典制約的一般過程，更說明了我們對某些人或事物的情緒反應，都可能是經過同樣的過程而形成的。有關古典制約的一些現象，以下會作較詳細的闡明，首先，我們介紹古典制約是如何被發現的。

4.2.3 巴浦洛夫的實驗

巴浦洛夫(Ivan Pavlov)是俄國的生理學家，以研究動物的消化系統聞名，因為他在這方面的研究成就超卓，在 1904 年獲得"醫學及生理"諾貝爾獎(Nobel Prize)。巴氏的研究，大都用狗作為實驗的受試者(subject)，因此有機會留意到狗的行為。巴浦洛夫對其中一種現象特別感到興趣，便是每當狗聽見餵飼人的腳步聲，儘管還沒有看到食物(肉塊)，便已流出大量唾液(saliva)。在正常情況下，狗要見到食物才會有唾液流出，但如今腳步聲卻引起與食物同樣的反應。為了了解這種奇怪現象，巴氏對此作了進一步的研究，實驗的設備如圖 3 所示。為了量度唾液流出的情況及分量，實驗前已預先把狗的唾液腺做了外接手術，再經一些儀器進行監察。巴浦洛夫並預先選定了一些本來對流唾液沒有影響的中性刺激(如鈴聲)。實驗時，首先響鈴聲數秒，接着把食物放到受試動物的面前。在初期的測試中，鈴聲不會引起反應，唾液只在食物出現後才流出；但經過多次訓練後，不用等到食物出現，鈴聲已可漸漸引起唾液流出，而鈴聲引起的唾液流量，更隨着測試的次數而增加。利用

圖 3　巴浦洛夫古典制約實驗。這裏顯示一頭狗正接受古典制約訓練，CS 是鈴聲而 US 是肉塊。

上面分析小女孩與貓的模式，可清楚顯示出制約的過程(請參照圖 4)，這裏鈴聲本來是中性的 NS，經過多次與食物相連後，鈴聲已變為 CS，可以獨自引起狗的唾液分泌 CR 了。讀者可利用同樣的模式嘗試分析一些日常有關的古典制約過程。

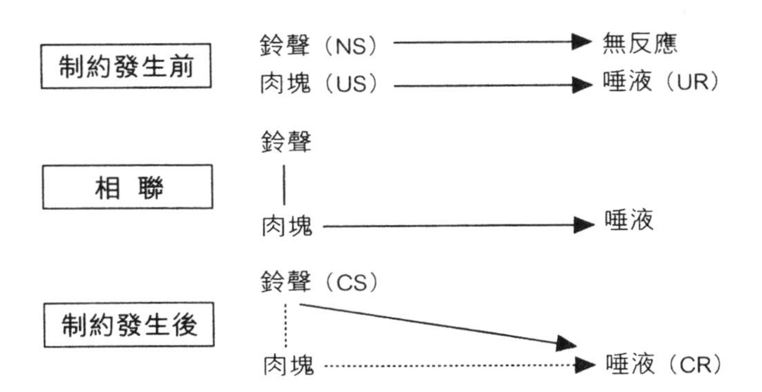

圖 4　巴浦洛夫古典制約過程。制約發生前，狗不會聽到鈴聲(NS)流出唾液，但肉塊(US)可以引起唾液反應(UR)。經過鈴聲與肉塊相聯的制約過程後，鈴聲成了CS，可以引起唾液反應CR。

以上制約過程是最先發現的一種，因此被命名為"古典制約"(classical conditioning)，也有人稱它為"巴浦洛夫制約"(Pavlovian conditioning)，用以紀念巴氏在研究學習現象方面的貢獻。

4.2.4 學習進程與有關現象

巴浦洛夫不愧是出色的科學家，他對古典制約做了不少實驗，為我們今天研究學習過程奠定了良好基楚。例如巴氏發現，當制約反應建立後，不單鈴聲可以引起唾液流出，而其他類似的聲音也可引起一些反應：聲音越近似鈴聲，反應便越強烈。因此，學習的效果可由一種刺激伸延至其他刺激，這種效應，叫做"類化"(generalization)。例如我們學了打羽毛球後再學打網球的話，羽毛球所用的手法常常會類化至打網球上面去，利用手腕扭動球拍擊球。與類化相反的過程，叫做"辨別"(discrimination)，即動物只會對受訓練的刺激作出反應，其餘的都沒有反應。若要避免類化而突出辨別，需在訓練時進行特別處理，使動物接觸不同刺激物的同時，只有在特定的刺激出現時，UR 才會隨之出現，其他刺激卻不會與 UR 相連。這種經驗能使受試者的辨別增強，類化減弱。

巴氏也發現學習古典制約的進度會產生如圖 5 所示的形態

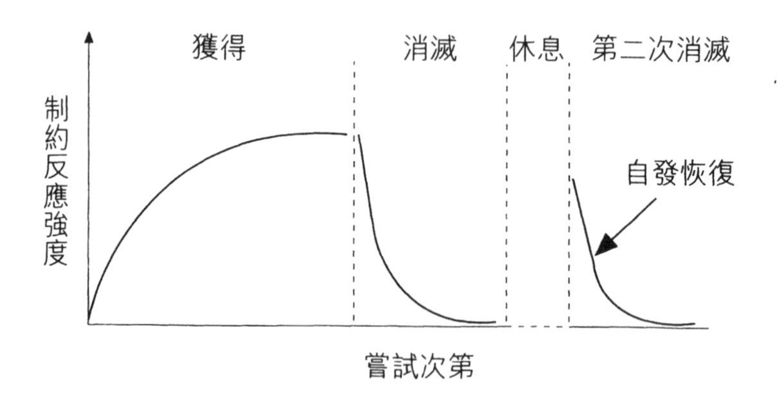

圖 5 學習進程包括習得、消滅及自發恢復等。圖內平滑的曲線是經由很多受試者的資料平均後得來的。

(pattern)。當學習剛開始時，以反應強度量度的學習進度會顯示出快速的增長率，即與食物相連後，鈴聲開始漸漸引起唾液流出，流量隨着試驗次數迅速增加，但經過更多的訓練，學習的速律會慢慢減緩至一個極限而不再增長，即使加添訓練也不能超越此極限，這個過程稱為"習得"(acquisition)。假如這個時候鈴聲繼續出現，但食物卻停止出現的話，情況會有所改變，即鈴聲CS引起的唾液量會隨試驗的次數而迅速減少，直至再沒有反應為止，這種情況就是"消減"(extinction)。看來學習到的行為反應因CS與US間的相連停止而減弱至回復以前的原狀。有趣的是若受試的狗經過一段時間的休息後再接受鈴聲測試，反應卻會重新出現，但唾液流量已沒有學習完成時期高，這種再生現象稱為"自發恢復"(spontaneous recovery)。我們可以再次進行消減，直至反應不再出現。經過再休息的動物，同樣會有自發恢復，只是每一次恢復的程度比前一次為差罷了。這種現象正好說明一點，那就是學習不會因消減完全消除，學習總會有些痕跡留在學習者的心理系統中。古人劉蓉在《習慣說》篇內說得好，"君子之學貴慎始"的講法是頗符合心理學道理的。學習若在開始時弄錯了，要完全改正過來並不如想像中那麼簡單容易，而且會對將來的學習產生深遠的影響。

4.2.5 古典制約中學了甚麼？

從前面的討論，我們知道古典制約主要影響動物本身已存在的自動反應，也稱為"反射行為"(reflexive behavior)，即US可引發起UR。這種行為的一個特點就是它只對環境中特定的刺激US才起反應，例如，風吹到眼球上(US)，眼睛便立刻自動合上(UR)，情況有點像按下電開關，電燈就亮起來一樣。因此，古典制約學習結果並非使動物得到新的行為，而是反射行為早就存在了。古典制約所獲得的是動物對一些本來不重要或不相干的刺激(CS)產生反應，CS建立了新的意義，它成了預測US來臨的一個提示(cue)。簡單地說，經過古典制約的學習過程，動物學到了CS與US兩種刺激間的關係。

自從巴浦洛夫發現古典制約以來，心理學家都希望找出這種學習過程成功的關鍵，以便幫助人類更有效地學習。有人認為古典制約學習最基本的條件就是CS與US出現的時間接近(contiguity)，以致它們之間產生關連，便可完成制約過程了。不過這種看法經不起實證考驗，例如羅士高拿(Rescorla)於1967年發表的一個研究報告中指出，單有時間上接近，不足以構成制約成功的足夠條件，CS還必須是US的可靠預測者(predictor)。羅氏的實驗是訓練兩組狗有不同的制約經驗，CS是一個音調而US是一個輕度電擊(electric shock)，目的是訓練狗在CS出現時作出逃避反應(avoidance)，以防止電擊US來臨。受試的兩組接受類似的訓練，唯一不同的，是第一組每次電擊前必定先聽到音調；第二組電擊前則不一定聽到音調。假若時間接近是制約形成的足夠條件，那麼受試的兩組應該在差不多同樣時間內學會逃避。結果顯示第一組的狗很快成功地學到於音調出現時逃出電擊的範圍，因此很少嘗到震盪的痛苦；相反第二組的狗需要很多的訓練，但還不能完全學會如何作出適當的反應，因此常被電擊。由此可見，在古典制約中，CS及US之間一定需要有肯定的相互關係，學習才能成功。如以上所描述的實驗，CS出現時，US便會出現，相反，當CS不出現，US便不會出現，我們說CS與US間存在着應變關係(contingency)。綜合大量的研究資料，結論是要完成古典制約，兩種刺激間必需有應變關係，時間上接近並不足以構成學習條件。

除了應變關係外，其實學習的效率包括速度及強度，還受到其他因素的影響，如CS與US之間的時間距離、刺激本身的強弱、CS/US互相的天然屬性(belongingness)等。若對這方面有興趣，可以閱讀一些較專門的著作或參閱有關的學術文獻。

4.2.6 古典制約與日常生活

從前面提到小女孩對貓產生驚恐的例子中知道，情緒反應(emotion response)的成因，很有可能與從前經歷的古典制約過程有關。心理學家有理由相信部分常見的恐懼症(phobia)也可能是曾經經過古典制約而形成的(Watson & Raynor, 1920)。我們再將小女孩的情況推遠一點，她長大成人後，記憶中大概已沒有兒時所經歷的被貓咬的痛楚，但她卻仍然害怕見到或接觸貓這種動物，成為貓兒恐懼症。若被問及為何如此怕貓，她會說她自己不明白原因！如果那次小時候的經驗有類化情況，即她的恐懼會延伸至其他與貓有關的事物，那麼她害怕的東西會更多，如有毛的動物(如小狗)等。

有證據顯示，有些古怪的性行為僻好也可能是經古典制約形成的。例如 McGuire, Carlisle, & Young 於 1965 年發表的研究報告，共 45 個有性偏差者(sexual deviant)的個案中發現，有些戀物狂的男人以前都曾有面對着某些物件(如女性內衣)進行自瀆(masterbation)的習慣。這些物件因為與性幻想(US)產生關連而漸漸成為 CS，它可以幫助引起性興奮反應(CR)，進而變成戀物狂。有些案例中，刺激物甚至不需要實際存在，只要在自瀆期間幻想到的，都可以成為 CS。這些個案說明性偏差行為有可能與古典制約學習過程有關。

最後討論的例子是關於飲食嗜好的，稱為"味覺厭惡"(taste aversion)。假若有朋友邀請你品嘗一種新的食物(如榴槤)，是你以前從沒吃過的，當你吃了後，湊巧當天晚上在家中肚子感到不適，而且嘔吐，你以後還會再吃榴槤嗎？答案是你大有可能憎厭了這種食物，將來也不會再吃。明顯地若鬧肚子是由榴槤引起的話，你厭惡它是理所當然的，但若是由於那天回家後吃了不潔的東西，那就應該與榴槤無關了。事實上，嘔吐即使不是由新食物引起的，你對它的厭惡感仍然會出現，因為這是古典制約在作怪：肚子不舒服(UR)本來是病菌(US)所引起的，但新食物與它一齊出現，便產生了關連，使該食物成了 CS。當該食物再出現時，便會引起憎厭反應(CR)了。另外，食物的一些特質(如味道)也可能引起不適，妨礙進食。味覺厭惡現象在動物世界中是最容易觀察的，這個與進化有關。因為動物的生存，全憑找到安全合適的食物，但牠們沒有科學，不會分析，所以全靠經驗來判定何種食物是能吃的。味覺厭惡可幫助動物趨吉避凶，因此，有可能引致任何不適或中毒反應的食物，便當然的會遭到抗拒了。

4.3 操作式制約

4.3.1 謎箱實驗

古典制約學習是不會產生新行為的，它只可以使動物對原本陌生的刺激作出反應，但這些反應早已存在於動物的行為系統內。從觀察得知，動物及人類的成長以及日常生活，都需要不斷學習新的行為及反應，以便適應環境的變化，得以繼續生存，因此，除了古典制約外，心理學家相信還有其他基本學習過程在運作，以使新行為得以出現。就目前所知，最少有另外一種制約過程與學習新行為有關，稱為操作式制約(operant conditioning)。要了解這種制約過程可從一些有趣的實驗開始討論。

早在19世紀末，很多心理學家已開始對動物進行研究，例如桑戴克(E. L. Thorndike, 1898; 1911)希望了解動物的智慧是怎麼一回事，究竟動物面對一個難題時會如何解決？桑戴克於是設計了一個謎箱(puzzle box)(見圖6)，實驗時把一隻飢餓的動物(例如貓)放進箱中，

圖6　桑戴克測試貓智力所用的謎箱。只要按到踏板上，箱門便能開啟，讓貓逃出箱外。

箱外放了食物，然後進行觀察。貓被困在箱中，外面的食物是如此吸引，於是牠嘗試逃出謎箱，謎箱中有一塊踏板，只要按下便可將箱門開啟。貓最初在箱中用盡各種辦法，都逃不出來，需要頗長的時間才能按動踏板。不過嘗試次數多了，貓會越來越快地打開箱門，出來進食。經過數十次經驗之後，貓已可第一時間在箱內按踏板，走出箱外。桑氏發覺動物學習逃走的過程，不會一次便學會，牠們都經過多次試驗，經過多次的試誤(trial-and-error)才能成功。這些資料使桑氏認為學習其實是一個銘刻(stamping in)的過程，而學習的深度取決於該行為所帶來的後果。如實驗中的貓，當第一次在謎箱中，牠做出很多不同的行為，首先是情緒反應，例如大聲叫、在箱中亂跳等，但當這些行為不能令牠逃離謎箱時，牠便嘗試其他動作，如從縫隙中鑽出來或用後腿站起來往箱子頂部抓等，其中一次意外地按在踏板上，箱門被打開了。後來嘗試時，貓每次都做很多不同的動作，但沒有使門開啟的行為越來越少出現，而踏板反應出現的機會卻漸漸增加，最後，貓每次被困在箱內，便毫不猶疑地按動踏板，開門走出箱外。由此可見謎箱這個特別的環境為行為設置了一些條件，而符合這種條件的反應便會獲得報酬，因此我們可以說謎箱從貓的行為範疇(behavior repertoire)中選擇了踏板反應，並使其強度增加。當然如果貓到了另一個不同的環境內，踏板反應再不適用，另一個反應會被選出以適應情況的需要。

故此，行為在一個環境下會否出現，取決於以前的經驗及其於同一場合所產生的後果(consequence)。桑戴克稱這種因果關係為"效應定律"(the law of effect)。該定律指出，若滿足性的後果跟隨行為而來，該行為的反應強度便會增加；反之，若厭惡性的後果跟隨行為而來，則它的強度便會降低。效應定律所形容的學習過程明顯地與古典制約不同，因為動物學習的項目在於本身的行為及其後果間的關係，而並非兩種刺激的關係，這種學習過程被稱為"操作式制約"(operant conditioning)，基於行為在環境內操作並帶來一定的變化而命名。例如我們需要按動電鈕，電燈便亮起來；將來要亮燈時，按鈕的反應便會再出現。又因為行為出現可看成達到某一目的的手段，所以操作式制約也稱為"手段性制約"(instrumental conditioning)。

4.3.2 斯金納與行爲學

承接桑戴克的學說而能發揚光大的，首推美國近代心理學家斯金納(B. F. Skinner)。斯氏對傳統的心理學所應用的研究方法感到不滿，他認為行為學的鼻祖華森(J. B. Watson)的看法才是正確的，就是心理學需要與自然科學看齊，利用科學方法來從事研究，才可使心理學變成一門科學。科學方法首重客觀性(objectivity)，而傳統心理學所觀察的精神活動(mental activities)大都不夠客觀，因為這些活動都是內在的，只能間接觀察到，所以失誤的機會甚大。故此，心理學的範疇應該涉及有目共睹的外在行為反應，它們既可被客觀地觀察，又容易被量度及記錄，方便科學分析。基於各方面的資料，斯金納相信行為是直接受到周圍環境內的刺激所影響，因此要了解行為以至控制它的出現及消失，便需要研究行為與環境刺激的相互關係。斯氏更相信行為的複雜性與控制行為的基本原則(basic behavioral principles)無關，所以要發現這些原則，無需從繁複的行為(如思想)入手，以免費時失事，觀察簡單的行為便足夠了。最後斯氏更指出人與動物都經過不斷進化，互相之間有很多相同的地方，所以觀察動物行為所得的資料，可應用到理解人的行為上來。

斯金納不僅建立了一套行為理論，還發展了一套實驗方法，以便對行為進行觀察及研究。首先，斯氏提議觀察小動物的簡單行為，如老鼠按槓桿(bar press)及鴿子啄膠鍵(key peck)等反應便很適合。圖 7 便是斯金納進行實驗的情況，他設計了一個實驗箱(experimental chamber)，動物被放進箱裏後，便與外間隔離，不受其他干擾。實驗員(experimenter)能夠充分控制箱內的環境，如光線、溫度及聲音等，從而觀察不同的刺激對動物行為造成的影響。為記錄動物在實驗箱中的反應形態(response pattern)，斯金納更設計了一部累積記錄儀(cumulative recorder)，如圖 8 所示。它利用一個恒速馬達帶動一紙卷轉動，紙上的一支筆由電磁鐵控制並連接實驗箱內的槓桿開關。如果動物(老鼠)沒有反應，由於紙卷的紙不斷排出而筆沒有動，紙面會劃上一條直線：但每當動物按動槓桿一次，筆便會橫向移動一小格(如兩毫米)，按得越多，筆越向橫移，紙上見到的線便呈梯階狀，反應速度越

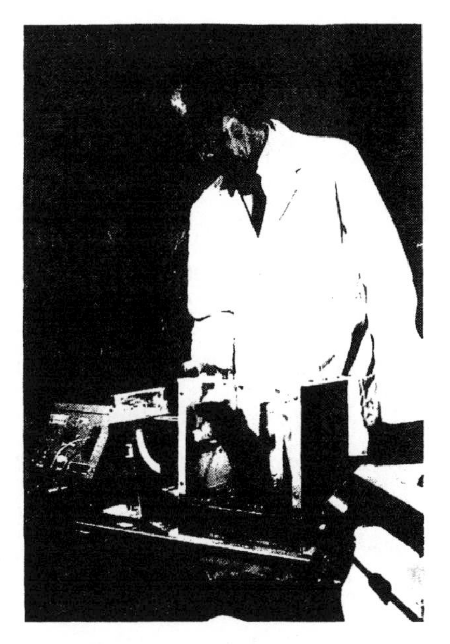

圖 7　斯金納進行操作式制約實驗情況。圖內可看到測試老鼠的實驗箱，累積記錄儀及後面的控制裝置。

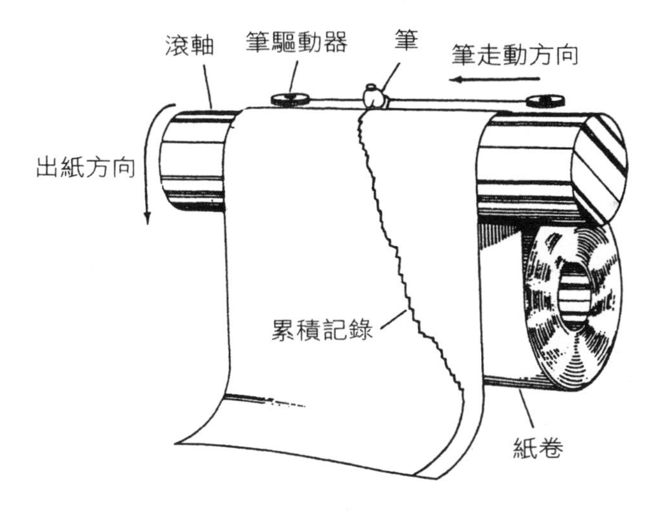

圖 8　累積記錄儀及累積記錄。

快，線的斜度越大。如果筆向橫劃至紙邊，連接的機械結構會立刻將筆滑回另一邊，以便連續記錄動物的反應。所以，累積記錄(cumulative record)可清楚提供動物在實驗箱內的活動資料，從線的斜度可以知道反應的速率(response rate)。這套辦法方便了研究動物的行為變化，由於是自動控制收集資料，更省卻了人手記錄的麻煩，符合科學的客觀性。

4.3.3 操作式制約

我們都同意古典制約並不足以解釋所有的學習現象，如行為的改變及新行為的形成，而志願行為(voluntary behavior)的控制更需要另一套學習理論才能充分理解。操作式制約似乎與這些行為的學習有明顯關係。

斯金納曾不厭其煩地進行了多項頗花時間的動物實驗，以求建立一套行為學的基本理論(theory)及原則，研究結果於 1938 年發表，出版了《*The Behavior of Organism*》一書。斯氏把刺激分為兩大類，就是滿慾的(appetitive)和厭惡的(aversive)，前者動物會喜歡獲得而後者動物則會趨避。根據不同的後果對行為產生的影響，大概可分為四種基本過程。如果滿慾刺激(如食物)跟隨着行為(如按槓桿反應)並使該行為將來出現的機會增加的過程被稱為"強化"(reinforcement)，該刺激便是強化物(reinforces)。相反，如厭惡刺激(如電擊)跟隨行為(如啄鍵反應)致使行為將來出現的機會減少的過程被稱為"懲罰"(punishment)，而該刺激便是懲罰物(punisher)。另一種情況是厭惡刺激隨着行為出現而消失致使該行為將來出現的機會增加的過程被稱為"負強化"(negative reinforcement)。最後，若現存的滿慾刺激隨着行為出現而被取消或移走致使該行為減少出現的機會的過程被稱為"扣除過程"(omission)。這過程可用圖 9 以概括之，可以看見凡可使行為增加出現機會的步驟(procedure)就是強化；凡能使行為減少出現的步驟就是懲罰。

	因反應產生的	因反應除去的
滿慾刺激	正強化過程 (反應率升高)	扣除過程 (反應率降低)
厭惡刺激	懲罰過程 (反應率降低)	負強化過程 (反應率升高)

圖 9 四種基本反應——後果關係。兩種強化過程會使反應出現的速率上升，其餘的兩種過程卻對行爲有相反的影響。

那麼操作式制約學習的過程又如何呢？原來情況跟古典制約觀察到的差不多，學習的模式也可分為習得、消滅及自發恢復等過程。又有些學習現象，如類化及辨別等，也發生於操作式制約學習上。由於情況相近，這裏不再重複。

4.3.4 S—R—S 模型

細心分析桑戴克的效應定律，會發覺它並不能全面而完整地形容操作式制約的學習現象，例如謎箱實驗中的貓學會了按踏板反應，因為它帶來了理想的後果。換句話說，即踏板反應被強化了。但我們知道貓並不會在任何地方都做出同樣的行為，因為這反應不一定適用於其他場合，例如在廚房內貓要吃到放在桌上的魚，按踏板反應肯定不會奏效，而事實上貓也不會這樣做，因為環境指示牠有另外的行為可以達到目的。斯金納指出桑戴克的實驗中，貓在謎箱的環境下受訓練，而按踏板反應被良好的後果所強化，謎箱便成為引起該行為的"辨別性刺激"(discriminative stimulus)，即是說貓學會了辨別環境對行為的需要，當處身於謎箱的環境中，按踏板是適當而有用的，但當處身於其他環境，按踏板並不會有利於解決問題。如此看來，辨別性刺激就像演戲的佈景，它使舞台作好準備，幫助並指示演員演出適當的劇情。斯金納因此提出一個 S—R—S 模型，因為它更能代表真實的情況。這裏 S 代表辨別性刺激，它提示動物若作出反應 R 的話，便會得到後果 S。如果 S 是強化物，則辨別性刺激可用 S^+ 或 S^r 代表；如果 S 是懲罰物，則辨別性刺激可用 S^- 或 $S^\triangle$ 代表之。例如在學校裏，課堂對集中精神聽講的行為是 S^+，因為會得到老師讚賞；相反課堂對吵鬧搗蛋的行為是 S^-，因為會引來老師責難。所以這個三項模型(3-term model)指出，要了解及分析行為，我們不單需要知道行為帶來的後果(consequence)，同時也要知道行為出現的前因(antecedent)。

4.3.5 習得無助性

人生在世的一個主要課題，便是了解事物間的因果關係以及行為對周圍造成的影響，從而學會如何操縱及適應環境，切合生存需要，但假若一旦我們發覺這種因果關係不再存在，行為便立刻變得沒有意義，因為行為反應不能達到預期的效果。這種情況會引起一種不良的心理狀態，被稱為"習得無助性"(learned helplessness)。

最先研究這個現象的心理學家，要算是西里曼及他的同僚(Seligman & Maier, 1967; Overmier & Seligman, 1967)。他們利用一些動物作為受試者，分為兩組，首先將牠們困在籠內並使之接受電擊，不同的是第一組動物可以逃離現場，減少痛楚；而第二組動物則無論如何也出不來。經過一段時間後，兩組動物被轉移到一個新環境並參與另外一種學習，奇怪的是第一組動物很快便學會新的行為，跟普通同類的學習進度沒有分別；但第二組動物卻學習進度緩慢或甚至完全學不會，就像失去了學習的動機和興趣。這種習得無助性的表現，只能在第二組動物中觀察到，顯然是由於牠們之前所經驗到的情況使然，牠們曾面對困境而所有反應都沒有產生效果，因此嘗試和學習變得沒有意思，在新的學習環境中，由於牠們失去了學習的動機，嘗試次數自然少了，故此，成功經驗不多，以致學習的興趣更低。

習得無助性的理論可以幫助了解時下部分學生對學習缺乏興趣的現象。首先是學校的課程設計，很多都沒有考慮到小孩子的個別發展情況及不同的接受能力。課堂上，老師只會根據自己認為合適的內容及進度來教學，以便在有限的時間內把整個課程完成，所以有些已達到一定能力的學生能順利的學習，但其餘的學生卻由於智力發展較落後而未能將課程消化吸收，即使非常努力，還是事倍功半，成績越來越差。父母為了兒女成才，往往努力督促，卻使孩子更承受不了，成績並沒有進展，父母便因此加以責備，埋怨孩子沒有用功。這些學生遭受連番挫折後，對自己的學習能力產生了懷疑，認為努力也不能改善成績，每次功課及考試只會帶來懲罰的痛苦經驗，久而久之，這些學生對讀書學習失去興趣，變成了習得無助的受害者！

4.3.6 強化程序

斯金納與他的同事曾對強化方法作了詳盡的研究，並將實驗資料深入分析(Skinner, 1938; Ferster & Skinner, 1957)，得出了一些行為的基本規律。他們發現不同的強化方法對行為可以產生不同的影響，這些強化方法的規律被稱為"強化程序"(schedules of reinforcement)，其中最簡單的強化程序就是"連續強化"(continuous reinforcement)，即強化物會跟隨每次反應而來。不過，在日常生活中，連續強化的例子並不多見，例如並不是每次打電話都可以接通，反之，大部分的行為只會偶然獲得理想的結果，也就是說行為主要是受到"間歇強化"(intermittent reinforcement)或"部分強化"(partial reinforcement)所控制，因此我們本部分集中討論間歇強化方法及它們對行為反應的影響。

決定強化程序，基本上有兩種規律，其一是時間為本的，就是"時距程序"(interval schedules)，即反應需要在預先規定的時間過後出現，才會獲得強化物，反應過早出現是不會有效的：其二是反應次數為本的，就是"比率程序"(ratio schedules)，即當反應的數目達到預定的比率時，那麼滿足比率的最後一次反應會獲得強化物，這種情況下時間並不重要，比率越快完成，強化物越早出現。間歇強化程序除了可用時間及反應比率區分外，還可以用規律的可變性來區分，通常有固定(fixed)及可變(variable)兩類。

由程序的強化要求及可變性，組成了四種基本程序，研究顯示，每種程序對實驗箱中動物的行為有不同的影響，因而造成不同的反應形態(response pattern)，從累積記錄很容易辨別出來(見圖 10)。第一種常

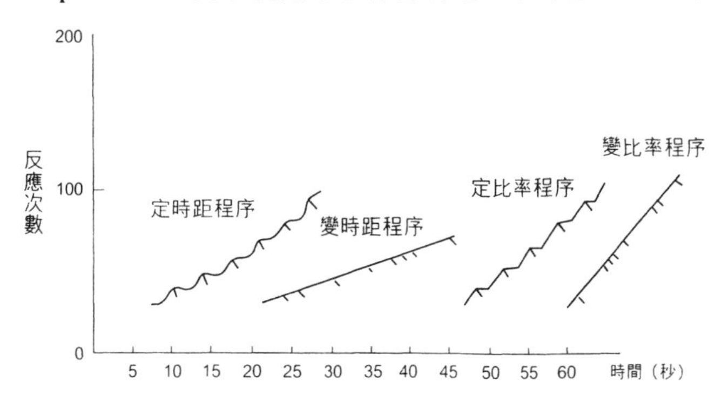

圖 10 各種強化程序所產生的反應形態。注意曲線上向下的記號表示動物獲得強化物。一般比率程序控制的反應率較時距程序爲高，反應率可由曲線的斜度決定。

用的是"定時距程序"(fixed-interval schedule)，略作 FI 程序，它規定當一段預定時間過後的第一次反應會有強化物跟隨，所需等待的時間每次相同。在以老鼠作受試對象的實驗中，假設定時距為 30 秒(寫作 F I 30 S)，即動物要守候 30 秒的時間後第一次按槓桿，食物機(food magazine)便會立刻放出一粒食物，老鼠雖然一般在 30 秒完結前已有反應，但都不能加速食物早點出現。經過定時距程序長期訓練後，槓桿反應會出現"海扇形態"(scallop pattern)，累積記錄顯示在得到食物後，動物的反應速率十分緩慢，偶爾按一、兩次槓桿，但隨着時間過去，反應會漸趨頻繁，到食物出現的時候達到最高速率。在公共汽車站候車是個定時距程序的好例子，車子是定時而來的，但候車的人會等得越來越不耐煩，經常走出路邊觀望，而觀望行為隨時間過去而增加。第二種基本強化程序為"變時距程序"(variable-interval schedule)，略作 VI 程序，它跟定時距程序差不多，只是每次獲得強化物所需等待的時間都不一樣而已。如時距值為 30 秒(寫作 V I 30 S)，則時間預定是 3 秒、45 秒、18 秒、7 秒等，每次不同，但動物仍需在時間過後反應才會獲得食物。變時距程序控制下的反應情況跟定時距程序有明顯分別，由累積記錄見到的是一條傾斜的直線，但斜度不變，這顯示動物所作的反應以穩定的速率進行。按鈕召升降機是典型的變時距程序例子，升降機到來的時間不定，使按鈕的反應不斷出現。第三種程序為"定比率程序"(fixed-ratio schedule)，略作 FR 程序，這程序要求反應的數目要達到一定數目才會獲得食物，每次如是。例如 FR50 程序，即當動物第五十次按動槓桿時，食物會立刻送出，其間若反應停止的話，對食物出現是沒有任何幫助的。定比率程序的特點是反應頻率越高，便越快得到食物。故此，較之定時距程序，定比率程序可以維持較高的反應速率，累積記錄顯示定比率程序下的反應形態最特別的地方是"強化後暫停"(post-reinforcement pause)，即動物在得到食物後不會立刻工作，但暫停片刻後便會立刻以高速反應將比率完成直到獲得食物為止。在工廠裏，有些工人需要完成一定數量的工件，才計算工資，這種計算薪酬的辦法，就是定比率程序的一個好例子。最後要介紹的一種程序為"變比率程序"(variable-ratio schedule)，略作 VR 程序。顧名思義，這種程序也是以強化反應量為目標的，不過要求的數目每次不同，這些數目的平均值便是該比率的值了。至於每次數量的多寡，已預先由實驗者決定，由變比率控制的反應，跟變時距程序一樣，累積記錄是一條斜的直線，但斜度卻更高，這表示反應以高速平均進行。賭博行為便好像變比率程序，因為賭徒不知道要下注多少次才會贏錢，因此賭博行為通常是穩定而頻密的。以上所介紹的四種基本程序中，以變比率程序所維持的反應速率為最高。

間歇強化程序除了會引起不同的反應形態外，也會對行為造成另一種效果，就是當進行消滅時，行為還能持續一段很長的時間，這種現象稱為"抵抗消滅"(resistance to extinction)的能力。若行為本來由連續強化維持的話，它抵抗消滅的能力很差，因為學習時每次反應都得到強化物，所以消滅開始後，再沒有強化物出現的情況下，反應會很快便停下來。相反，若行為學習是經過間歇強化程序的話，本來已不是每次反應都被強化的，因此就算強化物不再出現，動物在短時間內是不會察覺的，反應會如常進行，換句話說，消滅的影響力會因強化的間斷經驗而受延遲，行為得以持續較長的時間。在四種基本的間歇程序中，又以可變程序的抵抗消滅性最高，其原因是顯而易見的，可變程序由於有不可預測性，強化的要求每次不同，多次反應沒有結果卻不代表下次反應也是徒勞無功，所以行為在消滅過程中可以維持很久。

從觀察強化程序得知，不同的強化方法對行為可產生不同的影響，例如希望使行為持續平均地出現，我們只要應用可變程序作為訓練的手段便可，又若我們需要行為能夠對抗消滅作用，就算在沒有強化物的情況下仍能繼續工作，則教授該行為時採用間歇強化會比連續強化更奏效。對強化程序的認識及懂得在適當場合運用，可使教授或改變行為的工作收事半功倍之效。教師若懂得這種知識，可利用不同的方法增加學生們的學習動機和興趣，維持學習行為歷久不歇。

4.3.7 懲罰與強化

為促進學習或改變行為，除了強化程序外，有時也會應用到懲罰的方法，事實上，懲罰在減少不理想的行為方面，只要用得其法，是非常有效的。至於有人說懲罰不是好方法，收不到預期效果，大抵有兩種可能性：第一是他們曾嘗試應用懲罰但發覺並不成功，這種情況其實是由於懲罰者不懂操作式制約的一些基本原理（例如行為與懲罰間的延遲及缺乏應變性）而造成的。若給予充分的訓練，便能收到效果。第二種情況是基於人道立場的反對，這種看法卻有不少誤解，如一些嚴重弱智人士，有時會做出"自我傷害行為"(self-injurious behavior)，一般辦法並不能消除這種行為，但用簡單的懲罰便可解決(Singh, 1981)，而這正是為了人道原則，避免受害人過度傷害自己的身體。在這種情況下應用懲罰是無可厚非的。

儘管如此，大部分心理學家仍然提議使用強化辦法來改變行為，懲罰應該留待萬不得已時才用。其道理非常簡單，因為強化過程能有效地改變行為，應用起來會較順利並很少會引起不良的副作用。反之，懲罰大多利用厭惡性刺激以達致減少或滅絕行為的目標，經常帶出不可預見的結果，例如受罰者及懲罰者都容易情緒激動，繼而變成憤怒及仇恨反應。懲罰者因經常與厭惡性刺激同時出現，經古典制約的過程，自己變成了引起恐懼的 CS。試想學校裏的老師若經常責罰學生，便會建立一個可怕的形象，使學生盡量避開老師，甚至缺課逃學，那麼就算老師希望教導學生也沒有機會了。另外，嚴厲的懲罰常常用上暴力，以求使被罰者就範，但這樣很容易引致攻擊性行為(aggressive behavior)，以暴易暴，以上這些不良後果都是我們不想見到的。社會是人類共同生活的基礎，為使社會可順利運作，政府訂定了很多法律以維持治安，但不幸的是，在執行法律時，政府往往集中在懲罰破壞法紀的罪犯，而非獎勵正直守法的市民，是傾向於負面的方法。很多犯了法被判刑的罪犯，仍然繼續犯罪是有目共睹的，可見單靠懲罰來維護法紀是不全面的。政府若根據行為學的理論而執法，應在懲罰不法之徒外，也強化那些奉公守法的良好市民，如交通部希望駕駛人士遵守交通規則，除了捉拿及懲戒破壞交通規則的司機外，更可多多獎勵循規蹈矩的人，會收到事半功倍之效。你可曾見過交通警員向一些耐心等候交通燈號的司機說："先生，真多謝你遵守交通規則，剛才沒有衝過紅燈！"試想那被讚揚的駕駛者心情如何？他定會很自豪，以後更落力地遵守交通規則。

4.3.8 操作式制約的應用

操作式制約的原理雖然簡單，但我們很容易在不同的場合發現應用的實證，以下便舉出一個較為特別的例子。在第二次世界大戰期間，斯金納曾進行了一個罕為人知的嘗試：利用鴿子銳利的視覺及追踪物體的能力，製造鴿子導向飛彈。他首先利用食物訓練飢餓的鴿子啄半透明的反應鍵(response key)，而鍵上卻放映着一些將來被攻擊目的物(如敵方戰艦)的影像，經過一段時間的訓練，鴿子見到有影像的鍵便啄，沒有影像的便不會作出反應。完成學習的鴿子便可放到飛彈彈頭內的控制箱去，箱內的環境跟訓練時所用的實驗箱完全一樣，所不同的是反應鍵上的影像再不是放映出來的而是實際看到的，因為反應鍵已改用全透明的膠片製造，變成了觀景窗。當飛彈射出，飛向目的物的方向時，鴿子可從觀景窗中看到敵方戰艦的所在，便會自動向該位置啄去，而飛彈的航程會根據鴿子啄的位置而調校方位，瞄準目的物飛去，然後擊中及炸毀敵方目標。這種導向飛彈十分經濟，而且製作簡易。不過，後來因為其他原因，軍方沒有採用斯金納的鴿子飛彈，但無論如何，我們看到了實驗室內發展的技術，可以應用在不同的領域。

操作式制約的原理更可廣泛地幫助人類解決日常生活中的問題，一般離不開用以減少不適當的反應、增加理想的反應及教授新的反應等。有系統的利用行為學原理以改變反應的一門學問，就是"行為修改"(behavior modification)。現代的教育課程都有教授老師們行為修改的知識和技巧，以便能在課堂上增加學生的學習行為，改變頑皮學生搗蛋傾向及改善教學的效率等。另外，行為心理學家設計了好些課程來幫助患有輕度抑鬱症(depression)的人應付情緒低落問題(如 Lewinsohn et al. 1970)。患者除了可應用行為分析(behavioral analysis)了解抑鬱的成因，更學習記錄每日自己的情緒狀況，增加正面的生活經驗及減少負面的生活經驗等，這些步驟都有助於提高情緒，對抗抑鬱。在筆者個人的研究裏，也應用行為修改技巧來教授患自閉症兒童(children with autism)基本的社交語言，這些兒童最大的缺點就是他們不願意與周圍的人溝通，因而造成很多社交障礙。我們就曾利用食物(Leung &

Chan, 1993）及玩具（Leung, 1994）作強化物，教導自閉兒童主動向他人發問，取得自己所需要的東西，結果發現他們都可以學到適當的反應，還可以推廣到其他的方面。

參考資料

Fester, C. B., & Skinner, B. F.（1957）. *Schedules of Reinforcement*. New York: Appleton-Century-Crofts.

Leung, J. P.（1994）. "Teaching spontaneous requests to children with autism using a time delay procedure with multi-component toys", *Journal of Behavioral Education*, 4, 21–31.

Leung, J. P., & Chan, O. T.（1993）. "Teaching spontaneous verbal requests to Chinese children with autism using a time delay procedure", *Bulletin of the Hong Kong Psychological Society*, 30/31, 47–58.

Lewinsohn, P. H., Weinstein, M., & Alper, T.（1970）. "A behavioral approach to the group treatment of depressed persons: A methodological contribution", *Journal of Clinical Psychology*, 26, 525–532.

McGuire, R. J., Carlisle, J. M., & Young, B. G.（1965）. "Sexual deviations as conditioned behavior: A hypothesis", *Behavior Research and Therapy*, 2, 185–190.

Overmier, J. B., & Seligman, M. E. P.（1967）. "Effects of inescapable shock upon subsequent escape and avoidance learning", *Journal of Comparative and Physiological Psychology*, 63, 23–33.

Seligman, M. E. P., & Maier, S. F.（1967）. "Failure to escape traumatic shock", *Journal of Experimental Psychology*, 74, 1–9.

Singh, N. N.（1981）. "Current trends in the treatment of self-injurious behavior", L. A. Barness（Ed）, *Advances in Pediatrics*, vol 28. Chicago: Year Book Medical Publishers.

Skinner, B. F.（1938）. *The Behavior of Organisms*. New York: Appleton-Century-Crofts.

Thorndike, E. L.（1898）. "Animal intelligence: An experimental study of the association processes in animals", *Psyychological Review Monograph*, 14, 271–303.

Thorndike, E. L. (1991). *Animal Intelligence: Experimental Studies*. New York: Macmillan.

Watson, J. B., & Raynor, R. (1920). "Conditioned emotional reactions", *Journal of Experimental Psychology: General*, 3, 1–14.

5
動機

梁展鵬 • 香港中文大學心理系高級講師

“志乎此，則念念在此而爲之不厭矣。”

—— 朱熹《論語集注》

“未動而能動者，理也；未動而欲動者，意也。”

—— 朱熹《論語集注》

“志是公然主張要做底事，意是私地潛行間發處。志如伐，意如侵。”

—— 朱熹《論語集注》

5 動機

香港有一位男單車好手，曾在幾年前他的顛峰時期，贏取了 100 多面獎牌；也曾多次代表香港到外地參賽而獲獎。因此，他得到了體育界及社會人士的愛戴及尊敬，他就是洪松蔭。但他的成功卻得來不易，是經過很多挫折和犧牲換來的。洪松蔭幼時喪父，母親靠自己一人的力量撫育幾個孩子成長，偏偏洪松蔭自小不愛讀書，卻獨對騎單車(見圖 1)特別有興趣，有空便與朋友四處遊玩，更把所有的零用錢儲蓄起來，目的是從外國訂購一部先進的單車。他熱愛單車及冷落學業的情況引起家人的不滿，尤其是母親，經常對他加以責備，並對他的前途感到擔憂。不過，洪松蔭並

圖 1　單車手爲了參加比賽花了不少精神時間來鍛煉，他們的行爲是受甚麼推動的呢？

沒有因這些阻力而放棄，他還與幾位志同道合的朋友組成單車隊，參加不同的比賽並獲得優異的成績。就這樣，他開始了他的賽車手生涯。洪松蔭沒有唸完中學，便離開學校到社會工作，但每當比賽來臨時，他便向老闆請假，若不獲批准，他寧願辭職，待比賽完畢後再重覓新的工作。他對單車運動的狂熱由此可見一斑！

很多人會問究竟是甚麼力量驅使洪松蔭對單車運動如此投入，他歷經千辛萬苦也要這樣做的背後有甚麼原因呢？那驅使他這樣做的原因稱之為"動機"(motive)。心理學家相信，行為不可能在真空裏出現，每種行為都有它的原因。例如人們穿衣服的動機可能是為了保暖，也可能是為了外表更漂亮；有些人吃東西為了填飽肚子，有些卻因為喜歡食物的味道。如果有的人做了一些行為，卻說不出因由的話，我們可能會推斷他精神有點問題了。

廣義地說，心理學的主要課題就是了解及研究行為的來源及其出現的原因。若是知道這些原因，便可以解釋行為、預測行為甚至控制行為。在這一章裏，我們會討論有關動機的一些基本概念，然後利用以上的例子介紹不同的動機理論，最後會深入探討幾種主要的動機(motives)及它們對日常行為造成的影響。以下的討論中，有不少的研究資料是由動物實驗而來，其原因有三：第一，動物研究較易控制，避免了很多不必要的干擾，因此可以較客觀地進行觀察，實驗結果會更可靠。第二，人類和動物有很多共通的地方，尤其是高等動物(如猿類)，更是所差無幾，故從動物觀察研究得來的結果，可為了解人類行為提供寶貴資料。第三，動物本身也可以是主要的研究對象，讓我們能更深入明白動物的行為基礎，從而加以控制利用，最終造福人類。

5.1 動機是甚麼？

5.1.1 基本概念

如要科學化地研究心理學，我們必須首先假設行為本身是有規律的，而它的出現背後一定有其原因。如果行為只是隨機發生，毫無規律，那麼它不可能被預測，也就不能接受科學研究了。心理學家就是基於這個信念，提出每種行為都應有其原因或動機。"動機"是一個創造出來的概念以包容觀察到的行為現象，利用它來解釋行為的誘因、方向及強度，心理學家研究動機時也都是從這幾方面入手的。例如進食或與之有關的行為，誘發的因素主要是飢餓(hunger)，這種動機不但驅使了該行為出現，還決定其方向，引領動物到有食物的地方去。飢餓的程度也影響了行動的強度，動物越餓，走向食物或找尋食物的速度會越快，將食物吃進肚子裏的速度也會越快。不過，動機有很多種，它們可能引起不同的行為；另一方面，同一種行為也可能由不同的動機所引起，因此要了解動機如何影響行為，並非想像中那麼簡單。

究竟動機從哪裏來呢？不同的理論對這個題目的理解差異頗大。到目前為止，雖然沒有一個理論可以圓滿地解釋所有的現象，但每種理論卻各有優勝的地方，符合一些特別的行為現象，故此認識每種理論的論據基礎，對明白行為動機將有莫大的幫助。下面將會介紹幾個主要的動機理論作為參考，為了容易說明，我們以單車手洪松蔭的例子加以印證，且看不同的理論如何解釋他熱愛單車運動背後的動機，由此也讓大家看到各種理論的不足之處。

理論上，一個動機(motive)不一定立刻影響或引發行為，因此，阿特金森(Atkinson, 1964)把動機分成兩個層面，即 motive 及 motivation。雖然這兩個字的中文翻譯同為"動機"，但意義上並不一致：motive 所指是隱藏的傾向，而這個傾向是可以有個別差異的；motivation 則是指激發的 motive，隱藏的傾向轉化成行為的情況，那就是說，當有適當的刺激出現時，motive 才會激發起來推動行為，變成 motivation。本章中使用的"動機"可作為 motive 或 motivation，讀者看本文時可從文意中領略得到。

5.1.2 動機理論

A. 本能論："本能"(instinct)是指人和動物與生俱來的本領，以應付周圍環境的挑戰，達到生存的目的。利用本能解釋行為是最簡單不過的，我們可以說洪松蔭之所以熱愛單車是因為他有"單車運動本能"。換句話說，他生來就有這種細胞，參與單車運動自然無往而不利，並從中獲得不少獎勵，他在這方面的興趣是自然產生的而非經過學習培養出來的。如此推論"單車運動本能"既是天生的，那麼外在的因素不可能改變洪松蔭的傾向，就算因單車與家庭鬧翻及被老闆解僱，也在所不計了。不過，以本能學說解釋雖然簡單，卻有不少漏洞。首先，我們如何知道有哪些本能呢？如何量度它們呢？為甚麼洪松蔭(及其他單車手)有這種本能而其他人沒有呢？如果說所有人都有這種本能，那麼是甚麼使這羣單車愛好者比其他人更能發揮它呢？這一連串的問題都不容易以本能論來解釋。

而本能論的最大缺點，正是它太輕易解釋行為了，結果是甚麼也沒有解釋。在20世紀初，有一位心理學家麥克杜格爾(Mc Dougall, 1908)認為人的行為主要由內在的生物量——本能——所主宰，他還列舉了幾種人類的本能，包括逃生(flight)、好奇心(curiosity)及好鬬(pugnacity)等。當時很多人讚同本能說法，其他心理學家於是紛紛提出不同的本能，總數目達到6,000種！但問題漸漸出現，解釋人類為甚麼要吃飯，因為有"求生本能"，為甚麼要讀書，因為有"求知本能"，為甚麼人互相打鬬，因為有"暴力本能"，……。相信大家很快會發覺任何一種行為都可以提出一種相應的本能，那相等於給予行為代名詞，實質上並沒有說明行為的來源。由於如此的本能理論對了解行為幫助不大，近代心理學家大多放棄這種觀念，將注意力轉移到其他可能的答案上。

上述所指出的是有關本能論的一些缺點及濫用該觀念的問題，但並非全部否定本能的存在，尤其是在動物世界裏，本能行為是非常普遍的。為了生存，動物須依靠自己的能力克服環境的種種挑戰，逃避獵殺者及面對更強壯動物的競爭(見圖2)。在短暫的生命過程中，重新學習實在太花時間了，這種情況下本能提供了直接解決生存難題的答案。不過，本能是經過千萬年的進化過程才獲得的。近代研究本能行為的科學家，被稱為"本能學家"(ethologist)，他們一般都從研究生物學出身而對動物行為特別感興趣。本能學(ethology)並不期望以本能來解釋所

圖 2　動物生存需要解決很多問題，例如捕食獵物。

有行為，而是注重觀察及記錄某些與生俱來的以及同一族類共有的行為形態，並了解這類行為如何幫助動物面對生存問題。

B. 內驅力論：早於 1929 年，Walter Cannon 最先引用"內衡狀態"(homeostasis)來解釋人體為何需要維持穩定的體溫。根據這種看法，人體內各項功能如要發揮得最好，則身體內的各種物理條件及物質成分必須有一定的配合，如溫度、含水量、血糖濃度、氧含量等，都只可以在狹窄的程度上變化，若上落差距太大，會引致不適甚至死亡。身體的溫度直接支配體內的化學反應，因此要保持穩定，以免破壞內衡狀態，我們可以設想體內有不同類型的"內衡器"(homeostat)不斷監察各種變化，如遇有失衡時，便向控制中樞報告，然後進行改善。體內某種條件或物質失去平衡而需要改善或補充的話，便形成了生理上的"需求"(need)，而需求轉而產生相應的心理狀態，便稱為"內驅力"(drive)。顧名思義，內驅力可以推動適當的行為，以解決生理需求，從而消滅內驅力。例如血液內的葡萄糖(glucose)因消耗過量而降低引致內衡狀態失衡，身體對葡萄糖產生需求，信息傳至大腦後，便形成了飢餓(hunger)的感覺，那便是一種內驅力。

由於這個理論既簡單又合乎科學根據，不少心理學家便利用消除內驅力解釋行為的動機，因此行為是有目的及有方向性的。這種學說中，著名的有赫爾(Hull, 1943)提出的"內驅力消減論"(drive reduction theory)，由圖 3 可見，行為因內驅力的推動而產生，目的在於消除內驅力帶來的不適。假設行為成功地滿足了生理需求，身體便自然回復平衡，內驅力也不再存在了。內驅力消減論有個有趣的預測：若動物處於適當的環境及獲得滿足所有需求，達到全面內衡狀態的話，那麼牠便不會有任何動作，變為完全靜止。如此推論人類行為，若解決了衣食住行所有生活所需後便會停止活動，行為不會出現了，你可同意這樣的見解呢？

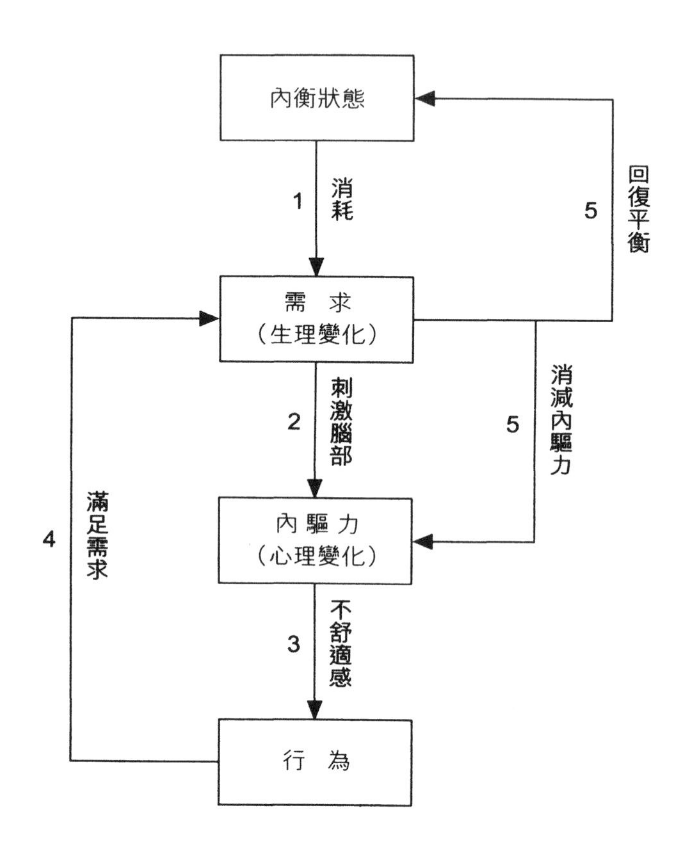

圖 3　內驅力消減理論認爲內衡狀態失衡會引起生理需求，而需求會引起一種內驅力，這種心理動力便是推動行爲的根源。解決了生理需求，身體回復了平衡，內驅力也因而得以消減。

現在，大家可能已經察覺到內驅力消減論對解釋單車手洪松蔭的行為頗為困難，因為他自幼家境清貧，長期面對溫飽問題，一般的生活需求有待滿足。按理論估計，他應該全心貫注解決基本生活問題，不應花時間和精力在那吃不飽穿不暖的單車上才是，這個事實似與內驅力消減論的預測剛剛相反。除非我們大膽假設有"單車運動需求"的存在，而這種需求更凌駕於基本生理需求之上。不過如此的假設又會犯上為行為命名（labeling）的毛病，對理解行為的來源並沒有幫助。

維持內衡狀態這種傾向，心理學家相信可以解釋某些人進行冒險嘗試，找尋刺激的行為。據"最適宜刺激論"（optimal stimulation theory），每個人各自有一個最適合自己的刺激水平，太高或太低都會產生不安，因此會致力維持這一個均衡刺激的狀態。生活太平淡時外來刺激太少，驅使人尋找刺激；相反，生活太繁忙外來刺激太多，人便會設法減少刺激的入侵，保持最適宜的刺激程度。若以這一理論分析洪松蔭對單車的熱愛，首先需要設定他天生便有較常人高的刺激水平，也即他需要比日常生活更多的刺激才足以達到他需求的平衡狀態，因此他以參加比賽來增加刺激。如此的解釋雖算合理，但他為甚麼選擇單車比賽而不是其他運動項目作為增加刺激的工具呢？這個問題卻是有待解答的。

Zuckerman（1978）發展了一個心理測驗，名為"尋覓感覺量表"（Sensation Seeking Scale 或 SSS）。它的設計是為了量度受試者對特別刺激及新鮮經驗的渴求程度，從而決定最適宜的刺激水平。研究資料顯示，尋覓感覺分數有性別及年齡上的差異。一般男性得分比女性得分為高，表示男性較女性更傾向於找尋刺激；而比較不同年紀的人發現尋覓感覺分數與年齡成反比，那就是說年紀越長分數越低，由此推斷，尋找刺激及接受新事物的傾向，會隨年齡增加而下降。

C. 誘因論：解釋洪松蔭的行為還有很多不同的說法，其中一個是他之所以熱愛單車，不斷參加比賽，是為了爭取獎牌、獎金及別人的讚賞，這些外來的事物構成了行為的誘因（incentive）。一些心理學家，如斯金納（Skinner, 1938）指出，行為不是如內驅力論所描述那樣是由身體內在的因素所推動的，身體本身只提供了反應的基礎，但引動及改變正在進行的行為卻是由外在環境控制的，這種論調被稱為"誘因理論"(incentive theory)。這套學說認為動物及人類所做的事，是為了滿足環境需要，使生命延續下去。斯金納(1938)界定了兩種誘因，一種是正面的，稱為"強化物"(reinforce)，它可使行為的強度增加；另一種是負面的，稱為"懲罰物"(punisher)，它可使行為的強度減弱。誘因論說明了為何生活於資本主義社會的人努力勤奮地工作，他們無非為了獲得幾種強力的誘因，包括金錢、地位、權力等。同樣道理，共產主義國家之所以日趨沒落，是由於社會制度裏缺乏了提供適當誘因的機制，以致生產停滯不前，人民無心工作。

誘因論表面上解答了洪松蔭熱愛單車的原因，但理由還是不夠充分。首先，洪松蔭為甚麼只選中單車作為他爭取誘因的手段呢？其實其他運動也同樣可讓他出人頭地；再者，對某些人是誘因的東西，另一些人可能完全不感興趣，即使是獎牌也並非是每個人都希望得到的。如果說每個人都有個別誘因的話，那麼理論並沒有清楚交待誘因由甚麼來決定。另一困難在於誘因難與內驅力區分開來，例如桌子上放着一塊香甜的蛋糕，你把它吃掉了，究竟這次的行為是因飢餓的內驅力還是由於蛋糕的色、香、味所導致的誘因呢？上述的種種問題，誘因論如今還不能提供圓滿的答案。

D. 需求層次論：有些心理學家認為需求是有幾個類別的，根據馬思勞(Maslow, 1970)提出的需求層次(hierarchy of needs)論指出，需求實有高低先後之分。就如圖 4 所示，需求在人的心理系統內的安排有如一個金字塔，底層由基本需求(basic needs)組成，包括生理(食物、空氣、水及性慾等)方面及安全(safety)(身體不受傷害及安全不受威脅)方面。基本需求是與生命延續有關的，所以必須要首先得到滿足，若基本需求問題得到解決，才會有暇處理金字塔中層的心理需求(psychological needs)，包括歸屬感(belongingness)與愛(love)(被人接受、羣聚及歸屬)，更上層則包括自尊(self-esteem)(成就、滿足及能力被認可)。中層的需求雖然對生存不大重要，但卻影響到生活的意義及心理健康。假如中層需求都滿足了，人會抵達塔頂，到了最高層次，這裏的需求已經超乎生理及心理層面，便是自我實現(self actualization)。

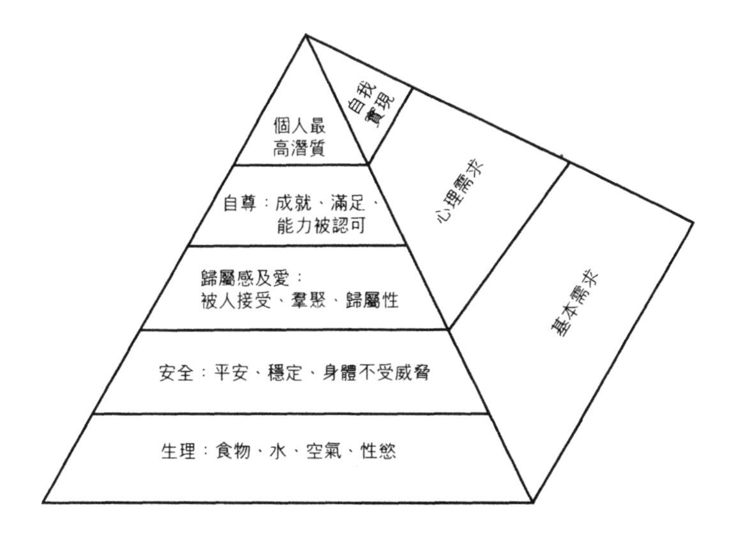

圖4　馬思勞的需求層次金字塔。底部代表基本需求，是首先要滿足的；進一部是中層需求，它們可在基本需求滿足後變得重要；在較低的需求完滿解決後，才是金字塔頂部需求，自我實現便是人類需求的最高境界。

馬思勞認為人生在世最終極的目標就是為了實現自我的使命，發揮個人天賦的潛質(potential)。

這個三層需求架構嘗試總括所有人類的動機來源，不過它並沒有解釋這些需求如何形成或如何推動行為。它主要的重點在於理解行為在不同的需求層次上所受的影響，因為需求的滿足必須順序由下而上地進行，是不可逆轉的，所以行為出現也要跟從這個次序，行為首先是為了底層的基本需求，得到滿足後才會應付第二層的需求，而最頂層的需求必須待下面的層次滿足了才會得到照顧。有一點值得注意的是需求層次論主要用來解釋人類的特有行為，並不適合用於其餘動物。我們一般都相信動物生活於基本需求的層面，牠們有沒有高層次的需求，人類不得而知。更有人相信，高層需求的精神狀態，是因為人類的大腦皮層(cerebral cortex)極度發達才出現的。動物大腦的發展遠差於人類，因此高層需求不會明顯。

需求層次理論表面上符合我們日常的觀察結果，中國人有句話說"衣食足，知榮辱"，試問兩餐溫飽未能做到的話，還說甚麼自我清高呢？但這個論調卻很容易被一些反面例子所推倒。洪松蔭的行為便是其中之一，他甘心放棄了衣食，節省了零用錢，只是為了買一部自己心愛的單車，向着賽車手的夢想前進，其他的一切似乎都並不重要。假如說洪松蔭的潛質就是單車運動的話，他的行為動機似乎由最高層開始，違背了滿足需求的次序。其實這也是馬思勞需求層次動機理論的最大弱點，我們很容易便找到更多類似的行為例子，它們都不按照理論所指定的需求次序或形式出現。

另一個受到爭議的問題是如何界定自我實現。雖然馬思勞曾經舉過一些他認為已達到自我實現的人物(例如大音樂家、美國總統等)，但這似乎指事業成功及擁有世界知名度便是自我實現的定義，而這些例子中的人物都建立了豐功偉績，要能做到這種成就，可說是萬中無一，假如要達到這個境界才可算得上自我實現的目標，便只有偉人才做得到了。這一結論跟自我滿足每個人的最高潛質的說法背道而馳，互相抵觸。至今需求層次理論還沒有對這個漏洞作出滿意的修補。

5.1.3 生理及心理因素

上面說到需求層次論着實存在不少漏洞，但它也同時提出了一些重要的觀點，就是人類的需求是多樣化的，而引起行為的動機可有不同的本質及來源，例如飢餓所引致的進食行為，主要原因是生理上的缺乏。若需求的基礎源於生理運作原理，便稱為"生物需求"(biological needs)，它們是否得到滿足，與動物的生存或身體健康有直接關係，因此又稱為"基本需求"(basic needs)。除了食物外，其他基本需求尚包括水、空氣、適中溫度等。另一方面，有些需求較難追溯到生理根源，它們似乎是經過學習及與他人交往過程中獲得的，這被稱為"羣性需求"(social needs)。這種需求類別頗多，其中包括成就(achievement)、友誼(friendship)、獨立(independence)、樂趣(fun)等需求(Murray, 1938)。

影響行為的因素可以有很多，有時候同一行為有不同的原因及多種目的，例如進食行為當然與身體爭取足夠的營養有關，但有些情況下，進食也可以是為了社交，聯絡朋友間感情而進行。所以有時要決定推動行為的動機的性質是基本需求或羣性需求並不容易。雖然行為是多動機性的，以下僅集中介紹幾種，並以行為所受到的主要影響因素加以區別，以方便理解及認識。以下介紹的包括兩種基本需求及一種羣性需求的動機因素。基本動機就是飢餓與性慾：飢餓的主要因由是身體養料減少，因此被視作生理為主的動機；而性慾由體內荷爾蒙(hormone)所控制，尤其是在低等動物世界裏，荷爾蒙的分泌直接影響性行為的出現，不過在人類而言，性慾與性行為卻同時受到社會及心理因素所影響。羣性需求方面將會探討"成就動機"(achievement motive)。它的來源並沒有明確的生理基礎，而且成就需求的強弱是因人而異，因此這種動機與基本需求不同，它是學習及經驗的成果，故了解成就動機需從社會及心理因素入手。

5.2 基本動機：飢餓

5.2.1 為甚麼研究飢餓？

一般情況下，由飢餓引起及推動的行為便是進食，而食物所提供的養料是動物生存不可或缺的。人類花很多時間在食物方面，例如製造不同款式的食品等。中國人有句話"民以食為天"，可見在中國文化裏，"食"佔有一個很重要的位置。俗語又有"日求兩餐、夜求一宿"之說，意即生活在世的重要活動，就是為解決飢餓問題，至於用甚麼手段達到這個目的卻不重要。由此可見，研究飢餓動機對了解很多方面的行為都有幫助。研究飢餓及進食行為還可以為一些與食慾有關的症狀提供解決及治療的辦法。飲食失常的病症常見的有肥胖症(obesity)(見圖 5)、消瘦症及厭食症(anorexia)等，現代社會裏不少人因患有這些病而備受困擾。

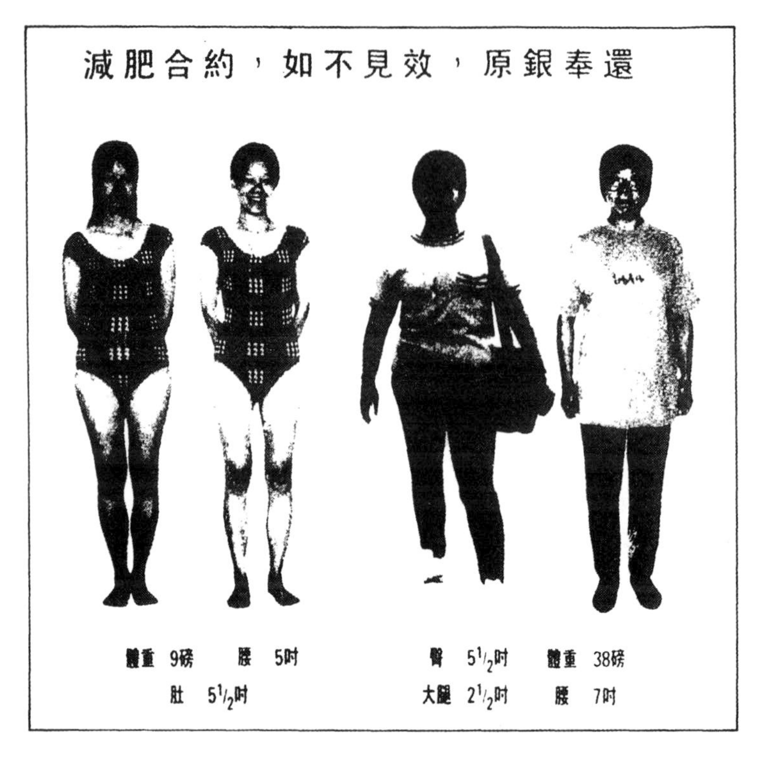

圖5 與食慾動機有關的問題很多，其中現代社會最常見的就是肥胖，不少人爲了減輕體重而非常困擾。

5.2.2 飢餓信息哪裏來？

與飢餓(hunger)剛剛相反的是饜足(satiety)，前者使動物進食，後者卻使進食行為停止。要了解飢餓動機(hunger motive)，首先要找出飢餓及饜足訊息的來源。據心理學家所知，這些訊息可以從最少兩個不同的地方發出：一是身體內各個器官，它們所發放的消息稱為¨外圍提示¨(peripheral cues)；二是中樞神經系統，其發放的消息稱為¨中樞提示¨(central cues)。心理學家相信在飢餓動機上，人類與動物該有頗多共通的地方，因此研究動物的結果，大致可反映人類的情況。以下討論的資料，便是主要用動物作為研究實驗的對象。

A. 外圍提示：在身體內與食慾有關的訊息可在哪裏找到呢？答案當然是從食道裏找了。食物進入身體時會經過很多器官，包括口部、食道、胃、腸臟等等（見圖6）。從研究結果得知，口部及食道跟飢餓感覺沒有直接關係，但口部咀嚼食物的感覺及舌頭從食物得到的味覺刺激等，都對進食的樂趣及每次食量的多寡有非常重要的影響。曾有實驗（Spiegel, 1973）將食物直接灌進受試者的食道或胃部而不經口腔，雖然那些食物都提供足夠的營養，但受試者不約而同的投訴這樣進食缺乏快感，甚至有人不久便要求退出實驗。

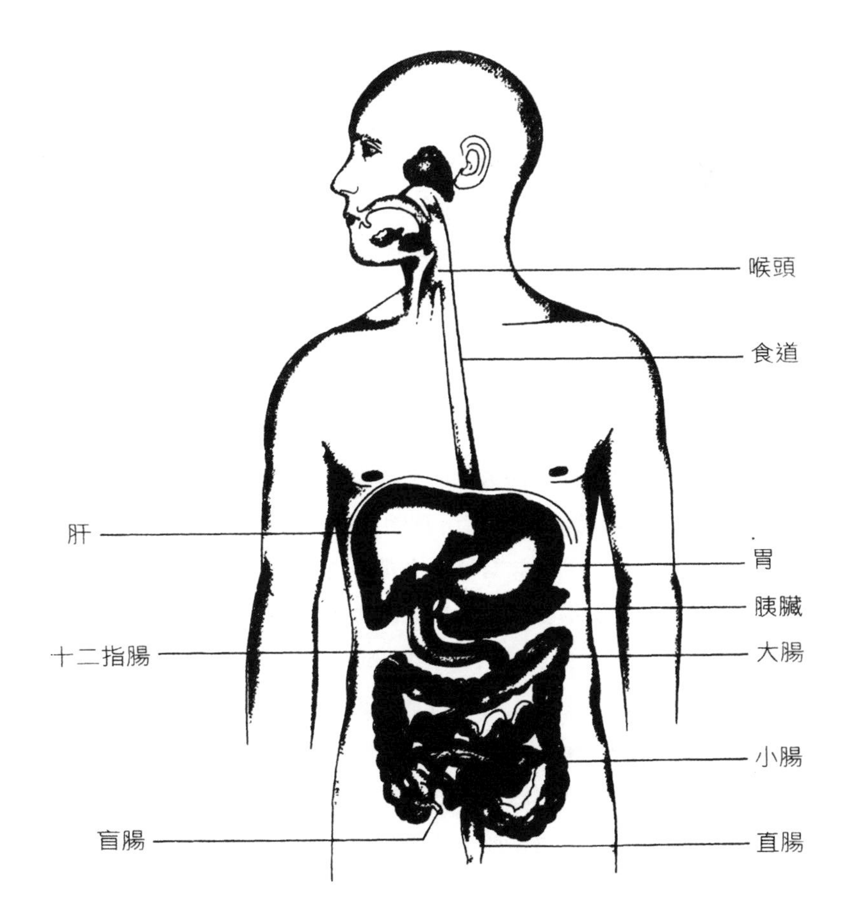

圖6 食道及各部分消化器官都可能是飢餓及飽饜訊息的來源。

食物經過了食道，便抵達胃部。胃當然是一個重要的消化器官，同時也是飢飽訊息的主要來源。胃部有迷走神經(vagus nerve)與中樞神經系統連接起來，當有足夠分量的食物進入後，胃部的脹滿所產生的胃壁擴張，便刺激迷走神經，通知大腦產生饜足感覺。相反，當胃內空虛，胃壁鬆弛，消息傳至大腦，腦內的相應組織會號令胃壁肌肉產生陣陣收縮，造成所謂"陣發飢餓感"(hunger pang)，那就是中國人所說的"腹如雷鳴"了。胃部傳出的飢飽訊息，雖然重要，但卻不是唯一的外圍提示。例如有些人因病把整個胃割除後還有飢餓的感覺，因此我們得找找其他外圍提示的來源所在。

食物在胃內完成了第一階段的消化過程後，便會被釋放到十二指腸(duodenum)內，進行第二階段的消化，並開始營養吸收過程。食物進入十二指腸後，會引起一種激素cholecystokinin 或 CCK 的分泌，有部分經由血液進入腦部，成為飽饜的訊息。現時已有不同的證據顯示，CCK 在饜足感上扮演着一個重要角色，例如從外面直接放食物到十二指腸內可引起十二指腸釋放出 CCK；假若將 CCK 注射到即將進食的老鼠體內，它們會吃得比平常少(Antin, Gibbs & Smith, 1978)。

還有另外一種外圍提示，乃經由血液傳遞，它就是葡萄糖(glucose)，也稱為"血糖"。在身體運作上，血糖的供應十分重要，因為體內的各種生理機能，都依靠血糖提供能量。因此血糖濃度必須保持一定的水平，若濃度過低，表示身體需要食物補充，即成為飢餓的提示；相反，若血糖量過高，身體便會把多餘的糖分轉化成較複雜的碳水化合物儲存起來，高濃度便成為饜足的提示。科學家發現動物的腦部及肝臟(liver)都有糖度感受器(sugar receptor)，它們無時無刻都在監察着血內葡萄糖的水平，保證身體各部分正常運作。不過血糖的提示對那些患有糖尿病(diabetes)的人卻沒有作用，他們一般是由於體內缺乏胰島素(insulin)，不能將血液內多餘的糖分轉化為可儲存物質，結果糖分經由尿液排出體外，成為糖尿。在這種情況下，病患者血液內雖然含糖量高，但身體卻不能吸收，故此他們沒有飽餐的感覺，反而經常感到飢餓，要不斷進食食物以作補充。

B. 中樞提示：其實大腦中樞神經所得到的訊息，都是由外圍系統代為收集的，而中樞神經卻負責把輸送來的資料處理分析，並使身體及心理作出相應的變化。傳送消息的主要媒介就是血液循環系統，血內 CCK 激素及糖分的濃度，中樞神經均可感應得到。但腦內甚麼地方跟食慾有關呢？

經過多年的動物研究顯示，在腦的底部找到一個組織，左右腦各一，具有控制食慾的作用，這地方名為"下視丘"(hypothalamus)，如圖 7 所示。下視丘內其實可以再細分為好幾個不同的部分，各自控制動物不同的基本生理功能，其中的"側下視丘"(lateral hypothalamus)與飢餓有關，有人把它叫作"飢餓中心"(hunger center)。實驗資料顯示，如果那裏的腦細胞受到刺激的話，可引致剛吃飽的白老鼠再次進食，但相反地，如它受到破壞，白老鼠對食物失去興趣，如果不加以特別餵飼，可能導致飢餓而死(Teitelbaum & Epstein, 1962)。

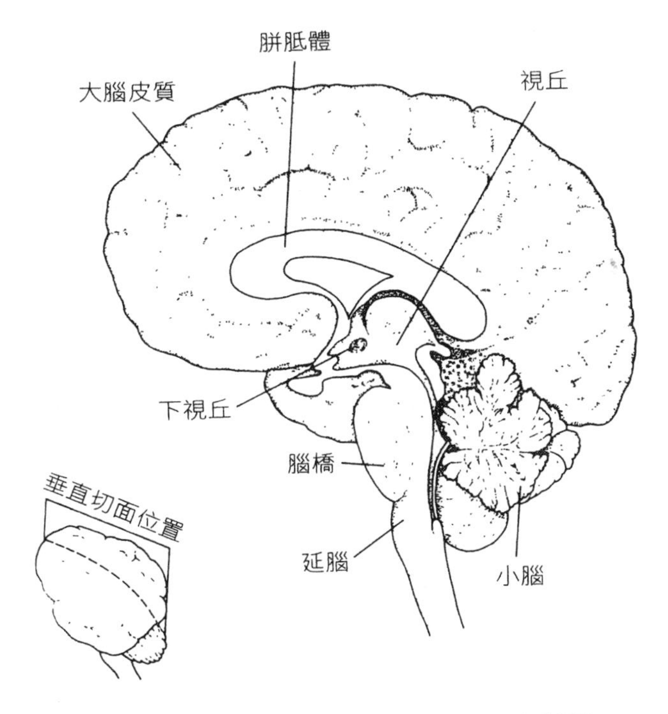

圖 7　人類頭部垂直切面圖。據動物研究資料顯示，腦部下視丘與控制食慾有密切關係。

下視丘內的另一個與食慾有關的部分位於中央底部，名為"腹中下視丘"(ventromedial hypothalamus)，它的作用與側下視丘剛剛相反，飢餓的白鼠這部分受到刺激時，它會停止進食，因而腹中下視丘也稱為"饜足中心"(satiety center)。若它受到破壞，該動物的進食習慣變得失常，進食的次數多起來，體重漸漸增加，可能達到原來體重的二至三倍時才停止下來(Friedman & Stricker, 1976)。奇怪的是這些"大食症"(hyperphagic)的白鼠雖然食量大了，但牠們對食物的質量要求甚高，如味道不好，牠們寧願不吃。

這些研究資料顯示，動物控制食慾的中樞機制最少有兩個，而側下視丘及腹中下視丘有互相制衡的作用，從而控制對食物的需求程度。新近研究結果發現中樞神經系統內還有其他部分與食慾有關。由此可推斷飢餓動機是受到各種不同因素所影響的。總的來說，中樞神經負起了監察身體內外的情況，例如血糖的濃度、CCK 荷爾蒙的水平及胃的脹滿程度等，把各種資料集中一併處理，從而有效地調節食慾動機及有關行為。

C. **體重調節**：上面談及的食慾控制，對身體來說算是短期調節，因為這些因素只決定即時應否進食，至於控制長期體重，又是怎麼一回事呢？大家只要稍作觀察便不難發現每個人的體重其實都是頗為穩定的，很少會於短期內有巨大的增減。而體重在人生不同的階段有所改變，是因為生活形式或生理機能有變所造成的，例如婦女產子後容易身體發胖。控制長期體重，除了跟短期調節有關外，顯然還有一些長期調節因素。

最重要的長期調節因素相信是遺傳(heredity)，這方面的證據大都由研究收養兒童及孿生兒童而來(見圖 8)。據近期研究(Stunkard, Harris & Pederson, 1990)所得，被收養的兒童在成長後，他們的體重與親生父母的體重有高度的相關(correlation)，但這種體重關係在養子女與養父母間卻並不明顯。另外一些研究(Bouckard, Lykken, Mcgue, Segal & Tellengen, 1990)發現，同卵孿生兒(monozygotic twins)間的體重較異卵孿生兒(fraternal twins)間的體重更加接近。基於這類資料，心理學家估計，遺傳對體重的影響程度可達 60% ，餘下的 40% 才是由環境及心理因素決定。

圖8　同卵孿生兒是不同個體而擁有完全一樣遺傳因子的，因此他們常常成爲研究環境因素對人類發展影響的主要對象。

心理因素主要跟學習有關，有些人的情緒變化(如壓力、精神緊張、抑鬱等)經過某些經驗後與食物或進食過程連上關係。在情緒影響下，他們對食物刺激(如香味、顏色等)特別敏感。有這種傾向的人可能會因心情變化而不自覺地大量進食，以紓緩高漲或低落的情緒。這種情況可在一些體重過高或肥胖的人的行為上觀察到；而普通正常體重的人在同樣情緒狀態下是不會有狂食的行徑的(Rodin, 1981)。若有了過敏的心理狀態，那麼不但對食物有超常的反應，就是與進食有關的刺激也可以引發食慾，例如食物的包裝、食肆的招牌或食物的圖片等。這就是所謂的環境因素。

其實心理因素也受到社會文化的影響，不同的社會對體型的美與醜都有一樣的定義。在一些較落後的社會裏，中非洲大陸的某些部族，族人一致認為身裁圓渾肥胖才算是美，該地的女孩子若體重太輕或瘦削甚至會找不到丈夫。此種美的觀念正好跟現代西方及西方社會形成強烈對比，西方文化(尤其是北美洲)的定義，女性身裁要纖瘦高挑才合乎美的標準，若身型超越這個標準稍遠，會使她們十分擔憂，甚至不少為此而感到自卑呢！

其實身體的本質是因人而異的，不過食物種類、飲食習慣及運動量等都可以在一定程度上左右個人的體重。為減輕體重，可以吃熱量較低的食品，避免身體將多餘的碳水化合物(carbohydrate)儲存，並變成脂肪，而充分的運動也可將剩餘的熱量或現存的脂肪消耗掉，較肥胖的人，運動量大都較正常體重的人為少。專家們都認為，注意運動及均衡飲食是保持體重，防止發胖及減肥的不二法門。

5.3 基本動機：性慾

5.3.1 爲甚麼研究性慾？

跟食慾一樣，性慾也被認為是動物(包括人類)的基本需求，它是推動行為的一種主要的動機(見圖 9)。你可曾想過這兩種動機，食慾跟

圖 9　性慾被認爲是動物最基本的需求之一，人類行爲也有不少是與兩性有關的，如求偶。

性慾，有甚麼不同的地方呢？首先它們最明顯的差異在於進食的結果可增加身體的能量(energy)，而性行為卻令身體消耗能量。相信進食可補充能量，性行為卻耗用體力，很多人並沒有留意到。原來性行為的進行是十分劇烈的運動，據不正式的估計，就人類而言，一次的性接觸所用去的體力，可比擬跑幾公里的路！除了能量的增減外，這兩種的動機對動物生存的意義也有差別，進食對個體(individual)生存是必要的，否則動物的生命便會因缺乏能量補充而停頓，不能運作。然而，個體卻不會因沒有性行為而死亡，例如在人類世界裏和尚和尼姑們是可以修身不存慾念及不進行性交的。不過，性慾對某些動物，尤其是較高等動物整個種族(species)的存亡意義重大。假設有一品種的貓不會進行交配的話，那麼這一代死去後便不會有下一代，這種貓便絕種了。

在中國人的社會道德規範裏，性慾是個不應公開討論的題目，更有不少人把它視為"禁忌"(taboo)，只可意會而不可言傳。但另一方面，性慾是一種非常強烈的動機，它可以影響及推動動物各種行為。故此，了解性慾動機對研究動物以至人類的行為有很大幫助，事實上，現今的人類社會，不少人在性方面存有很多疑難，被情慾問題所困擾。心理學家探討性慾及其有關的現象，例如性別的決定、性別行為的基礎、遺傳與環境的相互影響等，對了解這種動機是十分有用的。

5.3.2 影響性慾及性行爲之因素

性行為的模式及性伴侶的選擇當然與動物本身的性別有關。一般情況下，遺傳基因(genes)決定了動物出生時應有的性別。在圖 10 中顯示，人類細胞核內有 23 對染色體(chromosomes)，其中一對為性別染色體，男的呈 XY 狀而女的呈 XX 狀。這對染色體內的決定兩性特徵的基因，它們在動物體內於適當的時間合成不同的性激素(sex hormone)，改變生理結構，藉此顯現基因攜帶的遺傳訊息。

性激素主要有兩種作用。第一，它控制動物體內組織的發展，使動物的生理結構符合它原來的遺傳性別。第二，性激素也負責引發(activate)性行為，控制行為的強度及時間性等(Frankel, 1988)。性激素可分為兩大類，就是雄激素(androgen)及雌激素(estrogen)。雖然激

(a)
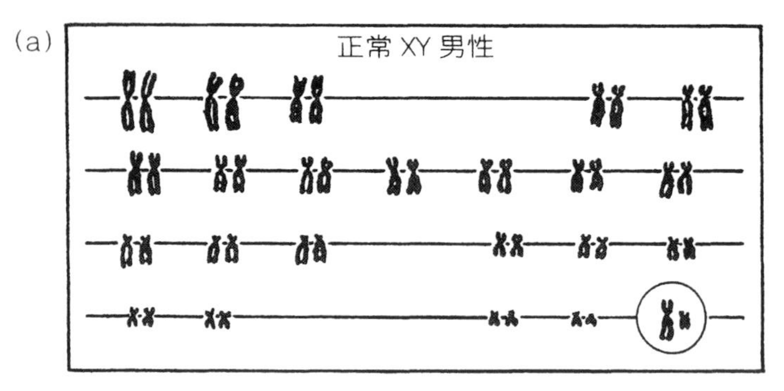

(b)
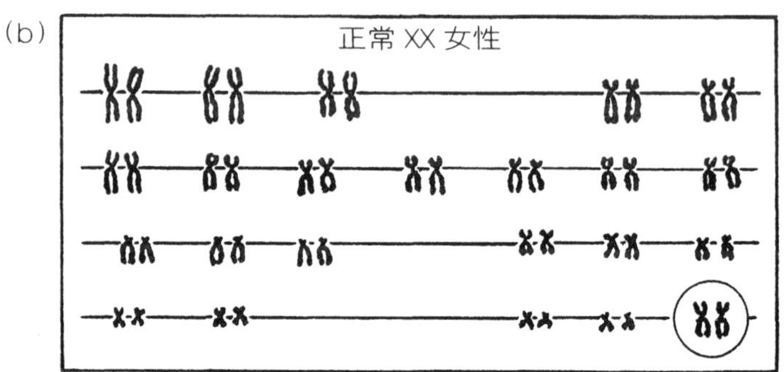

圖 10 人類基因圖。人類共有 23 對染色體，其中一對(XY 爲男，XX 爲女)內的基因決定了性別特徵。

素有雄雌之分，但它們都同時存在於雄性及雌性動物體內，只是雄性動物以雄激素為主，而雌性動物卻以雌激素為主而已。

性激素的第一種作用在於身體上的性別結構，影響非常深遠，但它的工作早在胚胎(embryo)發展初期已經開始了，涉及部分包括了內外性器官及生育組織的形成。通常雄性組織的發展需要有足夠的雄激素出現才能完成，但雌性組織卻不需要雄激素分泌。在人類的發展中，青春期的生理轉變也是經雄激素來操縱的，男性在發育期間睪丸會增加雄激素的分泌，引起第二性徵出現(如聲音變成低沉雄渾及面上長出胡鬚等)；女性這期間並沒有增加雄激素，因而雌激素得以控制變化，使女性特徵出現(包括胸部的發育及盤骨的擴張等)。

性激素的第二種作用發揮於控制性行為。這個作用對較低等的動物來說更為明顯，就實驗用的白鼠而言，牠們的性行為便純粹取決於激素的存在與否及分泌量。雌鼠的卵巢(ovary)每年定時分泌一次雌性激素，引起動情反應，以配合卵子排出。在這段雌激素活躍期間，雌鼠才願意接受雄鼠的接觸並與之交配，導致成孕，但年中其他時間，雌鼠不會接受交配，也不能懷孕。雄鼠的情況卻有點不同，牠們整年都保持性活躍，原因是睪丸(testes)經常分泌雄激素，並保持一個頗穩定的水平，但不論雌雄，若沒有了激素(如雄鼠被切去睪丸或雌鼠失去了卵巢)，白鼠便會立刻喪失性能力，牠們不但不能生殖，就是對性行為也全不感興趣。這類資料清楚顯示出低等動物的性行為主要決定於激素，其他因素(如學習)相對而言並不重要。

那麼較高等的動物在這方面又怎樣呢？人猿類如猴子及猩猩的性行為，較少受到激素的影響。如果猴子剛出生後便被分隔，不許與其他同類一起生活的話，它長大後會在交配上遇到不少困難，雖然激素分泌一切正常，但它卻不懂與同類相處，對其他猴子的性挑逗會作出不適當的反應(Harlow, 1971)。由此可見，在人猿類動物來說，性行為及生殖活動並不是只受激素所控制，羣居的經驗也十分重要。

談萬物之靈的人類，激素對性行為的影響更少，學習及經驗變成非常重要的因素。一個正常的男人若不幸因病切除了睪丸，體內的激素水平降低，但他仍然會對異性感興趣，不會因此而斷絕性慾：女性的性行為也不受月經週期(menstrual cycle)所支配，原則上她們在週期內的任何時間都可保持性活躍及對性交感興趣。人類性慾主要基於主觀思想控制，某些人(如修士、修女、和尚及尼姑)可以選擇終生摒除慾念而不影響生活其他部分。人類的性行為也不會因體內激素增加便自動出現，而性行為進行時也沒有一個先天預定的次序才能完成，事實上，很多人第一次面對性伴侶時都會感到束手無策，不知如何開始。這裏指出人類性慾與性行為主要被學習、經驗及主觀心理因素所控制，而激素只有輔助的作用。

如上述性行為除了受激素左右外，在高等動物來說，環境及經驗都十分重要，根據有名的猿類行為專家哈洛(Harlow, H. F.)的觀察研究，猿猴並非天生便懂得如何進行交配活動，牠們需自小與同類嬉戲並從中習得適當的動作及姿勢，成長後才能完滿地交配成孕，達到傳宗接代的目的（Harlow, 1971）。如果猴子出生後便被隔離飼養，那麼牠長大後與同類相處將有很大困難，就交配而言，這類猴子往往表現出不知所措，不能配合性伴侶的姿勢，以致錯誤百出，成功受孕的機會不大。

至於人類的性慾表現，受環境、學習及主觀心理狀態影響的程度更甚於猿猴。例如在學習問題上討論的古典制約（classical conditioning）過程，便相信與某些不當的性興奮現象有關（Rachman & Hodgson, 1968）。如有戀物狂傾向的人，可能過往曾在面對着某些物體（如女性內衣）的情況下達到性高潮（orgasm），這個經驗可能使該物件成為一個條件刺激（CS），成為將來引發性慾興奮的象徵。學習以外，人類性行為還受社會因素的左右。一般以中國文化為基礎的社會會較為保守，把"性"視為禁忌，大眾壓力不允許公開討論，否則會遭受白眼和指責。正因為這些無形的約束，令這個題目蒙上了一層神秘色彩，就是父母也羞於向兒女解釋一些基本現象（如發育期身體的變化、月經及夢遺等），以致青少年無法得到正確的性觀念及知識，遇到性方面的疑難也得不到適當指導，由於生理及心理需要，年青人可能自行從不同途徑尋找答案。然而不幸的是，不少資料的來源並不可靠，例如色情雜誌、報紙和電影之類，因而被錯誤引導，建立起不正確的觀念，結果影響了正常身心發展，造成不良後果。既然人類性行為與學習關係密切，那麼我們應讓兒童有機會從正當途徑以及有系統地得到這方面的知識，故此有必要在學校設立性教育課程，從而向學生灌輸性慾及有關問題的正確觀念。

5.3.3 同性戀

人本來就有很多類型、性格及行為傾向，而性慾及性行為也不例外，不同的人對同樣的性刺激的反應可以是完全相反的。近年相當熱門的話題要算是同性戀（homosexuality）了，問題是有這種傾向的人是否正常呢（見圖 11）？前面已經指出社會道德規範對性行為有非常嚴格的約束，而一般人都認為異性戀（heterosexuality）才是正常的。其中原因之一，異性戀被認為是絕大多數的行為模式，不遵照這個模式而行的人

圖 11 同性戀成爲近年一個熱門話題，究竟他們 / 她們是否正常呢？

被認為不正常，因而大部分社會人士把同性戀視為畸型，甚至認為本性失常的人才會有此行徑，更認為同性戀者是自選歧途。但科學研究(Bells & Weinberg, 1978)卻發現有同性戀傾向的人佔總人口的比例比想像中多，他們除了性伴侶取向有異於一般人外，其他方面(如性格、智慧、職業、學歷及社交等)卻找不到明顯差別。因此，不少學者開始認同同性戀是天生的一種傾向，就像有些人天生用左手一樣，與個人的選擇並無一定關係，也不是當事人可以自我控制的。因此，¨美國精神科學會¨(American Psychiatric Association)早在 1973 年已將同性戀從精神病系列中刪除，以說明同性傾向並非神經錯亂的一種。不少先進的西方社會經已將法律修改，使同性戀合法化，英國就是最早通過此種法例的國家之一。中國人社會，包括中國大陸、台灣及香港對這方面還未能接受，要改變這種固執思想及傳統文化信念相信還需一段頗長的日子。不過，若同性戀在我們社會裏可以合法化的話，相信會對社會整體和諧有所幫助，對同性戀者來說，可以消除罪惡心理，過正常人的生活而不致受到社會的歧視。

5.4 社際動機：成就動機

5.4.1 成就動機是甚麼？

現代的商業社會，老闆對工作水平要求甚高，盡量增加生產效率以使業務蒸蒸日上：在個人方面則務求達到最優越的成績，建立個人事業或專業基礎。這種態度已成為今日文明社會所推崇的態度（見圖 12）。

圖 12 社會上有些人的成就動機比其他人要高，他們也因此在事業上有非凡的成就。

心理學家認為勤奮努力的工作、爭取成績及做到最好等行為是由相應的動機所引發推動的，這種動機被稱為"成就需求"(need for achievement)。它被心理學家分類為社際動機(social motive)，是因為它須經過羣體接觸而發展出來。社際動機有很多種，常聽到的包括"權力需求"(need for power)及"羣聚需求"(need for affiliation)等。這裏會集中討論成就動機，藉此說明社際動機的性質和量度方法。

成就動機與基本動機(如飢餓和性慾)不同的地方在於它較難追溯到明顯的基本需求或內驅力，與生理變化沒有關係可尋。學者們相信成就需求是在社會生活的過程中習染得來的，並直接影響日常處事態度及工作的積極性。據 Atkinson & Birch (1978)提出的看法，成就動機其實是兩種慾望混合的總和："成功希望"(hope of success)及"失敗懼怕"(fear of failure)。成功希望高而失敗懼怕低的人才可算得上有成就動機；反之，低成功希望加上高度失敗懼怕的人便算缺乏成就動機了。

5.4.2 量度成就動機

怎樣才知道有高成就需求呢？麥克萊倫(McClelland D.)是位非常知名的研究成就動機的心理學家，他認為成就動機既然是一種不自覺的力量控制着人的行為，因此需要應用投射式的測驗(projective test)來量度。投射式測驗的目的，旨在發掘受試者埋藏於"潛意識"(subconscious)裏的意慾。測驗時受試者並不知道其真實目的，這樣可避免其他想法干擾被試者的真情流露，研究人員便從所得到的行為反應分析，以尋找及了解潛在的意識和行為傾向。一個頗常用的方法就是通過"主題統覺測驗"(Thematic Apperception Test 或 TAT)來收取資料(見圖 13)。測試過程及所用材料非常簡單，首先給受試者看一張主題模糊的圖畫，然後就所聯想到圖畫的內容寫成一個簡短的故事或描述圖內所發生的事情。之後，研究人員把這些故事內容加以分析，找尋有關成就及成功的主題和句子，越多這樣的內涵反映該被試者的成就動機越強。麥克萊倫及有關工作者(McClelland, Atkinson, Clark & Lowell, 1953)指出，假設一個人的潛在意識有成就傾向的話，他(她)寫出的片

圖13 主題統覺測驗會應用的一類圖片，你看了上圖會立刻想到甚麼呢？

段內容及字句應充滿了成功、苦幹、完成任務及成功滿足感等這類的主題；反之，成就動機低的人，他們故事中應不易找到有關成功創業之類的描述。

例如受試者描寫一個男孩在發白日夢的圖畫，假如故事內容是關於他如何想着將來成為一個有成就的醫生、律師或經理，又或者他在思索解決數學難題或面對某些挑戰的話，作者便可得到高分數，反映出他(她)潛意識中有強烈的成就傾向；假如故事只是描寫男孩正在想着一些日常的生活問題，午餐吃甚麼或如何約女朋友外出的話，作者可得的分數會因而偏低，顯示缺乏成就動機。

但值得注意的是TAT乃是一投射式測驗，它跟同類型的測驗一樣存在着不少問題。第一，它的"效度"(validity)是有疑問的，TAT量度成就動機，其真確性建基於潛意識的存在及它的內容可以被看圖寫作辦法發掘出來。但是，人是否有潛意識一向是心理學上備受爭議的題目，時至今日還未有定論。就算真的可以證實潛意識的存在，如何查看或掌握它裏面隱藏的資料並沒有一個公認可行的辦法。另一個問題是有關TAT的"信度"(reliability)。進行評閱受測者的故事時，大多依靠主觀判斷，有時由一位評閱員估量的結果很可能跟另一位量出的結果有所差異，因而資料的可靠性便成問號了。解決這問題的做法是徵用兩位或以上的評閱員，並預先給予足夠訓練，且需訂出清楚的評分標準，務求使相互間評閱結果的差異降至最低。除了評閱的信度外，結果在時空上的穩定性也是受關注的問題之一，即在今天收集的資料會否經過一段較長時間後再收集時，仍然保持不變或相差不遠呢？這種信度是投射式測驗不易保證的。不過，TAT的效度雖有不足之處，但至今仍沒有其他更理想的方法衡量成就動機(及其他社際動機)，所以它暫時仍是最多人採用的量度工具。

5.4.3 成就動機對行爲的影響

由理論推算高成就動機的人會有特別的行為表現，他們會找尋具有挑戰性的工作或事情，難度卻是中度的，因此能力範圍可以做到。另一方面，失敗懼怕高的人則會傾向於選擇太容易或太困難的事件，這樣，易辦的事沒有失敗機會，而太難的事失敗了卻有藉口。兩種情況都不會威脅個人自尊，可以避免失敗時的不快經驗。

為印證以上的預測，Atkinson & Litwin (1960)曾用小朋友進行了一個有趣的實驗，即受試者參予投環遊戲，把一些藤環向前投擲，以能套上遠處的一條直立的木柱為得分，不過投擲距離由受試者自行決定。實驗者有興趣的並非他們能投中多少個環而是每人所自選的投擲距離與事前所量度了的成功希望以及失敗懼怕間的關係。結果發現，成功希望高的受試者多選擇中度距離，而投中的機會有四成左右；相對地，失敗懼怕高的受試者選了極遠的或極近的距離，投入機率變得很低或非常高。由此可見這兩種傾向可以決定人的成就動機及影響做事的態度行為。

另外，就算是"智力商數"(IQ score)相同的人，高成就動機者比低成就動機者更為進取。成就動機高的人其學業成績較同輩出色(Atkinson & Raynor, 1974)，離開學校到社會工作後，這些人的事業發展也會更勝一籌(Crockett, 1962)。研究又發現，動機強度可與選擇職業產生密切關係。麥克萊倫(McClelland, 1965)發現低成就動機者挑選的工作大都傾向於較少需要冒險和不用做獨立行政決策的，如教員、文職工作等，但有高成就需求的人卻選擇有機會自我發揮的位置，如推銷員及自我顧用，他們的工作需要自行做判斷，而成功與否決定於自己的行動和工作。

雖然高成就需求使人工作積極進取，有助事業的發展，但它也有些缺點。有證據顯示，這種傾向的人往往把所有事情當作挑戰，他們認為每件事都應該做到完美，因此他們可能變成"工作狂"(workaholic)。為了保持工作水準，不斷努力，沒有機會讓自己鬆弛下來，以致精神緊張，生活於壓力之中，甚至會因此患上潰瘍(ulcer)症。

5.4.4. 成功懼怕

成就動機對行為的影響，其中一個決定因素是性別。研究結果指出，社會傳統思想向來不鼓勵女性在事業上取得成功和女性不需要有上進心，如她們的事業方面有所成就便會變成他人談論、竊竊私語甚至歧視的目標。Horner (1972)指出這種價值觀所產生的無形壓力，使不少女性學會如何避免成功或畏懼做到高職位，也使不少女性刻意否定自己的能力及應有的成就。

雖然現代中國社會，如中國大陸、台灣及香港等都湧現一些獨當一面，與男性於事業上並駕齊驅的女性，但所佔比例仍然不多，究其原因，部分是由於中國人社會仍然存在重男輕女的封建思想。一般父母自小鼓勵男孩子爭取上進，獨立決斷；相反，女孩子被注重灌輸另一些傳統女性思想，包括順從、文靜、謙虛及家庭觀念。傳統文化認為男孩子需負起養妻活兒，供給家庭所需的擔子，所以必需接受教育，以求將來可建立事業，為家庭提供充裕的生活條件。另一方面，女孩子被認為最適合留在家中，相夫教子，做個好主婦，因此無需接受太多教育，更談不上甚麼事業了。這種看法並非只限於中國社會，思想先進的西方社會(如美國)，女性也會碰到同樣的情況(Frieze, Parsons, Johnson, Ruble & Zellman, 1978)。很多西方女性若想在事業上取得成功要付出一定的代價，因為身為女強人便要準備接受男同事或其他男性的孤立及排擠。有些女性為了追求家庭生活或受男士們歡迎，往往裝作懦弱無助，表示缺乏能力做大事或放棄力爭上游的機會。雖然我們的社會風氣在不斷改變，已越來越開明，男女也日趨平等，但若要徹底把這種根深蒂固的傳統思想改變，相信還需要在教育和宣傳方面多加努力。

5.5 結語

研究動機的目的是為了了解行為背後的原因，例如內驅力可引致的基本動機決定一些求生行為如進食、性慾反應及自我保衛反應等，這些行為都可能是身體對生理需要所產生的反應。但基本動機行為的強烈程度卻常常受到生理以外的因素所左右，例如食慾及飢餓感覺最容易說明此點。我們有時到酒樓餐廳去吃東西，並非因為肚子真的餓了，而是由於其他外在的情況使然，如食物的色、香、味的吸引，牆上時鐘指示吃飯時間到了、朋友邀請、情緒變化等等。顯然，生理需求只是決定進食行為的部分原因，而內驅力消減並不足以解釋所有行為及動機所在，其他外在或內在的因素亦非常重要，如誘因的牽引、學習經驗、情緒起落、主觀知覺之類都足以推動或引發行為。若要完全解釋及預測行為，心理學家還需繼續努力發展一套簡單而全面的動機理論，它要能兼顧各種不同因素和解決現存理論所面對的難題。

參考資料

Antin, J., Gibbs, J., & Smith, G. P.（1978）. "Intestinal satiety requires pregastric food stimulation", *Physiology & Behavior*, 20, 67–70.

Atkinson, J. W.（1964）. *An Introduction to Motivation*. Princeton, N. J. Van Norstrand Reinhold.

Atkinson, J. W. & Birch, D.（1978）. *An Introduction to Motivation*. New York: Van Norstrand.

Atkinson, J. W. & Litwin, G. H.（1960）. "Achievement motive and test anxiety conceived as motive to approach success and motive to avoid failure", *Journal of Abnormal and Social Psychology*, 60, 52-63.

Atkinson, J. W. & Raynor, J. D. (Eds.) (1974). *Motivation and Achievement*. Washington, DC: Winston.

Bell, A. P., & Weinberg, M. S. (1978). *Homosexualities: A Study of Diversity among Men and Women*. New York: Simon & Schuster.

Bouchard, T. J., Jr. , Lykken, N. T., McGue, M., Segal, N. L., & Tellegen, A. (1990). "Sources of human psychological differences: The Minnesota study of twins reared apart", *Science*, 520, 223-228.

Cannon, W. B. (1929). "Organization for physiological homeostasis", *Physiological Reviews*, 9, 339-431.

Crockett, H. T. , Jr. (1962). "The achievement motive and differential occupational mobility in the United States", *American Sociological Review*, 27, 191-204.

Frankel, M. T. (1988). "Sex difference", D. F. Bjorklund (Ed.), *Children's Thinking: Developmental Functions and Individual Differences*, 285-299. Pacific Grove: Brooks/Cole.

Friedman, M. I., & Stricker, E. M. (1976). "The physiological psychology of hunger: A physiological perspective", *Psychological Review*, 83,401-431.

Frieze, I. H., Parsons, I. E., Johnson, R. B., Ruble, D. N., & Zellman, G. L. (1979). *Women and Sex Roles: A Social Psychological Perspective*. New York: Norton.

Harlow, H. F. (1971). *Learning to Love*. San Francisco: Albion.

Horner, M. S. (1972). "Toward an understanding of achievement: Related conflict in women", *Journal of Social Issues*, 28, 157-175.

Hull, C. L. (1943). *Principles of Behaviour*. New York: Appleton-Century-Crofts.

McClelland, D. C., (1965). "Achievement and entrepreneurship: A longitudinal study", *Journal of Personality and Social Psychology*, 1, 380-392.

McClelland, D.C., Atkinson, J. W., Clark, R. A., & Lowell, E. L. (1953). *The Achievement Motive*. New York: Appleton.

McDougall, W. (1908). *An Introduction to Psychology*. London: Methuen.

Maslow, A. H. (1970). *Motivation and Personality*. (2nd ed.). New York: Harper & Row.

Murray, H. A. (1938). *Exploring in Personality*. New York: Oxford University Press.

Rachman, S., & Hodgson, R. J. (1968). "Experimentally induced 'sexual fetishism': Replication and development", *Psychological Record*, 18, 25–27.

Rodin, J. (1981) "Current status of the internal-external hypothesis of obesity: What went wrong?" , *American Psychologist*, 36, 361–372.

Skinner, B. F. (1938). *The Behaviour of Organisms*. New York: Appleton-Century-Crofts.

Spiegel, T.A. (1973). "Caloric regulation of food intake in man", *Journal of Comparative Physiological Psychology*, 84, 24–37.

Stunkard, A. J., Harris, J.R., Pederson, N. L., & McClearn, G. E., (1990). "The body-mass index of twins who have been reared apart", *The New England Journal of Medicine*, 322, 1483–1487.

Teitelbaum, P., & Epstein, A. N. (1962). "The lateral hypothalamic syndrome: Recovery of feeding and drinking after lateral hypothalamic lesions", *Psychological Review*, 69, 74–90.

Zuckerman, M. (1978). "Sensation seeking", In H. London & J. E. Exner, Jr. (Eds.), *Dimensions of Personality*. New York: Wiley.

6

記憶與認知

陳烜之 • 香港中文大學心理系教授
李玉繡 • 香港中文大學心理系講師

“意以先言，意然後形，形然後思，思然後知。”

——《管子•心術》

“博學而詳說之，將以反說約也。”

——《孟子•離婁下》

“若以聞見爲心，則止是感得所聞見。亦有不聞不見自然靜生感者，亦緣自昔聞見，無有勿事空感者。”

—— 張載《語錄鈔》

6
記憶與認知

對人類智慧的本質及其運作的研究是心理學中一個重要的領域，這個領域就是認知心理學(cognitive psychology)的研究範疇。在這一章裏，我們會介紹認知心理學中幾個基本的題目。我們首先會談到的是"記憶"。到底人是如何儲存許許多多的資料和訊息呢？究竟記憶包含怎樣的心理機制？這些在記憶一節中都會談到。

人除了有存量驚人的記憶之外，還會運用記憶中的資訊進行複雜、多樣化的思維活動。所以在記憶之後，我們接着要談的就是與思維關係非常密切的"語言"，以及語言使用的心理歷程。語言是人類所能進行的一種非常特殊的認知活動。有了語言，人們可以突破時間、空間的限制，將思想、情感、經驗和智慧加以傳遞和累積，並發展出非常興盛的文明。因此，語言使用的研究對了解人類心智活動具有非比尋常的意義。

在最後一節中我們會談到的是"解決問題"。在日常生活中，我們經常會面對各式各樣的問題，解決問題需要運用知識、經驗和智慧。換言之，在解決問題的過程中，思維運作扮演着非常關鍵性的角色。心理學家如何研究這個題目？在解決問題的過程中有哪些重要的現象和歷程？這些在解決問題的部分，都會一一介紹。

附註：本文的文稿及圖表製作工作是由香港政府大學及理工撥款委員會之研究資助局(Research Grants Council of Hong Kong)提供作者的研究經費所支持。

6.1 記憶

大部分心理學家將記憶分為"短期記憶"及"長期記憶"。在本節裏，我們將先介紹短期記憶的特徵及儲存形式；接着討論長期記憶的組織及分類；第三部分討論記憶的提取及遺忘。並不是所有的心理學家都同意把記憶分為短期與長期兩個部分，所以在最後一部分，我們將介紹其他有關記憶的看法。

6.1.1 短期記憶

短期記憶有兩個特徵。首先，訊息在短期記憶中通常只能停留數秒至數分鐘，在這幾分鐘內，這些訊息可能進入長期記憶或被遺忘；短期記憶的另一特徵是它具相當有限的容量。心理學家用記數廣度作業(digit span task)或者記憶廣度作業(memory span digit)來測量短期記憶的容量。在這類作業中，當主試者唸出一串數字或文字後，受試者被要求唸出相同的數字或文字，受試者所能唸出的最多字數即為他的記憶(或記數)廣度。根據心理學家 G. A. Miller (1956)的研究，我們可以儲存 5 至 9 個訊息在短期記憶中。若我們善用已具有的知識，通常可以克服短期記憶容量的限制。我們不但可以利用既有的知識來幫助我們記住更多的單位的訊息，同時可以因此而增加每一單位所儲存的訊息量。

另外，一個有關短期記憶的重要問題為短期記憶的儲存形式。Conrad 在 1964 年發表的研究中指出，訊息是以語音的形式儲存在短期記憶中。在這個研究裏，每個測試中他給受試者呈現 6 個字母，結果發現當受試者回憶有錯誤時，他們傾向回憶發音相似的字母，例如把 B 記成 P 或 V，把 S 記成 X。事實上，這類語音相似字的混淆普遍發生在測驗短期記憶的作業中。這類發現顯示，語音為短期記憶儲存的形式之一。

短期記憶有時也會以視覺方式來儲存訊息。這時，刺激所有有關"形"的物理特徵都會被保留下來，例如大小寫、字體等，但若記憶的是語文材料，視覺的訊息很容易會被語音的訊息所取代。說明這個現象最好的例子為 Posner 和 Keele (1967)的研究。在他們的實驗中，當受試者要判斷兩個字母是否為相同的字母時，如果這兩個字母相隔的呈現時間少於 2 秒，則全部大寫的相同字母(如 A・A)會判斷得比一個大寫一個小寫的相同字母(如 A・a)快，這是因為受試者在 2 秒之內仍使用視覺的訊息來作判斷。若兩個字母相隔的時間超過 2 秒時，則判斷 A・A 是否為相同的字母與判斷 A・a 是否為相同的字母並無不同，這時因為受試者已經不靠視覺的訊息而是靠語音的訊息來作判斷。當依賴語音的訊息時，A・A 的判斷並不會比 A・a 的判斷快。

除了語音和視覺的訊息，短期記憶也可以儲存語意的訊息。心理學家（Wickens, 1972）發現，在不同的測試中，呈現給受試者同一類的項目，例如全屬動物時，受試者的正確回憶率會隨着測試的增多而下降，但若在受試者的正確回憶率下降後，呈現其他類別的項目，如傢具，這時回憶率會明顯的提高，這個現象稱為"前向干擾釋放"(release from proactive interference)。當呈現同一類事物時，受試者的回憶將受到混淆或干擾，新的類別出現時這個干擾便會消失。這個研究顯示改變語意會影響短期記憶的表現。由此推論，短期記憶必定也儲存語意的訊息。在以中文為材料的研究中(Zhang & Simon 1985)也顯示出語意在短期記憶中佔有重要的地位。

6.1.2 長期記憶

與短期記憶比較起來，長期記憶有兩點主要的不同：首先，長期記憶的儲存容量可以說是無限的，你可以不斷存入訊息；其次，長期記憶可以長久的儲存訊息。

長期記憶不但能儲存龐大的訊息，所儲存訊息的性質和功能也不完全相同。因此，有些心理學家認為長期記憶並非單一的系統，而是由數個不同的記憶系統所組成，其中最基本的分類是將長期記憶分為陳述式記憶(declarative memory)和程序式記憶(procedural memory)，而陳述式記憶又可進一步分為語意記憶(semantic memory)和事件記憶(episodic memory)。

陳述式記憶是指對事實或事件本身內容的記憶，例如字義、概念、人名或某事件發生的地點、日期及內容等；而程序式記憶指的是記得如何實際去執行某個動作或技能，例如，騎腳踏車、打球、繫鞋帶等。以打棒球這個運動為例，對棒球規則的記憶屬於陳述式記憶，而能夠執行擲球、揮棒等動作技能則是由於程序式的記憶。由這個例子我們也可以看出，儘管心理學家作了這個區分，事實上很多活動同時涉及這兩類記憶。

有證據顯示程序式的記憶較為原始、基本，在許多較低等動物身上也可以發現。例如，心理學家可以經由古典制約的程序而使某些低等動物產生條件化反射動作。陳述式的記憶則涉及較複雜的歷程，只發生在較高等的動物身上（Winograd, 1975）。

支持將記憶分成陳述式和程序式兩類的證據主要來自失憶症（amnesia）病人，這些病人由於腦傷而造成記憶的喪失。他們主要的症狀為某一部分的陳述記憶嚴重受損，因此在再認及回憶等記憶的測驗上表現很差，但他們的程序性記憶卻與一般人無異。例如這些病人仍記得如何駕車，但卻不記得剛發生過的事。又如若讓他們練習鏡描作業（mirror-tracing task, 見圖 1），他們可以和一般人一樣，隨着練習而速度變快、錯誤率降低，但他們會不記得曾做過或曾練習過這個作業（Squire, 1987）。

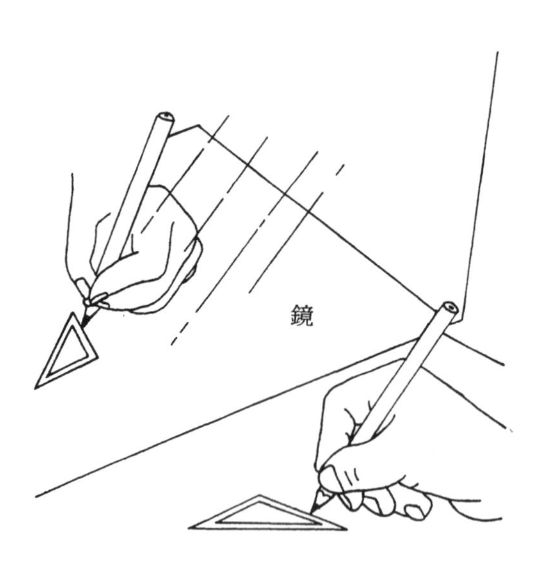

圖 1　鏡描作業

陳述式的記憶又可進一步分成語意記憶及事件記憶。語意記憶指對一般知識的記憶，這類記憶不涉及你在何時、何地獲得這個知識。例如你知道學校是甚麼，筷子的用途如何，這些知識並不涉及特定的時間、地點或你個人的經驗。事件記憶則與個人經驗有密切的關聯，記憶的內容同時涉及事件發生的地點、日期及其他相關的個人經驗。譬如你昨天看了一場電影，這時成功的回憶包括的不只是記得看電影這件事本身，也包括何時、何地、與誰一起看等一些相關的個人經驗。又如在回憶的記憶測驗中，你若能成功的回憶某個項目，你必須能區分這個項目是在實驗室裏由實驗者在某個時候呈現給你的，還是由他處獲得這個訊息的。這時測驗的是你的事件記憶，但若測驗你筷子的用途，答案是否正確並不會因為你在何處何時及如何獲得這個知識而有差別。簡言之，事件記憶與語意記憶的差異一如自傳和百科全書的不同。

失憶症病人喪失的為事件記憶，而非語意記憶。這個證據支持了陳述式記憶分語意記憶和事件記憶的看法。

除了以上所討論的，長期記憶包含數個不同的記憶系統外，另一個長期記憶的重要特色為：長期記憶是有組織、有系統的，而非儲存一堆零散、彼此無關連的訊息。如此一來，長期記憶中龐大的訊息才能有效的運作及被提取。在以下的討論中，我們將介紹長期記憶中的概念是如何組織及數個有關知識系統組織的模型。

長期記憶中的訊息是採階層式的組織方式，以下的實驗支持了這個看法。在這個實驗中，受試者閱讀如圖 2 的材料，這些名稱可以如圖 2 所示組織成四個階層。有一組受試者閱讀組織成四個階層的材料，另一組受試者閱讀隨機呈現的材料；接着，所有的受試者須將這些名稱回憶出來，他們可以任何的次序回憶。結果發現前一組的受試者回憶得遠比後一組受試者好（Bower, 1970），可見階層式的組織方式可以促進記憶。基於這一類的發現，許多心理學家對我們如何組織長期記憶中的訊息提出一些模型。

Collins 和 Quillian 是最先提出這類模型的心理學家。根據他們的模型，儲存在長期記憶中的字彙及概念互相連結成一個複雜的網絡系統，如圖 3 所示。這個網絡系統以節點（nodes）來代表字彙或概念，它

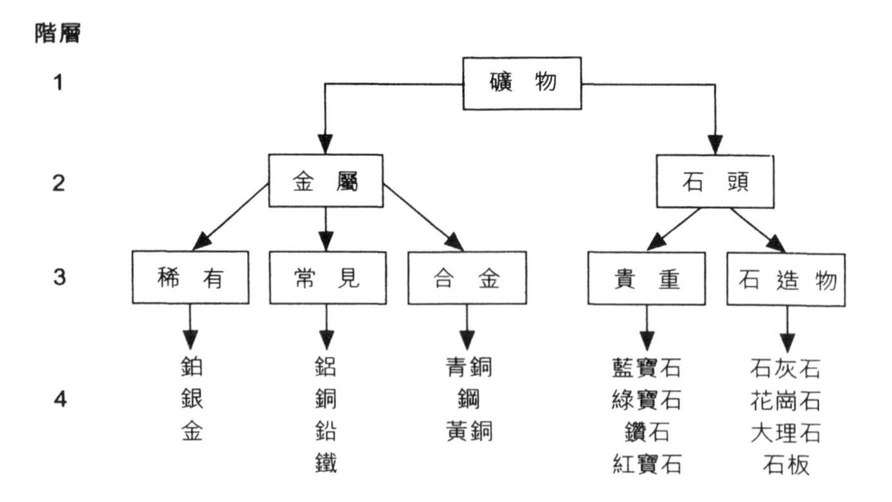

圖 2　礦物的階層式組織（譯自 Bower, 1970）

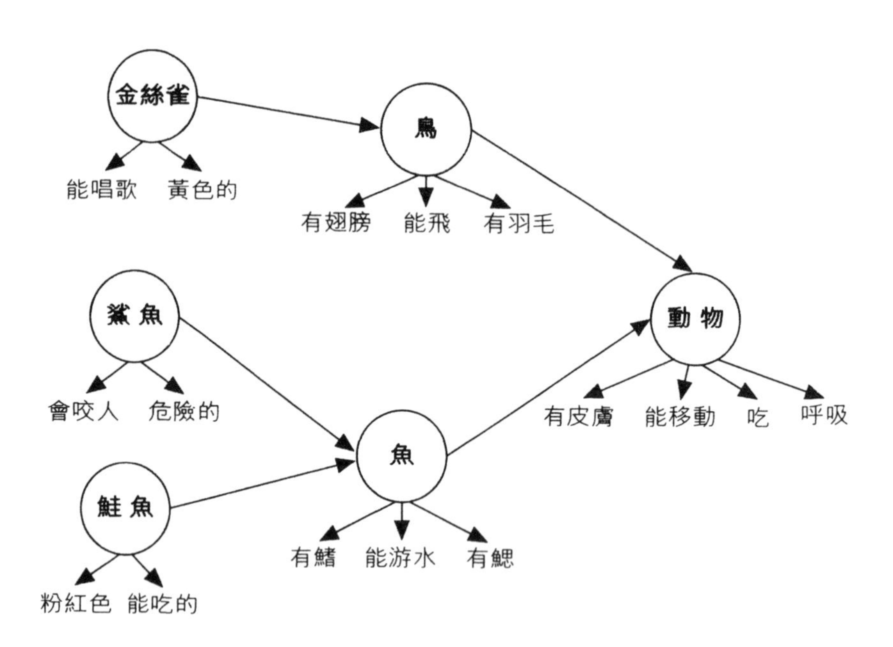

圖 3　長期記憶中的網絡系統（譯自 Collins 與 Quillan, 1969）

們之間的連接關係則以直線(lines)或箭頭(arrows)來表示。我們的知識系統透過這些節點和直線形成一個階層狀的結構，在這樣的語意階層結構中，任何一個概念(譬如知更鳥)都儲存在另一個較高階層的概念下(如鳥)，而這個較高階層的概念上面可以又有一個更高的階層(如動物)。每個概念或節點底下會儲存着該概念所具有的屬性，例如在鳥底下，儲存着"有翅膀"、"有羽毛"等等的屬性(Collins & Quillian, 1969)。

這個模型在解釋人類記憶系統的運作時，遭遇許多困難，其中最明顯的是模型中沒有考慮在同一個階層的各個成員會有不同程度的典型性。例如，在鳥這個概念下面的各種鳥並非完全相對等，麻雀為較典型的鳥，而雞和企鵝則較不典型，該種不同可以反應在受試者作判斷時的反應時間上，判斷麻雀是否為鳥會較快。Collins 和 Quillian 的階層模型並沒有辦法解釋這個現象。但這個問題的產生促成了蔓延激發模型(spreading activation model)的發展。

根據蔓延激發模型，知識網絡儲存着語意的關係，而這個關係的強弱以連接二個節點的線段來表示，如圖 4 所示。線短表示語意上的關連性強，而線長表示關聯性弱。在這類模型中最重要的概念為蔓延激發的概念，一旦其中一個節點被激發(例如受試者看到紅色這個字)，這個激發會蔓延到其他的節點上；激發蔓延的程度隨着距離的增加而變小。換言之，較遠處的節點(如"日落")所被引起的激發程度較小，而相距較近的節點(如"火")，會受到較大的影響。

這個模型可以用來解釋語意促發效果(semantic priming effect)的實驗發現。在典型語意促發效果的實驗中，實驗者給受試者呈現一個字母串做為目標項，受試者須盡速判斷這個字母串是否一個正確的英文字，如 DOCTOR；或不是，如 NORDE。分析"是"的情況下受試者的反應時間，發現若在目標呈現之前，呈現一個語意相關的促發項(primer)如 NURSE，則這個促發項會對受試者在判斷目標項是否為真字時，具有促進的效果，換言之，受試者可以較為迅速的作判斷。這是因為促發項被激發後，這個激發的效果會蔓延到其他語意相關的字，包括目標項，所以對目標字可以做較快的判斷。

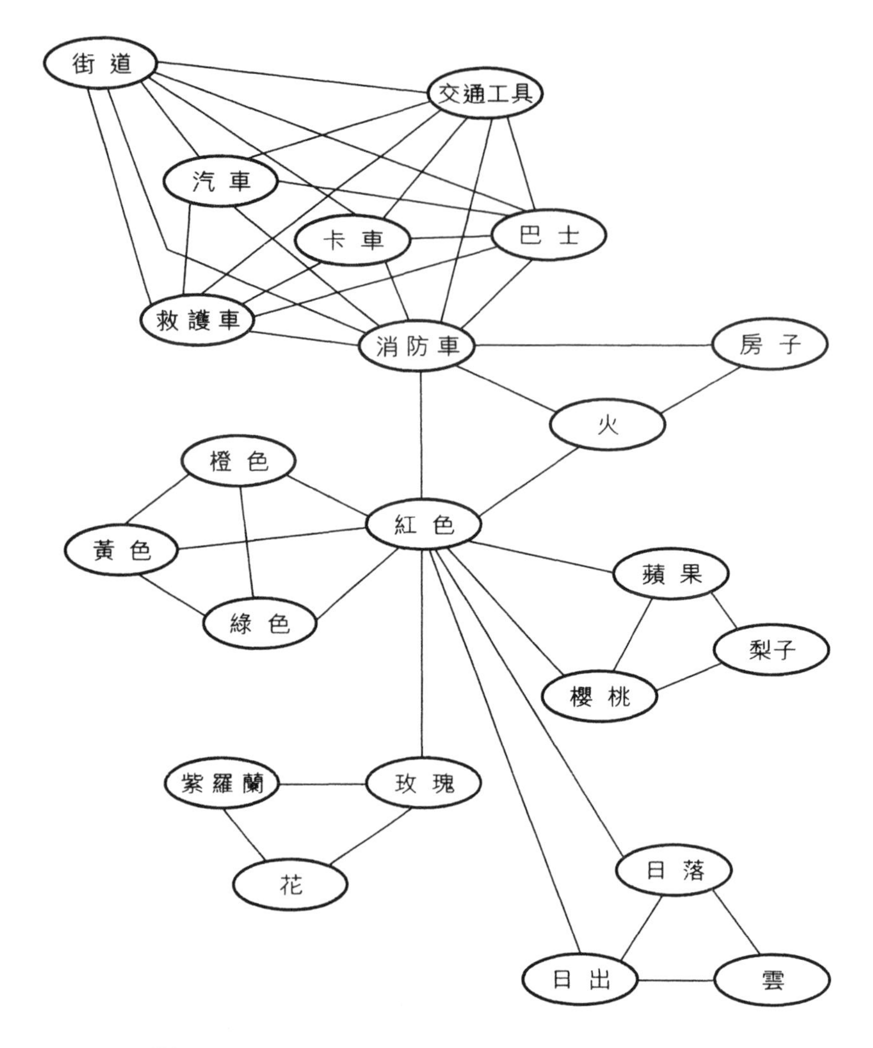

圖4　蔓延激發模型的一個例子（譯自 Collins 與 Loftus, 1975）

長期記憶中的訊息是有系統、有組織的。然而，無論是短期記憶或長期記憶中的訊息，我們要能夠成功的提取，才能變成有用的訊息，供我們利用。在下一節裏我們將討論記憶中的訊息是如何被提取的及提取失敗的原因有哪些。

6.1.3 記憶的提取與遺忘

訊息從短期記憶中被提取的方式，可能有兩種：第一種方式是，短期記憶中的訊息可以全部以立即而不費時、不費力的方式被提取；第二種方式為，我們一個一個的提取短期記憶中的訊息，因此提取的訊息愈多，所須的時間愈長。直覺上，我們似乎以第一種方式來提取短期記憶中的訊息，但心理學家 Sternberg 認為我們的直覺不見得正確。他設計了一個記憶搜尋的作業來探討這個問題。在這個作業的每個嘗試中，主試者呈現 2 至 7 個字母給受試者，在這些字母消失後，接着呈現一個字母(測驗項目)，受試者須判斷這個字母是否曾出現在先前呈現的字母羣中。實驗者記錄測驗項目出現至受試者作反應之間所須的時間。結果發現這個時間會受到字母羣大小的影響，當呈現多個字母時反應時間較長，較少字母時反應時間較短。Sternberg 認為這個結果顯示我們是序列的，一個一個的提取短期記憶中的訊息(Sternberg, 1967)。

當訊息提取失敗時便產生遺忘。通常我們可以將訊息一直保留在短期記憶中，只要訊息的數量不超過一定極限，而且我們在不斷的進行覆誦(rehearsal)的工作。覆誦不但可以將訊息保留在短期記憶中，更可以讓某部分的訊息進入長期記憶。但當我們不能進行覆誦的工作時，對短期記憶會造成甚麼影響呢？在 Peterson 和 Peterson(1959)的研究中發現，當受試者無法在刺激項目出現之後，回憶之前進行覆誦時，他們的正確回憶率會急速下降。

對上述回憶率變差的現象，有兩種可能的解釋：第一種解釋認為這是由於記憶痕跡的消退(decay)所致，就如同人變老後的記憶逐漸消失，是一種由於時間引起的自然現象；第二種解釋認為記憶變差是由於新的項目對舊的項目產生干擾或替代所致。目前一般的看法是，這兩個因素都是造成短期記憶遺忘的原因，但第二個因素影響較大。

至於長期記憶遺忘的原因，可從訊息的獲得、儲存及提取三方面探討。在這三個步驟中的任何一個步驟產生問題，都會造成遺忘。

根據固化假說(consolidation hypothesis)及 Hebb (1949)對記憶歷程的主張，新獲得的訊息需要經過一段時間的固化歷程才得以長久的保存下來。若這個歷程受到電擊、撞擊或藥物的干擾，記憶痕跡無法形成，便產生遺忘。例如逆退性失憶症(retrograde amnesia)的病人不記得意外發生前一陣子的事，便是由於未固化的記憶受到干擾所致。

訊息成功的儲存在長期記憶中之後，遺忘仍可能由於訊息間的互相干擾而產生。我們可能在回憶某個項目時，錯誤的回憶成其他項目，例如把廣東省記成廣西省，這就如同文書處理員在找某個資料時，找錯了位置。干擾的產生可以有兩個方向：首先，可以是過去的經驗對目前記憶的干擾，這類干擾稱為"前向干擾"(proactive interference)。例如以前任女友的名字稱呼目前的女友便是由於這一類的干擾所致。另一類是新經驗對回憶過去事件的干擾，稱為"後向干擾"(retroactive interference)。例如你新學的廣東話，干擾你以前學的福建話。

就算訊息已經成功的獲得並儲存在長期記憶中，若我們無法成功的提取，仍會產生遺忘。事實上，大部分時候訊息提取失敗是造成長期記憶遺忘的原因。此類遺忘就如同你要在圖書館裏尋找某一本書，書是在某個書架上的某處，但你缺乏足夠的線索去找到它。特別是我們已經提過，長期記憶可以容納龐大的訊息，因此更容易造成訊息提取的費時、困難甚至失敗。

訊息提取困難的經驗，可由"舌尖現象"(tip-of-the-tongue phenomena)來説明。舌尖現象是一種訊息呼之欲出卻無法明確回憶出來的經驗。你頗為確定你知道答案，但就是無法在此時此刻回憶出來，當有足夠的線索時，你可以很快的回憶出該項目。

總結長期記憶遺忘的原因有：儲存的失敗、干擾的產生以及線索不足或不當而造成的提取失敗。要能成功的回憶某訊息，必須同時克服這三方面的困難。

6.1.4 其他對記憶的看法

將記憶分成長期與短期兩個階段的看法，雖然提供了一個了解人類記憶系統的有用架構，但並不是所有的心理學家都支持這個看法。Craik 和 Lockhart (1972)認為支持這個階段論的證據並不充分，其中如短期記憶的容量實際上有很大的變異；長期記憶的消退率也隨着材料有很大的不同。因此，短期記憶與長期記憶的區分並沒有如理論上所言的那麼清楚。

隨着這類問題的產生，目前有些心理學家對記憶系統的組織提出了新的架構。有別於階段式的記憶理論，新的看法認為所謂的短期記憶是記憶系統中活躍(active)的那部分，訊息在此被分類、操弄及組織：而長期記憶則為那一部分沉寂(dormant)的記憶。換言之，所謂的短期記憶不再被視為一個暫存訊息的貯藏室，而被視為是記憶中工作(working)的部分。這部分記憶受限制的不在它的容量而在它的處理能力，而我們在同一時間內所能進行的認知活動是有限的。

在這新的理論架構下，Craik 和 Lockhart (1972)提出了處理層次(levels of processing)的觀念。根據這個看法，記憶是否能長久的儲存端賴開始時記憶材料被處理的深淺而定。形的處理(如判斷大小寫)及語音的處理(例如判斷是否包括某個韻)屬於較淺層次的處理，而概念的處理(如判斷是否屬於某類事物)則為較深的處理。訊息被處理的層次愈深，則愈能被保留下來。

概括而言，有別於將記憶分成不同階段或不同儲藏室的看法，新的理論架構強調造成記憶的不同在於訊息處理方式的不同。如入碼時處理方式的差異、提取時線索的不同等。

在以上的討論中，我們所提及的記憶測量方式，不外是回憶、再認等外顯式(explicit)的記憶測量。在這類的測驗中，受試者必須有意識地提取過去某一特定的經驗，但事實上，訊息的提取過程可以不需要是有意識或外顯的。用心看看圖 5 的碎片字(word fragment)，你是否可以認出是甚麼字？如果受試者曾事先看過一些字，其中包括這個碎片字的答案，他們則可以較容易認出是甚麼字。在這個例子中，受試者並不是有意識地去回憶某些特定的訊息。事實上有些研究顯示，在再認或回憶的測驗中，受試者並不記得看過這個字。這種有別於再認或回憶等的記憶稱為內隱性記憶(implicit memory)。這方面的記憶研究，目前受到很多心理學家的重視。

對受試者在外顯性與內隱性記憶測驗上的不同表現，心理學家們有兩類主要的看法。有一類看法強調這兩種記憶涉及不同的處理歷程

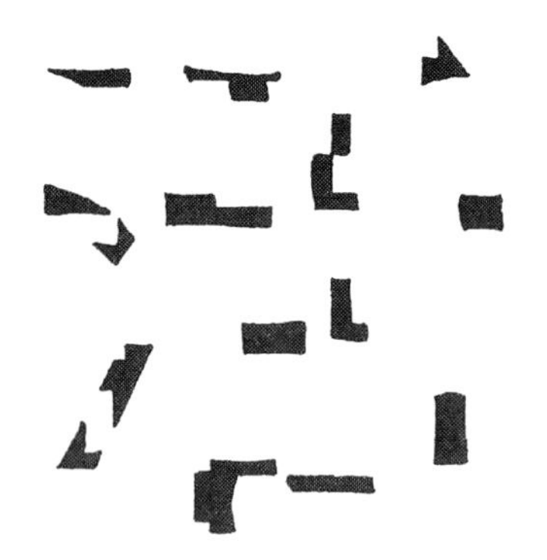

圖5 一個碎片字的例子

(Jacoby & Dallas, 1981)。根據這一類的理論，內隱性記憶通常依賴知覺上的識別(perceptual identification)；而外顯性記憶則依賴概念的提取。在概念導向(concept-driven)的外顯記憶中，受試者會自己引發一些細緻化及組織記憶材料等認知活動，這些活動可以促進他們的記憶表現。相反的，在資料導向(data-driven)的內隱記憶中，記憶的歷程受到材料本身的知覺訊息所引導，如熟悉度會影響內隱記憶的表現。又例如，與外顯記憶比較，變換訊息呈現的形態(modality)會對內隱記憶造成較大的干擾(Richardson-Klavehu & Bjork, 1988)。

6.2 語言

人有許多複雜的認知能力，而其中最突出的和普遍的一種就是語言文字的使用。

有了語言和文字，我們可以將豐富、抽象、複雜的思維和情緒，以及各種感覺用比較精確的方式表達，超越時間和空間的限制與其他人交流、溝通；也可以將思想、情感，記錄下來，讓我們有整理、提升、去蕪存精的機會。因為人有語文，所以可以將經驗、知識、和智慧加以累積，刺激新知的產生，使得人的物質和精神文明可以發展、成長、日新月異。

語文的使用如上所述，在人類日常的知識、訊息處理活動中扮演着十分重要的角色，但成為心理學中非常受到重視的研究題目則是因為一個更重要的原因：它與思維有極密切的關係，而且反映了複雜的心智活動和認知歷程。因此從表面上看來，數學的學習和使用所需的心理機制似乎比較複雜，其實不然，從電腦的發明和應用上可以看出，現代的電腦可以用來運算相當複雜的數學問題，但是直到今天，世界各國的電腦學者和人工智能專家投入了大量的時間、財力、物力，希望在電腦上發展出適用的自然語言理解系統，成效卻仍然非常有限，所有的成效比起普通學前兒童對語言的掌握也仍有極大的差距。由此可見，語文的使用包含了超乎想像的複雜機制和歷程。

6.2.1 語言的共同特徵

本節要談的是人類語言的一些共同特徵。

一、語言的指稱和參考性：

人類使用語言來描述世上的事物，為不同的事物命名，並使用這些名稱做為概念的指示及參照。一般來說，為事物命名是相當任意的：名稱和所代表的事物之間通常沒有系統或固定的關係。換句話說，我們稱呼鞋子為"鞋"而不是"筆"或是"金"，而美國人稱之為"shoes"，也並沒有甚麼特別的道理。在動物的溝通系統中，雖然也有類似為事物以某種特定的信號命名的情形，但卻對實物與特定信號同一對待。譬如說，猿猴看到有威脅性的動物(如老鷹、豹子)會發出不同的叫聲示警(Marler, 1967)，但是見到真的老鷹和聽到代表"老鷹"的叫聲所引起的是相同的反應，這顯示與人類語言的指稱和參考性有極大的差異。

二、語言的結構和規律性：

上面談到語言的任意性，但是語言也有它規律的一面，這指的是語言的結構。人類的語言邏輯性強，有相當嚴謹的組織和結構：隨便哪一種語言都可以用其中較小的單位以系統的方式組成較大的單位。比如說一般的語言中可以用音素(語音的最小單位，phoneme)組成詞素(意義的最小單位，即 morpheme)，而詞素可以構詞，詞可以形成詞組和造句。這也是在動物的溝通系統中見不到的特質。

三、語言的生產和創造性：

由於人類語言有系統嚴密的組織，因此可以用有限的小單位組成無限數量的大單位，從而表達人類豐富、多樣化的思維和概念，這就是語言的生產和創造性。在某些動物的溝通系統中，科學家觀察到具體而微小的組織，譬如，蜜蜂在發現了某個地方有花蜜之後，會回到蜂巢用特定的舞蹈表達目標所在的方向、距離以及花蜜數量的消息(Von Frisch, 1967)。但是這樣的溝通系統所能表達的訊息種類是固定而且非常有限的。比較起來，人類的語言不僅沒有種類、題材、時間、空間的限制，更可以用以表達或談論從來不曾存在的事物或觀念。

上述三個人類語言的共同特徵與一般動物的溝通系統有極大的差異，許多學者都因此相信人之所以是萬物之靈，以及人與其他動物最大的分別在於人有語言。沒有其他的任何動物可以創造出與人類語言相比的通訊系統(見圖6)。因此，語言的創造和使用可以說是相當獨特的人類特徵。

圖6　猩猩可不可以像人一樣學會用符號進行有效的溝通？

6.2.2 語言與思維

古希臘哲學家 Plato 認為思想只是靈魂與自己的對話。在行為學派執牛耳的美國心理學家 John B. Watson 所持的也是這種看法，他認為思維只是一種在腦子裏進行的言語活動。語言學家 Benjamin lee Whorf (1956)雖然不在語言與思維之間劃等號，但也相信語言對思維和認知有決定性的影響，這就是非常有名的"語言決定論"(linguistic determinism)。Whorf 與他的老師，語言學家 Edward Sapir，有相同的看法，認為語言不但塑造思想，更是精神活動的主導，而人們對自然世界的認知也由其使用的母語所決定。由於不同的語言具備不同的語文特質，因此他認為使用不同語言的人對世界有不同的認知和思維模式。因此這種看法又稱為"語言相關假說"(linguistic relativity hypothesis)。

上述的語言決定論曾經吸引了許多語文研究者的注意，但是一般的研究結果並不支持這種論點。譬如，Carroll 與 Casagrande (1958)注意到在一種印第安語 Navaho 中，使用表示握、持等動作的動詞時，動詞的形式變化是受物體的形狀、質地等決定的，而在英語中則沒有這種特質。

另外一個測驗語言決定論的著名研究是由 Heider 所做的(1972)，她以在 New Guinea 發現的，仍生活在石器時代的部落民族 Dani 人為受試者。在 Dani 語中用來形容顏色的只有兩個詞語：mola 用來形容明亮的顏色，以及 mili 形容暗淡的顏色。如果語言果真決定人對自然的認知，那麼 Dani 人對顏色的認知和學習應該與使用英語的人不同，因為英語中有許多形容顏色的詞語。但是研究的結果發現 Dani 人與使用英語的人無論在顏色的辨認和學習各方面都沒有根本的差異。這一結果很明顯的也與"語言決定論"的預測不同。

對語言和思維的關係與"語言決定論"持相反看法的論點則認為，思想決定語言。相信這個論點的人很多，其中包括著名的古希臘哲學家 Aristotle 以及極富盛名的發展心理學家 Jean Piaget。基本上，有相當的證據顯示思維能力(記憶、問題解決等等)在演化上來說比使用語言的能力出現得早，就人的發展上來看也是如此。譬如，除了人以外的許多動物雖然沒有語言，但仍然顯現相當複雜的認知能力(Kohler, 1927)。

除了上面提到兩種對語言和思維的看法外，第三種看法則認為兩者有相當獨立的機制而且有不同的發展目標。例如俄國心理學家 Lev Vygotsky (1962)認為思維源於個體的生理發展和解決問題的需要，而語言則基於社會化及溝通的需求。語言學大師 Chomsky (1980)以及在哲學和心理學兩方面都極具影響力的 Fodor (1983)也提倡語言思維獨立的說法。譬如說，Fodor 認為語言的學習及使用是依循與一般思維不同的發展模式，並擁有其獨特之心理機制。

為了測驗對語言與思維關係的不同說法，近十幾年來，在語言學習以及語言理解這兩個題目上有許多的研究進行，但是語言與思維兩者牽涉的概念和心理歷程都極端複雜，所以對語言與思維間的確切關係至今尚無定論。不過持不同看法的學者基本上都同意：兩者之間有非常密切的關係(因為即使是持獨立論的學者也必須假設兩者在某一個層面上必須有互動的機制)，而且有關的研究和知識對了解人類的認知扮演着非常重要的角色。

6.3 語言處理歷程

語言理解基本上是經由傾聽與閱讀兩種語言處理途徑，將一系列的訊號轉換成有意義的概念和結構的心理歷程。由於傾聽和閱讀所牽涉的是聽覺和視覺兩種不同的知覺系統，兩種理解有相當的不同點。譬如說，在言語(聽覺語言)理解中，有許多關於句子結構的線索(例如重音、停頓、字調與句調的變化)可以幫助聽者進行理解工作。舉個例子，"他真喜歡看書"這句話，如果將"真"字重讀及拖長，那麼聽者很容易明白這句話的意思是：他並不喜歡看書。在閱讀的情況下，我們無法使用這種韻律的線索。另外，在言語理解中，由於主動性低，無法像在閱讀的情況下自己決定看甚麼地方、看多久、甚至回頭看，所以對於記憶方面的要求及負擔比較大，因此語句一般較短而結構也比較簡單。儘管聽與讀有上述的分別，但是由於兩種途經進行的都是分析理解的工作，它們還是有許多共同的機制，下面要談到的就是這些共同的理解歷程。另外由於在視覺的狀況下各種實驗情況以及變項的安排和控制比在聽覺狀況下容易處理，有關語言理解這方面的研究多數是在閱讀情況下做的。

6.3.1 字詞辨識

經由感知覺的刺激而對語言的基本認知及處理單位(字詞)進行辨識，並在記憶中提取、激發有關的語意資料，是語言理解中非常基本的活動。這方面的重要理論模式以"交互激發模式"(interactive activation model, 參考 McClelland & Rumelhart, 1981；Marslen-Wilson & Tyler, 1980)為代表。這種理論主要將語文資料的心理表徵和處理分成不同的層面(例如：物理特徵、字詞組件、字)。不同的層面雖然在結構上有高低之分(例如字高於組件)，但是不同層面的處理工作可以同時進行，而且可以在相同及不同的層面分享資訊而達到促進或抑制的效果。在這樣的交互激發過程中，不但可以有由外至內或是由下至上的資訊處理(由物理刺激開始到意義的獲取，即所謂的 bottom-up processing)，更可以有由高層面的資訊影響低層面的處理工作(即所謂的 top-down processing)。比如說看圖 7 中的兩個英文字，只要你對英文閱讀有相當掌握，通常會認為看到了 "THE MAN" 這兩個字，但是仔細看看這兩個字的中間字母，它們的外觀毫無分別，我們卻會把一個看成是 "H"，而另一個看成是另一個字母 "A"，這就顯示高層面的字義會影響較低層面的字母認知工作。

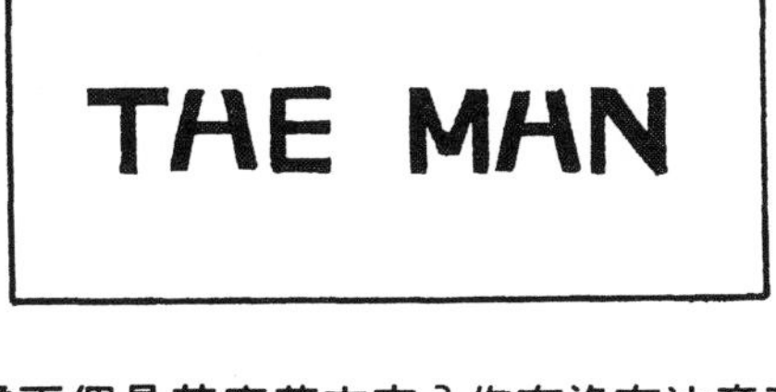

圖 7　這兩個是甚麼英文字？你有沒有注意到兩個英文字中間的字母是完全一樣的？

另外值得注意的是字詞辨識的處理工作，對一般熟練的語文使用者來說是非常自動化的歷程(automatic processing)。比如說在閱讀情況下，Stroop 早在 1935 年就用顏色命名作業發現字詞辨認是非常自動化的歷程。他用受過一般閱讀訓練的人為受試者，要求他們讀出用來印刷個別刺激的顏色。結果發現當刺激是無意義的圖案時，受試者可以快速無誤的進行顏色命名，但當刺激是有關顏色的字，而字意又和印色衝突時(如用紅色印"綠"這個字)，受試者不但要較長的時間才能完成這個作業，而且經常會犯錯(讀出印字而不是讀它的印色)。這就是所謂的 Stroop 效應。

6.3.2 語句分析

在語言理解的過程中除了字詞辨識之外，另外一個重要的歷程就是語句分析。語句分析的主要目的，在於了解句子的組成部分(如字詞)之間的關係和結構，以理解整句的含意。舉例來說，在"貓追狗"這樣一個句子中，我們光是知道其中三個詞的詞義，並不足以使我們了解這句話所描述的是貓在追狗，之所以得到如是的了解是因為我們運用三個詞的詞類(名詞及動詞)以及它們的詞序，按照語言中的慣用規則，決定這個句子是"主語 + 動詞 + 賓語"的形式。如果我們將同樣的三個詞做不同的排列(如：狗追貓)，雖然在詞義上沒有改變，但整個句子所描述的意義就有差別(見圖 8)。這表示語言要表達意義，不但必須要有詞彙，更不能沒有句法。句法分析因此是理解語句過程中的重要歷程。

在進行句法分析的工作時，有一些一般的策略可以幫助分析工作的進行。除了上段提過的慣用句型策略之外，另一種常用的策略是利用特殊詞類(如功能詞)所提供的資訊幫助句法分析的工作。比方說，有某些詞語(如：因為、所以等)通常用在一個句子的句首，因此可以利用它們來分析句子的結構。另外在中文中，如果看到介詞"把"與"被"，則表示句子結構不是"主語 + 動詞 + 賓語"，而是"主語 + 賓語 + 動詞"或"賓語 + 主語 + 動詞"的句型。從上面的討論中，可以看出句法分析對語言理解有決定性的影響，因此這個題目在語言歷程的研究中受到相當的重視。然而這方面的研究多半是以西方語文來進行(有興趣的讀者可以參

圖 8 “貓追狗”應該是哪一幅圖？

考 Frazier, 1987; Tanenhaus, 1988），由於各種語文的文法並不相同，究竟在西方語文中使用的句法分析歷程和策略是否適用於在中文的情況中，是一個值得深究的問題。

6.3.3 篇章理解

語言中比句子更大的單位可以簡稱為篇章。在理解篇章的內容時，需要用到基本處理歷程就是跨句整合（intersentence integration）。跨句整合最主要的目的是將不同句子中的意思加以連貫，使能對於全篇大意有完整、合理的了解。這個工作的難易程度和下列的因素有關（Kintsch, 1979）：首先，如果一個句子中的概念包含前面句子中的概念或與前句主題一致時，會比一個包含全新概念的句子容易理解。另外，如果一個句子中的概念與剛剛處理過的句子有關，則會比這個句子與在較早前處理過的句子有關的情況容易整合。這是因為我們對剛發生的事情比對較早前發生的事情有較清晰的印象。

6.4 解決問題

談過了語言處理歷程之後，接下來要談的是另外一種人們經常需要面對，而且需要精密思考的複雜行動：解決問題。當我們所在的現狀和所希望達到的目標狀況之間有距離，而又不清楚怎樣才能達成目標的時候，我們就有問題需要解決了。因為在解決問題的過程中所有有關的思考與行動都有一個明確的目標(解決問題)，所以這些活動被稱為是目標導向的活動。解決問題的另一個特徵就是它具有相當的認知性(問題通常需要經過相當的思考才有可能被解決)。

6.4.1 解決問題的階段

Johnson(1955)認為解決問題的過程包含三個基本階段：準備、生產和評價。在準備階段中要做的是了解和認識問題，包括了解開始的狀況為何，希望達到的目標狀況為何，以及可用來改變現狀的規則和限制為何。有許多的研究顯示，問題的了解是否正確及透徹，對是否能成功而且迅速的解決問題有決定性的影響(在下一節談到的蠟燭實驗就是一個很好的例子)。在生產階段中要做的則是想出可以幫助我們達到目標的方法。在評價階段中則需要執行在前一階段中擬定的辦法，並衡量每個解決辦法是否可以成功地解決問題。雖然一般來說，我們在解決問題時多半依據上述的步驟，即先了解問題情況，然後擬定可能的對策，最後是試驗和衡量各個解決辦法，但是有些情況下我們需要重複部分甚至全部的步驟。例如，當一個人發覺某個可能的解決辦法無效之後，就可能需要重新回到準備階段，探討自己對問題情況的了解是否正確。

6.4.2 在解決問題時一些值得注意的現象

研究解決問題的學者在有關的實驗中，曾經發現了一些可以影響問題難度的因素，"功能固執"(functional fixedness)就是其中之一。功能固執是指在解決問題的過程中，我們經常需要利用物件的各種功能並將它們作創意的使用，但是通常我們只會想到物件的最普遍的功用，而忽略其他可能的用途。這個現象曾經被不同的實驗者在一系列的研究中證實，例如 Duncker 在 1945 年做的蠟燭實驗就是個典型的例子。在這實驗裏，每個參加實驗者的面前都有一些圖釘、盒子、火柴和蠟燭(見圖 9)。實驗者要求他們設法將蠟燭釘在門上，但不使燭油滴在地上，以便稍後進行另一項視覺實驗。正確的解決辦法是將盒子釘在門上，作為蠟燭的支座。實驗結果顯示，當盒子和其他物件分開呈現的時候，找到正確方法的人比較多，而當盒子在呈現時是被用作蠟燭、圖釘和火柴這些東西的容器時，成功的人就比較少。這個實驗的結果清楚顯示，除非接受實驗的人能夠體認到盒子不僅可以用作容器，也可以作為支座使用，否則解決這個問題的可能性就大大減少。

另外，當一個人發覺某一個規則或策略可以有效地解決問題之後，即使情況已經改變，他仍會有繼續使用這個方法的傾向，這個現象叫做"模式效應"(set effects)。這個效應可以用 Luchins (1942)所做的水桶問題實驗來說明。在這個實驗裏，受試者必須用三個不同容量的水桶去取得某特定份量的水。假設三個水桶甲、乙、丙的容量分別是 17、62、和 9 公升。如果要取 27 公升的水，可以先用乙桶裝滿水，再從乙桶中取出一個甲桶和兩個丙桶的水。也就是說可以用乙－甲－2 丙的方式解決這個問題。有趣的是，當受試者在習慣用乙－甲－2 丙的方式解決問題之後，再碰到一個可以用類似方法也可用更簡單的方法(如乙－甲)來處理的問題時，多數的受試者仍然會用原來的方法解題。如果兩個方法都可解決問題那倒不是甚麼大問題，但當原來的方法不能解決問題並且會阻礙我們去思考新的、成功的解決方法時，這就應當避免了。因此，當你發覺自己被某個難題所困而且不斷想出類似的、不成功的解決方法時，或許就應該從頭開始，看看自己是否正確地掌握到這個特定問題的重心所在，然後嘗試另一種解決方式。

也有些時候，當我們面對一個問題時，苦思良久卻毫無所獲。這時如果暫時將問題拋開，休息一陣子之後也許會發現問題迎刃而解，這一段將問題暫時拋諸腦後的時期就是所謂的"潛伏期"(incubation)。這個在潛伏期後解決問題效率提高的現象，在解決一些只需要一個關鍵概念的問題時，尤其顯著。潛伏期奏效的原因不但是因為休息使疲倦和挫折

圖 9 Duncker蠟燭實驗中的兩個開始狀況(上面兩圖)，以及一個可能的解決方式(最後一圖)。

感消失，精力恢復，也因為有機會脫離那些不正確的了解和解決問題形式，因而對問題可能有新的、較正確的詮釋，從而加速有效辦法的產生。

6.4.3 幾種常用的解決問題策略

當人碰到一個問題的時候，剛開始也許會盲目的用嘗試錯誤的方式解決問題，但是這樣做通常是失敗的。有了失敗的經驗之後，一般的情況下會嘗試用比較有系統的策略去解決問題。第一種常用的解題策略是"差異減少法"(difference-reduction method)。使用這種策略時，必須經常比較現狀和目標狀況之間的差異，然後設法將差異減至最小，直到現狀與目標狀況之間不再有差異存在為止。在比較現狀和目標狀況之間的差異時，如果兩者的差異過大，則可以設定"次目標"(subgoal)。一個好的次目標不僅可以使減少差異的工作較易進行，更可以將原來問題的複雜度降低，所以這是很常見的解題策略。如果將"減少差異"和設定"次目標"這兩種策略有系統的合併使用，則是一種極有效的解決問題的策略，又稱為"手段目的分析"(means-ends analysis)。圖 10 中的"傳教士和食人番"(missionaries and cannibals)問題是一個研究解決問題策略的經典題目。如果沒有做過的話，在看題解之前不妨先試一試。做完之後看看自己用的是甚麼策略？

另外一種常用的解題策略是"反向工作"(working backward)。這種策略在有清楚的目標狀況時(例如解答數學證明題時)特別好用。所謂"反向工作"，通常的做法是從目標狀況出發看看可否推演到開始狀況。這種做法和平常從開始狀況出發的做法恰恰相反，所以稱為"反向工作"。這種策略也可以和上面提過的其他策略合併使用。譬如說，前面提過設定"次目標"是一種有效的解題策略，但是如何設定一個實際而又有效的次目標並不是一件容易的事。一個可行的辦法是用反向工作從目標狀況推演出一個介乎開始和目標狀況之間的狀況。這個中介狀況通常會是一個很實際的次目標。圖 11 中所示的是有三個圓盤的河內塔(tower of Hanoi)問題。這個問題的目標狀況是把三個圓盤依大小順序放在最右邊的柱子上。這個目標狀況可以用反向工作將它改變成只有最大的盤在此柱上的狀況，而這個狀況就是一個很好的"次目標"。

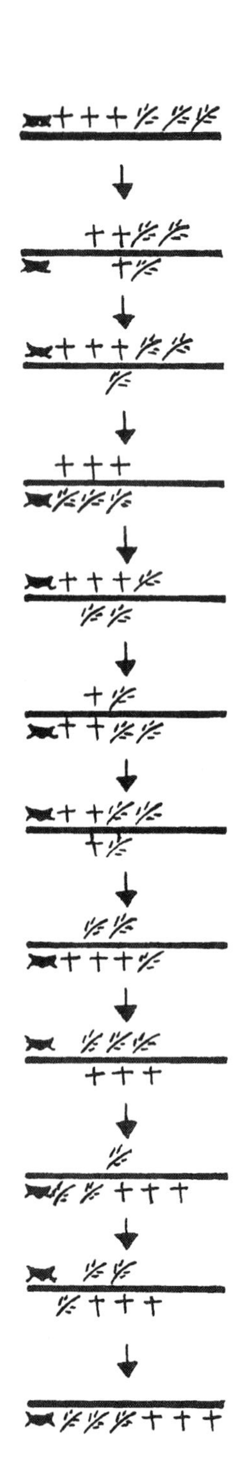

圖10 傳教士與食人番問題：三個傳教士及三個食人番想坐船過河，這條船每次最多只可以載兩個人，不過如果任何一邊的食人番數目多於傳教士數目，食人番便會吃掉傳教士。此圖顯示一個可能的解題步驟，圖中的十字架代表傳教士，羽毛代表食人番。

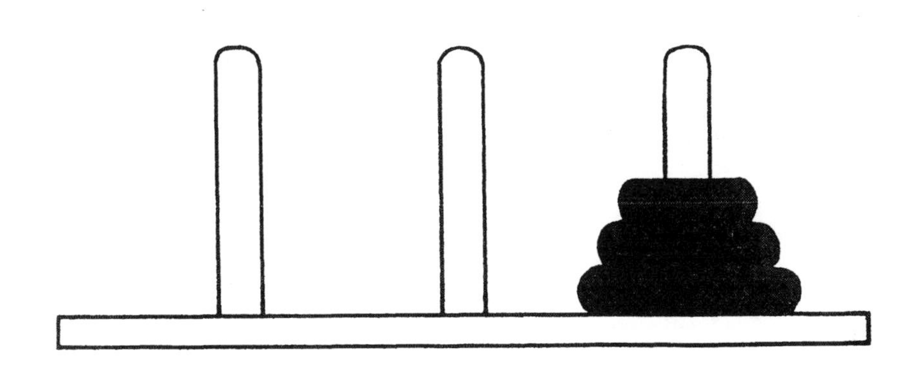

圖 11 河內塔問題：上圖是開始狀況，下圖是目標狀況。解決這個問題的時候，第一、所有的圈只可以在三條柱之間移動；第二、小圈不可以在大圈之下；第三、每次只可以搬動一個圈。

Bower, G. H. (1970). "Organizational factors in memory", Cognitive Psychology, 1, 18–46.

Carroll, J. B., & Casagrande, J. B. (1958). "The function of language classification", E. E. Maccoby, T. M. Newcomb, & E. L. Hartley (Eds.), Readings in Social Psychology (3rd. ed., pp. 18–31). New York: Holt, Rinehart, & Winston.

Chomsky, N. (1980). "Rules and representations", Behavioral and Brain Sciences, 3, 1–61.

Collins, A. M., & Quillian, M. R. (1969). "Retrieval time from semantic memory", Journal of Verbal Learning and Verbal Behavior, 8, 240–248.

Conrad, R. (1964). "Acoustic confusions in immediate memroy", British Journal of Psychology, 55, 75–84.

Craik, F. I. M., & Lockhart, R. S. (1972). "Levels of processing: A framework for memory research", Journal of Verbal Learning and Verbal Behavior, 11, 671–684.

Duncker, K. (1945). "On problem solving", Psychological Monographs, 58, No. 270.

Fodor, J. A. (1983). *The Modularity of Mind*. Cambridge, MA: MIT.

Frazier, L. (1987). "Sentence processing: A tutorial review", M. Coltheart (Ed.), Attention and performance XII, 559–586. Hillsdale, NJ: Erlbaum.

Hebb, D. O. (1949). *The Organization of Behavior*. New York: Wiley.

Heider, E. (1972). "Universals of color naming and memory", Journal of Experimental Psychology, 93, 10–20.

Jacoby, L. L., & Dallas, M. (1981). "In the relationship between autobiographical memory and perceptual learning", Journal of Experimental Psychology: General, 110, 306–340.

Johnson, D. M. (1955). *The Psychology of Thought and Judgment*. NY: Harper & Row.

Kintsch, W. (1979). "On modeling comprehension", Educational Psychologist, 14, 3–14.

Kohler, W. (1927). *The Mentality of Apes*. New York: Harcourt, Brace.

Luchins, A. S. (1942). "Mechanization in problem solving", Psychological Monographs, 54, No. 248.

Marler, P. (1967). "Animal communication signals", Science, 157, 769–774.

Marslen-Wilson, W., & Tyler, L. K. (1980). "The temporal structures of spoken language understanding", Cognition, 8, 1–71.

McClelland, J. L., & Rumelhart, D. E. (1981). "An interactive-activation model of context effects in letter perception: Part I", An account of basic findings. Psychological Review, 88, 375–407.

Miller, G. A. (1956). "The magical number seven, plus or minus two: Some limits on our capacity for processing information", Psychological Review, 63, 81–97.

Peterson, L, R., & Peterson, M. J. (1959). "Short-term retention of individual verbal items", Journal of Experimental Psychology, 58, 193–198.

Posner, M. I., & Keele, S. W. (1968). "On the genesis of abstract ideas", Journal of Experimental Psychology, 77, 353–363.

Rayner, K., & Pollatsek, A. (1989). *The Psychology of Reading*. Englewood Cliffs, NJ: Prentice-Hall.

Richardson-Klavehn, A., & Bjork, R. A. (1988). "Measures of memory", Annual Review of Psychology, 39, 475–543.

Squire, L. R. (1987). *Memory and Brain*. New York: Oxford University.

Sternberg, S. (1967). "Retrieval of contextual information from memory", Psychonomic Science, 8, 55–56.

Stroop, J. R. (1935). "Studies of interferences in serial verbal reactions", Journal of Experimental Psychology, 18, 643–662.

Tanenhaus, M. (1988). "Psycholinguistics: An overview", F. Newmeyer (Ed.), Linguistics: The Cambridge survey. Vol. III: Language: Psychological and Biological Aspects, 1–37. Cambridge: Cambridge Univ. Press.

Von Frisch, K. (1967). "The dance language and orientation of bees" (translated by C. E. Chadwick). Cambridge, MA: Belknap Press.

Vygotsky, L. S. (1962). *Thought and Language. Cambridge*, MA: MIT. (Originally published in Russian in 1934).

Whorf, B. L. (1956). *Language, Thought, and Reality*. Cambridge, MA: MIT.

Wickens, D. D. (1972). "Characteristics of word encoding", A. W. Melton & E. Martin (Eds.), Coding processes in human memory. Washington, DC: Winston.

Winograd, T. (1975). "Frame representations and the declarative-procedural controversy", D. Bobrow & A. Collins (Ed.). Representation and understanding: Studies in cognitive science. New York: Academic Press.

understanding: Studies in cognitive science. New York: Academic Press.

Zhang, G., & Simon, H. A. (1985). "STM capacity for Chinese words and idioms: Chunking and acoustical loop hypotheses", Memory and Cognition, 13. 193–201.

III

人格、情緒與發展篇

7

發展心理學

馬慶強 • 香港浸會大學教育系高級講師、系主任

“性相近也，習相遠也。”

——《論語 • 陽貨》

“一歲嬰兒，無推讓之心，見食，號欲食之；睹好，啼欲玩之。長大之後，禁情割欲，勉勵爲善矣。”

—— 王充《本性論》

“吾十有五而志於學，三十而立，四十而不惑，五十而知天命，六十而耳順，七十而從心所欲，不逾矩。”

——《論語 • 為政》

7
發展心理學

"人類的未來，最重要的不是科技的發展，而是人類品德情操及個人性格的發展。因為科技本身基本上是中性的，它造福或為禍於人類實有賴於我們的抉擇，而我們作何抉擇則與我們的品德情操和性格發展有極密切的關係。"

無論你是否同意以上的說法，但對於一個嬰兒能從一無所知，不懂辨別是非黑白、不懂人情世故而發展成為一個智慧非凡、品德高尚和有情有義的成年人定必感到嘖嘖稱奇。究竟兒童的心理發展是先天決定的還是後天決定的呢？人的性格發展是否"三歲定八十"？人的智力發展是否"少時了了，大未必佳"？人的心理發展是否一個階段(stage)接着一個階段地發展？中國人的心理發展特徵是否與外國人一樣？這些問題不容易回答，因為答案殊不簡單。本章會介紹一些近代發展心理學對其中一些問題的解析。

7.1 先天與後天(nature-nurture)

究竟兒童的心理發展是先天決定的，還是後天決定的？先天決定主要是指遺傳因素(genetic factor)，後天則指環境因素(environmental factor)。這問題要從幾方面來解答。社會生物學家(sociobiologist)以一關係係數(coefficient of relation)來表達兩個人的遺傳相關程度。該係數乃指兩個人因共同祖先而有多少比例的遺傳因子(gene)是相同的(Wilson, 1975)。例如：父母與兒女，或兄弟、姊妹之間的關係係數是0.5；而祖父母與孫，叔父母與姪，或表兄弟姊妹之間的係數是0.25。關係係數愈大，遺傳關係愈密切。在身體特徵方面，兩個人的遺傳關係越密切則他們的身體特徵，例如：高度、眼睛及頭髮顏色、禿頭式樣、面貌特色等，會越相似；同樣，兩人的遺傳關係越密切，他們的智力測驗分數相關(correlation of intelligence test scores)也越大。例如：同卵孿生(identical twin)的智力相關有0.70至0.80；手足的智力相關則為0.40至0.50 (Rowe & Plomin, 1978)。沒有遺傳關係及在不同家庭中養育的兒童，其智力相關是零。至於環境因素：居住環境、家庭氣氛、朋輩關係、學校環境及文化背景等，都對兒童的成長有一定的影響。中國人的父母對兒童的教養，一般較注重服從性、良好操行及品德訓練，而較為忽視獨立性及創作能力的培養(何友暉，Ho, 1986)；他們特別重視子女的學業成績，所以中國兒童花在功課上的時間較美國的兒童為多(Chen & Stevenson, 1988)。馬慶強及梁文智(Ma & Leung, 1991，出版中)發現，課堂的羣性環境及家庭羣性環境與小學兒童的利他傾向有正相關；張炳松及劉誠(Cheung & Lau, 1985)也發現，課堂的羣性環境與自尊心及自我觀念有正相關。良好的課堂環境，包括學生學習的投入、老師對學生的支持及鼓勵、師生之間的良好關係等；而良好的家庭環境則包括家庭成員能和諧相處、很少有矛盾衝突等。簡而言之，好的環境，無論在家中、在學校或社會，對兒童的成長及發展均有一定的影響。

為甚麼在同一家庭中長大的兒女常常在智力及性格方面有頗大的差異？為甚麼由同一父母所生，在同一家庭中成長，哥哥的性格可以是內向的，而弟弟性格則為外向的，姊姊蠢鈍而妹妹聰明呢？同一父母所生的子女，遺傳相關程度甚高，再加上在同一家庭中長大，理應在心理發展上十分相似才對，但一般研究卻顯示，在認知能力方面，兄弟姊妹的相關係數(sibling correlation)為0.40；而在性格方面則為0.20 (Plomin, 1989)。這些數據顯示：在智力及性格方面，兄弟姊妹間的相似程度並不高。研究也指出：在一些被收養兒童的家庭中，那些在遺傳上沒有關係但卻在同一家庭中成長的兒童，認知能力方面的相關係數約為 0.25，而在性格方面則更低至平均的 0.05（Plomin & Daniels, 1987），顯示了其實在同一家庭中成長的兒童，也會受到不同的環境影響，例如：父母對不同子女有不同的教養態度，而不同的子女也會有各自不同的與他人的交往方式。這些都可解釋為何在同一家庭中成長的兒童會有不同的智力、性格及其他心理方面的發展。

一般研究還顯示：很多心理發展及行為都同受先天遺傳及後天環境影響，而遺傳及後天環境對行為的影響是交互產生的。遺傳因素是透過自然發育過程（process of maturation）表現出來，例如：胎兒發展及身體的成長都有一既定的序列（sequence），但環境可以影響胎兒及身體成長是正常還是異常的變化。

7.2 階段發展（stage development）

有些心理學者認為人的心理發展是一連續不斷的發展歷程：也有些心理學者認為人的心理發展是一個階段接着一個階段發展。階段的概念包括以下的特點：(1)每一階段都有一主題，其內容是有關能力、動機或行為的一種特殊模式。(2)當一個人由一個階段邁向一個更高的階段時，這一模式的結構會經過重整，也即有定性的變化（qualitative change）。當兒童的認知發展由一個階段邁向一個更高的階段，表示他們的思維方式有顯著的定性變化，例如：從歸納邏輯思維發展到演繹邏輯思維。(3)階段是依一特定不變的序列（a fixed invariant sequence）發展。例如：兒童是先會坐，然後站立、行，最後才會跑。又例如：一個四階段的理論會預測兒童的發展是從第一階段發展到第二階段，然後第三階段，最後才到第四階段。在發展的歷程中是不容許階段跳越（skip）的，即不能由第一階段不經第二階段而直接跳到第三階段：一般正常情況下也不容許倒退（regression），即由第四階段倒退到第三或更低的階段。不過，環境因素可以加速或減慢從一階段到另一階段的時間，也可以使人滯留（fixate）在某一階段而不能前進。

7.3 認知發展(cognitive development)

父母希望子女快高長大，所以他們特別關心子女的身體變化；同時，父母也非常重視子女的學業成績，所以十分注意子女是否聰明，但對於子女的智力變化則未必有很深刻的了解。究竟兒童是怎樣思考，怎樣推理的呢？瑞士心理學家皮亞傑(Jean Piaget)對於兒童的認知發展有精闢的見解。認知(cognitive)是指以下的思維歷程：知覺、記憶、推理、判斷及領悟，而皮亞傑將兒童的認知發展(cognitive development)分為四個階段：感覺機動期(sensori-motor stage)、前運思期(pre-operational stage)、具體運思期(concrete operational stage)、及形式運思期(formal operational stage)(Piaget & Inhelder, 1969)。

一、感覺機動期

嬰兒最初的動作是反射(reflex)動作，例如：吮奶及對聲音和光線的反應。這時期的大部分動作都是毫無目的的自然反射，慢慢經過無數次的嘗試，他們學會協調身體各部分去做一些簡單的動作，例如：怎樣去抓或拿一些東西，怎樣去搖動一個撥浪鼓。隨着他們的成長，他們開始明白手腳是身體的一部分，但桌子腳、椅腳卻不是，自己與外在世界是分開的。這一個認知階段的另一特色是物體永存性(object permanence)。一個六個月大的孩子看到一個有趣的娃娃玩具會注視它，甚至嘗試去觸摸或抓它，但如果你在他面前放一張厚紙板或一塊布，使他看不見那娃娃玩具，他就會覺得那玩具是不存在的，於是就把注視力及興趣放在別的地方。簡單地說就是"見不到就不存在"，孩子要大一些才能了解那娃娃玩具仍存在於紙板或布之後，他看不見的東西不一定就不存在。

二、前運思期

這個階段的兒童多數是用一些心智圖片(mental picture)來表達一些事物，而較少用抽象文字或句子來表達。他們的思維方式也較特別，叫做特定物之間的推理(transductive reasoning)。對這階段的兒童來說，兩件同時發生的特定事物必有一種因果關係。譬如：一個小孩子會要求他爸爸把門口的樹砍掉，因為它搖動不已而製造出暴風，如果樹給砍掉，它就不會搖動，風就會停，而天氣也就會好轉了，那時爸媽就會與他出外遊玩。這時期兒童的思維是頗為自我中心的(egocentric)，他們看事物總是從自己的角度出發，他們看到甚麼，也總是認為別人也看到同樣的東西，和感受到同樣的感覺。他們的邏輯思維是不可逆性的(irreversible)，即是單向的思維。譬如：5、6 歲的兒童就不太明白：2 + 3 = 5 也可寫成 2 = 5 – 3。如果我們問一個有一個哥哥的 4 歲兒童：他有沒有兄弟？他能正確地答"有"及他哥哥的名字是陳大文，倘若我們繼續問他陳大文有沒有兄弟，他就多數會說"沒有"，因為他只知道他有兄弟這一事實，而不明白他的兄弟也必然有兄弟這一可逆性的關係。這時期的兒童缺乏將物件、事物清楚分門別類的能力，譬如：你給一個 5 歲的孩子 10 粒不同顏色的膠紐，其中 3 粒是白色的，其餘 7 粒是黑色，然後你問他黑色紐多還是膠紐多，他會答黑色紐多。他們可以理解黑色紐多於白色紐，但卻不明白膠紐的類別是包括黑色紐和白色紐的。

這一時期的兒童對守恒的概念(concept of conservation)一知半解。守恒是指當一件或一組物體的排列或外型縱使有變化，但如果沒有加入或拿走任何東西，則其數目或質量是不變的。

三、具體運思期

具體運思期是指一些較複雜的心智活動，包括加、減、分類及系列次序(serial order)等，這些運思是可逆性的。這時期的孩子對守恒的概念漸漸理解。

守恒概念主要可分為數量、重量及體積的守恒。如果我們在一個孩子面前放兩排珠子，每排 8 粒，每粒相距約 1 吋，然後問他兩排珠子是否一樣多，如果他答是，則繼續下一步驟：如果他答不是，則要求他移動珠子直至他認為兩排珠子一樣多為止。然後，我們將其中一行的珠子移動使每粒相距約 2 吋，再問他現在兩行珠子是否一樣多，4 歲的兒童會說不一樣，曾經移動過的那行珠子較多，因為長一些就會多一些。孩子要到 6、7 歲才明白兩排珠子雖然排列距離或"長"度不同，但因沒有加入或拿走任何一粒珠子，所以數量應該一樣。同樣地，如果我們將兩個重量一樣的圓球麵糰的其中一個搓成長香腸，4、5歲的兒童會認為香腸外型的麵糰比圓球的重一些，因為它長一些；又如果我們將兩隻直徑1吋的量杯注入同等體積的水，然後將其中一隻量杯的水倒入一個直徑3吋的量杯，8、9歲的兒童都會認為1吋直徑量杯裏的水會多於3吋直徑量杯裏的水，因為前者高，水也多些。

在做體積守恒實驗時，一個11歲的女孩子這樣解釋："這個杯裝的水比那個杯高一些，但這個杯比那個瘦一些。這個杯高但是瘦，那個杯矮但是肥，所以看起來好像高的那一個水多一些，但其實是一樣的。"她停了一會，凝視兩個量杯的水，繼續說道："我們沒有加入一些水也沒有倒去一些水，所以兩個杯的水一樣多。"這是一個十分好的體積守恒例子。這小孩明白水的體積與高度("高一矮")和杯的橫切面面積("肥一瘦")有關，又明白只要你沒有加入或倒去一些水，則水的多少應不變。一般來說，兒童先發展數量守恒性，然後是重量守恒性，最後才是體積守恒性。

這時期的兒童也懂得系列次序，即能夠將物件依大小、重量等不同因素排列。他們分門別類的概念也漸趨成熟，例如：膠的物件包括膠紐、膠杯、膠碟等。這時期的兒童也懂得可易性概念(concept of transitivity)，譬如：如果 X > Y 及 Y > Z，那麼 X > Z。

四、形式運思期

這時期的兒童懂得就一些假設性的，未曾在生活中經驗過的事物作一些推理及思考。譬如：你問一個12歲的孩子："如果麒麟的腳是黃色的，而我的腳也是黃色的，我是否就是麒麟？"，他會答"不是"，但7、8歲的孩子就會說"不知道"。12、13歲的兒童已開始懂得有系統地解決問題。一個皮亞傑式的實驗是給兒童數種不同性質的無色化學液體，然後要他們找出哪幾種液體混合在一起就能產生一些有色的液體。9、10歲的兒童會胡亂將所給的無色液體混在一起，希望幸運地產生出有色的液體，但大一些的孩子會開始嘗試有系統地將所有組合逐一嘗試直至找到答案為止，其中一個方法是將所給的液體編號，例如：1, 2, 3, 等，然後列出所有組合，即：12, 13, 23, 123, 132, 213, 231, 312, 321等，最後，逐一組合去試，必定可以找出正確的答案。

在具體運思期的孩子只懂得用歸納推理法去思考問題，但到形式運思期，孩子懂得用演繹推理法去思考。簡單地說，從眾多特殊情況中歸納出一個普遍的道理，較將普遍的道理應用到一個特殊的情況容易。孩子要到 12 歲左右才開始明白類似以下的推理：如果人人平等，則你和我都必定是平等的。

皮亞傑的理論對近代兒童智力或思維發展的研究有很大的影響。

表 1　皮亞傑認知發展階段

年齡	階段	特徵
0–2	感覺機動期	嬰兒憑五官感覺及身體動作去認識這個世界。
2–7	前運思期	用心智圖片來表達及思考事物。 特定物之間的推理。 自我中心的思維。 不可逆性的邏輯思考。
7–12	具體運思期	守恆概念的形成。 系列次序及可易性概念。 分門別類的思維。
12 或以上	形式運思期	懂得就一些假設的，未曾經驗過的事物作一些推理及思考。 能系統地思考、組合及解決問題。 演繹邏輯思維方法。

7.4. 依附發展(attachment)

"今天早上回大學途中，當我坐在巴士裏等開車時，望出車外，看見一對夫婦，男的抱着一個約 1 歲的小孩。他正要乘巴士上班，於是想將小孩交給女的，但小孩哭得十分厲害，緊緊抱着爸爸不放，幾經擾攘，女的終於將哭個不停的小孩抱離他爸爸。男的向着巴士走來時，我看他的臉上露出滿足、神氣及欣慰不已的神情。是的，在這世界上，有誰會因短暫的、數小時的分離而為你哭得那麼淒涼，甚至哭得死去活來，就好像生離死別一樣？兒童對成人那種不容分割的依附行為，往往使成人感動不已，也因而感到自己的重要及偉大。"

以上是筆者的一段生活札記。兒童的依附或相倚發展是發展心理學家甚感興趣的一個研究課題。根據 Ainsworth（1972），Bowlby（1969）及 Schaffer and Emerson（1964）等人的研究，兒童的依附發展可以分為下列四個時期（Bee, 1994, Hoffman, Paris & Hall, 1994）：

階段一　前依附期（pre-attachment）：

在這個階段，大概是出生到 2 個月大，兒童對周圍的事物的態度是：誰喜歡他、誰對他好、誰肯抱他，他就願意倚靠誰、依附誰。基本上，他是不會認人，或者是選人來依附的。

階段二　依附形成期（attachment-in-making）：

這時候的嬰兒大概是 2 至 7 個月大，他們開始慢慢辨別周圍那些對他好和經常抱他的人的面孔及聲音。但在此階段的初期，他們還沒有形成對某一特定人物的一種強烈依附傾向。

階段三　明顯依附期（clear-cut attachment）：

在這個階段，大概是 7 個月到 2 歲或 2 歲半大，兒童會依附一個特定人物，特別是經常照顧他的那個成年人，所以這階段也可以稱為特定依附期（specific attachment）。兒童在這時候會對陌生人感到一些恐懼，而當這個他們經常依附的人，通常是他的媽媽或照顧他的成年人在他身邊時，他們會以這個照顧他的成年人作為一個安全的基楚，慢慢地去跟周圍的環境及其他人交往。

階段四　夥伴關係期（partnership）：

從 2 歲半起，兒童對成年人的依附慢慢發展成為一種較成熟的夥伴關係。父母離開他一會兒，他也不會感到害怕及不安，只要他知道父母是會回來的。

Mary Ainsworth 和她的幾個合作者還設計了一個名為陌生情境（strange situation）的實驗來研究兒童的主要依附類型（Ainsworth,

Blehar, Walters, & Wall, 1978）。整個實驗包括以下數個部分，每一個部分大概是 3 分鐘。首先，實驗員會帶小孩及他的母親進入一個實驗室。開始時實驗員會離去，母親及她的小孩會在實驗室中一起大概 3 分鐘，小孩在這個時候會在實驗室中同媽媽一起玩耍或自己找一些玩具來玩。3 分鐘之後，有一個女性的陌生人會進入這個實驗室，她會靜靜地坐在一旁，然後慢慢地嘗試和小孩一起玩耍。再過 3 分鐘，媽媽就會離開這個實驗室，留下這個陌生的女人和小孩一起，但媽媽走的時候會將她的手袋之類留在實驗室中，暗示很快就會回來。3 分鐘之後，媽媽又會回來，這時那個陌生人會離去，這是第一次媽媽和小孩的會合。

大概 3 分鐘後，媽媽就會離開小孩，留下小孩獨自一個人在房中玩耍，再過 3 分鐘，先前那個陌生的女人就會回來，再和小孩在一起。3 分鐘後，媽媽也會回來，這是第二次媽媽和小孩再會合。整個實驗都是在一個實驗室中進行，研究者可以在單向玻璃的控制室中觀察整個實驗進行時，媽媽、小孩和陌生人之間的交往，特別是可以留意小孩的表情，例如：小孩是否有哭泣？小孩是否經常和媽媽說話？及小孩是否很安定地在玩耍。

整個實驗的研究對象大概是 1 歲至 1 歲半左右的小孩子。Mary Ainsworth 根據她的實驗結果將小孩子的依附類型分為三類：

一、安定依附型（securely attached type）

一個屬於安定依附型的嬰兒或小孩，會以媽媽作為一個安全基楚，然後在媽媽和他一起時，他會很自在地玩耍。當媽媽離去時，他當然會感到很不開心和哭泣，但當媽媽回來時，只要媽媽安撫他，很快地他又會安定下來，繼續玩耍。簡單來說，安定依附型的小孩子，很容易就恢復情緒安定，只要媽媽回來時肯安撫他，哄他就可以了。

二、情緒矛盾型（ambivalent type）

情緒矛盾的孩子，對於媽媽的離去，會感覺到愛恨交集，他不但會哭個不停，而且會嘗試不讓媽媽離去。而當媽媽回來的時候，媽媽想抱他或者安慰他，他又會推開媽媽。也就是說，一般情緒矛盾的孩子，當媽媽走的時候，他就不願意讓她離去，會設法阻止她離去，但當他的媽媽回來，而再安慰他的時候，他又會感到很不開心，並推開他的媽媽。

三、離避型(avoidant type)

離避型的小孩子對於媽媽的離去同回來，就好像沒有感覺一樣。媽媽離去的時候，他不哭，媽媽回來的時候，他也不覺得十分開心，就好像媽媽是一個與他沒有很深關係的人。

在以上的三種類型中，安定依附型的情緒是最穩定的，第二類型——情緒矛盾型，及第三型——離避型，都是情緒不穩定的。

很多研究都顯示，孩子如果是屬於安定依附型，他們一般在疑難解決(problem solving)方面，通常的表現會較另外兩種不安定依附型的孩子表現更佳。另外，安定依附的小孩子，他們的羣性行為也較好，例如：他們於朋輩的關係比不安定依附型的孩子較為正面，其他孩子會喜歡找他一起玩，而他們也較喜歡和周圍的孩子一起玩耍。總的來說，安定依附型的孩子一般發展較佳，無論是在情緒發展、智力發展方面，還是羣性發展方面(Bee, 1994)。

7.5. 性心理發展(psycho-sexual development)及心理社會性發展(psycho-social development)

著名心理分析學家弗洛伊德(Sigmund Freud)提出了一個十分有創見的性心理發展理論。弗洛伊德(Freud, 1905)認為：每個人自出生之後直至青春期都會按序經歷五個階段的性心理發展，此五個階段分別為：(1)由 0 歲至 1 歲的口慾期(oral stage)，兒童在這階段的性快感來自口與唇，吮吸母乳帶來的滿足感跟兒童發展自我安全感及對別人的信任感有密切的關係；(2)由 1 歲至 3 歲的肛門期(anal stage)，此階段的性快感來自肛門及直腸排泄糞便時那種如釋重負的感覺，這段時期對兒童的如廁訓練(toilet training)與他們日後發展之忍耐和延遲滿足(delayed gratification)的性格有一定的關係；(3)由 3 歲至 5 或 6 歲的性徵期(phallic stage)，這階段的男孩有"戀母情結"，而女孩有"戀父情結"，簡單地說即男孩子有取代父親而完全擁有母親的情意結，女孩子則有取代母親而完全擁有父親的情意結。此外，這階段的男孩子有"閹割恐懼"，即害怕父親因他希望擁有母親而以閹割他的性器官來懲罰他，而女孩子則有"陽具妒羨"，即她們會埋怨母親對她們不公平，沒有給她們猶如陽具般完美的性器官：(4)由5或6歲至13或14歲的潛伏期(latency period)，這階段的心理發展不太強調性方面而較側重羣性的發展：(5)由13或14歲起的兩性期(genital stage)，這階段強調兩性關係及性交行為。

根據弗洛伊德的理論，其首三個階段，也即由嬰兒出生至5或6歲的短短幾年時間，對人的性心理發展至為重要。從以上弗洛伊德的見解，我們可以推論：既然人的性心理是自出生起發展的，故此相配合的性教育應開展於嬰兒時期，而非青少年時期：人的性心理發展是一漸進的歷程，所以性教育也應符合這一心理發展的模式，循序漸進地教育與輔導。

他的理論雖然十分有創見，但也備受爭議，其中一個主要的批評就是：弗洛伊德的理論太過強調性方面的心理發展，而忽略了兒童與其他人及周圍環境的羣性心理發展。艾里克森(Erik Erikson)為補弗洛伊德理論之不足，乃提出一個分為八階段的心理社會發展理論。他的理論(Erikson，1963)概括了生命全期的發展，在每一個階段的發展，每個人都會面對一些心理社會性的矛盾或衝突，良好的發展就是要解決這些衝突、矛盾或危機。以下是這八階段的簡述：

第一階段：

大約是0到1歲，這時期的矛盾是：基本信任與疑懼。在這個時期，兒童與媽媽或照顧他的人，如果能夠培養出一種基本的信任，那麼，他就會發展出一些穩定的依附行為。不然的話，他就會發展出一些不信任他人及缺乏安全感的行為，這樣，對他其後的發展就會有些壞的影響。

第二階段：

大約是2至3歲，這階段的矛盾是：自主與羞愧及懷疑。這個階段，兒童主要發展一些基本的能力，例如：透過如廁的訓練，兒童開始能夠控制他的大小便。如果發展得好的話，他就會有一種自我控制的自主感受，不然的話，他就會慢慢的發展出一些懷疑或羞愧的感覺。這樣，對他將來自尊心的發展會有不好的影響，他可能會變得較為衝動及對於很多事情缺乏自主及自我控制的傾向。

第三階段：

4至5歲，這階段的主要矛盾是：進取心與罪咎感的衝突。在這個階段，兒童開始能組織一些活動，也慢慢變得有一些進取心。在這個時期，兒童開始進入弗洛伊德所描述的戀父或戀母情結的階段，男孩子會和爸爸爭取媽媽的歡心；而女孩子則會和媽媽爭取爸爸的愛。如果在這個時候，孩子失敗的話，他就會有內疚或犯罪感。

第四階段：

大概是6至12歲，這時期的衝突是：勤勉與自卑。在這階段的兒童，他們已開始接受小學的教育。在學校裏，老師會教他們嘗試去適應社會的規範及成人的角色。兒童在這個時期，通常都會十分勤奮地學習成人要他們學習的東西，但是，如果他們不能爭取到一些好的成績，達到成人對他們的期望，則常常會產生一種自卑的感覺。這種自卑的感覺如果不能在這時期化解的話，他們便會開始懷疑自己的能力，包括學習的能力、適應環境的能力、與他人溝通的能力等，這樣，對他們未來的性格發展就會有非常不好的影響。

第五階段：

這是青少年時期，大約是13至20歲，這個時期的矛盾是：自我認同與角色混淆之衝突。在這個時期，兒童開始找尋他們自己的認同方向，包括他們以後的職業發展及職業的選擇，他們也會開始建立自己的價值觀念。在這個時期，由於他們開始要脫離成人的影響，即他們的爸爸、媽媽的影響，而開始建立自己的認同方向，不免就會遇到很多不同角色的混淆，例如：他們究竟是要做爸爸、媽媽的好兒子，還是要做一個自己有獨立想法、獨立價值觀的人呢？這個衝突，通常都需要一段很長的時間才能加以化解。

第六階段：

成年期，大約是21歲至40歲，主要的衝突是：親密關係與孤獨。

在這個時期，一個人會開始進入一個與異性產生親密關係的階段，他們會戀愛、結婚及組織自已的家庭。在這個時期，如果這些發展都是順利及成功的話，他們在情感方面的發展就會十分美好。不然的話，他們就會發展出一些孤獨及被隔離的感覺，這樣的發展，對他們個人的情緒發展、心理性社會發展會有不良的影響。

第七階段：

中年期，大約是 41 至 60 歲，這時期的衝突是：創建與休息。這一階段是人生發展中一個十分豐盛的階段，也是很多人在事業上有成就的階段，他們也開始了作為一個成功的成年人對下一代的責任，就是悉心養育自己的子女及栽培下一代，為下一代開始一個新的紀元或局面。但是，如果不成功的話，他們就會感覺到死水一池，呆滯不前，這樣的發展，對他們進入晚年的階段，會有十分壞的影響，即他們會有一生勞碌毫無成就的感覺。

第八階段：

晚年期，約 61 歲以上，這階段的衝突是：自我圓滿與懊喪。這是艾里克森八個階段中的最後一個階段。如果這階段能圓滿發展的話，那麼這個人就會開始進入人生美好的一個階段，就是自我圓滿。這個自我圓滿就代表着他與大自然非常融洽的交往及他在這個大自然之中能盡量發展他本身的潛能，並和諧地與周圍的人、周圍的事物交往。反之，如果發展得不成功的話，他就會十分之懊喪，而且感覺到死亡的威脅，覺得死對他來説，實在是太痛苦了。但是，發展成功的話，死亡對他來説就不是一個威脅，而只不過是人生一個階段的圓滿結束。

艾里克森心理社會性發展的八階段得到很多心理學家及研究者的讚許及支持，但他的理論也面對一個很大的批評，就是他沒有一些十分嚴謹的研究方法，及好的研究數據來支持他這八階段的理論，但無論如何，艾里克森的理論似乎在很多領域產生了很大的影響，包括在教育、社會工作及輔導方面。

表2　艾里克森（Erikson, 1963）心理社會性階段

階段（大概年齡）	心理社會性衝突或矛盾	良好發展的結果
1. 嬰兒期（0–1歲）	信任與疑懼之衝突	信任、樂觀、穩定
2. 幼兒前期（2–3歲）	自主與羞愧及懷疑之衝突	自我控制感受
3. 幼兒後期（4–5歲）	進取心與罪咎感之衝突	具自信心、進取心
4. 兒童期（6–12歲）	勤勉與自卑之衝突	勤奮向學，高自尊心
5. 青少年期（13–20歲）	自我認同與角色混淆之矛盾	清晰的自我概念
6. 成年期（21–40歲）	親密關係與孤獨之矛盾	美好愛情、婚姻及家庭
7. 中年期（41–60歲）	創建與休怠之矛盾	成功的個人事業、悉心栽培下一代
8. 晚年期（61歲以上）	自我圓滿與懊喪之矛盾	智慧非凡，生活和諧，心境平靜，無畏死亡

7.6　道德發展

首先請各位讀者花一點時間設想以下的兩難情況：在一個音樂晚會中，不知甚麼緣故忽然發生大火，現場所有人都已給濃煙薰暈了，只有你一個人仍可保持清醒。火災現場非常危險，所有人都必須盡快離開以策安全，但你發覺自己有能力把一個已經暈倒的人拖離災場，然而災場暈倒者眾多，包括你的媽媽、你的好友、一些你認識而不喜歡的人、一些陌生人，還有一位身繫國家安危的領袖和一位曾獲頒兩次諾貝爾獎的科學家。如果這位重要的國家領導人死了，你的國家將陷入無休止的內

戰，國人將死傷無數：如果那位快要研究出根治癌症和愛滋病方法的傑出科學家死去，普天之下千千萬萬癌症病人及愛滋病人都將在絕望中無救而亡。

你只有救一個人脫離險境的時間和能力，你會救誰呢？為甚麼？無可否認，這的確是一個令人困擾的兩難情況。面對上述的難題，下列五個人有不同答案：

A：母親生我、養我、育我，恩情深似海，我怎能不救她？如果我不救媽媽，將有何面目回家與父親和兄弟姊妹相見？這樣不孝的事情，我是決不做的！我一定會救我的母親。

B：如果我不救我國的領袖，我自己和家人都將受內戰之苦，我可能會戰死沙場，家人也可能會因戰禍而死。故此我只好救我國的領袖。

C：國破家何在？為了千千萬萬我國同胞的安危，我會救我國的領袖。如果我救了我的母親，我只不過是救了一個人：但若我救了我國的領袖，我就等如救了我國千千萬萬的同胞。我別無選擇，只好救我國的領袖。

D：這個科學家真是既出色又偉大！我以他為偶像，而且非常崇拜他。如果我不救這個科學家的事給那些癌症病人和愛滋病人知道，我一定會被那些病人打死，所以我一定要救這個科學家。

E：不救自己的母親為之不孝：不救我國的領袖為之不忠：不救那個科學家為之不義。忠、孝、義，三者得一失二：老天爺分明折磨我。我與他們三人一塊兒死掉算了，我誰也不救！

你的答案是否與其中一個相似呢？你認為誰的道德層次較高呢？我們有甚麼方法可幫助學生發展較高的道德層次呢？

從道德判斷的角度來說，B 和 D 的道德判斷層次最低：A 的層次高些：C 的層次算是最高：至於 E，他所表達的是道德情感而非道德判斷。要了解為何 A、B、C、D、E 五人的決定有如此大的差異，以及究竟這五人是處於哪一個道德發展的階段，我們首先必須了解何謂"道德"，並且要掌握心理學方面有關道德的理論。

心理學的道德概念，主要分為三個學派：心理分析學派、行為學派和認知發展學派。

心理分析學派的學者認為"道德"乃是那些由責任感與被逼感所推動的思想和行為。道德思想及行為是由避免痛苦感受的負面願望所引發，而非由"愛"這種自發的意向或願望所引起(Gilligan, 1976)。

行為學派的學者則傾向於認為"道德"與社會制約(social conditioning)及社會從眾行為(social conformity)是不可分割的。艾星奇(Eysenck, 1976)指出社會早已把大量不同的行為歸類為"惡劣的"、"邪惡的"或"頑劣的"，而且成年人也不遺餘力地利用賞與罰的方法去鼓勵孩子們認同這種分類方式；孩子們日後也因此對這些已被社會標號(label)的事物，焦慮地作出反應。

認知發展學派學者的觀點以柯爾伯格(Kohlberg, 1981, 1984)的見解為其中之表表者。他用兩條公義的原則來介定"道德"：(1)所有人的價值都是絕對而無條件的，每一個人均應該被視為一個目的而不是一種手段；(2)個人的公義是在任何情況下，每一個人對基本權利的要求都應被平等地考慮，而這些權利並不止於法律所訂明的。

簡單來說，心理分析強調情感方面；行為學派強調行為方面；認知發展理論則着重理性方面。

美國心理學家柯爾伯格(Lawrence Kohlberg)在1958年發表的博士論文中提出了一個六階段的道德發展理論；他更於其後20多年間將這個理論成功地發揚光大，終於使此一理論成為近代道德心理學的主要學派。根據柯爾伯格的研究，人的道德發展可分為三個級別(level)和六個階段(stage)：第一級為前慣例期，第二級為慣例期，第三級為後慣例期；階段一及二屬於第一級，階段三及四屬於第二級，階段五及六屬於第三級。

道德發展處於階段一的人往往是懲罰與服從取向的，他們認為服從規矩和權威以避免肉體上的懲罰才是正確的。例如："我們不應偷別人的東西，因為老師說這是不對的；而且若是被警察捉到，一定會遭受很痛苦的懲罰"。

階段二的人則是工具性相對主義取向的。他們認為藉具體的交換，作出公平交易及替自己和他人的需求服務才是正確的。例如："今日你幫我，明日我也會幫你"。

階段三的人都是好孩子取向的。他們認為應該關心與自己關係密切的人(例如：家人、同學及朋友等)：保持對夥伴的忠心與信任，並且依從羣體(例如：家庭、學校和社會等)的規則和期望才是正確的。

階段四的人是法律與秩序取向的。此階段的人特別遵守羣體的法律：他們認為負起自己的社會責任，維持社會秩序和保障社會或羣體福利才是對的。

階段五的人認為縱使要與社會規範及法律對抗，基本人權還是應該維持的。此外，他們相信理性的實用主義："為最大多數人謀取最大之幸福"。

階段六的人，其行為受自己選擇的道德原則所指引。這些原則正是認知發展學派的柯爾伯格用來介定"道德"的兩條公義原則，而且筆者於本節前半部亦已經引述過，相信讀者也已清楚明白了。

為令讀者對人的道德發展加深了解，尤其是高層次的道德發展，本文會通過一個筆者自創的道德兩難(moral dilemma)情境，即"國王與公主"的故事去嘗試解釋認知發展學派柯爾伯格(Kohlberg)的道德判斷發展理論中的第三級發展，也即第五和第六階段的道德發展，希望能幫助讀者清楚分辨第五及第六階段之間的差異。

"國王與公主"的故事如下：又老又醜的B國國王想娶A國那位年輕貌美的公主為妻，但是A國公主已有愛人，不願嫁給B國國王，B國國王一怒之下，帶領B國大軍攻打A國，A國軍隊不堪一擊，幾乎全軍覆沒。B國國王乘勢提出停戰條件：若A國公主肯嫁給他，他便立即下令不再攻打A國。國之將亡，A國於是舉行全民投票，希望藉此決定公主及國家的命運；結果，國民幾乎一致投票贊成要公主下嫁B國國王，可是A國公主卻始終不願意。

對於"國王與公主"這個道德兩難情境，處於不同道德發展階段的人有不同的典型反應。階段五的人會認為："國家興亡，匹夫有責。為了全國千千萬萬老百姓的生命和財產，公主應該犧牲自己一個人的幸福去換取國家的安全。在如此嚴峻的情況下，犧牲公主自己的幸福是無可厚非的。"階段六的人則會認為："既然公主不願意嫁給B國國王，我們就應該尊重公主的意願，公主和我們每一個人都一樣，應該平等地享有生存及追求幸福的權利。我們不應以公主為一種工具，藉以達到我們自己生存的目的。在這種情況下，公主與我們都是這件事的受害者，我們應當擁有生存的權利，而公主也應該享有追求幸福的自由。"

從道德判斷的角度來説，這兒有一個十分重要的問題值得我們仔細考慮：一個國家的人民究竟有沒有權使用全民投票的方式去決定一個國人追求幸福的自由呢？有人認為公主是由人民繳税供養的，故此她有責任為人民犧牲，人民也有權投票決定她的命運。但是，我們必須注意的是：當事情涉及基本人權的時候，公主跟普通老百姓是平等的，不應有不同的待遇！如果公主的家庭背景與社會階級依然使你作出此一道德判斷時感到困擾，讀者不妨將"國王與公主"這個兩難情境中的公主改換成A國一位平民的美麗女兒來考慮。

根據柯爾伯格(Kohlberg)的理論，人的道德判斷能力是隨着年齡增長而由低層次向高層次發展的，而這種發展並非三言兩語便可完全解釋清楚。近乎籠統地説，高小學生和中學生都處於青少年時期：小學生大多數是處於第一及第二個道德發展階段；中學生則大多數是處於第三階段的道德發展，其中部分高中生可能發展至第四階段。

但是，人的道德發展並不是必然會達到某一階段，而有些人更是發展至某個道德層次便停頓下來，直至老死都不再發展。況且，人與人之間的道德發展差異很大，這跟個人的性格、經驗、家庭及文化背景等因素的影響都息息相關，故此，我們不宜單憑年齡去判斷別人的道德發展情況。父母和老師們更應仔細觀察孩子的思想和行為，清楚了解他們的背景和生活，藉以鑑定他們的道德發展狀況，務求做到因才施教，有效輔導孩子的道德發展，以避免白費唇舌，對牛彈琴的情況出現。

柯爾伯格(Kohlberg, 1969, 1971)曾對幾個不同文化環境進行研究，並指出其研究所得之跨文化數據可支持其道德判斷層次序列的文化一致性。Snarey (1985)評鑑了曾在27個國家進行的45個實徵研究後，得出結論指出，Kohlberg (1981, 1984)的階段1至3/4或4可被視為具有文化一致性。此外，他更指出"雖然在所有區域中，階段4/5或5都極少出現，但是在大約2/3包括年齡界乎18至60歲被試者的次文化(subcultures)樣本中，有某些證據顯示其中一些被試者的道德發展已達

表 3 柯爾伯格(Kohlberg, 1984)道德判斷發展階段

階段	特色
1. 懲罰與服從取向	服從規矩和權威以避免肉體上的懲罰。
2. 工具性相對主義取向	藉具體的交換作出公平交易。
3. 好孩子取向	保持對夥伴的忠心與信任，並且依從羣體規則。
4. 法律與社會秩序取向	遵守法律，維持社會秩序。
5. 社會契約取向	保障基本人權。實用主義：為最大多數人謀取最大之幸福。
6. 倫理原則取向	康德式的公義原則：人的價值是絕對而無條件的：基本人權，人人平等。

至這階段"(Snarey, 1985, P. 226)。而 Bergling (1981)及 Edwards (1981)評鑑各階級的跨文化研究時也強調，那些高層次(5 或 6)的道德階段並沒有文化一致性。

另一方面， Simpson (1974)批評柯爾伯格道德原理(principles)是完全基於西方的哲學思想，因而是有偏差的。她認為不參考非西方(non-western)的哲學思想，根本是不足以解釋道德概念的。 Dien (1982)則指出中國的道德概念與西方的並不相同，所指的較高道德發展層次，即"人是一種自主的存在，他可以自由地作出自己的選擇及決定自己的命運。作為一個道德行為者，他必須為他的行動負起責任"，是建基於西方道德的主要概念(猶太基督教及希臘哲學的思想)(Dien, 1982, p. 333)。此外，中國儒家道德思想的主要概念是仁，它"已被翻譯成種種不同的意思，譬如'愛'(love)、'善'(benevolence)、'慈心'(human-heartedness)、'人道'(man-to-man-ness)、'同情'(sympathy)、'完美的德行'(perfect virtue)。基本上它是對親人的深厚感情，它植根於孝道(filial piety)，並且通過家庭延伸至對所有人類的感情"(Dien, 1982, p. 334)。相對於西方觀點的個人主義(individualisic)，即人是自主存在的概念，儒家思想的概念根本是集體主義(collectivistic)或羣體(group)取向的。

況且，柯爾伯格的理論(Kohlberg, 1981, 1984)已經被批評為忽略了感性方面的道德發展(Gilligan, 1982; Peters, 1971)，中國人傾向於在他們的道德思維和判斷方面同時強調情(即仁愛、慈愛、親愛)及理(即理智)(馬慶強， Ma, 1992)。

7.7. 結論

兒童的心理發展比想像的要複雜得多，近代心理學家對兒童的心理發展做了很多有系統的研究，也累積了不少研究數據及資料，但對於兒童的心理發展，在很多方面還是一知半解。例如：在兒童的智力發展方面，有些心理學家就認為是先天決定的多，但也有不少心理學家認為環境決定佔多數，對於這個問題，心理學家至今依然在爭論不休。另一方面，兒童的心理發展究竟是一個接着一個階段的發展呢？還是連續不斷的呢？這些問題，也並沒有一個肯定的答案。

同時，心理學家也十分有興趣去了解：在不同的文化環境中成長的兒童，是不是所有的心理發展都是一樣的呢？例如：中國人、美國人或俄國人，他們的認知發展、他們的依附發展是否一樣呢？簡單來說，不同文化背景的兒童，在身體方面的發展模式是十分相似的：在認知發展方面，不同文化背景的兒童的發展也十分相近。然而，在羣性發展、道德發展方面，在不同地區成長的兒童，發展就有些不同了，尤其是在高層次的發展上，他們因為受到不同文化的影響就會有不同的發展方向。

由於篇幅有限，本文只能簡單地介紹一些近代心理發展方面的理論，對於很多有關兒童發展的問題，只好留待將來有機會再作深入分析。最後，我們不妨談一談未來中國兒童發展研究的方向，筆者認為有下列幾個方向可以考慮：

一、長期追蹤研究(longitudinal study)

在兒童發展的研究領域裏，長期追蹤研究是一個十分重要的研究方法，因為有很多的發展理論，都需要以長期追蹤研究的方式才能找到答案。簡單來說：長期追蹤研究就是追蹤一班兒童，從小就以他們作研究對象，每隔一段時間，對他們重複地做相同或類似的實驗或測驗，以了解他們隨着年齡的增長，他們的心理是否也起了一定的變化，這樣就可以解答兒童心理發展上的不少問題。例如：父母對兒童的影響，是否對其青少年期、成年期的發展有莫大的影響呢？又例如：在童年時，兒童的一些不愉快的情緒發展，是否對其長大後的一些成人的性格、品行或羣性行為的發展有所影響呢？

二、孿生子女的研究(twin study)

孿生子女的研究可以讓心理學家了解：遺傳因素與環境因素對某些心理發展的影響會有多大？例如：透過對一羣孿生子女在不同的家庭環境中成長的研究，可以了解到他們在智力及性格方面，是受先天遺傳因素影響較多，還是受環境因素影響較多？因為孿生子女，尤其是同卵雙生的孿生子女，他們的遺傳基因基本是一樣的，如果他們在不同的環境裏成長，而在智力或性格上有着不同的發展結果，那麼我們就可以有一個更清晰的結論，就是環境影響是非常重要的。

三、實驗幼兒園

另外，我們也應該大力發展實驗室的研究工作，最佳的實驗室莫如在幼兒園和幼稚園裏做一些長期性的研究。在外國，有些兒童發展中心都有一些實驗性的幼兒園或幼稚園，他們在幼兒園和幼稚園的課室裏建立實驗室和控制室，透過閉路電視觀察及錄影兒童在課室中與其他同學及老師的交往情況，這樣便可以分析兒童各方面的發展。

四、兒童心理測驗的製訂及創作

我們必須製訂多一些有關兒童發展的心理測驗，因為文化上的差異，很多外國兒童的心理測驗不一定適用於中國人，所以，中國的兒童發展心理學家，必須要有自己製訂及創作的心理發展測驗，才能夠透過研究準確地了解中國兒童的心理發展。

五、跨文化研究

最後，為了印證文化及環境對兒童心理發展的影響，其中一個方法就是和其他國家、其他文化背景的兒童心理發展專家一起合作研究，透過相同的研究方法及相同的研究測驗，大家互相比較研究結果及數據，以了解文化因素對兒童心理發展的影響。

如果中國的兒童發展心理學家能夠朝着以上的研究方向努力，那麼，在可見的將來，我們就會對中國兒童的發展有更深入的了解，從而可以對父母、老師及其他關心兒童發展的人提供一些重要的研究成果，以幫助他們去培育下一代。

參考資料

Ainsworth, M. D. S. (1972). "Attachment and dependency: A comparison", J. L. Gewirtz (Ed.), *Attachment and Dependency*, 97–138. Washington, D. C.: V. H. Winston.

Ainsworth, M. D. S, Blehar, M. C., Waters, E., & Wall, S. (1978). *Patterns of Attachment*. NJ: Erlbaum.

Bee, H. (1994). *Lifespan Development*. New York: Harper Collins College Publishers.

Bergling, K. (1981). *Moral Development: The Validity of Kohlberg's Theory*. Stockholm: Almgvist & Wiksell International.

Bowlby, J. (1969). "Attachment and loss", Vol, 1: Attachment. New York: Basic Books.

Cheung, P. C., & Lau, S. (1985). "Self-esteem: Its relationship to the family and school social environments among Chinese adolescents", *Youth & Society*, 16, 438–456.

Chen, C., & Stevenson, H. W. (1989). "Homework: A cross-cultural examination", *Child Development*, 60, 551–561.

Dien, D. S. (1982). "A Chinese perspective on Kohlberg's theory or moral development", *Developmental Review*, 2, 331–341.

Edwards, C. P. (1981). "The comparative study of the development of moral judgment and reasoning", R. L. Munroe, R. H. Munroe, & B. Whiting (Eds.), *Handbook of Cross-cultural Human Development*. NY: Garland Press.

Erikson, E. H. (1963). *Childhood and Society*. Second Edition. New York: North.

Eysenck, H. J. (1976). "The biology of morality", T. Lickona (Ed.), *Moral Development and Behavior: Theory, Research, and Social Issues*. NY: Holt,

Rinehart and Winston.

Freud, S. (1955). "Three essays on the theory of sexuality", *The Standard Edition of the Complete Psychological Works of Sigmund Freud*, Vol. 7. London: Hogarth Press. (Originally published in 1905).

Gilligan, C. (1982). *In a Different Voice: Psychological Theory and Women's Development*. MA: Harvard University Press.

Gilligan, J. (1976). "Beyond morality: Psychoanalytic reflections on shame, guilt and love", T. Lickona (Ed.), *Moral Development and Behavior: Theory, Research, and Social Issues*. NY: Holt, Rinehart and Winston.

Ho, D. Y. F. (1986). "Chinese patterns of socialization: A critical review", M. H. Bond (Ed.), *The Psychology of the Chinese People*, 1–37. Hong Kong: Oxford University Press.

Hoffman, L., Paris, S., & Hall, E. (1994). *Developmental Psychology Today*. (Sixth ed.). New York: McGraw-Hill.

Kohlberg, L. (1969). "Stage and sequence: the cognitive-developmental approach to socialization", D. A. Goslin (Ed.), *Handbook of Socialization: Theory and Research*, 347–480. Chicago, IL: Rand-McNally.

Kohlberg, L. (1971). "From is to ought: How to commit the naturalistic fallacy and get away with it in the study of moral development", T. Mischel (Ed.), *Cognitive Development and Epistemology*. New York: Academic Press.

Kohlberg, L. (1981). "Essays on moral development", *Vol. 1: The Philosophy of Moral Development*. San Francisco, CA: Harper & Row.

Kohlberg, L. (1984). "Essays on moral development", *Vol. 2: The Psychology of Moral Development*. San Francisco, CA: Harper & Row.

Ma, H. K. (1992). *The Moral Judgment Development of the Chinese People: A Theoretical Model. Philosophica*, 49, 55–82.

Ma, H. K., & Leung, M. C. (1991). "Altruistic orientation in children: Construction and validation of the Child altruism inventory", *International Journal of Psychology*, 26, 745–759.

Ma, H. K., & Leung, M. C. (in press). "The relation of altruistic orientation to family social environment in Chinese children", *Psychology: An International Journal of Psychology in the Orient*.

Peters, R. S. (1971). "Moral development: A plea for pluralism", T. Mischel (Ed.), *Cognitive Development and Epistemology*. N. Y.: Academic Press.

Piaget, J., & Inhelder, B. (1969). *The Psychology of the Child*. Translated by H. Weaver. London: Routledge & Kegan Paul.

Plomin, R. (1989). "Environment and genes: Determinants of behavior", *American Psychologists*, 44, 105–111.

Plomin, R., & Daniels, D. (1987). "Why are children in the same family so different from each other?", *Behavioral and Brain Sciences*, 10, 1–16.

Rowe, D. C., & Plomin, R. (1978). "The Burt controversy: A comparison of Burt's data on IQ with data from other studies", *Behavior Genetics*, 8, 81–84.

Schaffer, H. R., & Emerson, P. E. (1964). "The development of social attachment in infancy", *Monographs of the Society for Research in Child Development*, 29 (Serial No. 94).

Simpson, E. L. (1976). "A holistic approach to moral development and behavior", T. Lickona (Ed.), *Moral Development and Behavior: Theory, Research, and Social Issues*. NY: Holt, Rinehart and Winston.

Snarey, J. R. (1985). "Cross-cultural universality of social-moral development: A critical review of Kohlbergian research", *Psychological Bulletin*, 97, 202–232.

Wilson, E. O. (1975). *Sociobiology: The New Synthesis*. Cambridge, MA: Belknap Press.

8
智慧、個性與測量

陳永昌 ● 香港大學心理系榮譽講師

"小方，大方之類也；小馬，大馬之類也；小智，非大智之類也。"

——《別類》

"人之質性各異，當就其質性之所近、心志之所願、才力之所能以為學，則易成。"

——《四書正誤》《離婁》

"人性有善有惡，猶人才有高下也。高不可下，下不可高。謂性無善惡，是謂人才無高下也。"

—— 王充《論衡 • 本性》

8
智慧、個性與測量

教育心理學的概念雖然很多，但最重要的兩個當推智慧與個性，因為這是影響兒童學習的決定性因素，對教學工作具有特殊意義。現分別討論其性質及其測量的方法，以增進對人類行為的了解。

8.1 智慧："知"之泉源

8.1.1 古代概念

"智慧"的概念在中國已有 2,500 年的歷史，其意義在漢字的組成上已表現得很清楚。一個"聰明"的孩子是耳朵靈敏，能接收及分析清楚各類聲音資料，更有日和月之光照亮周遭的事物；因此，"聽"與"視"的能力是"智慧"形成的重要環節。至於其他感覺器官即觸覺、味覺與嗅覺，在了解外界環境及發展"智慧"上，只佔次要的位置。

我們都說一個聾的人叫"失聰"，而一個盲的人叫"失明"，一個又聾又盲的人，在"智慧"教育上可說是失去主要工具了。"聰明"的相等名詞是"聰穎"及"聰敏"，"穎"與"敏"代表着有優秀和快捷的頭腦。

至於"智慧"本身一詞，也作"智能"及"智力"，意即"知日"的能力。古代人對太陽敬如神，了解很少，假若有人連高深莫測的太陽也明白了，他的"智慧"可以想見一定是非常之高了。而且，"知"字是指口快若箭，"慧"字是指心快如彗星。這些都表示了我國古代對"智慧"的概念，簡單的說"智慧"就是"知"的能力，現代的學說也不外如是。

我國古代作家常有關於"智慧"行為的描述，在四書和五經裏，也有"智慧"的定義；三國時代曹丕的胞弟曹植能七步成詩，當是"智慧"的表現；而所謂"大智若愚"，可說是"智慧"的極端。我國古人憑着"智慧"發明了很多東西，改進人們的生活環境，如公制、算盤、指南針、火藥、紡織機、月曆、針灸、氣功；養蠶、鑽井、釀酒、種菜、製紙、活字印刷；農作物的耕耘、山草藥物；長城與大運河；以及富有中國特色的音樂、藝術、手工藝、繪畫、雕刻、建築、美術及書畫等。這些文化遺產顯示出中國人的智慧發展早至2,500多年前。

聖賢孔子也了解到人有上中下三等，以符合"天才"、"人才"、"庸才"之別。《漢書》在2,200百年前也把人分成"上上"、"上中"、"上下"、"中上"、"中中"、"中下"、"下上"、"下中"及"下下"九個類別。絕頂聰明的人也稱"鬼才"，對人的區別也有"遲熟者"與"早熟者"之分。

古人相信有專長(特殊能力)與天資(一般能力)之別，前者是教育及訓練的結果；而後者則是與生俱來的能力。這與現代心理學的"先天"(遺傳)與"後天"(環境)的學說甚為吻合。因此，"智慧"可說是上天的恩賜，"天才"、"天資"、"天賦"等名詞都常用以代表"智慧"。一個聰明的人常被他人指為"得天獨厚"，並不是毫無道理的。"資"與"賦"都從"貝"，即是說是上天賦予的寶物。換句話說，"智慧"就是上天賞給人的財富，我們應當充分加以利用及發揮，否則，可說是暴殄天物，很是可惜。另外，"天才"的相反是"白痴"，"白"就是空白，"痴"就是對知有病了。總括來說，中國人對"智慧"的概念是與上天有關連，即上天對某些人是比較特別眷顧的。

孔子是萬世師表，"有教無類"，以"仁"為教學宗旨。他指出"智者利仁"、"未智焉得仁"及"智者不惑"等教學道理，足以代表"智慧"的定義及解說。

8.1.2 智慧解說

讓我們現在檢討一下不同的心理學家對"智慧"問題的研究，進而了解"智慧"在現代社會所處的地位。很多心理學家將"智慧"的定義大致分為三大類：生理上的、心理上的和運用上的。當然這三大類也有很多地方是重複的。(甲)生理觀點是指"智慧"為改進適應環境行為的能力而言，經驗在此有很大的幫助。這似乎對動物行為的解釋是很適當的，但對人類來說則比較不合適，因為人類有着複雜的社交發展，以及在刺激與反應之間所經歷的思考過程。雖然有些生物學家指出：在此過程中，人類日益複雜的行為與腦部日益增大是有連帶性的，但華倫(Vernon)則強調，單就人而言，智慧與腦部大小神經細胞的多寡，或任何生理特徵是沒有關連的。布察(Butcher)又指出從生理上去研究智慧的個別差異是沒有實際價值的。(乙)心理觀點則較少談論行為而集中於研究人類的思想，故此有以下較為狹窄的意義：唐迪(Thorndike)認為"智慧"是"聯想能力"；陀文(Terman)認為它是一種"能進行抽象思考的能力"；黎池(Knight)將它解釋為一種"能解答事物間關係的理解能力"；畢治(Burt)認為它是先天的"一般認知能力"等。在這些定義中，既然未能對智慧作一明確定義，但各家所說都有相符之處。(丙)運用觀點是指在實質運用上而言，如在智慧測驗上所獲得之分數等，此觀點較為實用，為一般實踐工作者所歡迎，如教師、社會工作者及應用心理學家等。史比爾曼(Spearman)指出在作答每一測驗時都需一個"一般能力"，他稱這一般能力為"智慧"，他認為每個測驗所需的一般能力都不是一樣的。他又認為每個測驗都需一個"特殊能力"，他稱這種能力為"特殊因子"，例如參加打字測驗需要較少量智慧，但卻需要大量運動技能，這就是著名的"兩個因子"原理。他更說智慧某方面是"關係的引發"。此學說最大的弱點是它沒有解說某些存在於多過一個測驗的特別因子。其後很多其他專家漸漸發現一些"組別因子"，對解釋智慧有更大的幫助。英國的心理學家，如畢治(Burt)等指出，除了有一般能力外，更有"文字"、"數字"及"實用"(或"非文字")的組別能力；而美國的心理學家如范斯頓(Thurstone)等則認為智慧分成以下各類能力："文字"、"數字"、"流暢"、"歸納"、"演繹"、"強記"、"立體"、"觀感"等組別獨立能力而沒有"一般能力"，這就是"多項因子"原理。但華倫(Vernon)強調"一般能力"對解釋行為的差異勝於把所有因子加起來。

8.1.3 遺傳因素

很多研究工作已在智慧遺傳方面進行，皮雅傑(Piaget)認為思想運算是經過個體與環境交互作用而形成的結果，他的"同化與適應"理論解釋，在思想發展過程中，智慧與環境是不斷互相影響的。協本(Hebb)把智慧分為"甲"與"乙"，"智慧甲"是指天生遺傳潛質，既看不見，也不能量度；"智慧乙"則是與環境交互作用後的現有思考效能，也就是說："智慧乙"是天然與孕育的結果。華倫(Vernon)同意這說法，他補充說現有的智慧測驗對"智慧乙"的量度，是不完善的，因此，他提出所謂"智慧丙"的論點，即為一般智慧測驗所能夠量度得到的部分。很多研究結果都顯示出智慧是兒童時期遺傳與環境互相影響的結果，即使在成年早期，其影響也不小，故此我們不應認為智慧測驗能量度內在潛力，其只不過是指示出在測驗時思想能力所達到的程度而已。有些心理學的權威人士根據其研究結果，聲言遺傳能解釋 89% 左右的智慧測驗分數，而環境因素則只能解釋約 20% 的差異，這是不切實際和毫無意義的看法，正如華倫(Vernon)所說，兩者相互影響的百分比因環境差異而不可能作比較；同時，若環境與遺傳不作交互作用影響，這些百分比的重要性也不能顯示出來。

8.1.4 家庭背景

兒童的智慧發展受到三方面的影響，包括家庭、學校與社會，其中家庭是三者中較為重要的，可分為物質與心理環境，而後者較前者影響更大。

父母子女間的交互作用可分為看待、教導與訓育三部分。看待有關心與限制之別；教導有民主與苛求之分；而訓育則有理性與獨裁之異了。根據筆者歷年研究所得，發現某些家庭因素如較關心、少限制的父親；少限制、較獨裁的母親對智慧發展較為優勝。另外，也發現對子女有適當的壓力會有助於他們智慧的良好發展。值得注意的是，父母對子女的看待較如何教導及訓育，對子女的智慧發展更為有效。

8.1.5 智慧測驗

智慧測驗乃是心理測驗之最早使用的，現在可算是準確性最高的測驗了。智慧測驗可分為兩大類：個別測驗與小組測驗。個別測驗能夠較準確得知兒童的真正能力，因為測驗者能減少兒童的憂慮與受外界因素的影響，但只有受過嚴格訓練的心理學家才能成功地使用這種測驗方法。小組測驗則較個別測驗符合實際的需要，因為它在一定時間內能同時測驗很多兒童。雖然智慧測驗在選拔和其他預測用途上非常有用，但仍有很多被人批評的地方，不過有些批評很容易解答，以下便是一些例子。第一、有證據顯示練習與訓練是可以增加分數的。華倫(Vernon)一再指出訓練結果的總和是沒有大分別的，即 3 或 5 次的訓練與 10 次的效果差不多，過分訓練對兒童先前的進步並不能再作改進，而且訓練的影響經過幾個月後便會消失。第二、智慧測驗不能量度潛能，因為有背景與教學的影響。雖然一個生於優良文化環境的兒童，是有文字優勢及有驅動力的，然而智慧測驗對量度有效的智慧很有價值。教育影響智慧分數是完全合理的，因為教育可以幫助發展智慧，雖然智慧是內在特徵，其完全發展需要適當的環境。第三、限時的智慧測驗對思想敏捷的人有利，對深思的人不利，但是思考敏捷的人通常都是思想準確的，而且一般的智慧測驗時間都相當足夠。第四、智慧測驗分數相當依賴閱讀與書寫速度，而閱讀與書寫能力又與智慧有直接的關係。第五、智慧測驗除了量度一般能力外，更量度其他特殊能力，大多數測驗還牽涉文字能力，因為學業成績需要這種能力。第六、情緒因素會影響測驗的結果，但對大多數正常兒童的影響很少。第七、智慧測驗對 4 歲以下兒童的預測能力很低，這大概是因為語言能力的程度問題。專家認為對 6 歲以上的兒童有很好的預測能力，故此，智慧測驗對預測學業成績與職業輔導具有肯定的作用。最後華倫(Vernon)指出智慧不是單元的，而是多元的，各類測驗未必能量度同樣的東西。而要留意的就是外國測驗很可能不適合我國的特別情形，使用這些測驗時更要加倍小心。

8.1.6 智慧商數

從前在統計學未發達時，智商的計算是很簡單的，即用實足年齡除智慧年齡，再乘以 100，減去小數位而成。實足年齡即測驗日期減去出生日期；智慧年齡則是能做好思考工作所符合的某一年齡。不過，這種計算法已不再被採用，因為這種智商在各種年齡和程度上並不可以完全比較。現在主要應用的統計學計算方法，使各年齡都有同一標準差與平均分，這樣便可加以比較。近代心理學家一致採用的標準差為 15，平均分為 100。而超過 99% 的人，智商範圍在 55~145 之間，即最低的白痴在 55 以下，最高的天才在 145 左右，而智商 100 只是平庸之輩而已。

8.1.7 矩陣圖形

在香港最普遍及最流行量度智慧的測驗是雷芬氏漸進矩陣圖形測驗，它不僅用於臨床心理判症方面，也運用於各項心理研究計劃。雷芬氏測驗可分"顏色"、"標準"及"高級"三種，分別使用於小學(即 6 至 11 歲)、中學(即 12 至 18 歲)及大學(即 19 至 21 歲)。在香港，"標準"測驗的英國及澳洲版本均被採用，而這兩個版本並沒有基本上的差異，只是某些試題的選擇項改變了位置。

正因為雷芬氏測驗是"非文字"的，故文化偏見比較少，且較少對某些組別不利。它更有以下明顯的方便：較節省時間(通常只需 30 分鐘)、較容易施行(組別測驗也可)、較容易計分(無須作出判斷)、較容易解釋(只須參照簡單的百分計常模表)及較容易應用測驗結果(聰明與愚蠢容易分別出來)。經過適當調節後，它更對成年的文盲及年青的遲鈍兒童有用，例如小童可用剪割及黏貼方法、文盲及有缺陷的成年人則可用銀幕投射的方法，心智低的兒童可由雷芬氏測驗(尤其是"顏色"本)相當成功地辨別出來。另外，雷芬氏測驗在橫跨各階層及年齡範圍廣闊的比較性研究工作上，也甚為實用，因為它無須依靠與年齡有關的語言能力。

在香港，雷芬氏的測驗始用於 1950 年，當年香港主要用於學生的輔導工作。由 1960 年開始，香港政府教育署用此測驗來研究及觀察學童的個別差異。故此，創於 1938 年的雷芬氏測驗，在香港已流行 45 年了。而現在正是檢討這個測驗價值的適當時候。尤其是香港這樣一個人們日常生活多用中文，而在公事及商業上則以英文較為普遍的雙語社會。

除了以上該測驗的實際用途外，筆者也曾對該測驗的理論性質作過多次研究。在 1976 年，筆者曾用一個具有代表性的 210 名高中學生樣本作研究，發現"標準"測驗的分數與非文字能力有好的關聯性(關聯係數是 0.39，屬 0.01 重要性)，但與文字能力則沒有大的關聯性(關聯係數只有 0.13，也屬 0.01 重要性)。由於其只局限於非文字內容，故此，"標準"測驗在用作心智測驗時，只能作非文字能力指標。然而，"標準"測驗與非文字、數字及文字的總分數卻有相當高的關聯(即關聯係數是 0.34，屬 0.01 重要性)，表示雷芬氏測驗在某種程度上量度一般智慧的潛在因素。而心理計算學家也指出，雷芬氏測驗能夠量度智慧的純"g"，即雷芬氏測驗可用作有相當效度的智慧測驗。

筆者於 1976 年曾嘗試研究"標準"測驗是否不受文化影響或在各文化背景下都是相同的。因為很多香港的教育工作者及心理學家認為非文字的視覺測驗，如雷芬氏測驗，在不同文化組別不會有重大差別。故此，在這方面去進行研究，對問題應有較深入的了解。

在香港，筆者用兩組中學生作為研究對象，其一是西方人(包括 91 男及 122 女)，其二是中國人(包括 85 男及 124 女)。從"標準"測驗的結果，計算每個題目的非正確答案的百分比。在 60 條題目中，發現中國學生有 47 題確實較西方學生為優；有 5 題雙方沒有顯著差別，而其餘的 8 題則外國學生較好，但卻並不顯著。有趣的是，在最後的也是最難的 E 部，12 題中有 9 題都是中國學生顯著優勝。這些重要的差異可歸究於文化、社會及教育背景的不同，儘管遺傳的迥異不能完全抹煞。

5 歲半至 15 歲半的"標準"常模被筆者由 1984 年起分四期制定：其一用 13,822 名小學生(1968 年)；其二用 4,509 名中學一年級學生(1977 年)；其三用 1,191 名小學四年級學生、1,189 名小學五年級學生及 1,098 名小學六年級學生(1980 年)；其四用 4,500 名幼稚園、小學及中學生(1982年)。五歲半至七歲半的"顏色"常模也為筆者分期完成，每次均用有代表性小學一年級學生：1980年用1,272名；1981年用739名；1983年用2,105名；及1984年用2,104名。此外，筆者也建成小學四年級學生(即9歲多)的"顏色"常模。至於"高級"常模的擬定也正在積極進行中，研究樣本是香港大學心理學系的學生。在1986年一位大學研究生曾用1,497名中學生，首先預備好"高級"常模，以便參考。

所有以上的常模都是較英國或澳洲的為高，這顯示華人學生較外國學生為優，詳細原因則有待更深入的研究。1989年，北京師範大學張厚粲教授也發現中國學生的常模高於美國和英國。這些結果當然不是偶然的，但仍有待更多資料和證據以加強其可信度。

另外，筆者於1989年提出了除遺傳因素外，雷芬氏對中國學生有利的原因可能源於中國的字形及書寫方法的看法。中國字的組成由左而右，且是象形的，書寫時多由上而下，而字句及段落則由右至左。基於這些原因，中國學生較習慣從多方面分析距陣圖形，故此，找到正確答案的機會相應較外國學生為高。至於雷芬氏測驗在香港的效度和信度，筆者於1982年計算出其效度相當高，即在0.47至0.50，而信度則高至0.95。

在缺乏適當的專為中國學生而設的智慧測驗時，雷芬氏不失為一個方便的測驗，以供一般教師及心理學家使用。正因為它對中國學生較為容易，應多用於辨別能力差的學生，以作為特殊教育的指標。

中國是一個很大的國家，人口及種族繁多，心理學及教育工作者應多作相互比較研究。此外，海外華人眾多，如台灣、香港、澳門、新加坡、菲律賓、印尼、越南、及西方國家內的中國城(唐人街)，英國的倫敦、美國的三藩市及紐約、加拿大的溫哥華及多倫多、澳洲的雪梨及墨爾砵等，居住在這些地方的華人都根源於中國，具有中國人的文化背景，中國人的血統和遺傳，他們的智慧是值得我們研究的。

雷芬氏測驗無疑是研究各地華人智慧最簡便的測驗，希望有一天，我們能夠獲得各地華人的測驗資料，以證實華人智慧是否真比西方人為高，目前我們則可先從大陸各地區着手。現在應是香港及大陸兩地學者攜手策劃這項具有意義的研究工作的時候了。

8.1.8 性別差異

在中國古代社會，有"女子無才便是德"這句話，換言之，是不期望女子聰明的。她們的無知及服從性是一個好太太及好媽媽的必備條件。當然，這個想法在現今的中國社會已經落後了，時下的女性都承擔了家庭經濟的責任。

然而，男子是否較女子聰明呢？在 1982 年，筆者已經發現，雖然在某些年齡如 9、15 及 16 歲時，男童比女童優勝，但一般來說，兩性的智慧沒有基本上的不同。故此，大致上說，雷芬氏的常模表無須分兩個性別，這與英國及澳洲的常模表一致。

在台灣，有研究顯示，男學生比女學生在雷芬氏"顏色"測驗表現較好，這種差異由小學一年級至三年級隨年齡增加而顯著。然而，在中學一年級施行雷芬氏"標準"測驗時，男女生卻沒有任何差別。這個現象可以解作直至小一，男童較女童在思考及概念形成方面較為優勝，但女童稍後便趕上，到中一時，這種差異便消失了，這表示女童是遲熟者。再者，小學教育後，較多男童會繼續念中學，那些較差的男童也被納入了；反過來說，較少女童會進入中學，因而智慧稍遜的女童便離去。此等原因都足以抵銷性別差異。

最近，連爾(Lynn)等發現中國大陸男童有較高的文字及視覺立體能力，而女童則有較好的記憶能力；同時，連爾等也指出這些差異在其他國家如美國及蘇格蘭等都一樣存在，因此很有理由相信性別差異是源於生物基礎。

在香港，男學生在公開考試時，表現較優的科目是生物、化學、物理及數學；而女學生則是中文、英文、歷史及地理。同時，在大學學位試時，男生在科學及相關科目較女性為佳，而女生則在文科及相關科目較為出色。這些現象都說明男女智慧上的差異，反映出個別相關興趣、傾向或社會偏見。

筆者在 1984 至 1986 年間，發現女生在 9–11 歲時都較男生在中英文及閱讀測驗方面優勝，這與很多其他國家相似。再者，性別差異在英文(外語)較中文(母語)為顯著，證明女生對外語學習有較大把握，足以表示女生較男生在這方面的智慧較為優勝。

另外，性別差異在語言能力方面，年齡越大則差異更顯著，這是筆者在研究小一(6歲)、小四至小五(9至11歲)及中三(14歲)學生時的發現。

雖然，我們知道很多性別特徵是遺傳的，是因性染色體(XX是女性，XY是男性)的不同而使男女體質與生理具有差別，但在心智及心理特徵上如智慧能力方面，是否也是如此簡單，則所知不多。在沒有足夠證據時，對智慧上的性別差異最好是以外在因素如家庭、學校與社會，尤其是教育與文化價值等方面來作解釋。

一個人的心理構造無疑是兩性與外界因素交互作用不同的結果。因此，性別差異在學業成績與智慧能力方面，可說是一個人為假象，而非反映兩性真正的內在心智。換句話說，性別差異是表現而非事實。若男女有同等環境、同等文化薰陶、同等教育目標及同等性別角色，這些表面的性別差異會變得不明顯。

8.1.9 跨國比較

世界各地的智慧發展均有其特色，因為各地都有它們不同的文化環境、教育制度及家庭教育模式。中國地域廣大，並有很多中國人移居海外，只就中國人而論，已有很大差異，就更遑論與不同膚色的外國人作比較了。

傑士(Keats)等在1987年曾研究中國人與澳洲人智慧概念的形成，指出了社會與文化背景的重大影響。學者如加拿大的華倫(Vernon)、英國的艾星奇(Eysenck)、美國的贊臣(Jensen)及筆者分別在過去30年間，個別或共同研究了在香港、中國大陸、台灣、新加坡及美國等地華人的智慧，基本上是採用雷芬氏漸進矩陣圖形測驗，全部結果都表示出中國人的分數較他國為高。香港的11歲半"標準"常模是47，而英國與澳洲則分別是37及35；香港的6歲"顏色"常模是21.39，而英國則只有16；香港、英國及紐西蘭的"高級"常模分別是22.42(16歲)，17.47(小於25歲)及22.55(20歲)。最後，新加坡的14歲"標準"常模是47.8(華人)及41.9(馬來人)。以上均證明根據雷芬氏測驗，華人的智慧測驗分數都是較高的。

雷特(Rodd)在 1959 年時比較台灣本地學生與由中國大陸前來的學生，發現 16 歲的 I. Q.，分別是 104(台灣人)和 106(中國人)，而 15 歲的 I. Q.，則分別是 114(台灣人)和 117(中國人)。

筆者與聶浦(Ripple)等在 1982 年研究演繹思考能力時，發現西方人較中國人重視"流暢"(即每單位時間內所能產生的意見)。筆者與連爾(Lynn)等在 1988 年發現 6 歲半至 13 歲半的香港學生 I. Q. 有 108，而英美的學生卻只有 100，同時也發現香港學生有較高立體視覺及觀感速度，但在文字流暢方面則較弱。

聶浦(Ripple)等在 1988 年也發現中國學生有較好的歸納認知能力，而美國學生則在"流暢"及"變通"方面較好。筆者與艾星奇(Eysenck)等在 1980 年研究審美能力時，發現香港、英國、及日本都很近似。筆者與哥頓(Gordon)等在 1982 年研究人面圖觀感能力時也發現香港與英國及非洲學生有類似反應。

筆者與華倫(Vernon)對以上跨國研究的結果提出以下論點：海外華人的優越學業及能力成績不能全然用遺傳論去解釋，雖然華人在立體視覺、數字及美術等方面表現勝於當地人，但華人最大的成功因素應是他們的價值觀及養兒育女的方法。

8.1.10 結語

我們可以說西方形式的智慧測驗未必完全適用於華人，因此要多製作本地的智慧測驗，根據中國人對智慧的概念，搜集我們認為是智慧的行為表現，以作成測驗題目。換句話說，西方認為是智慧的，我們則未必完全贊同。正因為我們的思考與西方有所不同，我們才能有獨特的文化，獨特的創作，產生不同的文字作品、不同的音樂、不同的建築、不同的藝術和不同的處事方式。

8.2 個性："情"之結晶

8.2.1 人的組成

一個人的組成可以分為兩部分，即身體與心理，我們看一個人，要看他的整體，即包括他的外表與內心。一個人整體的組合便是個性(personality)，有些人把它譯成"性格"，筆者則喜歡"個性"這一名詞，因為它更能代表個人(person)，有獨立的個別差異，即沒有兩個人是完全一樣的，故此"個性"較"性格"更為傳神了。"個性"又可解作對某人的"一個概括印象"。常人所謂的"人格"與"品格"，則有社會與道德的成分在內，至於"人品"、"品性"、"性情"、"氣質"等中文名稱，很難作正確的定義。又有所謂"人性"、"天性"、"德性"、"品質"、"性情"等常用語，都是欠缺清楚界定的。

8.2.2 個性形成

個性的形成有三個因素——(甲)生理因素：身材、成熟、生長、健康、樣貌、內分泌等；(乙)心理因素：智慧、態度、興趣、驅動、人望等；(丙)環境因素：家庭、學校、社會與自然界等。

兒童早期的經驗對個性的發展影響至大，兒童後期的個性表現是早期發展的結果。個性發展的重要發展期可分為：(1)嬰兒期(即 2 ~ 3 歲)；(2)學校期(即 4 ~ 12 歲)；(3)青少年早期(即 13 ~ 16歲)；(4)青少年期(即 17 ~ 20 歲)；(5)成年期(即 21 ~ 30 歲)；(6)成熟期(即 31 ~ 40 歲)。這些發展期與皮雅傑(Piaget)的智慧發展期相似，又與孔子學說相若。孔子說："男子三十而立；四十而不惑"，可說是不謀而合。常人更有說"三歲定八十"，可知早期影響的重要。

很多心理學家都指出家庭因素與個性成長有莫大關係，較其他因素重要。弗洛伊德(Freud)在 1921 至 1940 年間，提出他的心理分析理論，他認為兒童都以父母為他們的榜樣，因為兒童有很多地方都比不上成年人，故此兒童都想模仿他們的雙親，這就是弗洛伊德所指的"比擬"(identification)。他更假設人類除了"本我"(id)(即原始的衝動)和"自我"(ego)(即理性的本己)外，還有"超自我"(superego)，此乃父母對兒童的一切命令、禁制、阻止等力量組成，受家庭教育、師友及所崇拜的理想人物等影響而發展，簡單地說，"超自我"即把一切社會價值與理想變為內在，父母是子女首先接觸到的成人，故此家長便成為兒童首先模仿的對象。

在 1934 年，米特(Mead)指出有以下兩類行為是由父母子女關係所形成：兒童的模仿心及父母的同情心。在 1939 年，西門氏(Symonds)也表示子女受父母的接納或拒絕程度是其性格發展的重要因素；另一個因素即為子女是否受到嚴重的控制或有自主權力。他更指出父母的拒絕、過於注意，與父母子女間之衝突都會妨礙兒童心理的正常發展。1940 年高富氏(Groves)也表示父母之觀念與模範產生的"制約"(conditioning)，遠較學校教育所施明顯的訓示為早，父母的接納及愛護與否決定環繞兒童周圍的心理氣氛。波特雲(Baldwin)在 1945 年間認為家庭溫暖是影響兒童個性發展的決定性因素，生長於民主式家庭的兒童較為活潑及善於交際。

8.2.3 個性測驗

個性測驗在香港目前的學術研究、輔導、及臨床心理工作上非常流行，因為個性測驗的分數與其他心理特徵有重要的關聯性，進而對教學與心理輔導工作有所幫助。很多研究者如艾星奇(Eysenck)等的發現都指出，活動教學法對有外向個性的師生較適宜。心理學家正尋求個性理論去解釋一些非正常行為。

心理學家都承認個性測驗是有某種限制的，最令人滿意的了解個性的方法是(甲)要重複多次觀察，(乙)要揀選適當時機，不要讓觀察影響行為，和(丙)留意個人反應方式，即是否有慣用"是"或"否"的傾向。個性測驗只是量度人們的典型行為，無所謂"對"與"不對"，而是"是"與"否"的相符罷了！個性測驗的方法很多，最著名的個性測驗當推美國的吉泰(Cattell)的十六個性因素(16PF)和 MMPI (Minnesota Multipharic Personality Inventory)，但在運用時相當繁複；英國艾星奇(Eysenck)的個性問卷則比較簡易，有成年及幼年兩卷，分別有 90 及 81 題，用

"是"與"否"的形式作答。筆者已把兩卷譯成中文，分別測驗 750 多名成人及 820 多名兒童，與艾星奇合作，製訂了常模，以供香港專業人員參考及使用，筆者更曾利用這個測驗，作了數項學術研究。

雖然在外國已有很多關於早期家庭經驗對個性發展有主要影響的報告，但香港仍未有這方面的研究計劃，筆者曾作了一個實驗，研究父母子女交互作用(即父母看待：關心式和限制式；父母教導：民主式和苛求式；父母訓育：理性式和獨裁式。)與個性特質(即艾星奇個性問卷的內外的、神經質、精神質和說謊)的關係。

這個研究是用一個有代表性的樣本(75 名香港中四年級學生：40 名男生和 35 名女生)，年齡在 13 至 20 歲之間(平均年齡為 16 歲)。筆者發現精神質與父母關心、父親民主、和父親理性成反比；神經質也與父母關心，父母民主成反比。這些結果顯示，雖然遺傳因素也可能有影響，但有利的家庭情況有助於兒童養成憐憫心和情緒穩定。可是，外向和說謊則與家庭情況並沒有顯著關連，換句話說，根據現有的資料與研究發現，父母看待、教導和訓育對香港兒童的社交和欺騙行為似乎沒有多大影響。至於詳細情形，有待更進一步作較大規模的深入研究。

8.2.4 測驗問題

大致上說，個性測量有兩大分流：主觀的深入探索及客觀的計算心理。然而，這兩類並不互相排斥，相反，是互補不足，令判斷結果更有效地幫助情緒受困擾的人。

深入探索的心理學家大多採用弗洛伊德(Freud)的理論，他們的方法是主觀的，成功要靠他們廣闊與精深的訓練與經驗，以免忽略了不明顯的病徵。雖然這種方法被認為不科學化，解釋病徵全賴臨床心理學家，但它可以觀察到病者的內心世界及情緒困擾的深處，因而了解病情的根本原因。若心理學家有足夠的經驗應用這個方法，處理病人的成功率將大為增加。在香港，這類心理學家多運用以下的投射測驗：CAT (Children's Apperception Test)、TAT (Thematic Apperception Test)、RI (Rorschach Inblots)、RSC (Rotter Sentence Completion)、把故事完成，及填寫卡通畫問號等。這些測驗都是用不明顯的刺激，以求病者作出不同的反應，而且都是容易施行，但卻難於闡釋答案的。

相反，另外一類測驗是用問卷，經標準化而成科學工具。這些測驗都是經過實驗才製成的，題目經過嘗試、分析、訂定難易程度及辨別能力，而整體測驗則有信度、效度及常模等等統計學資料，以供用者參考及因應環境與病情作取捨。所有這些測驗都是量度病人當時的典型行為，成功須靠病人的合作，即要坦白與真誠。換言之，測驗工具可以是客觀的，但反應卻可能是主觀的。因此，個性測驗的主觀性或客觀性何者重要，要靠心理學家去決定。當然，明智的抉擇是同時採用主觀及客觀的方法，克服各自的限制，而得到病人更詳細的心理狀況。

如前所述，在香港普遍的個性測驗是 EPQ（Eysenck Personality Questionaire）、16PF（Cattell Personality Factors），和 MMPI（Minnesota Multipharic Personaltiy Inventory）。然而，EPQ 明顯地較其他兩個測驗可取，因為它的施用、計分、及解釋均較為簡單。筆者自 1972 年已使用 EPQ 及在 1975 年譯成中文版本，其後在 1982 年製成常模表。

8.2.5 艾氏問卷

艾星奇自 1970 年起，已先後多次用因子分析的方法把個性分成三個領域，即內外向、神經質及精神質，這三部分互相垂直成一立體模式。三個領域裏的各項個性特徵全是雙極的，而第四個領域則是"說謊"量表，藉此可以知道其他分數的可靠性。

如前所述，EPQ 有成年及幼年兩種，問題均直接簡單而只須以"是"與"否"作答，問卷着重即時反應，答案沒有"錯"與"不錯"。成人及幼童的 90 及 81 條題目有些是相同或相似的，但多數是有關成年及幼年的個別相關經驗。

有關四個量表內外向(E)、神經質(N)、精神質(P)、和說謊(L)的題目是隨機放在測驗中，每題只計一次分。被測試的人只需 20～30 分鐘便可完成問卷，故此很容易得到他們的合作。這四個量表可用手計分或用透明膠片放在答案卷上評分，又或由電腦程式直接產生分數。中文版本也有成年及幼年兩卷，以供香港及其他地方的華人使用。若發現L分數較常模為高，則解釋時要小心或全部資料視情形予以取消。

8.2.6 教育涵義

無可置疑，除了社會及環境因素，影響教與學的兩大心理特徵要算是"智慧"與"個性"了。很多對智慧與學業成績關係的研究已經完成，但是個性與在學校裏教師的教導與學生的學習所處地位的研究比較少。

正如一般教育界人士所知，教育的主要功能是發展兒童的個性。教師是要達到好好運用學校環境此一目的，使兒童能有平衡的個性，在他們離校後，擁有快樂豐富的人生。

心理學家知道，兒童的一切行為都可以用個性去解釋，不正當的行為可追溯至個性發展的環境。課室裏教師與學生的行為與師生的個性及如何使用適當的教學方法有關。

一個教師的個性對其採用的教學法具有重要影響。例如，一個外向好社交的教師對活動教學法自然是比較適合的，因為他較容易使兒童集中在一起及共同合作完成教學目標。而好活動的教師也會樂得與兒童一起進行有意義的活動，也較容易投入。同時，學生的個性對學習也有影響，一個活潑好動的兒童自然喜歡與同學共同研究學問，故此活動教學法對這些兒童效果更為顯著，因為他能與其他同學相處以及對學習活動感興趣。

筆者發現，外向的學生較內向的學生在啟發式學習中得益更多，而內向的學生似乎用直接式(接納式)教學較為適宜。外向及不焦慮的中學生在沒有壓力下表現較好，而內向及情緒緊張的小學生則在壓力下會成就較佳。故此，個性對教師及學生同等重要，教師應就其本身及學生的個性，去選擇教學方法，以達到最理想的教學效果。

艾星奇指出，個性特徵如N和E量表，與學習活動有所關聯。N分數高往往會降低學業成績，但在低年級的學生來説，N分數高反而會有好成績；除小學生外，有神經質的學生也會成績低落。E分數高的大學及中學生，他們的成績會受到影響，但小學生則相反。此種情形的原因依然不甚清楚，但最可能是由於學習環境的轉變。小學的學習氣氛比較自由及輕鬆，因而對外向的學生有利；反過來說，中學及大學的學習氣氛比較嚴謹及拘束，因而對內向的學生較適合。這種現象已有實驗證明，即在中小學同校舍的學生，個性與其學業成績在年紀大及年紀小的影響是一樣的。

另外，個性不僅決定學生成績的好壞，更能確定學習的科目。有跡象顯示，個性特徵如內外向及神經質與學生選擇的科目有關。一般來說，穩重的學生會集中於實用科目，而情緒不穩定的學生則會偏重以人為中心的科目。也就是說，內向的人喜歡理論性科目，而外向的人則喜歡實用或以人為中心的科目。

總的來說，要成功而有效地教育兒童，教師要完全把握好他們的心理組成，包括個性，方能事半功倍。兒童的個別差異及教師本身的個別差異都要調節好，方能達到教育的崇高目標。我們要充分了解到，每個兒童及每個教師都是不同的個體，正如古人說："知己知彼，百戰百勝。"教師唯有充分了解自己和兒童的心理資料，即包括"智慧"與"個性"，才能成功地教育下一代。另外，筆者要強調一點，即無論學生怎樣聰明；若他因情緒問題而不肯去嘗試，他不會在學習上得到應有的成績，故此培養學生的個性是刻不容緩的事。

理想的教育不單是要發展智慧，爭取成績，還應該培養個性，很多學校都以"德、智、體、羣、美"等五育為教學基礎及輔導方法正是這個道理。教育的設施更要適應各人的個性，發展其特長，補救其缺點，才能人盡其才，服務國家和社會。除了家庭外，學校是兒童發展個性的適當地方，教師要鍛煉學生的體格，使其身心健康，多鼓勵學生發問，參加課外活動，培養羣體合作的生活意識，有真善美的感受，獨立思考的能力，有自信堅毅的精神，對人生有正確的認識。這樣，他們才能成為有平衡個性的"人"。

現僅列出一些個性應該重視及考慮的地方：(1)入學挑選學生的時候；(2)決定學生編班及編組的時候；(3)校內設輔導班或成立輔導處的時候；(4)教育學院師訓課程內容編寫及檢討的時候；(5)教師對某一班學生採用教學法的時候。

8.2.7 個性展望

我國人口達 12 億之多，地域之大在世界上也是數一數二的，然而在心理研究方面研究尚少，對國人的個性理解不深，有待學者多方面認真的探索，以期對教育下一代有積極的幫助。雖然外國的個性測驗可以應用，最理想的還是有自己的測驗，因為外國的模式不一定適合我國，有很多個性特徵可能只在中國人身上才能找到，有待我們去發現。

中國人除了在中國大陸、台灣和香港外，也很多分佈於世界各地，他們的成長過程不同，教育陶冶各異，故此，所謂中國人的個性已是不一致了，我們有需要為每一地區的中國人製作不同的個性測驗，以符合他們在每一地區的發展。當然我們也要找出共通的地方，以作比較之用。

正因為我們中國人遍佈全球，其影響力越來越大，我們要發揮我們的個性特徵，充分利用其優點，以便取得更輝煌的成就。

8.2.8 總結

中國人的智慧，筆者已有所交代，但中國人的個性，筆者希望不久從中國古籍中能有所發現。

有關智慧及個性的概念和發展，本文已有介紹，影響因素包括家庭、學校及社會，筆者發現家庭因素影響是最大的，其次是學校和社會。故此，特別強調家庭中父母子女的交互作用及教育制度的影響。

至於測驗方面，智慧測驗則着重介紹雷芬氏漸進距陣圓形測驗，而個性測驗雖然推薦艾星奇個性問卷，原因是這類測驗較為實際可行，但也強調應有我國本土的心理測驗。

雷芬氏及艾星奇的中國人測驗常模可供國人參考使用，其對外作跨文化(跨國)的比較資料也有列出，以方便了解這兩個測驗的國際地位。

性別差異的資料清楚指出男女雖然體質及生理不同，但心理構造是相同的，只不過因為受環境影響，致令其發展有異，且這些不同都是表面的。反過來說，正因為男女有別，各人可就其優點加以發揮，減少競爭，並可藉此增加生活情趣，使世界多姿多彩，不致單調沉悶。

最後，筆者要指出"智慧"與"個性"及其測量在現今教育上是非常重要的，所謂"人盡其才"及"因才施教"，"個性培養"和"性相近、習相似"等古代名訓均是同樣的道理。

現今的教育學家多與心理學家合作，共同討論教學方法。兒童已被認定為獨立個體，多用心理分析，判定其"能力"及"愛好"或"傾向"。父母在家庭教育時，也注意到了子女的心智及興趣發展。看來，有關兒童的智慧及個性資料越來越受到重視。

在工商方面，人事管理也已日益重要，有關僱員的智慧及個性已為管理階層所關注。一個企業的成功，用人方面是要特別留心的，故此"智慧"及"個性"測驗已漸為有規模的公司採用，以便挑選及編排適當人才。

參考資料

Chan, J., "A primer of testing", *New Horizons*, 26, (1985a) pp. 63–73.

Chan, J, *A Study of the Relation of Parent-child Interaction and Certain Psychological Attributes of Adolescents in Hong Kong*. Ph. D. Thesis, University of London, (1972).

Chan, J., "Are boys late developers?", *University of Hong Kong Convocation Newsletter*, No.2, (1989a), 1–5

Chan, J., "Are the western-type mental tests measuring Chinese mental faculties?", *Bulletin of the Hong Kong Psychological Society*, 26/27, (1991), 59–70.

Chan, J., "Chinese intelligence", *The Handbook of Chinese Psychology*. Hong Kong: oxford University Press, 1995, (in preparation).

Chan, J., "Correlates in parent-cild interaction and certain psychological variables among adolescents in Hong Kong", J. L. M. Dawson et. al. (eds.), *Perspectives in Asian Cross-Cultural Psychology*, (Lisse: Swets and Zeitlinger B. V., 1981), 112–131.

Chan, J., "Correlates of Raven and other scores of students in Hong Kong", *Proceedings of the Twentieth Conference of the International Association of*

Applied Psychology (Scotland: Edinburgh, 1982).

Chan, J., "Education and psychological testing in perspective", *New Horizons*, 28, (1987b), 61–72.

Chan, J., "Effects of parent-child interaction on verbal and other intellectual abilities-an empirical investigation", *New Horizons*, 20, (1979), 19–30.

Chan, J., "Family factors and personality development", *New Horizons*, 19, (1978a), 16–18.

Chan, J., "Heredity and environment-implications for teaching", *New Horizons*, 33, (1992), 39–44.

Chan, J., "Heredity and environment issues of intelligence", *New Horizons*. 16, (1975), 78–88.

Chan, J., *Hong Kong Ability Tests and Manuals*. (Verbal Reasoning and Numerical Reasoning). Hong Kong: Educational Research Establishment, Hong Kong Government, annually 1972–1975.

Chan, J., *Hong Kong Attainment Tests and Manuals*. (Chinese, English, and Mathematics; Primary 1 to Secondary 3). Hong Kong: Educational Research Establishment, Hong Kong Government, annually 1972–1987.

Chan, J., "Intelligence and intelligence tests in Hong Kong", *New Horizons*, 15, (1974), 82–88.

Chan, J., "Is Raven's progressive matrices test culture fair or culture free?", Y. H. Poortinga (ed.), *Selected Papers From the Third Congress of the International Association of Cross-Culture Psychology*, (The Netherlands: Tilburg University, 1976b).

Chan, J., "Language testing as an integral part of language teaching", *Selected Papers from the First International Conference of the Institute of Language in Education*, (1987c), 157–163. (Chinese Edition)

Chan, J., "Language testing as an integral part of language teaching", *Selected Papers from the First International Conference of the Institute of Language in Education*, (1986a), 203–210. (English Edition)

Chan, J., "Motivation devices, verbal ability and language achievement", *International Research in Reading*, Vo1.2, No.1, (1985b), 5–12.

Chan, J., "New norms for Hong Kong", J. Raven, et al. (eds.), *Manual for Raven's Progressive Matrices and Vocabulary Scales, Section 3* (London: H.K. Lewis, 1984b).

Chan, J., "Parent-child interaction and personality", *New Horizons*, 19, (1978b), 44–52.

Chan, J., "Personality traits-implications for teaching", *New Horizons*, 34, (1993).

Chan, J., *Prevocational Aptitude Tests and Manuals*. Hong Kong: Educational Research Establishment, Hong Kong Government, annually 1984–1985.

Chan, J., "Problems of psychological testing in two languages in Hong Kong", *Studies in Bilingual Education*, 110-113. (1976a)

Chan, J., "Raven's progressive matrices tests in Hong Kong", *New Horizons*, 25, (1984a), 43–49.

Chan, J., "Sex differences in reading", *International Research in Reading*, Vo1.3, No.1, (1986b), 11–16.

Chan, J., "Two basic concepts in educational psychology-intelligence and personality", *New Horizons*, 21, (1980), 17–22.

Chan, J., "The application of Raven's progressive matrices tests", *Symposium of the Conference of Shensi Psychological Society*. (Xian: Shensi Normal University, 1994a), (in press).

Chan, J., "The use of Eysenck personality questionnaire", *Symposium of the Conference of Shensi Psychological Society*, (Xian: Shensi Normal University, 1994b), (in press).

Chan, J., "The use of psychological tests in Hong Kong", *Bulletin of the Hong Kong Psychological Society, 18*, (1987a), 51–60.

Chan, J., "The use of Raven's progressive matrices in Hong Kong A critical review", *Psychological Test Bulletin*, Vo1.2, No.2, (Melbourne: Australian Council for Educational Research, 1989b), 40–45.

Chan, J., and Lynn, R., "Intelligence in Hong Kong measured for spearman's and the visuo-spatial and verbal primaries", *Intelligence 12*. (1988), 423–433.

Chan, J. and Lynn, R., "The intelligence of six-year-olds in Hong Kong", *J. biosoc, Sci, 21*, (1989), 461–464.

Chan, J. and Ripple, R., "Cross-cultural perspectives in the life-span development of divergent thinking abilities", *Proceedings of Sixth Congress of the International Association for Cross-Cultural Psychology* (Scotland: Aberdeen, 1982).

Chan, J. and Vernon, P. E., "Individual differences among the peoples of China", S. H. Irvine and J. Berry (eds.), *Human Abilities in Cultural Context* (Cambridge: Cambridge University Press, 1988b), 340–357.

Chan, J., Eysenck, H. and Lynn, R., "Reaction times and intelligence among

Hong Kong children", *Perceptual and Motor Skills, 72*, (1991), 427–433.

Chan, J., Eysenck, H. J. and Gotz, K. O., "A new visual aesthetic sensitivity test: III. cross-cultural comparison between Hong Kong children and adults, and english and japanese samples", *Perceptual and Motor Skills, 50*, (1980), 1325–1326.

Dai, X., and Lynn, R., "Gender differences in intelligence among Chinese children", *The Journal of Social Psychology*, 134 (1), (1994), 123–125.

Dunn, J., Zhang, X., and Ripple, R., "A study of Chinese and American performance on divergent thinking tasks", *New Horizons*, 29, (1988), 7–20.

Eysenck, S.B.G. and Chan, J., "A comparative study of personality in adults and children-Hong Kong versus England", *Person, individ, Diff.*, (1982), 153–160.

Lynn, R., Chan, J., and Eysenck, H. "Reaction times and intelligence in Chinese and British children", *Perceptual and Motor Skills, 72*, (1991), 443–45

Poon P. and Chan, J., "A correlation between auditory reaction time and intelligence", *Perceptual and Motor Skills, 63*, (1986), 375–378.

Vernon, P., *The Abilities and Achievements of Orientals in North America*. New York: Academic Press, 1982.

Zhang, H., "Psychological measurement in China", *International Journal of Psychology 23*, (1988a), 101–117.

Zhang, H., "Psychological testing and China's modernization", *International Test Commission Bulletin*, (1988b), 23–31.

Zhang, H., "Views of intelligence and mental testing in China", *Proceeding of the Second Asian-African Psychological Conference*, (Beijing: Beijing University Press, 1992), 842–847.

Zhang, H. C. and Whang, X. P., "Standardisation research on Raven's standard progressive matrices in China", *Acta Psychologica Sinica, 21*, (1989), 113–121.

9
異常行為

李慶珠 • 香港大學心理系講師

"志遭母憂，居喪過禮。因此篤病，喜怒失常。"

——《晉書 • 曹志傳》

"清人白鎔母鄧氏素畏雷，致白鎔每至夏秋，日夜侍幃榻不敢離；清人是鏡母亦畏雷，鏡聞雷輒夜起當戶跪，慰母勿恐，可見二母畏懼之程度。畏雷是'無象恐怖症'之一種，杞人則畏天崩墮，身無所寄。"

—— 張鶴翔《中國古代名人變態行為考》
（東方雜誌，1933，一卷一號）

"唐人焦遂醒時口吃，醉後應答如響，人謂之'酒吃'；宋人黃樵仲居家，每日早晨率子弟衣冠見於家廟，退則默坐終日；清人程長庚演劇爲坐客所笑，遂閉戶坐室，三年不出聲；春秋息夫人三年不言；宋人許月卿罷職歸，深居一室，五年不言而卒。"

—— 張鶴翔《中國古代名人變態行為考》
（東方雜誌，1933，一卷一號）

9 異常行為

9.1 何謂異常行為？

某一天的報張上刊登着以下的一段新聞：

一名無業男子，手持利刀在中環交易廣場對面的公園揮舞，附近的市民紛紛走避。大批警員聞訊趕至，發覺另一名男子的手部受傷，懷疑是被他用刀割傷。該無業男子遂拾起雜物擲向警員，復又持刀對峙。其後，警署一位指揮官趕至並與他展開談判，期間他曾有情緒不安的表現及持刀揮舞，但又很快平靜下來。直至五時左右，他才放下利刀，並要求見一名心理醫生。至傍晚六時醫生到後，他才將利刀交予指揮官，事件才獲解決。

讀者大概會認為以上所提及的男子的行為屬於異常，而且相信他可能患有精神病。據採訪記者後來透露，該名男子曾因酗酒過度，須在醫院接受心理治療，而且要服用藥物。最近醫生見他病況好轉，才讓他暫時停止服藥。

究竟甚麼是異常行為呢？我們就以下三個標準來作討論：

一、統計學的標準

若用統計學的標準來計算，異常行為就是社會上一般人大概很少會做的事。例如：自言自語、當眾脱衣、在街上揮舞利器或是大哭大笑。

可是這個標準未必準確，因為不同的地域或文化會有不同的準則及價值觀念。某些生活方式和習慣在 90 年代的香港被認為是正常合理的，但在另外一個時空來看卻可能是異常的。另外，有些人藝術天份高，衣服及髮型都走在時代的尖端，家中的佈置更是五彩繽紛，抽象神奇。他們的行為是否應被視為異常呢？

雖然這個標準在運用上有問題，但在心理學上卻最常被用來分別正常與異常行為。

二、心理健康的標準

有部分心理學家會用心理健康為正常的標準。行為若是離開這個標準，可能會被視為異常。但甚麼才是心理健康呢？答案卻不容易界定，那要看我們的價值觀如何。有些人相信心理健康是自我的實現或創作力，或是一個人的能力、自主以及對壓力的抗拒，但是，這些目標也因人而異。有人更會反問，是否一個能適應壓力的人就一定是一個心理健康的人呢？

三、實際的標準

1. 身心的不適

大部分人當要見心理學家時，大多是由於身體或心理上有毛病。有時候，身體上的毛病，如哮喘、高血壓及胃潰瘍等，部分可能是由於心理上的問題所致。當一個人失去他的伴侶或孩子時，很自然會有一段時期感到傷心難過，但若這些反應過分長久或嚴重干擾到正常生活，那麼這些反應可以算是異常的。

2. 怪異的程度

怪誕的行為通常都會被視為不正常。怪誕的標準則要視乎個人情況、社會文化和時代背景而定。例如，同性戀以前被認為是一種心理變態行為，患者需要接受醫治。不久前在香港，同性戀更被認定是一種犯罪行為。到了最近，這種想法才有了改變。不過，有些行為卻是不論何時何地，都會被確定是異常的，如幻覺、妄念(可以是浮誇的或迫害性的妄念)以及迷亂(即患者不知當天的日期或自己是誰，也不知道自己在哪裏)。

以上提及的三種標準，各有優點。有人會認為何不用這些標準一起去評估一個人的行為是否正常呢？如果只是依靠某一個標準診斷，準確性可能會有所偏差或者不夠全面。比較全面的解釋可能會是：變態異常的行為與一般正常的行為有所偏離，而且這些偏離的行為會傷害到患者或他周圍的人的身心健康。

9.2 傳統中國人眼中的異常行為

中國人通常用"癲"、"狂"或"瘋"來形容一些異常行為。中國的史籍最早記載有關異常行為大概是在"黃帝內經素問"裏，其中有提及一種很少發生的病症，名"癲狂症"。文中對這個病症的描述如下：

> 患者會無故地脫光衣服，一面唱歌，一面上路，有時會拒絕飲食，做一些他平日不會做的事，如爬牆或上屋頂，有時更會胡言亂語，作無理的吵鬧。

"癲"的症狀似乎跟現代的癲癇症(epilepsy)(俗語稱"羊癲風")相似；而"狂"則和精神病相近。有些學者更認為狂與狗有關係，最初的病源可能就是瘋狗症①。

其實，"癲"首先在公元前781年和771年在詩經內提及；而"狂"這個字則早在公元前1100年在"尚書"②裏已經出現。除了"癲"、"狂"外，康熙字典(1711年編)內還可以找到"瘋"這個字。大抵"癲"、"狂"和"瘋"這三個字都曾被用來描寫某種異常的行為。

讀者也許知道，中國傳統醫學解釋疾病的來源，都喜歡涉及陰陽兩極的不平衡理論，認為除了五行之金木水火土和氣的運行外，七情六慾、鬼神和靈界的事都可以影響一個人的身心健康。香港雖然是一個現代化的大都會，並擁有一切先進的醫療設備及最新的醫學知識，更有許多接受了西方醫學訓練的醫生，但中醫師在一般普羅大眾心目中卻仍佔有頗重要的地位。

9.3 精神病的盛行率

曾經有位同學問筆者："香港人每日要承受的壓力這樣大，又加上九七'的不明朗因素，患心理疾病的香港人究竟有多少呢？"其實心理學家對這個問題也都一直想尋求答案。精神病學的疾病流行學研究可以幫助我們了解精神病的流行程度、分佈情況和成病的原因。在這一段的討論中，我們會把中國和美國的資料進行比較，跟着討論香港最新發表的精神病流行報告。

一、美國人的精神病患率是否比中國人的爲高？

根據中美合作在中國大陸進行的一個大型精神病流行的研究結果所得(See Chinese Journal of Neurology and Psychology, 1986)，大部分精神病的盛行率較美國的為低。例如，美國人中有1%患有精神分裂症③，但中國人只有0.5%得此病，即是美國的一半；而抑鬱症的盛行率在中國也很低。

另外，台灣的一個研究④訪問了6,000多人，結果也發現其中只有0.9%的人在整個生命期患有抑鬱症，這個數據和中國大陸的很相似。

如果只用這些在中國大陸和台灣調查所得的資料和美國比較，我們或可以斷定美國人確實比較容易患上精神病。可是，讀者或許會問，是否還有其他的因素可以用來解釋它們的不同？這些因素可能和被訪者的樣本、研究的方法或文化背景的差異有很大的關係。在1973⑤、1977和1982年⑥的跨文化研究中，顯示中國人較西方人喜歡把抑鬱症的病狀加以軀體化，即較多談及身體上的徵狀，如頭痛、頭暈、失眠、胃口失調等，而較少談及心理上的問題，例如心情欠佳、自信減少及對將來失去希望等。但是張和劉的研究⑦結論卻和這些西方的有所差異，張指出雖然抑鬱症病人在初見醫生時，很自然的只會說出軀體方面的毛病，但是當醫生具體地問及他們心理上的問題時，近三成的受試者卻能很坦白地談到他們心理上的各種困擾。

由於以上的種種重要考慮，我們對於跨文化或比較兩個不同地區的研究須要加以小心處理，切不可只憑表面上的分別來斷定某一個地區或民族是否比另一個地區或民族精神健康些，或是某一個國家的人比另一國的人較容易受到精神情緒上的困擾。我們還有待更多更好的研究去澄清事實的真相。

二、香港精神病流行的研究

香港在這方面的研究不多，早期的多在 1973–1976 年間⑧。最近在 1984–1986 年間，中文大學醫學院的精神科在沙田領導進行了一個大規範的社區精神健康研究，受試者有 7,229 人。根據問卷調查所得⑨，整個生命期中最普遍的心理問題是一般性的焦慮症(包括畏懼症)；至於精神分裂症的盛行率和台灣的相近⑩，都是 0.3%，比美國的為低(大概是 1% 左右)；比較意料不到的是抑鬱症的盛行率，是 1.9% ，比較美國的數據低很多，但是卻和台灣相差不太大(0.9%)⑪。

表 1　比較美國、台灣、香港和韓國的主要抑鬱症在生命期的盛行率⑪

地點	New Haven 1980–1981 (n = 3058)	Baltimore 1981-1982 (n = 3481)	St. Louis 1981-1983 (n = 3064)	台北 1982-1983 (n = 6005)	香港 1984–1986 (n = 7229)	漢城 1988–1989 (n = 3134)
盛行率(%)	6.7	3.7	5.5	0.9	1.9	3.3

n = 人數

雖然這種研究需要很多的人力物力，尤其是跨文化的研究困難更多，不容易有意義的比較兩個不同民族，或不同地區的人的精神健康狀況，但是，研究還是需要繼續進行。有趣的是，在過去已經發表過的報告中，無論是哪一個民族或地區，他們都有一個共同點，即男性比女性具有反社會性格及濫用藥物問題的較多，而女性則比男性較多患有抑鬱症及焦慮症。

9.4　精神病的定型和神話

自古以來，人們對精神病有各種不同的傳說和神話，認為精神病患者和常人完全不同，而且具有高度危險性，所以他們絕對不可以和普通人一起生活，以免危害他人的生命安全。這些觀念都是由於自己不了解精神病而對患者作出種種的猜測所致。現就一般人對精神病的看法歸納為四個定型加以探討：

一、精神病顯示個人的軟弱

精神病的產生常被視為一種軟弱的表現，也即是一件羞恥的事。事實證明，精神病的成因很多，包括遺傳、家庭背景和壓力等因素，通常無法控制它的出現。一般來說，每個人都有機會患上精神病，而精神病患者其實和血友病患者或有其他病症的人都一樣不幸，值得同情，而不應該受到社會人士的指責和排斥。

二、精神病是無法醫治的

由於醫學的進步，以及在60、70年代醫學界對精神病藥物研究的突破，現在絕大部分的精神病人都可以得到適當的治療，病況得以改善，可以再次投入社會工作，貢獻社會，重新過着正常的生活。就算患有最嚴重精神分裂症的病人，也可以得到成功的治療。

三、精神病患者是危險人物，並有暴力傾向

雖然研究報告一再指出精神病和暴力傾向無關，但是，由於傳媒的渲染報導，一般人士還是認為精神病患者是危險人物，不適宜再投入社會與正常人一起生活。我們有時雖然從報紙上聽聞精神病人揮刀斬人的事件，但這些事件並非代表絕大部分精神病患者的情況。傳媒可能覺得這些事件有"新聞價值"，容易引起讀者興趣，所以加以較多渲染，使人們因此產生錯覺，以為精神病人多數是危險人物。其實，大部分患者都很溫順，不會胡亂打人。有些研究更顯示出精神病患者的暴力傾向和危險程度比一般所謂"正常人"還要低呢！

四、精神病患者的行爲怪誕，與常人有異

這個想法只適用於小部分患有嚴重精神分裂症的人，或是那些由於長期服食抗精神病藥物以致產生副作用，令到身體某部分(如舌頭、手指或腳)失去正常控制能力的人。如果單從表面去觀察，精神病患者的行為和一般人無異，很難把兩者分辨出來。羅森翰⑫在1973年做了一個有趣但又具爭論性的研究，主要的目的是要證明不只是普通人，甚至是受過專業訓練的人士也不容易分辨出正常和異常的行為。他安排了一些正常的人入住精神病院接受"治療"，這些所謂"病人"只顯示一種病狀，即是聽覺幻象。換句話說，這些人說他們可以聽到別人無法聽到的聲音。所有"病人"都順利地被接受入院"治療"，他們留醫時間平均是十九天。根據這些假病人日常在醫院的觀察所得，真正有病的人大部分時間的行為看來都頗正常。香港最近也進行過類似的實驗，一位醫科學生假冒病人入住青山精神病院，離院後才把真正的身份披露。

9.5 精神病形成的主要模式

心理學家通常都會用各種模式去解釋行為。每一個模式都有它自己的一套假設和理論，也有它自己解釋異常行為的方法以及治療的程序。大部分的專業人士大概會同時採用幾種不同的模式來協助他們評估和治療病人。

一、醫學或生理模式(medical model)

這個模式相信精神病是由於身體官能發生問題所致。身體官能毛病包括神經系統失常或體內的生物化學物質不平衡。實驗已證實藥物對好幾種精神病，如精神分裂症、輕微焦慮症及躁鬱症等產生療效，而孿生子的研究也顯示遺傳因子和某種精神病有關係。

可是，這個模式似乎不太理會環境或文化背景對一個人身心健康的影響。在實際的生活裏，一個人的行為受到很多因素支配，環境因素是致病的重要一環，而精神病理學也逐漸認識到素質與壓力(diathesis-stress theory)的相互影響⑬。但是，這並不代表每一個有"素質"的人都一定會對壓力產生某種心理毛病，只是可能性較大而已。

二、心理分析模式(psychoanalytic model)

心理分析的理論着重於以前的經驗和"無意識"(unconscious)對現在行為的影響。心理分析之父弗洛伊德相信人的性格是由"本我"(id)、"自我"(ego)和"超我"(superego)所組成；人的心理問題往往是由於恐懼可怕的"無意識"的思想可能會變為有意識所致。如果要制止這些可怕的思想出現，"自我"就需要引用各種不同的防衛性反應(defence reaction)。通常這些反應不但於事無補，而且有時更會和現實脫節。治療的方法是透過心理分析的程序去協助病人明白內心的衝突和"無意識"的思想，從而除去發病的主要原因。

三、學習與家庭系統模式(learning and family systems models)

根據學習模式的理論，精神病是由於某種適應不良的學習過程所致。行為治療員(behavioural therapist)相信這些錯誤行為的形成和古典制約(classical conditioning)及操作式制約(operant conditioning)有關。華森和雷奈⑭在一個實驗中，用古典制約來示範不適應行為是如何學習得來的。受試者是一位年僅11個月大的嬰孩亞伯特(Albert)，他本來非常喜愛動物，但是，某一天當他與一隻白鼠玩耍時，一名實驗員在他的背後用鐵鎚敲擊鋼棒，這個突然的響聲，引發小亞伯特的害怕反應。重複這個過程數次後，就算不再有響聲出現，小亞伯特一看到白鼠就顯得害怕。事實上，他的懼怕不僅轉移到白鼠，連帶其他毛絨絨的動物或物品，他都感到害怕。換句話說，透過古典制約，小亞伯特變為恐怕毛絨絨的東西了。根據這個模式，人類很多的恐懼症都可能是由此而來的。

另外，其他不適應的行為也可能是來自操作式制約。要是你發覺酒精、鎮靜劑或大吵大鬧可以用來減低焦慮的情緒或避免做一些自己不願意做的事，那麼，每次當你感到緊張不安時，你就自然會喝酒、吃藥或大發脾氣了。久而久之，你或者會得上酗酒或其他的毛病。大概任何得到強化(reinforce)的行為，在同樣情況下再出現的可能性會增加，不管這樣的行為是否真正能夠解決潛在的問題。

至於家庭系統的模式則認為一個人的心理問題通常只是反映較大的家庭問題的症狀。家庭被視為一個系統，即是一羣行為上互相依賴的人，只要其中一人有所改變，整個家庭就會被帶動而產生連鎖反應。若我們仔細觀察一個情緒有困擾的孩子的家庭，不難發現孩子的異常行為可能反映出家庭其他成員的病態，尤其是在他們相處和溝通方面發生困難的時候。例如，一位父親堅決地說："我不是惱怒！"但同時卻加強語氣，緊握拳頭，使勁在桌面上拍了一下。這樣，他雖然口頭上不承認生氣，但他的行為實際上已經把他的真正情緒表露無遺了。又例如：母親正在吩咐孩子把電視關掉去做功課，但父親卻告訴孩子不用聽媽媽的話。這類相反及不一致的溝通模式可能會令孩子無所適從。早期有心理學家更警告說，這種溝通形式可能會使孩子變得自閉，不能和父母作正常的溝通談話，甚至還有機會得到精神分裂症⑮。

若是根據這個家庭系統模式來看精神病的來源和治療方法，不只孩子本身，整個家庭都必須直接參與治療。這個理論雖然流行一時，但最近的研究開始懷疑它是否可以有效地全面解釋某種精神病，尤其是精神分裂症的成因。

9.6 精神病診斷的類別

在以下的部分，我們將會討論各類不同的精神病。我們所用的診斷分類名詞主要來自"診斷統計手冊"第四版(DSM-IV)⑯，這是一本廣為世界各地使用的區分各種精神病的診斷標準。該手冊建議在診斷一個人是否心理有問題時，應該從五方面去着手，從而獲得比較全面的資料。這五方面是：(1)臨床的綜合症狀；(2)病人的性格或弱智程度；(3)病人的身體健康狀況；(4)病人所承受的心理及環境壓力；和(5)病人在最近或過去1年間所達到的最高適應程度。

在未開始討論各類精神病之前，希望提醒各位讀者的是，每個人在一生中都會有遇到困難和問題的時候，因為此章名為"異常行為"，所以很自然地會着重談及各種心理問題，而這些問題對一般人也許並不陌生，在讀完此章後，或許會擔心，自己是否也有其中所述及的一些徵狀？這是常見的現象。讀者若發覺自己有一兩種類似本章內所提到的病狀，不用太緊張，因為它並不一定表示你心理有問題。如果真的很擔心的話，則應該從速找尋適當的專業人士，如臨床心理學家等，從而獲得適當的評估和輔導。

由於篇幅所限，筆者只選擇幾類較為普遍或有趣的病類、病源，並按其臨床徵狀加以探討。讀者若有興趣，可以參考適合的書籍，再深入的加以研究。

一、精神分裂症(schizophrenia)

精神分裂症有它自己的典型徵狀，其中有很多可以從以下一個病者的自述中看到：

> 我無法集中，分散的精神在困擾我。我聽到不同人的談話，好像是一部收音機一樣。有時這些聲音罵我無用，有時又讚我偉大。別人談話的聲音雖然很吵，但它只是經過而對我不含特別意義。我難以集中聽識某一種聲音，事實上我無法應付任何事情。有時我注視鏡中的我，發覺我的臉在改變。我常有頭痛，好像是有些電波在浮動，使別人能洞悉我的思潮。我現在似乎在一所教堂內，站在詩歌班席上。啊！看那些蝴蝶在空中飛舞。

這篇自述的內容怪異，思維混亂，缺乏組織，不像是有大學預科程度的人所寫。這人患有精神分裂症。

精神分裂症是一種常見的、比較嚴重的精神病，佔入住精神病院人數的半數或以上。精神分裂的意思並不是指一個人同時間有雙重或分裂的性格，而是指思想的過程與情緒的表達分裂而變為不相關。例如，當談及父母去世哀傷的事時，面部卻露出笑容，顯示出快樂的情緒。

精神分裂症通常的發病期在青少年或成年初期，很少會在45歲以後。發病過程可以很突然或是緩慢的。當得病後，其發展的過程又會因人而異。

1. 臨床病狀

其實精神分裂症只是一個總稱，它包括很多不同的症候羣(syndrome)。其臨床表現因人而異，但以下是一些典型的症狀：

a. 思想錯亂(confused and irrational thought)

這是精神分裂症的基本病徵，其他的病徵可以說是由思想錯亂所引起的。由於思想有問題，其言語表達變為怪異而且組織鬆散混亂，說起話來語無倫次，不知所謂。故此，別人很難明白病者的意思，而他自己也不能了解別人說的話，所以很自然的產生了溝通上的障礙。

b. 妄想與幻覺(delusion and hallucination)

妄想是固守錯誤的信念，無視外在現實相反的證據。病者最常見的妄想是被害妄想，即相信有人正串謀迫害他：和誇大妄想，即認為自己是知名人士、重要人物或救世主。至於幻覺方面，病者往往表示看到、聽到或聞到一些在現實生活上根本不存在的東西。例如：和上帝或已死去的人交談或見到地獄或天堂的景象等。

c. 情緒困擾失常（emotional disturbance）

病者通常表現冷淡不關心，全無反應，或會突然情緒激動到大哭大鬧。例如：看完一套普通的卡通電影後會大哭一場，但是當談及傷感的事時卻完全無動於中，甚至縱聲大笑。總言之，病者的情緒表現和其思維不能一致。

d. 適應能力減退或消失

由於病者自現實退縮，生活在幻想中，對人對事已失去興趣，對外界的刺激也不能作適當的反應，故此不但工作能力消失，日常生活中照顧自己的能力也大大減低，以致有時會需要別人來料理。

e. 其他

病者有時會表現出怪異的動作，如不斷地反覆，刻板的前後搖動身體，或者站在固定的位置上，長時間動也不動，甚至會舉起手臂或腿部，如像蠟像一樣。

2. 精神分裂症的成因

由於精神分裂症不是一個單一的病症，而是幾種不同症候羣的組合，因此要就這些不同的症候羣找出一個共通的發病原因並不容易，現筆者嘗試從以下三個不同的角度來看其病源：即遺傳生理、家庭溝通型態和壓力所引致的三種成因：

a. 遺傳和生理的研究

支持遺傳因素與精神分裂症有關的證據很多，尤其以同卵孿生子的資料最有用。同卵孿生子的研究指出，由於是一卵所生，所有的遺傳因子應該是完全相同的，因此一個得病，另外一個也有很大的機會一樣得病，其發病率是 45% 。與異卵孿生子相比較，同卵孿生子的發病率高出有三、四倍之多。試想想，不論是同卵或是異卵孿生子，都應該有相若的長大環境，那麼，他們之間發病率的顯著差異也就大概可以用遺傳因素來作解釋了。至於父母對子女的影響，要是父母同是精神分裂症患者，則他們子女的發病率也會高至46%，和同卵孿生子差不多。還有其他有關遺傳和精神分裂症的資料⑰可以從以下的圖表看出。

表2 精神分裂症的遺傳因素⑰

關係	遺傳相關	危險率
同卵孿生	100%	46%
雙親孩子	—	46%
異卵孿生	50%	14%
單親孩子	50%	13%
兄弟姊妹	50%	10%
侄、甥	25%	3%
配偶	0%	2%
無關係的人	0%	1%

* (Reprinted by Permission of 'American Scientist', magazine of Sigma Xi, The Scientific Research Society)

此外，有些研究指出精神分裂症似乎和神經介質(neurotransmitter)中的多巴胺(dopamine)有關⑱。這個假定主要由於大部分治療精神分裂症的藥物都有抑制大腦內多巴胺活動的作用。可是，要用這個假定來解釋精神分裂症成因的問題卻不少，然而科學家們現在仍然繼續在找尋這個病症的成因和神經介質之間的相互關係。

另外還有其他研究人員認為精神分裂症病人的怪異行為是由於他們的注意力集中發生困難，因而不能有效地過濾不重要的訊息，以致大腦內充塞着太多混亂的資料，令其思想存有障礙⑲。透過PET Scan的掃描，我們現在可以比較明瞭人腦內部的運作，並能清楚看到有些病人的腦部結構確實異於常人，尤其是腦室體積變大，致令腦部其他部分組織相對萎縮。這些資料似乎可以支持發病原因和腦部問題(例如，注意力集中困難)在某種程度上發生關係。

b. 家庭溝通模式

在過去30多年間，不下百多位研究人員嘗試看看家庭溝通模式和精神分裂症發病的關係，結果顯示父母和子女的不正常溝通方式，例如：父母用雙重標準和雙語表達意見、言語內容空泛混亂、流於片斷等，都可以削弱子女的現實感，令其從現實退縮，而生活在自己的幻想世界中，從而促使正在成長中的子女比較容易患有精神病。若從另一個角度來看，當一個家庭有一個患有精神分裂症的孩子時，其他家庭成員的行為也極有可能變為異常。可是，這些論調並沒有得到其他研究結果或專業人士的完全支持⑳，所以直到現在，這方面的研究和爭議仍然持續着。

c. 其他的環境壓力

也有其他的研究指出，壓力才是直接影響精神分裂症形成的因素㉑。根據這個理論，生理心理上的毛病不但能令人比較容易發病，太強的外在壓力也可以是一個有力的加速因素。這些壓力造成的影響因人而異，有的人無法適應生活上的某種變化，如離婚、失業、親人離開或去世等；但是也有不少人，無論環境如何惡劣、壓力如何的大，仍然可以應付自如。

總括來說，只用一個模式來解釋精神分裂症的來源是不明智的。大概遺傳和生理上的毛病、人際方面的溝通問題、或是其他環境帶來的壓力都可能交互引起精神分裂症的反應。在某些人，遺傳和生理上的因素較強，只要受到輕微或中度的壓力即可引發該病；但對其他人，壓力因素可能較為重要，當他們遭遇到過強的環境因素時，發病的可能性就隨之提高。

二、情緒失常(mood disorders)

平日見到他，總覺得他臉色青白，頭髮蓬鬆，一副無精打采的樣子，又很少說話，有時會抱怨身體不適，覺得渾身不舒服，好像百病纏身，難過不已。偶然有一點笑容，但總是那麼牽強。時間對他而言似乎很漫長，整天躲在家中，尤其在早上，呆坐在床前，或索性躺在床上，眼睛直望天花板。平時動作總是慢吞吞的，在吃飯時，兩眼望着前面，掛在面上的一副眼鏡快要從鼻樑上滑下來，他也懶得伸手去托托它。對母親挾進他碗裏的食物也完全沒有興趣，等到母親實在忍不住而催促他吃飯時，他也只是機械式的慢慢把食物扒到嘴裏，之後又停了下來。

讀者很容易會斷定這人生了病。他患的主要是抑鬱症。

在我們的日常生活中，有時由於遭遇到挫折而偶然感到沮喪，引起退縮，產生悲傷失望的情緒；有時我們也會感到興奮，沾沾自喜，情不自禁的手舞足蹈。對大部分人而言，這些情緒上的變化是正常的，並不會影響日常生活的運作，因為我們大都能在短時間內應付問題所帶來的擔心和憂慮，或能夠控制自己過分的興奮情緒。

然而有的人卻經歷了極端的情緒反應而無法自控，陷於極度低沉狀態而不能振作或是對某些事情過分狂熱，以致性格變得暴躁，身體整日活動而不用休息。這種激烈的情緒變化有時會引致妄想和幻覺的徵狀。

1. 情緒失常的類型

一般來說，情緒失常可以分為幾大類，以下就它的各種類型和成因作一介紹：

a. 抑鬱症（depressive disorder）

（1）情緒消沉（dysthymia）

情緒消沉是比較輕微的情緒失常。發病年齡可以從孩童期直至成年期。診斷的一般指引是：病者的抑鬱感受最少得為期 2 年（孩童或青少年則最少得 1 年），而抑鬱期間須要有一些以下的症狀：如食慾不振或食慾過強，失眠或睡眠過度，無精打采，容易疲倦，自信心低，做事不能專心，作決定有困難，及對前途無望。

（2）主要抑鬱症（major depressive disorder）

情緒消沉雖然可以算是一種心理上的毛病，但很多患者卻仍舊可以勉強工作，應付日常生活所需；雖然辛苦一點，但仍可以習慣下來，渡過這種沒有喜悅的生活。然而對於那些得了主要抑鬱症的人而言，他們就無法如常度日了。他們的病狀和情緒消沉的差不多，只是比較嚴重些。他們幾乎每天都會經歷到以下的一些徵狀：如睡眠和胃口的失調、情緒抑鬱、對事物失去興趣、動作緩慢、經常感到疲倦、總是有罪惡及失敗感、工作效率消失、精神不能集中等，也不容易對任何事物作出決定，而且可能會有自殺念頭，甚至曾經企圖自殺過。這些病徵不單患者感受到，連在他周圍的人，只要比較留意，也很容易覺察到。

b. 躁鬱症(bipolar disorder)

其特徵是患者在一段時期經歷極端興奮和過度活動(躁症)，而在另一段時期則感到極度抑鬱。讀者或已覺察到躁症和抑鬱症的病狀是剛好相反的。當一個人經歷躁症時，他的情緒極度高昂興奮，自信心大增，說話一直不停，而且思維飛快轉變，判斷力減低；有時會顯得急躁，實行不切實際或誇大的計劃，如作不適當的經濟投資或購買非常貴重但無用的東西。有些人於患病期更會不停地賭博或在性事上不能自制。

2. 情緒失常的成因

a. 遺傳因素

很多研究指出情緒失常的產生有部分是由遺傳因素所決定的。假若遺傳因子的影響在某些親戚中發現較其他的親戚強，那麼遺傳因素和情緒失常的關係也就可以得到支持了。孿生子的研究中有比較同卵及異卵的孿生子，結果發現同卵孿生子的和合率(concordance rate)是 65%，而異卵孿生子的卻只是 14%㉒。簡單來說，即在每 100 對的同卵孿生子中，就有 65 對有機會得病，而在 100 對的異卵孿生子中，只有 14 對有機會得病。

在美國賓州的一個小鎮曾進行了一個廣為人知的研究㉓，受試者全為亞美殊(Amish)族人。結果發現若追查其中 32 個躁鬱病患者的上幾代病史，都能夠尋得患有此種病症的個案。由於這個發現，研究員就進一步作出假定：從一個特定染色體的基因記號裏，能追溯到那些患有躁鬱症的亞美殊族人。但是，新的資料卻不能完全支持這個假定㉔，因為深入的研究資料顯示，在所有帶着這個特定染色體的基因記號的家庭成員中，只有 63% 發現有躁鬱症的徵狀。歸納這些遺傳因素的研究，我們知道人們雖然可以承繼遺傳上對某種疾病的傾向，但不是一定代表承繼了這種病。因為還有其他因素，如環境壓力，來決定這個發病的傾向是否會變為真正的病症。

b. 神經化學因素(neurochemical factors)

另一個想法是，情緒正常的成因在某種情況下是由於人腦裏面的化學物質失衡所致。研究指出，人腦內有三種化學物質和情緒失常有關，如果這是正確的話，出現的問題是：為甚麼這些化學物質會發生變化呢？一個較合理的假定是這種化學變動可能是受到環境中某種壓力造成的；也有人認為遺傳因素可以使人腦的某些神經化學物質發生變化以致失衡。誰是誰非，科學家至今還未能確定。以下讓我們從心理方面的因素，如思想、人際關係和壓力來作一個較深入的探索。

c. 認知因素(cognitive factors)

其他的心理學家認為抑鬱源於人們對事物作出一貫的錯誤解釋[25]。抑鬱症患者傾向於歪曲或誤解一些事實，而其方式多數是負面的、悲觀的及無望的(見插圖)。當事情出問題時，他們主觀地傾向誇大問題的嚴重性，而忽略了其他實際客觀或正面的看法，只會集中於負面悲觀的思想而加以自責。甚至和別人交往時，往往找機會去確定他們的觀點，覺得自己總是不如人。例如：某人在公司的會議上，正發表一個市場的研究報告，不久即發現有人打呵欠，也有人離開會議室。那人心內覺得不甚暢快，相信別人一定是覺得自己的報告沉悶無趣，所以要提早離開以示抗議。又覺得自己不好，樣樣不及別人成功，連發表一個報告也不像樣。於是整天被這種思想困擾，以致茶飯不思，感到前途無望。殊不知事實卻不如他想的那麼壞，那個打呵欠的人由於前一晚打牌至零晨三時才睡，所以開會時感到困倦；而那個提早離開的人因有急事才未等及報告完畢就要離開。沙力文[26]對抑鬱症的成因也有相類似的看法：當一個人相信他無法控制環境中事物的發生時，很自然地覺得自己無論做甚麼，都不能改變既定的"事實"，相信結果一定是不好的，而一切都是自己的過錯。這種無助無望的想法很容易令人產生抑鬱症的徵狀。

d. 人際關係的基本因素(interpersonal roots)

有不少心理學家認為抑鬱症源於一個人缺乏與人相處的技巧[27]。由於缺乏技巧，有抑鬱傾向的人會比較難交朋友、找到高職或甚至得到理想的伴侶。他們自然容易感到沮喪、寂寞和抑鬱。另外，由於他們可能會表現煩躁不安的情緒，對事物悲觀，時常抱怨事情不如理想，使他們變得了無生活情趣，缺乏吸引力。面對這種人，別人自然會避開，不願意和他們交往。結果，有抑鬱傾向的人更沒有機會得到他人的關懷和支持，也正是如此，會加深他們的抑鬱感。

昌哥，你
太執着，
太難為你
自己了！

你樣樣事
都覺得自
己做錯。

以為要負全部
責任。

你知道嗎，
你錯在不懂
得多點欣賞
自己啊！

阿玲，
你看，
我又做
錯了！

e. 壓力的促使因素(precipitating stress)

有些人平日生活正常，沒有經歷挫折或任何壓力，但情緒卻無故突然失常。於是部分心理學家開始懷疑壓力是否真的能影響一個人的情緒，甚至壓力與情緒改變無關。雖然可能有少數人會無故的感受抑鬱(他們的病狀被稱為 endogenous depression)，但近 10 年的研究卻顯示壓力和情緒失常對極大部分人而言是有關係的㉘。也有其他人相信壓力可以破壞人的生理節奏，致令睡眠失調，腦化學物質發生變化而產生情緒失常㉙。換句話說，壓力對某種人具有促使作用，當然有很多人承受強大的壓力也不致情緒失常。我們要明白，每個人的背景、遺傳因素和能夠抗拒壓力的程度不同，所以產生情緒失常的機會也會有異。

三、焦慮所引致的失常(簡稱焦慮症，anxiety disorders)

每個人大概都曾經歷過輕微的焦慮，如在一班人面前演講、接受面試或當接到不理想的成績表時，我們常會感到緊張不安，恐怕不好的事情將會發生，但大部分時間，我們都能夠暫時拋開焦慮的心情繼續完成身邊的工作。可是有的人卻長期持續的處於焦慮之下，而產生非理性的害怕與憂慮，嚴重影響他們的工作效率及日常生活。以下所探討的就是這種非正常的焦慮。

焦慮症的分類：

a. 類化焦慮症(generalized anxiety disorder)

患者通常找不到引起焦慮的固定原因。他們有時會因某種事物而引起焦慮，有時因另外的事物而引起焦慮，這種現象可稱為"游動性焦慮"(free-floating anxiety)。"游動性焦慮"並不與某種特定的事物有聯繫，故難以找出焦慮的因由。其實它的產生可能是基於心理上的衝突及緊張，而外間的刺激只是偶然碰巧成為引發物而已。病者整天不是擔心昨日的錯誤，就是擔憂明日可能發生的問題，以致無法享受現有的生活樂趣。他們很怕作出決定，寧願讓問題整天盤旋在腦海中。他們的焦慮也會引起發汗、肌肉繃緊、頭暈、出汗、心跳加速或肚瀉等生理徵狀。

b. 特定畏懼症(specific phobia)

這是一種逃避的反應，出於對某些特定事物或環境作出極其危險和不合邏輯的估計而起。讓我們看看以下的例子：

國華是一間貿易公司的營業經理，為人很能幹，做事有責任感，極得上司的器重。最近公司計劃與中國大陸、台灣及美國等地做生意，決定派國華親自到這些地方考察情況，及聯絡當地的廠家。若要完成任務，國華需要多次乘搭飛機，但是他發覺飛機起飛後不久，自己開始感到憂慮和不安，肌肉收緊，心悸，手心冒汗和呼吸不暢順，好像透不過氣來。他預感到飛機一定會發生毛病，而自己的性命也不可保，因而連空姐端來的美味晚餐也難以下咽，只是隨便吃了幾口而已。原來，國華得了畏飛症。

國華的問題，可能是由於他以前曾親眼目睹失事後的飛機殘骸和乘客燒焦的屍體等恐怖場面，因而產生了這種對飛行畏懼的心理。畏懼症有多種，除了畏飛症外，還有其他的情況，如畏懼從高處望下；害怕密封的小空間(claustrophobia)或空曠的地方；怕動物，如蛇、蜘蛛、貓、狗等；怕暴風雨；怕細菌、污穢的東西，甚至人羣、血、黑暗或死亡等。患者通常都知自己的畏懼是非理性的，但卻無法控制自己的不安情緒。

c. 恐懼症和畏曠症(panic disorder and agoraphobia)

恐懼症的主要徵狀是重複性的強烈恐慌經驗，深深地影響患者的日常生活運作。

有一位醫科學生來筆者處求助，他每星期有六天上課或學習，其中總有三、四次產生極度恐懼的經驗。由於他的家離學校頗遠，所以除了火車外，還要乘搭公共汽車。每次當他在月台候車時，都會擔心徵狀是否會出現，讓別人覺察到。而每次當強烈的恐懼突然侵襲時，他都會覺得四肢發軟麻木，差不多站不起來，呼吸及心跳急速，好像快要窒息了，胸心發痛，手心出汗。這時，他很自然的為自己把脈，發覺脈膊的跳動有時竟達 120 次之多！這更加深了他的恐懼，有幾次他還認定自己心臟病發作，會倒臥街頭無人救援。

這名醫科學生的例子是恐懼症的表現。通常每次的經歷只是持續幾分鐘，而很少長至幾小時。發作往往是突然而來的，在病者毫無準備下發生。雖然每次的經驗只是短短幾分鐘，但病者的感受卻很強烈，因為這些徵狀會使人十分不舒服，而且往往留下長期的影響。

到診所求醫的恐懼病者有時也會有一些畏曠症的病狀。畏曠症是害怕處於一個逃避不易或救援不及的情況，如獨自在外、處於人羣中、排隊輪候、在橋樑上或坐公共汽車外出。所以患者通常都為避開這些場合，而索性留在家裏很少外出，這樣可能會嚴重損害他們的社交機會。

d. 執着強迫性官能症(obsessive-compulsive disorder)

有些人的焦慮以執着性的意念和強迫性的行為表達出來。執着強迫性官能症包括持續不能克制的令人苦惱的意念，與強迫性重複無意義及樣式化的行為。現在讓我們看看曾經被譽為世界首富的候活曉士的怪異行為：

> 他因常有恐懼被細菌沾染的念頭，所以特別設計了周詳的步驟去減少這個可能性。他每天花好幾小時仔細地抹一個電話；有一次寫了一篇三大頁的指示教他的僕人如何去打開一罐水果給他吃。

筆者聽聞另一事例：

> 一位鄉間婦人每日洗碗碟要用大盆小盆十多個，每個碗和每個碟子都逐次經每一盆水的清洗。而在她清洗時，不准有其他人在她身後經過，否則她會視為清洗已被破壞，須由頭開始再來一次。伴隨她的強迫性洗碗行為，還有圍繞在她腦海中的可怕念頭，就是要傷害她的丈夫。她不明白為甚麼她會有這個念頭，但又不敢和別人談及，只有埋在心裏。由於她常用水洗手，以致她手上的皮膚差不多大部分脫落，生出紅斑來且極其痕癢，需要看醫生。當她到市區求診時才發現患了這種病症。

患執着強迫性官能症的人通常都會知道這些思想和行為是很怪異而非理性的，不想去想它和做它，卻又忍不住持續去做。因為通常做了之後，焦慮的心情會暫時平伏下來，直至下一次焦慮再來的時候。

四、性格失常(personality disorders)

我們生活在現代社會裏，常常要面對新的環境和挑戰。為了適應新的要求，我們必須要改變行為或處事方法，用新的方式有彈性地去處理問題。然而，有的人要面對新的挑戰時卻僵化了，把自己退縮到刻板不適應的方式上，導致他們長期無法有效的去應付環境帶來的挑戰，或改變自己的行為來配合別人的期望。有部分人更會做出社會上不認可的行為，不但傷害到別人，自己也難逃懲罰且不容於社會。對於這些人的問題，心理學家稱之為性格失常，它通常在青少年時期已覺察到，持續到成年期；至中年或老年時，其影響會逐漸減弱。"診斷統計手冊"第四版列出很多不同類型的性格失常，現只提出其中一種作較深入的探討。

反社會性格(antisocial personality)

> 大衛冒充大學畢業生，四出撞騙，還假造畢業證書，充作哈佛大學心理學博士，並藉這冒充身份，在大學當上哲學系主任，而且講授數門心理學課程。他懂一點心理學，而且口才不錯，說話有吸引力，學生初時也很喜歡聽他的課，但後來他因與同事相處不來而離職，卻從一個當醫生的友人處，又學到若干醫學知識。因此他再次偽造文件充當醫生，而且獲得軍醫之職，曾在加拿大的軍艦上服務，並曾多次做複雜的外科手術！不過好景不常，他終於被人識破，由於一名記者追尋他的身份，才揭穿了他一生的冒充事蹟。這件事當時很轟動，事後還被人寫成書及拍成電影呢！

一個正常的人，行為是依循社會規範的，知道在甚麼情況下不適宜做甚麼樣的事情。但是有反社會性格的人，如上述例子中的大衛，則不會接受這套社會習慣和規範的限制，只是隨時隨地任意做他心裏意慾想做的事，毫無社會意識；生活中着重眼前的即時行樂，無長遠的目標，判斷力差，行為衝動，常常轉換工作或居地，通常會酗酒及濫用藥物。這種人通常表面討人歡喜，有小聰明，而且富幽默感，一般人很容易被其吸引或利用，等到沒有利用價值時，這種人會毫不留情地離開朋友，甚至親人。由於有這種性格的人缺乏一般人的焦慮和內疚感，他們常常會以身試法，以求達到目的，即使受到懲罰也無法完全制止這種行為。雖然不是所有的罪犯都有反社會性格，但有人曾估計，反社會性格者佔了罪犯的大約四成㉚。

此外，反社會性格者還有其他的行為，雖然嚴格來說不能算是犯法，但卻可能和社會的法例產生矛盾，損害到別人的利益。可是這些人卻仍然能夠逍遙法外，有些更享有崇高的社會地位。換句話來說，他們有不少還是商家、工業鉅子、律師、專業人士，甚至是傳道人或藝術家。

反社會性格產生的成因

要想知道反社會性格者的病源很不容易，因為他們很少會自動向專業人士求助。反之，他們相信自己一切正常，不需要接受幫助。有些心理學家指出這個問題和生理因素有關，其中以孿生子的研究最能提供有力的支持證據。研究結果指出遺傳因素可以導致人們產生這種性格失常的傾向。

其他的研究嘗試從心理角度去了解反社會人格的形成。結果發現它可能和觀察學習(observational learning)或不足夠的社會教化(inadequate socialization)有關。通常具有反社會性格者缺乏健全的家庭教育：父母不是沒有好好的管教他們，就是父母的管教方式前後不一致㉛。此外，父母的其中一個可能有這種性格，給予孩子很多的機會學習和模仿，或者，他們年少時受到某種虐待，長時期沒有得到父母的關心照顧。這種性格一般在男性中顯著比女性為多。

9.7 神經衰弱症

一、歷史背景

神經衰弱症最先是在 1869 年，由美國的一位神經學專家比特(Bead)在他的一篇文章中發表。他認為"神經衰弱症"患者的神經系統比常人虛弱，或甚至到了力竭的地步。自此以後，有一段長時期，神經衰弱症迅速被西方國家接受，成為一個家傳戶曉的病症。尤其在美國，患者多數是來自中等或高等階層的知識分子，有人還美其名曰為"都市文明病"呢㉜！

神經衰弱症到了二次大戰以後，受歡迎的程度就大大減退，而且近 30 年間，再也找不到有關這方面的主要研究，它甚至被認為只是一個定義模糊，與輕度抑鬱相近的情況。其沒落的一個主要原因是它的部分病徵和其他的神經官能症的病徵相近，這些神經官能症可以把它取代。到了 1980 年，神經衰弱症作為一種診斷的名稱，正式被美國精神病學會在他們的診斷統計手冊上除名，而且大部分以前患有神經衰弱症的病人也重新得到另外的診斷，包括抑鬱症、焦慮症、恐慌症或軀體症等。

在西方，神經衰弱症雖然已不再用來作為一種診斷的方法，而且不少以前是神經衰弱症的患者，後來已經被診斷為患有其他神經官能症，但是，神經衰弱症仍然在中國大陸及中國以外的中國人社會裏被推崇接受。有些醫生更認為神經衰弱症有它自己特有的清楚臨床徵狀，用於中國人的社會，不失為一個合理的斷症方法。

二、神經衰弱症在香港

在香港，神經衰弱症是一個極為普遍的病症。在中文書店的醫學一欄內，很容易會找到幾本有關此病症或有關其治療的書籍。在報紙的廣告欄內或是在街道張貼的廣告上，也不難看到一些關於治療神經衰弱症靈藥的資料。一般普羅大眾若遇有頭痛、頭暈、氣喘、失眠、作悶、胃口欠佳、心悸緊張等徵狀時，通常也會用神經衰弱症來解釋自己各種精神或心理上的問題。

除了中醫對神經衰弱症深信不疑外，西醫包括精神科醫生，在診治病人的過程中，也常會用"神經衰弱"這個名詞和病人溝通交談。其實這個名詞早已經和神經官能症互相交替使用了。

三、為甚麼神經衰弱症能夠在中國人的社會內生根呢？

神經衰弱症以一個原本是來自西方的病症，能夠在中國、香港及台灣等地紮根，而且變為本地化，其主因大概有兩個：

第一，它是受到傳統醫學界所接受的一種診斷方法。在中國人的社會裏，如果需要求診的話，那麼比較適合的方式就是訴說出自己身體各方面的毛病，如頭痛、頭暈、失眠、心跳等病徵。說出類似這樣的徵狀通常可以得到別人的同情和幫助㉝，於是神經衰弱症就逐漸變得身體化了。

第二，因為它把心理的問題用身體的病症表達出來，所以能夠避免提及人們比較敏感的精神病話題。由於心理學在中國人的社會內歷史不長，所以一般人對精神病的認識都很膚淺，認為患有精神病的人不但帶給自己很大的恥辱，而且使家人都受到歧視。所以一般情況下，就算病況頗為嚴重，患者也不大願意尋求診治，但如果患者說得了神經衰弱症，別人對待他們的態度就不同了，這個病症是大家可以明白且能夠接受的，和精神病或"瘋癲"不一樣。可惜的是，有時候部分精神分裂症或抑鬱症的患者卻被誤稱為患有神經衰弱症，於是病者得不到適當的治療，以致病況日益嚴重。

註釋

① Zhang, C. X, *Chinese Medical Treatment of Psychiatric Illness* (Hupei, China: Hupei People's Publishers, (1980) (In Chinese).

② Liu, X. H., "Psychiatry in traditional Chinese medicine", *British Journal of Psychiatry*, vol. 138 (1981), 429–433.

③ Myers, J. K. et al., "Six-month prevalence of psychiatric disorders in three communities", *Archives of General Psychiatry*, vol. 41 (1984), 959–967.

④ Hwu, H. G., Yeh, E. K., & Chang, L. Y., "Prevalence of psychiatric disorders in Taiwan defined by the Chinese Diagnostic Interview Schedule", *Acta Psychiatrica Scandinavica*, vol. 79 (1989), 136–147.

⑤ Marsella, A., Kinzie, J., & Gordon, P., "Ethnocultural variation in the expression of depression", *Journal of Cross-Cultural Psychology*, vol. 4 (1973), 453–458.

⑥ Kleinman, A., "Neurasthenia and depression: A study of somatization and culture in China", *Culture, Medicine and Psychiatry*, vol. 6 (1982), 117–190.

⑦ Cheung, F. M., & Lau, B. W. K., "Situational variations of helpseeking behavior among Chinese patients", *Comparative Psychiatry*, vol. 23 (1982), 252–262.

⑧ Millar, S., *The Biosocial Survey in Hong Kong*. Canberra, Australia: Australian National University, 1979.

⑨ Chen, C. N., Wong, J., Lee, N., Chan-Ho, M. W., Lau, J. T. F., & Fung, M., "The Shatin community mental health survey in Hong Kong: II Major Findings", *Archives of General Psychiatry*, vol. 50 (1993), 125–133.

⑩ Yeh, E. K., Hwu, H. G., & Chang, L. Y., "Lifetime prevalence of mental disorders in a Chinese metropolis and two townships", E. K. Yeh, H. Rin, C. C. Yeh and H. G. Hwu (Eds.), *Prevalence of Mental Disorders* (Taipei, Taiwan, Department of Health, ROC, 1985), 175–197.

⑪ Chien, C. P., "Prevalence of major depressive disorder in Asia", *Supplement to JAMA SEA*, December (1991), 24–27.

⑫ Rosenhan, D. L., "On being sane in insane places", *Science*, vol. 179 (1973), 250–258.

⑬ Rosenthal, D., *Genetic Theory and Abnormal Behavior*. New York: McGraw-Hill, 1970.

⑭ Watson, J. B., & Rayner, R., "Conditioned emotional reactions", *Journal of Experimental Psychology*, vol. 3 (1920), 1–14.

⑮ Nichols, M., *Family Therapy*. New York: Gardner Press, 1984.

⑯ *Diagnostic and Statistical Manual of Mental Disorders* (4th ed., [DSM-IV]), Washington, D. C.: American Psychiatric Association, 1994.

⑰ Nicol, S. E. & Gottesman, I. I., "Cluse to the genetics and neurobiology of Schizophrenia", *American Scientist*, vol. 71 (1983), 399.

⑱ Karson, C. N., Kleinman, J. E., & Wyatt, R. J., "Biochemical concepts of schizophrenia", T. Millon & G. L. Klerman (Eds.), *Contemporary Directions in Psychopathology* (New York: Guilford Press, 1986).

⑲ Mirsky, A. F., & Duncan, C. C., "Etiology and expression of Schizophrenia: Neurobiologic and psychosocial factors", M. R. Rosenzweig & L. W. Porter (Eds.), *Annual Review of Psychology* (Palo Alto, CA: Annual Reviews, 1986).

⑳ Goldstein., M. J., "The family and psychopathology", M. R. Rosenzweig & L. W. Porter (Eds.), *Annual Review of Psychology* (Vol. 39) (Palo Alto, CA: Annual Reviews, 1988).

㉑ Zubin, J., "Implications of the vulnerability model for DSM-IV with special reference to schizophrenia", T. Millon & G. L. Klerman (Eds.), *Contemporary Directions in Psychopathology: Toward the DSM-IV* (New York: Guilford Press, 1986).

㉒ Nurnberger, J. I., & Gershon, E. S., "Genetics", E. S. Paykel (ed.), *Handbook of Affective Disorders* (New York: Guilford Press, 1982).

㉓ Egeland, J. A. et al., "Bipolar affective disorders linked to DNA markers on Chromosome 11", *Nature*, vol. 325 (1987), 783–787.

㉔ Barinaga, M., "Manic depression gene put in limbo", *Science*, vol. 246 (1989), 886–887.

㉕ Albramson, L. Y., Metalsky, G. I., & Alloy, L. B., "The hopelessness theory of depression: Does the research test the theory?", L. Y. Abramson (Ed.), *Social Cognition and Clinical Psychology: A Synthesis* (New York: Guilford Press, 1988).

㉖ Seligman, M. E. P., *Helplessness: On Depression, Development and Death* (San Francisco: Freeman, 1975).

㉗ Blechman, E. A., McEnroe, M. J. Carella, E. T. & Audette, D. P., "Childhood competence and depression", *Journal of Abnormal Psychology*, vol. 95 (1986),

223–227.

㉘ Ambelas, A., “Life events and mania: A special relationship?”, *British Journal of Psychiatry*, vol. 150 (1987), 235–240.

㉙ Healey, D., & Williams, J. M. G., “Dysrhythmia, dysphoria, and depression: The interaction of learned helplessness and circadian dysrhythmia in the pathogenesis of depression”, *Psychological Bulletin*, vol. 103 (1988), 163–178.

㉚ Hare, R. D., “Diagnosis of antisocial personality disorder in criminals”, *American Journal of Psychiatry*, vol. 140 (1983), 887–890.

㉛ Meyer, R, “The antisocial personality”, R. Woody (Ed), *The Encyclopedia of Mental Assessment* (San Francisco: Jossey-Bass, 1980).

㉜ Song, M. T., “Neurasthenia”, *Tong Ji Medicine*, vol.6 (1936), 87–89 (In Chinese).

㉝ Cheung, F. M., Lau, B. W. K., & Wong, S. W., “Paths to psychiatric care in Hong Kong”, *Culture, Medicine & Psychiatry*, vol. 8 (1984), 207–228.

IV

社會心理篇

10
社會交往

梁　覺 • 香港中文大學心理系教授、系主任
吳培冠 • 香港中文大學心理系博士研究生

"君子周而不比，小人比而不周。"

——《論語 • 為政》

孔子曰："益者三友，損者三友。友直，友諒，友多聞，益矣。友便辟，友善柔，友便佞，損矣。"

——《論語 • 季氏》

孟子曰："君子所以異於人者，以其存心也。君子以仁存心，以禮存心。仁者愛人，有禮者敬人。愛人者，人恆愛之；敬人者，人恆敬之。"

——《孟子 • 離婁下》

10 社會交往

“行合趨同，千里相從；行不合趨不同，對門不通。”——語出《淮南子．說山》

你可能從小就認識某些人，或者和某些人天天見面，但始終無法成為好朋友；而某些人你只要偶爾相遇，便可推心置腹，無話不說，甚至成為生死之交或終身伴侶。這種現象是否令你困惑？乘坐地鐵或火車時，常會看到人們以禮相讓，將座位讓給有需要之人士；但也會看到有人因被不小心碰撞而火冒三丈，高聲叫罵，甚至以拳相向。你是否因此而覺得人們難以理解？瀏覽報紙或觀看電視新聞時，常會看到某某人或某某團體要求對話，否則“不排除有進一步行動”。為何溝通如此重要？對於這些問題，不僅你感到困惑，想尋根究底，心理學家特別是社會心理學家，也在不斷進行探索並且已總結出不少科學的見解。這一章闡述的是人們在社會上互相交往時所涉及的一些問題，如人際溝通、互相吸引、互相幫助以及互相敵視、衝突等。

10.1 人際溝通

有關的研究表明，一個人除了睡眠以外，必須花費 70% 的時間於人際溝通的事務上。所以，溝通問題受到社會心理學家們的普遍重視。

10.1.1 人際溝通的基本過程

1. 溝通模式

溝通，亦可稱為聯絡、通訊，是指信息的交流，如電報、電話等，這是通訊技術科學的研究課題。社會心理學家要研究的是人際溝通，即人與人之間的信息交流。

心理學家們提出了許多不同的溝通模式，早期影響很大的是由沙儂(Shannon)和維依華(Weaver, 1949)提出來的。這一模式如圖 1 所示：

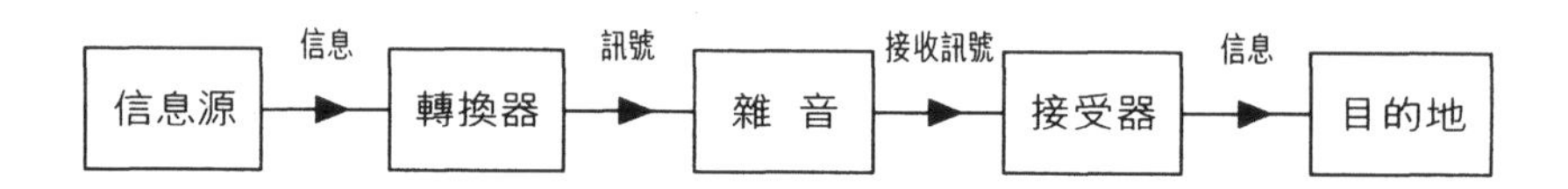

圖 1　人際溝通的簡單模式

根據這一模式，溝通過程包括五個必要的組成部分，即信息源(如發信者的腦)、轉換器(如發信者的口齒)、訊道(如傳播聲音的空氣)、接受器(如耳朵)、目的地(如收信者的腦)，其中還包括了"雜音"這一概念，即干擾信息傳播的任何因素。後來，這一模式又被加上一個"反饋"部分，去說明接信者是否收到發信者的原意。

沙儂(Shannon)和維依華(Weaver)的模式對早期的溝通研究有很大的影響，特別是對後來蓬勃發展的電腦科技。但是，這一簡單的模式也有不足之處，其一是它假設溝通是單向的。事實上，發信者和接收者是相對定義的，他們可以同時是發信者和接信者。另外一個不足是，該模式把發信者和接信者從社會中分割出來，其實任何兩者的溝通都會受到社會因素的影響。所以，新近的溝通理論都作了一些修訂。例如，認為溝通的雙方都包含有"講"和"聽"的成分；溝通是雙方共同參與而不是"單行線"(Scott, 1977)。此外，雙方對溝通的期望和理解也會影響溝通的性質(Higgins, 1981)。例如，所問的同樣是"你覺得公司裏上下級的關係是否融洽？"你對上司的回答和對朋友的回答就會很不一樣。

2. 溝通過程的基本要素

不論溝通的形式如何，也不管溝通的目的及過程怎樣，溝通過程都有其共同要素。例如，公司銷售部主任用電話通知推銷員李先生，告訴他下個月的推銷指標是 1,000 件貨品。在這一溝通過程裏，便存在四個基本要素：

（1） 信息來源。即進行溝通的主體，在例子裏是銷售部主任。

（2）信息。即溝通的內容，在例子裏是下個月的推銷指標（1,000件貨品）。

（3）訊道。即信息的載體，指信息的傳遞工具。在例子中是電話（口頭語言傳遞）。

（4）信息接收者。即信息達到的客體，在例子中是推銷員李先生。

在有反饋的情況下，信息接收者將收到信息的情況又傳給發送信息者，這時接收信息者又變成發送信息者。所以，如果存在反饋，則例子中的銷售部主任和推銷員李先生作為信息發送者和接收者的定義是相對而言的。兩者可以互相轉換。

10.1.2 溝通的訊道（channels of communication）

人際溝通必須借助一定的訊道來進行，我們可以很籠統地把溝通訊道分為言語溝通和非言語溝通兩種。

一、言語溝通

言語是一種社會工具。一個人只有在學會使用語言以後才能步入社會，獨立生活和工作。在人際溝通中，人們使用的主要是語言：人們說話一般是指向他人的；說話的目的不僅是表達自己的思想，而且也是要影響聽者，使聽者了解自己的目的，作出反應。如果沒有語言，人際交往會有許多困難。所以，言語溝通是信息交流的重要形式，利用言語交流信息，只要雙方對情境的理解一致，其意義就損失得最少。例如，如果你到意大利旅行，而你不懂意大利語，在咖啡店裏你可以用手勢表示要喝水，侍應生可能給你端來咖啡，但你實際上想要礦泉水，當然，最後你可以再借用其他方式表達你真正需要甚麼，但比起用言語表達要複雜得多。如果你想傳遞的信息更複雜，沒有言語這一工具便會變得更困難，甚至不可能。

語言是由詞彙、語法和語義部分組成，這些部分之間是密不可分的，但是社會心理學家着重於語義分析方面，即語言所表達的意義的分析。語義依賴於文化背景，依賴於人的知識結構，不同文化背景的人所使用的詞句的意義可能有所不同，因此不同文化背景的人交往時容易發生誤解。例如，在中國大陸，如果朋友叫你"今晚一起去吃飯"，其中便已包括他請客的意思。如果在香港，同樣的一句話則表示了"一起吃飯，共同付帳"的意思。不同文化背景的人初交往時可能會因此鬧出誤會或笑話。

二、非言語溝通

(1) 副語言

言語的效果在很大程度上依賴於我們怎麼說，如用甚麼音調、強調甚麼詞、說的聲音高或低、說得快或慢等。這些聲音的效果叫做副語言(paralanguage)。副語言所指的是話被如何說，而不是甚麼話被說。副語言伴隨着言語，幫助表達意義。同一句話加上不同的副語言，就可能有不同的含義。譬如一聲"多謝"，如果用短促、加重的語調說出來，則有可能是表達不滿而不是感謝。

副語言除了幫助說話者表達意思外，還有助於調節溝通。例如我們用"唔、唔"的聲音表示自己在注意傾聽對方的講話，用突然停頓來引起聽者的注意等。

(2) 目光接觸(eye contact)

目光接觸是非言語溝通的主要形式之一。

我們可以從別人的眼神裏看出許多東西。俗話說的"眼睛是心靈的窗戶"、"暗送秋波"等不無道理。目光接觸可以幫助表達意義，也可以影響他人的行為。如《紅樓夢》裏王熙鳳幾個眼神便可令賈瑞神魂顛倒。

帕特遜(Miles Patterson, 1982, 1983)認為目光接觸在人際交往中有五種功用：a. 提供信息。b. 調整相互間的行為方式。c. 表達親密程度。d. 表達控制性(權威)。e. 幫助完成某項工作。

(3)面部表情(facial expressions)

面部表情可以清楚地表明一個人的情緒。生物學家達爾文(Charles

Darwin)在他的《人類和動物的情感表達》【The Expression of Emotions in Man and Animals, (1982)】中描述了各種面部表情。他注意到，面部表情具有普遍的意義。每個社會的人至少通過相同的表情表達以下六種情緒：憤怒、幸福、悲傷、厭惡、恐懼和驚訝。現代的研究【如艾克曼(Ekman, 1972)；艾克曼和法利森(Ekman & Friesen, 1975)；艾克曼(Ekman, ed., 1982)】把不同表情的照片呈給不同文化的被試者，要求他們辨認所表達的情緒。結果表明，達爾文的看法基本上是正確的，面部表情是生物性決定的，不是文化的產物。當然，每個社會都有其情緒顯示習慣，在不同的場合或對不同的人顯示不同的情緒。此外，同一種表情可以有不同的社會意義。如微笑可以是幸福和喜悅的表露，也可以是友好的表示。

(4) 身體動作或姿式(body movements and gestures)

除了面部表情等以外，人們還常常使用身體動作或姿式去傳達信息或強調所說的話。這種表達有時是有意義的，有時是無意義的。這方面的研究稱之為動態學(kinesics)【伯德威士特奥(R. Birdwhistell, 1978)】，或稱體態語言。動態學研究的主要是身體的動態，如眉毛、嘴嘴、揮手、聳肩等。

心理學家把身體運動的姿式的功能分為兩種：一種是代替言語交流的，稱為標記物(emblems)【約翰遜，艾克曼和費利森(Gohnson, Ekman & Friesen, 1975)】，如點頭、搖頭、聳肩、使眼色、揮手等，它們都具有比較明確的含義，如點頭表示同意，聳肩表示不知道或無可奈何等。另一種是伴隨言語的，稱為說明物(illustrator)【艾克曼和費利森(Ekman & Friesen, 1972)】，譬如你告訴別人如何找某餐廳時，往往在口頭說明時加上手勢。

(5) 人際距離(interpersonal distance)

人際交往時雙方的距離也有一定的意義。交往雙方的關係不同，距離也不同。霍爾(E. Hall)(1959, 1966)認為有四種不同的人際距離：親密的、個人的、社會的、公眾的。他認為，父母與子女之間、戀人之間、夫妻之間的距離是親密的距離，約18吋，可以感覺到對方的體溫、氣味、呼吸，在公眾中這種距離一般是不受歡迎的；個人之間的距離即朋友之間的距離，一般是 1.5 ~ 4 呎；社會距離是熟人之間交往的距離，一般是 4 ~ 12 呎；公眾距離是生人之間、上下級之間，一般是 12 ~ 25 呎。當然，這些距離和分類都是依據美國社會的情況，在其他社會不一定是如此的分類或數據。

10.1.3 溝通的障礙

在現實生活中，並非每一個溝通過程都是成功的。所謂成功的溝通，是指發出的訊息被接收者準確地接收及理解。造成溝通不成功的障礙主要來自兩方面，一種是訊息的語義方面，另一種是接收者的認知方面。

一、訊息的語義問題

我們在前面講過，人際溝通是借助一定的符號，如語言或表情等進行，發送者通過某種符號傳遞訊息，以期接收者能理解收到的內容。但是，由於以下語義方面的原因，溝通的內容可能會被誤解。

（1）行話(jargon）

各行各業或不同地區、團體的人都有一些其圈內人熟悉的話，即行話。如果對圈外人也說行話，則圈外人可能會誤解或完全不明白其中的含義，如前面講到的"一起去吃飯"的例子；再如，香港大學生慣用的一些英文縮寫(講某學科時只發該詞前面兩個音)、中國大陸的"五講四美"之類，都會令初來乍到者如墜五里雲霧中。

（2）符號含義不確定

有一些詞或語句不止一種含義，聽者可作不同的解釋。例如，"你看着辦吧"、"等着瞧"、"再說吧"等，你可作不同的理解。

另一種情況是"講者無心，聽者有意"，接收者聽到某些話時作了不相關的聯想。如一位姑娘偶爾說："今天的天氣真好"，鍾情於她的小伙子聽到後可能解釋為"她想約我上街"，而實際上姑娘並無此意。

（3）非語言的線索

前面講過，非語言的線索可幫助溝通，但有時也會阻礙溝通。例如，和某人談話時，他與你保持較遠的距離，你便可能誤會是因為他不喜歡你，而實際上可能他正患傷風，怕傳染給你。此外，即使是一個微笑、一個揮手，你也可作不同的解釋。

二、接收者的認知

(1) 歸組原則(grouping principle)

這一原則是指，人們有一種傾向，把聽到的零零碎碎的消息組合成一個結論。特別在你對某人某事有偏見時，更容易把一些不相關的東西聯繫到一起，得出你自己認為"果真如此"的結論。

(2) 成見(stereotyping)

我們對某人某事有了成見後，對於聽到的內容很容易表示懷疑或曲解。"狼來了"的故事便是其中的一個例子。

(3) 簡化或誇張的傾向

人們習慣於把聽到的內容簡化或加油添醋，所以，當接收到的內容經多人傳送時，可能完全變了樣，以致令溝通不成功。

10.2 人際吸引

人們在相互交往的過程中，彼此間還會發生一定的情感關係，出現相互吸引的情形。根據情感投入的程度，可以將人際吸引分為喜歡(liking)和愛慕(loving)兩種。

10.2.1 人際吸引的理論

一、學習理論

學習的基礎之一是事物之間的聯繫，而獎賞則會增強行為。根據學習理論，我們會喜歡那些獎賞我們或與我們有聯繫的人【伯恩(Byrne)和克勞爾(Clore), 1970; 洛特(A. Lott)和洛特(B. Lott), 1974】。

我們之所以喜歡獎賞我們的人，其中一個原因是所謂的"既小又大"(minimax)原理【伯吉斯(Burgess)和休斯頓(Huston), 1979；凱利(Kelly), 1979；拉斯鮑(Rusbutt), 1980】。這一原理的意思是：人們在交往時，會盡量縮小成本，而盡量增多獎賞。基於這一原理，我們會喜歡給予我們獎賞的人。而且，由於無條件刺激和條件刺激的聯繫，在獎賞或懲罰時的任何人或物，將成為獎賞或懲罰所產生的心情的條件刺激物。假設我們在柔和燈光下，喝着美酒欣賞優美的音樂，消磨一個輕鬆的夜晚，我們往往對當時周圍的人有好感，即使他們並未提供音樂和美酒，對我們的情感沒有直接關係。

二、公平理論

根據公平理論的原理【赫特菲爾德(E. Hatfield)和特洛普曼(Traupmann), 1981】，在朋友關係中，所得和付出必須成比例，如果是單方面的長期付出，則關係會受損甚至終結。當然，上面講到的獎賞，並非只是指物質，還包括精神等方面，而且，在不同程度的朋友中這種"獎賞"的表現形式也不一樣。如果雙方的關係非常親密，"斤斤計較"會傷感情。另外，有一些獎賞不是即時的，而是將來的獎賞。

10.2.2 喜歡

人們在交往中喜歡甚麼樣的人？為甚麼他們喜歡某些人而不喜歡另一些人？社會心理學家對此類問題作了大量的研究，並總結出下面影響人際吸引的因素。

一、鄰近性(proximity)

鄰近性指其他條件相等時，人們會傾向於喜歡鄰近的人。費斯廷格(Festinger)、沙赫特(Schachter)和貝克(Back)(1950)的研究很好地說明了這一點。他們調查了麻省理工(MIT)已婚學生公寓的住客。這些公寓由二層樓房組成，每座樓房有10個單元，樓上5個，樓下5個。各單元房大致相似，住戶們住哪一間是隨機選擇的。調查表明，住同一座樓的人比不同樓的人親近，同一層樓比不同層樓的人親近，而通常是住隔壁的人最親近。

這裏的鄰近性並非單純指地理上接近，還有一個"功能距離"(functional distance)，即在某一位置上來往或經過的人多不多。如果你住的地方和某些人要"朝見口晚見面"，自然會增加了解或相互喜歡的機會。所以，如果你想有多一些交朋友的機會，則最好住在郵局附近，或在辦公室裏挑一個靠近洗手間或茶水間的位置，在這些位置上，你會有更多的機會和別人交往，進而發展友誼。鄰近增進友誼的道理表明，生活中我們並非預先選擇某人做朋友，而是因為鄰近的關係，如宿舍的室友、同學、同事等，因為要經常見面，交往的機會增多，從而彼此喜歡。這也是中國俗語"遠親不如近鄰"的道理所在。

二、亮相(mere exposure)

亮相，或"曝光"，是指在其他條件相若時，單純的重複出現也會增進好感，令我們喜歡某人或某事。許多研究表明，不管是對於人的相片，或者是一些無意義的符號，如類似中文字的符號、土耳其字、自己名字的字母等，那些多次出現的會令我們更喜歡【查榮茨(Zajonc, 1968); 胡冷西等(Hoorens & others), 1990；那廷(Nattin), 1987】。譬如，法國學生最不喜歡的字母是"W"，而這一字母在法文中出現率最低。

當然，曝光次數增進喜歡也有前提，就是該人或物在最初出現時已受歡迎或是中性，若在剛出現時已不受人們歡迎，則繼續出現反而會引起反感【葛拉思(Grush), 1976; 波恩斯坦(Bornstein & others), 1990】。此外，曝光的次數也不能過量，否則，結果也可能適得其反。

為甚麼亮相越多人們就越喜歡呢？其中一個解釋是"熟習性"(familiarity)，因為人們見得越多就越熟悉。人或動物都有一種源於自然的"新事物恐懼症"(neophobia)，即在未了解新出現的事物或人是否具危害性之前，我們會有所戒懼。

廣告商和政治家都在應用"曝光"的技巧去達到惹人喜歡的目的，所以他們都很重視見報率、上鏡率。

三、外貌的吸引力(physical attractiveness)

研究表明，人們往往依據外貌作出關於他人的判斷。在其他條件相等時，人們傾向於認為漂亮的人更開心、開朗和成功【伊格利等(Eagly & others), 1991；赫特菲爾德(Hatfield)和斯普蘭徹(Sprecher), 1986】。外貌對第一印象的形成尤為重要，人們喜歡美的東西，這是一種自然傾向，所以，長得美的姑娘追求的人也多【伯斯切特等(Berscheid & others), 1971；萊斯等(Reis & others), 1980, 1982】。美惹人喜歡，這是目前美容院、整容術大行其道的原因之一。

還有一個有趣的現象是人際吸引中"相互匹配"(matching)。人們在交朋友，特別是在選擇對象時，不光教育、門戶等相當，而且外表也相近，所謂的"夫妻相"，這種情況相當普遍。許多研究也說明了這一點【範高爾德(Feingold), 1988；伯斯切特等(Berscheid & others), 1971；赫斯頓(Huston), 1973】。

四、相似性和互補性(similarity versus complementarity)

這裏的相似和互補不是指外表的相似和互補，而是指觀念、習慣、愛好、行為方式等方面。人是否"物以類聚"呢？許多研究表明，人們喜歡在信念、價值觀、個性品質上相似的人【思妮德(Snyder)和弗洛姆金(Fromkin), 1980；韋茨奧(Wetzel)和恩斯科(Insko), 1982；李端等(Lydon & others), 1988】。

在初次交往中，信念、個性特點等相似性的作用往往還顯示不出來，因為這時人們還沒有深入的了解，這時外表、年紀、社會地位的相似較重要。隨着交往的加深，信念、價值觀等的作用便顯示出來，並決定互相喜歡或友誼的程度。

當然，這裏的相似性也是相對的，譬如中國人喜歡中國人，老鄉喜歡老鄉，這是假設某一相同背景會有相同的思想和特性，但這種假設是不科學的。

另一方面，互補性在某些場合也起着重要作用。特別是在戀愛、結婚方面，選擇和自己個性品質相反的人可以起到互補的、相互滿足需要的作用。但是，根據大部分的研究結果來看，相似性原則在喜歡中起的作用更大。

10.2.3 愛情(love)

如果你問甚麼叫愛情，答案可能有無數種，可見，愛情比吸引要複雜得多。由於愛情的複雜性和神秘性，或所謂的"只可意會不可言傳"，愛情這個課題只是近 20 年來才成為社會心理學的研究題目。

廣義的愛範圍很廣，如同性朋友之間的親密友誼(並非指同性戀)，父母對子女的愛和夫妻或戀人之間的愛。根據研究【戴維斯(Davis), 1985；麥斯韋爾(Maxwell), 1985；斯騰伯格(Sternberg)和格拉捷科(Grajek), 1984】，這些不同種類的愛都有一些共同點，如互相理解、互相給予支持、互相欣賞或分享等。但是，關係不同也帶來一些差別，如好朋友和夫妻之間的愛就不一樣，夫妻之間的愛帶有明顯的排他性。

赫特菲爾德(Halfield)(1988)將愛情分為兩大類，一類是"情愛"(passionate love)，另一類是"對象愛"(companionate love)。

一、情愛

情愛是指戀人非常渴望與對方溶為一體的狀態("a state of intense longing for union with another")，是一種強烈的心理興奮。

我們可以用不同的詞彙去描述情愛，但如何測量情愛卻非常複雜和困難。研究愛情的先驅魯賓(Z. Rubin)(1970, 1973)設計了測量情愛的量表，用以測量情愛的程度。這個量表的部分項目如下：

(1) 如果我不能同________永遠在一起，我會感到苦惱。

(2) 對於任何事情我都會原諒________。

心理學家斯騰伯格(R. Sternberg)(1988)則認為情愛是由一個三角結構組成，三個角分別是激情(passion)，親昵(intimacy)和承諾(commitment)。如圖 2 所示：

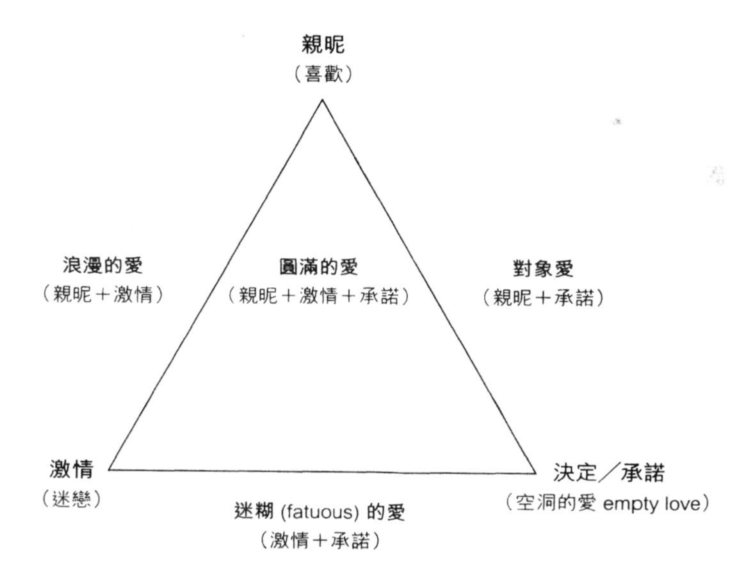

圖 2

如圖所示，斯騰伯格認為三種基本元素的組合構成不同類型的愛。

二、對象愛(companionate love)

如果親密的關係保持下去，最後便會穩定下來變成一種長期的情感，這就是所謂的對象愛。前面提到，激情是一種暫時的狀態，最終會穩定下來，變成深沉的愛。結婚或同居一段時間後，配偶會發現彼此缺少當初的激情，但是，一旦失去對方(如分居、離婚或配偶死亡)，他們會發現失去的比預期的要多得多，因為他們在長期的共同生活中，已習慣在生活和感情上互相依賴。所以，最理想的戀愛程式是，從情愛"落戶"到對象愛，而不是激情過後便作分飛燕。研究表明，夫妻間的坦誠佈公(self disclosure)、共同投入和分擔將有利愛情的持久和發展【荷姆斯(Holmes)和萊姆普(Remplel), 1989；弗萊特切等(Fletcher & others), 1987；赫特菲爾德等(Hatfield & others), (1985)；範葉普蘭(Van Yperen)和班科(Bunk), 1990】。

10.3 親社會和利他行為

在日常生活中，我們都曾幫過別人或被別人幫助過，但也見過或聽說過不肯施援手或見死不救的事例。究竟甚麼因素影響助人行為呢？本節所述的便是人際交往中與助人行為有關的問題。

10.3.1 親社會和利他行爲的定義

親社會行為(prosocial behavior)是相對於反社會行為(antisocial behavior)而言的，是指自願的、有意識的幫助別人的行為，有時也泛指助人行為。在這一概念裏，"自願的"和"有意識的"(intentional)這兩點很重要。這兩個因素把強迫的、"順便式"的助人行為排除在親社會行為之外。例如，犯人被強迫去清除污水溝，這一行為雖然對別人有好處，但並非自願去做的，所以不屬於親社會行為。

親社會行為包括兩大類，一類是"合作"(cooperation)，另一類是"利他行為"(altruistic behavior)。合作指雙方為達到各自的目標而幫助對方，而利他行為則指不期望得到任何回報或者獲得良好印象而做的助人行為。我們在這裏主要講述利他行為。但是，在實際生活中，人的行為動機不一定是單一的。例如，某歌星參加慈善演唱會，他不指望即時的收益而去幫助別人，但也很難排除他同時是為了提高知名度或聲譽而出場。所以，在研究分析中，我們不拘泥於"不期望得到任何回報"這一前題。

10.3.2 親社會和利他行爲的基礎

人的利他行為是在哪種動機下完成的？利他行為受哪些生理的、心理的和社會因素的影響？對於這個問題，學者們提出了各自不同的理論和看法，下面簡單介紹幾種：

一、生物和本能決定論

威爾遜(E. Wilson, 1975, 1978)基於對動物的考察和實驗結果，認為動物以犧牲自己來保證種族生存的"利他行為"，完全是由本能決定的，由此他推論人的利他行為也是由人的本能遺傳因素決定的，認為人的利他行為由先天的基因遺傳而來，是人類本性的天生部分，不須學習就會。

威爾遜的結論對動物是對的，但引伸到人類則需進一步的驗證。

二、利他行爲的規範化

持這種觀點的有舒瓦茨(Schwartz, 1977)和波科維茨(Berkowitz, 1972)等。這種觀點認為，利他行為是在社會化的過程中，作為一種行為規範(social norms)內化到自己的行為模式中。當這種規範內化後，即使沒有外來的獎賞，人們也會自覺地遵從這種規範，並且從中得到滿足。相反，如違反了這種規範就會產生罪惡感、內疚感。這種利他規範主要有：

(1) 社會責任的規範(social responsibility norm)

這一規範是指，人們有責任去幫助那些依賴於自己的人。例如，父母養育子女，子女照顧年老的父母。把社會責任規範內化了的人，即使沒有外來的獎賞，看見別人有困難也會主動地施以援手。由於責任的實現，滿足感和喜悅心情則起到內在獎賞的作用。

(2) 回報的規範(reciprocity)

這一規範是指接受過幫助的人有義務去回報提供幫助的人。有不少研究說明了這一規範在利他行為中的作用【哥連臣(Goranson)和波科維茨(Berkowitz), 1966；克里斯南(Krishnan)和卡曼特(Carment), 1979；斯德普列頓(Stapleton)，納茲(Nacci)和特德斯齊(Tedeschi), 1973】。

(3) 公平的規範(equity norm)

這一規範假設，人是該獎或該罰取決於他(她)的所做所為，即人們所得到的與他們所付出的成比例關係。這一規範會影響人們是否對遇難者施予援手。例如，在中國大陸的一次摩托車意外事故中，駕車的青年嚴重受傷倒地，哀求路人幫助，結果圍觀的人無一施援，該青年最後因傷重死去。事後，圍觀的人被問及為何不肯提供幫助時，有不少人回答"自作自受"，他們認為該青年開車橫衝直撞，自討苦吃。外國的一些研究也說明了這一規範的作用【舒爾茨(Schwartz)和荷沃特(Howard), 1980】。

三、行為主義的模範學習(modeling)

行為主義認為，利他行為和其他行為一樣，受強化(reinforcement)的影響。如果一個人做出某一行為後受到獎賞(內在和外在，以及物質或精神的)，則他(她)以後遇到相同的情形時就會繼續做助人行為。

10.3.3 利他行為和親社會行為的決定過程

除了研究親社會行為或利他行為的基礎之外，社會心理學家也研究利他行為的決定過程，即當一個人從發現有人需要幫助到向他人提供幫助，這期間經過哪些心理過程，這種心理過程又受到哪些因素的影響。

一、利他行為的基本模式

在對大量研究作了總結後，拉溫(Raven)和魯賓(Rubin)提出了一個"利他行為的基本模式"(參見 Raven & Rubin, 1983, p315)，見圖 3：

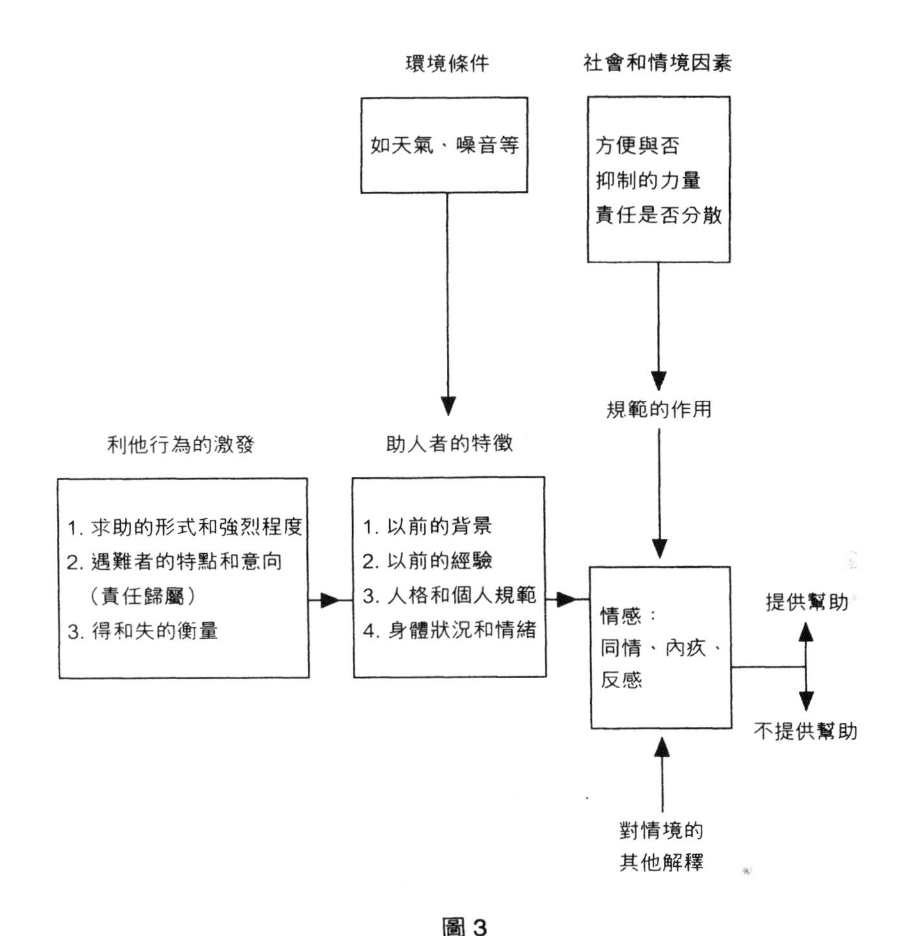

圖3

這個模式說明，任何利他行為都要經歷一個過程，這個過程有幾個步驟：

第一，可能的助人者知覺到有人需要幫助。

第二，可能的助人者決定要不要給予幫助，這個決定步驟取決於兩個判斷過程，即對造成被助者需要他人幫助的原因的判斷：①責任歸屬判斷；②幫助他人可能得到的獎賞與需要付出的代價的判斷。在這一過程裏，環境、社會、情景的因素以及可能的助人者的個人特徵都會影響到最終的決定。

第三，決定給予幫助（包括甚麼樣的幫助）或不給予幫助。

二、利他行爲的決定過程

（1）助人者的知覺過程

這是決定過程的第一步。一般來説，助人者是通過四種方式來知覺到有人需要幫助：a. 由被助者本人主動、直接地提出，如喊救命；b. 由助人者自己發現，如發現有人昏倒在馬路上；c. 由被助者做出被動的求救要求，如公路上司機站在一輛破了胎的汽車旁；d. 由第三者轉介，如紅十字會呼籲捐血。在這裏，第一及第四種方式對人知覺影響最鮮明，更容易使人意識到有人需要幫助。

（2）判斷是否助人的過程

當一個人知道有人需要幫助後，就要決定是否提供幫助，這個決定以兩個判斷為基礎。

a. 責任歸屬判斷

這是指造成某人需要別人幫助的原因是甚麼？我們前面講了公平理論。如果某乞丐被判斷為因生病失去工作能力而行乞，則被幫助的機會大增；如果被判斷為懶惰或因賭博欠錢，則大大減低被幫助的機會。

b. 得失的衡量

可能的助人者要不要採取利他行動，很大程度上還決定於他對損失與獎賞的評估。若預期從利他行為中獲得較大的內在獎賞，即能得到社會的讚許，能受到大多數人的尊重，以及獲得心理平衡和精神舒暢，則會激勵利他行為。反之，如果不被人們理解，甚至招來譏笑等，則會降低利他行為。

（3）影響利他行為決定過程的諸種因素

a. 情境因素

這裏主要指利他行為產生的情境因素，包括外在情境和內在情境。

外在情境，指利他行為發生時的環境特徵，包括兩個方面的情況：

i. 他人利他行為的示範作用。一些研究發現，看過他人表現利他行為的人比沒有看過的人，會表現出更多的助人行為【布里恩（Bryan）和塔斯特（Test），1967；拉斯頓（Rushton）和坎貝爾（Compbell），1977】。

ii. 他人傷害別人行為的激發作用。當看到別人作出傷害他人的行為，會增加觀察者的助人意向，這是因為人有同情弱者的傾向。

內在情境，指助人者當時的心理狀態。它也包括兩個方面的情況：

i. 助人者以前的利他經驗。若以前曾有過助人的經驗，則下一次遇到類似情況時，再次助人的可能性高於先前沒有助人經驗者。

ii. 助人者的情緒狀態。"人逢喜事精神爽"，人在心情愉快的時候，會對別人也有一種愉快心情，在這種心境下，有很大可能引發出利他動機，願意幫助別人。沙洛韋等人(Salovey & others, 1991)的研究也說明了這一道理。

b. 個人因素

指助人者的個人因素，包括個人身份特徵以及人格特徵。

個人身份特徵指人的性別、年齡、職業等特徵。人的身份特徵不同，對於利他行為有一定的影響。

個人人格特徵主要指人的社會正義感和社會責任感，而社會正義感又與人的信念、價值觀、內化了的社會規範等相聯繫。

c. 被助者的特徵

研究說明，女性遇難者、老人和兒童以及外表引人的人更容易得到幫助，這是由於人傾向於幫助弱者和自己喜歡的人【格魯德(Gruder)和庫克(Cook), 1971；班臣等(Bensen et. al), 1976】。

10.3.4 緊急情況下的利他行爲

緊急情況是指一些突發事件，如火災、爆炸、兇殺、搶劫等。在緊急情況發生時，受害者不一定得到旁人的幫助。一個典型的例子是1964年發生於美國紐約的謀殺案，當時一名婦女於大街上遭兇手攻擊，從搏鬥、呼救到受害者死亡，共歷時半個多小時，而出事地點周圍至少有38人聽到或看到該事件，卻沒人施以援手或報警。那次事件以後，社會心理學家達利(Darley)和拉坦(Latane)做了一系列研究(1968, 1970, 1975; Latane, 1981)，發現人們在緊急情況下不去相救並非一定是懷有惡感或冷漠無情，而是可能由於以下原因造成：

第一、緊急情況的特殊性。在緊急情況裏，利他行為的危險性很高；人們一般都沒有應付緊急情況的經驗，危急關頭手足無措。這些因素可能影響人們相救。

第二、"旁觀者效應"(bystander effect)。在研究中,達利和拉坦發現這樣一種情況:一個遇難者在緊急情況下獲助的機率隨旁觀者人數的增加而減少。這是由於:

(1)社會抑制的作用。這是社會比較的結果,社會上每個人對所發生的事件都有一定的看法,並採取相應的行動,但當有其他人在場時,個人在行動之前都會比沒有他人在場時,更加小心地評估自己的行為,把自己準備要做的反應與他人的反應加以比較,以防做出尷尬難堪的事。結果,當他人都不採取利他行為時,就產生了對利他行為的"社會抑制"作用。所以,在緊急情況下若有一人施以援手,響應的人會增多。

(2)社會影響的結果。這可以用從眾心理去解釋:在一定的社會情境下,每個人都有一種模仿他人的傾向,當其他人沒有行動時,個人往往會採取與其他人一致的行動,因此,便無人介入去做利他行為。

(3)多數的忽略。這可從社會知覺的理論得到解釋:他人在場影響個人對整個情境的知覺和解釋,既然人人都若無其事、無動於衷,於是自己便會認為這不是一個緊急情況,由此不去理睬。

(4)責任感擴散。這是指在緊急情況下,當有其他人在場時,個人救助他人的責任會減少,見危不救所產生的內疚感、罪惡感會擴散到其他人身上。

10.3.5 利他行爲的培養

從以上的闡述知道,要培養利他精神和增加利他行為,主要可從兩個方面入手:

第一、增加人們對緊急情況的認識,如利用各種媒體教育人們如何應付緊急情況。

第二、培養人們的利他精神,例如,利用模範或榜樣去說教,增強人們的社會責任感、正義感等,從而促進利他行為。

10.4 協作與競爭(coodination and competition)

由於目標或手段互賴(interdependence)的關係，人們在日常交往中往往需要相互協作(或配合)和競爭，在協作和競爭的過程中，還有可能發生衝突。

10.4.1 目標的互相依存關係

在社會生活中人們都會有意或無意地和別人協作、配合(coodination)。例如讀書這一行為，我們就需要有老師、同學、餐廳師傅、圖書館職員、複印服務人員等等的配合。這種配合有時是合作性的，有時是競爭性的。

一、合作性的配合(cooperative coodination)

在這種情況下，個人的目標是與其他參與人的目標聯繫在一起的，只有其他人也達到目標時，自己的目標才能實現 。典型的例子是流水線(assembly line)作業，如果工人要達到較高的產量目標，必須要其他人配合才行。再如，學生做小組項目(group project)時，如果每個人分工做一部分，也只有每位組員都盡力做時，才能得到高的分數。

二、競爭性的配合(competitive coordination)

在這種情況下，也是需要參與者共同的配合才能達到目標的，但即使是配合，也只有部分人實現目標，如果不配合，則大家都達不到目標。例如，還有 3 分鐘就到上班時間，要準時到達位於 40 層樓上的辦公室唯有乘升降機，結果 20 人一起擠進升降機，但升降機一次只能載 15 人，這時，必須有人讓出，升降機才能起動，但一旦讓出，自己便不能準時上班。如果沒有人肯讓，則大家都不能準時上班。

10.4.2 目標與手段的相互依賴關係

前面講了兩種不同目標的相互依賴關係，然而再仔細分析，人與人之間的依賴關係，還可以分別就目標和手段區分正、負或獨立的關係。例如，一位教授要求他班上的 10 位研究生在下一次研討會(seminar)之前閱讀 10 份資料，然後在會上討論，這裏便可分為圖 4 中的幾種情形：

		目標		
		正的互相依賴	互相獨立	負的互相依賴
手段	正的互相依賴	分工閱讀，下一次研討會中共同討論 (A)	分工閱讀，下一次研討會時評分不按正態分佈曲線 (D)	分工閱讀，下一次研討會時評分按正態分佈曲線 (G)
	互相獨立	每個人閱讀自己的資料（有多份資料），下一次研討會時共同討論。 (B)	每個人閱讀自己的資料（有多份資料），下一次研討會時不按正態分佈曲線評分 (E)	每個人閱讀自己的資料（有多份資料），下一次研討會時按正態分佈曲線評分 (H)
	負的互相依賴	每個人閱讀自己的資料（資料份數有限），下一次研討會時共同討論 (C)	每個人閱讀自己的資料（資料份數有限），下一次研討會時不按正態分佈曲線評分 (F)	每個人閱讀自己的資料（資料份數有限），下一次研討會時按正態分佈曲線評分 (I)

圖 4

從圖 4 中可以看出，目標可以分為三大類：正的相互依賴，在例子中，即在下次會中通過共同討論加深對某個問題的認識；互相獨立，如果下次討論時教授不按正態分佈曲線去評分，而只是根據各位學生的表現；負的相互依賴，教授的評分是按正態的分佈曲線，在 10 位學生中劃分出高與低。手段也可以相應地分為三大類：正的相互依賴，分工合作，每位學生閱讀一份，會上把文章的觀點講出來；互相獨立，每位學生都擁有 10 份資料，各自閱讀；負的相互依賴，每位學生只有一份資料，在下次會議之前，必須互相交換各自的資料去閱讀。

三類不同的目標和手段，便組成九種不同的情形。

在日常生活中，由於目標、手段等的配合不當，小則造成彼此誤會，大則造成慘劇。如 1993 年元旦的香港蘭桂坊慘劇，大家在混亂中爭相逃避，結果在狹窄的街口互相踐踏，造成幾十人傷亡。

10.4.3 競爭或合作的抉擇

人與人的交往常伴有獎賞與成本的互換，譬如前面的例子中，與他人合作常會給對方帶來獎賞或減低成本，與他人競爭則常常帶給對方高成本或減低獎賞。如果想維持雙方的關係，則取決於相互給予的酬賞和降低成本的交換。

一、囚犯困境遊戲(prison's dilemma game)

魯斯(Luce)和拉法(Raiffa)(1957)利用囚犯困境說明兩人在混合動機情境中的兩難境況。兩個搶劫嫌疑犯被警察以私藏武器罪抓起來，警察明知兩人犯了搶劫案，但苦於沒有足夠的證據將他們起訴。

檢察官後來想到一個聰明的做法，兩個疑犯被分開單獨詢問。檢察官分別告訴他們："我的同事正在詢問你的同伙，我們會設法讓他說出你的罪行。如果他揭發你的搶劫罪行，你將被判4年監禁，而你的同伙則獲釋放。反過來，你揭發你同伙的罪行，你獲釋放。即使你的同伙不揭發你，我們仍可以以私帶武器的罪讓你坐牢半年。"

在這裏，每一疑犯都面對兩個選擇，即保持沉默不說出對方的罪行，或出賣對方來使自己獲利。就兩疑犯的立場來看，第一種選擇是合作的反應，第二種選擇是競爭的反應 。兩個人的結果如何，決定於他們所做選擇的組合。如圖5所示：(圖中上格表示A犯的結果，下格表示B犯的結果)

B嫌疑犯 \ A嫌疑犯	保持沉默	出賣對方
保持沉默	半年 / 半年	獲釋 / 四年
出賣對方	四年 / 獲釋	一年半 / 一年半

圖5

這是一種混合動機的情境，兩疑犯面對難以抉擇的困境，想與對方合作保持沉默，又擔心萬一對方不合作而出賣了自己，自己就會被判4年，對方卻獲自由。出賣朋友不應該，但總是對自己有利：如果對方保持沉默，自己可以獲釋，即使對方出賣自己，坐牢一年半也比4年好。

在實驗室應用這一模式作研究時，則用點數或錢代替刑罰，看人們是選擇合作或競爭【多伊斯(Dowes), 1991】。結果發現，雙方的信任程度會影響他們對目標屬性的判斷及行動，如果一方守信用，一方不守信用，吃虧的往往是守信用的一方。

二、影響合作與競爭的因素

魯賓(Rubin)和布朗(Brown)(1975)總結了許多研究後，指出與競爭或合作有關的因素主要有以下幾種：

(1) 互動的次數(number of interaction)

如果參與者只是一次性協作，則往往是競爭性，如果協作的次數很多，並讓彼此知道對方的選擇，則合作的機會較多。但是，一次欺騙會帶來互不信任的代價，要想重建信任則需經歷較長時間。

(2) 協作情境的取向(orientation to the situation)

在協作的情形中，如果是"你輸我贏"，則容易偏向競爭的選擇：如果獎賞只是視個人的表現而定，則偏向於合作的選擇。

(3) 訊息溝通

溝通有助於建立相互合作的關係，但正如前面講到的，一旦兩人之間有了不信任或敵對態度，則溝通也難以恢復合作關係。

(4) 人格因素

多疑、不信任或貪婪的人，容易"以小人之心度他人之腹"，傾向於選擇競爭，從而引起對方也作競爭的選擇。

(5) 社會文化因素

不同文化背景也影響合作的取捨。在個人主義取向的社會裏，如美國，一般人都傾向於競爭的選擇，至於在所謂"集體主義"取向的社會裏，人們的選擇傾向如何，則有待於進一步的研究。

除了以上的因素，雙方的目標和手段的互相關係對如何選擇也很關鍵。若目標和手段都是正的相互依賴時，則往往是合作的選擇，即使沒有正的目標依賴，正的手段互相依賴也可能促進合作，但如果目標與手段均是負的關係時，則雙方往往傾向於競爭。

10.4.4 人際衝突和協商(conflict and negotiation)

一、衝突

當雙方的目標和手段或其中之一是負的相互依賴時，衝突便會發生。圖1中的格C、F、G、H和I的情形都會引致衝突。但是，雙方是否衝突在很大程度上還取決於彼此是如何去知覺(perceive)當中的目標和手段，如果各自都認為目標或手段不相容(incompatable)時，則衝突發生，但這裏的感知是很主觀的，如兩個小孩爭要父母的寵愛，這一情形看上去是目標不相容，實際上卻是相容的。

對於如何解決衝突，不同文化的人有不同的偏好【參見梁(Leung)和吳(Wu), 1990；梁和範(Fan), 1994】。我們在這裏主要講協調(negotiation)在調解衝突中的運用。

二、協調

兩人或兩個團體的利害衝突若形成惡性競爭，則往往是兩敗俱傷及損人不利己的，所以，衝突的雙方往往通過協商，尋找出可為雙方接受的解決方法，協調的過程是雙方的討價還價過程。

進行協調必須有幾個前題條件：

1. 雙方都知道有達成協議的可能性，而且對任何一方來說，達成協議比不達成協議的結果更好或至少不會更壞。

2. 雙方都認識到不是只有一種解決辦法。

3. 雙方都認識到，對於幾種可能的協議，其中都包括有各自的所得與所失。所以，協調的雙方都盡可能地運用策略，希望對方做最大的讓步，而自己做最小的讓步。

至於協調能否成功，則取決於很多因素。例如，給對方以面子或台階下，充分理解對方的立場等，都有助於協調的成功。

10.5 中國人的社交特色

前面我們講了人際交往中的一般情況，這一節我們將簡介中國人在社交方面的一些特色。

10.5.1 人情

中國人常被認為是重人情的民族，人情在人際交往中扮演着重要的角色。"有(無)人情"、"不通人情"、"賣個人情"、"人情緊過債"等涉及人情一詞的話在中國人的社會裏經常可聽到。有的學者認為，"人情"和"面子"是了解中國人社會行為的兩個核心概念，中國人和家庭以外的其他人交往時，往往受到這兩個概念的影響(黃光國，1988)。人情在中文裏有許多意義，從社會心理學的角度去看，"人情"有以下三種不同的含義(金耀基，1988)。

(1) 人情是指人的情感，即個人在遭遇到各種不同生活情境時可能產生的情緒反應。如《禮記·禮運》中所說，"何謂人情？喜、怒、哀、樂、懼、愛、惡、慾，七者弗學而能"。即是具有同情心或為人設身處地，對別人遇上各種不同的境遇時產生的情緒反應表示理解，進而喜其所喜，哀其所哀(黃光國，1988)。反之，如果對別人的喜怒哀樂無動於衷，無所表示，則被認為"不通人情"。

(2) 人情是指在人際應酬中可以用來交易的一種資源。例如，別人有喜事，我送去禮物；別人有困難，我伸出援手，譬如購買你的劣質貨來"做個人情"。對方接受了我的禮物或好處後，便是欠了我的人情。

(3) 人情是人與人相處之道，或人與人應如何相處的社會規範。例如，別人在過年的時候送了紅包給我的小孩，我就應該回送，如果對方沒小孩我便會在他生日或結婚時送禮，這樣"禮尚往來"才有人情。

人情有物質和精神兩個方面(朱永新，1993)：物質方面的人情主要是贈送禮物；精神方面主要是給人以慰藉、關懷等。如果屬於前者，如金錢、財物等，則容易計算，但後者比較抽象，難以計算。中國人一般怕欠人人情，擔心還不了。因為"人情債難還"。

人情在中國人的社會交往中所起作用很大，有的學者認為這是因為中國人的"戀權情結"（朱永新，1993）；也有學者認為因為中國人的社會性交換是靠人情來維持（金耀基，1988），沒有人情這一成分，人與人的交往會中斷。

10.5.2 面子

最早對面子作系統研究的是胡先縉（Hu, 1944），胡區分出面子和臉兩個概念，認為面子是指個人在社會上有所成就（不論是實質的或表面的）而建立起來的名望（prestige）；而臉則是個人因為其道德修養受人敬重而享有的聲譽（reputation）。但後來許多學者在對面子問題作分析時，都不對面子和臉作嚴格的區分（何友暉，1976；金耀基和 Myers, 1977）。面子問題在中國人的交往中雖然很重要，但要對面子作一個定義卻不容易，因它似乎是"只可意會不可言傳"的，如林語堂說的面子是抽象而不可捉摸的（林語堂，1980），而魯迅（1934）則說你對它（面子）"想得愈多，混淆得愈厲害"。胡先縉認為臉面是一種名望和聲譽，何友暉（Ho, 1976）通過說明面子不是甚麼而襯托出其含義；金耀基和 Myers（King & Myers, 1977）則認為面子可分社會／位置的面子和道德的面子；陳之昭（1988）則試圖從心理學的角度將面子定義為一種具有社會意義或人際意義的自我心像。

雖然定義不一，但我們仍可知道面子代表一個人的自尊、尊嚴、聲望等，如"丟面子"、"有面子"、"人面廣"等都與尊嚴或聲望有關。

面子在中國人的人際交往中受到普遍的重視，譬如，俗語講的"打人莫打臉"、"人要臉，樹要皮"等，都是勸喻人們在交往的過程中不要傷及別人的面子，因為傷了別人的面子後果嚴重：一是兩個人的關係從此決裂，不可挽回；二是可能招致對方不顧一切的報復。此外，面子的作用還不限於直接的互動，它還起到"聽其名如見其人"的作用，如"不看僧面看佛面"，對於"有頭有面"之人的跑腿，我們也得小心應付。黃光國（1988）認為中國人可以通過面子、人情等，去操縱自己在別人心目中的形象，可以改變別人的態度和行為。

實證的研究（Bond & Lee, 1981）也說明中國人如何替對方留面子。

在他們的研究中，受試者會隨着與對方空間距離的縮短，或彼此間匿名程度的減少，而逐漸減低對對方不利的評價。

另外，中國人在討論中或課堂不肯輕易發言或提問，其中一個原因也是因為怕丟面子。

10.5.3 關係

"講關係"、"拉關係"在中國人社會，特別在中國大陸是一種非常普遍的社會現象。喬健(1988)把關係這一社會現象界定為："一個或一個以上的個人或團體與一個或一個以上的個人或團體間相互作用、相互影響的狀態"。

"關係"與人情、面子的聯繫密切，如果以面子作為描述中國人社會互動的基本概念，人情與關係則補充說明中國人對於人際關係交換法則的運用。人情或關係的有無是面子的資源之一，是面子可以交換的成分(朱瑞玲，1988)。

關係在中國人人際交往中之所以起很大作用，我們可以從以下兩個角度去分析。

1. 從求人者的角度來說，我如果通過禮物或別人介紹與你搭上關係後，你為了人情或面子(自己的和介紹人的)的原因，"有義務"幫我，這樣，事情辦起來就順利多了。

2. 從策略的角度來看，我通過各種辦法(送禮、拉老鄉等)，從跟你不熟(沒關係)變成熟悉(有關係)，從而成為你關係網的人，這樣，礙於人情、面子，你就不能在有需要時不"盡朋友的義務"了。

10.5.4 報

報，包括報恩和報仇，也是中國人人際交往中所強調的。報並非中國人所獨有，它是一種普遍存在於人類社會中的規範，也是任何文化公認的基本道德律【哥爾德納(Gouldner), 1960；拉維·斯特勞斯(Levi-strauss), 1955】。中國人重報，除了道德規範的原因外，也是因為"人情法則"的作用(黃光國，1988)，受者接受了施者的人情，便欠了對方的人情，一有機會就設法回報。報仇則主要與面子相聯繫，有仇不報，便會失面子(有仇不報非君子)。

以上說的只是中國人人際交往中的幾個主要特色，此外，講義氣、"和"等也在中國人的人際交往中扮演重要角色。

參考資料

朱永新(1993)，"論中國人的戀權情結"，《本土心理學的開展》。台灣，1期，242-266頁。

朱瑞玲(1988)，"中國人的社會互動：論面子的問題"，楊國樞(主編)，《中國人的心理》。台灣：桂冠圖書出版公司，239-288頁。

林語堂(1980)，《吾國與吾民》。台灣：德華出版社。

金耀基(1988)，"'面'、'恥'與中國人行為之分析"，楊國樞(主編)，《中國人的心理》，319-345頁。

陳之昭(1988)，"面子心理的理論分析與實際研究"，楊國樞(主編)，《中國人的心理》。台灣：桂冠圖書出版公司，155-238頁。

黃光國(1988)，"人情與面子：中國人的權力遊戲"，楊國樞(主編)，《中國人的心理》。台灣：桂冠圖書出版公司，289-318頁。

喬健(1988)，"關係芻議"，楊國樞(主編)，《中國人的心理》。台灣：桂冠圖書出版公司，105-122頁。

Argyle, M., & Ingham, K. (1972), "Gaze, mutual gaze, and proximity", *Sorniotica*, 6, 32-49.

Benson, P. L., Karabenick, S. A., & Lerner, R. M. (1976). "Pretty pleases: The effects of physical attractiveness, race, and sex on receiving help", *Journal of Experimental Social Psychology*, 12, 409-415.

Berkowitz, L. (1972). "Social norms, feelings, and other factors affecting helping and altruism", L. Berkowittz (Ed.). *Advances in Experimental Social Psychology* (Vol. 6). New York: Academic Press.

Berscheid, E., Dion, K., Walster (Hatfield), E., & Walster, G. W. (1971). "Physical attractiveness and dating choice: A test of the matching hypothesis", *Journal of Experimental Social Psychology*, 7, 173-189.

Birdwhistell, R. L. (1978). *Kinesics and Context*. Philadelphia: University of Pennsylvania Press.

Bond, M. H., & Lee, W. H. (1981). "Face saving in Chinese culture: A discussion and experimental study of Hong Kong students", A. Y. C. King, & R. P. L. Lee (Eds.), *Social Life and Development in Hong Kong*. Hong Kong: Chinese University Press.

Bomstein, R. F., Kale, A. R., & Comell, K. R. (1990). "Boredom as a limiting condition on the mere exposure affect", *Journal of Personality and Social Psychology*, 58, 791–800.

Bryan, J. H., & Test, M. A. (1967), "Models and helping: Naturalistic studies in aiding behavior", *Journal of Personality and Social Psychology*, 6, 400–407.

Burgess, R. L., & Huston, T. L. (Eds.) (1979). *Social Exchange in Developing Relationships*. New York: Academic Press.

Buunk, B. P., & Van Yperen, N. W. (1991). "Referential comparisons, relational comparisons, and exchange orientation: Their relation to marital satisfaction", *Personality and Social Psychology Bulletin*, 17, 709–717.

Byrne, D., & Clore, G. L. (1970). "A reinforcement model of evaluative responses", *Personality: An International Journal*, 1, 103–128.

Davis, K. E. (1985, February). "Near and dear: Friendship and love compared", *Psychology Today*, 22–30.

Eagly, A. H., Ashmore, R. D., Makhijani, M. G., & Longo, L. C. (1991). "What is beautiful is good, but ...: A meta-analytic review of research on the physical attractiveness stereotype", *Psychological Bulletin*, 110, 109–128.

Ekman, P. (1972). "Universals and cultural differences in facial expressions of emotion", J. K. Cole (Ed.). *Nebraska Symposium on Motivation* (Vol. 19). Lincoln: University of Nebraska Press.

Ekman, P. (Ed.) (1982). *Emotion in the Human Face* (2nd ed.). Cambridge: Cambridge University Press.

Ekman, P., & Friesen, W. V. (1972). "Hand movements", *Journal of Communication*, 22, 353–374.

Exline, R. V. (1971). "Visual interaction: The glances of power and preference", J. K. Cole (Ed.), *Nebraska symposium on motivation*, Vol. 19. Lincola: University of Nebraska Press.

Exline, R. V., Ellyson, S. L., & Long, B. (1975). "Visual behavior as an aspect of power role relationships", P. Pliner, L. Krames, & T. Alloway (Eds.), *Nonverbal Communication of Aggression*, vol. 2. New York: Pleum.

Feingold, A. (1988). "Matching for attractiveness in romantic partners and same-sex friends: A meta-analysis and theoretical critique", *Psychological Bulletin*, 104, 226–235.

Festinger, L., Schachter, S., & Back, K. (1950). *Social Pressures in Informal Groups: A Study of Human Factors in Housing*. New York: Harper & Bros.

Fleteher, G. J. O., Fincham, F. D., Cramer, L., & Heron, N. (1987). "The role of attributions in the development of dating relationships", *Journal of Personality and Social Psychology*, 53, 481–489.

Goranson, R. E., & Berkowitz, L. (1966). "Reciprocity and responsibility reactions to prior help", *Journal of Personality and Social Psychology*, 3, 227–232.

Gouldner, A. (1960). "The norm of reciprocity: A preliminary statement", *American Sociological Review*, 25, 161–178.

Gruder, C. L., & Cook, T. D. (1971). "Sex, dependency and helping", *Journal of Personality and Social Psychological*, 19, 290–294.

Grush, J. E. (1976). "Attitude formation and mere exposure phenomena: A nonartifactual explanation of empirical findings", *Journal of Personality and Social Psychology*, 33, 281–290.

Hall, E. T. (1959). *The Silent Language*. New York: Doubleday.

Hall, E. T. (1966). *The Hidden Dimension*. Garden City, NY: Doubleday.

Hatfield, E. (1988). "Passionate and compassionate love", R. J. Sternberg & M. L. Barnes (Eds). *The Psychology of Love*. New Haven, Conn: Yale University Press.

Hatfield, E. & Sprench, S. (1986). *Mirror, Mirror: The Importance of Looks in Everyday Life*. Albany, N. Y.: SUNY Press.

Hatfield, E., & Traupmann, J. (1981). "Intimate relationships: A perspective from equity theory", S. Duck & R. Gilmour (Eds.), *Personal Relationships I: Studying Personal Relationships*. New York: Academic Press.

Hatfield, E., Traupmann, J., Sprecher, S., Utne, M., & Hay, J. (1985). "Equity and intimate relations: Recent research", W. Ickes (Ed.), *Compatible and Incompatible Relationships*. New York: Springer-Verlag.

Higgins, E. T. (1981). "The 'communication game': Implications for Social Cognition and Persuasion", E. T. Higgins, C. P. Herman, & M. P. Zanna (Eds.), *Social Cognition: The Ontario Symposium*, Vol. 1, 343–392.

Hillsdale, NJ: Erlbaum. Patterson, M. L. (1982). "A sequential function model of verbal exchange", *Psychological Review*, 89, 231–249.

Ho, H. F. (1976). "On the concept of face", *American Journal of Sociology*, 81, 867–883.

Holmes, J. G., & Rempel, J. K. (1989). "Trust in close relationship", C. Hendrick (Ed.), *Review of Personality and Social Psychology*, Vol. 10. Newbury Park, Ca: Sage.

Hoorens, V., Nuttin, J. M., Herman, I. E., & Pavakanun, U. (1990). "Mastery pleasure versus mere ownership: A quasi-experimental cross-cultural and cross-alphabetical test of the name letter effect", *European Journal of Social Psychology*, 20, 181–205.

Hu, H. C. (1944). "The Chinese concepts of face", *American Anthropologist*, Vol. 46, 45–64.

Huston, T. L. (1973). "Ambiguity of acceptance, social desirability, and dating choice", *Journal of Experimental Social Psychology*, 9, 32–42.

Johnson, H. G., Ekman, P., & Friesen, W. V. (1975). "Communication body movements: American emblems", *Semiotica*, 15, 335–353.

Kelly, H. H. (1979). *Personal Relationships: Their Structures and Processes*. Hillsdale, N. J.: Lawrence Erlbraum.

King, A. Y. C., & Myers, J. T. (1979). *Shame as an Incomplete Conception of Chinese Culture: a Study of Face*. Hong Kong: Social Research Centre, Chinese University of Hong Kong.

Kleinke, C. L. (1986). "Gaze and eye contact: A research review", *Psychological Bulletin*, 100, 78–100.

Kleinke, C. L., Bustos, A. A., Meeker, F. B., & Staneski, R. A., (1973). "Effects of self attributed and other-attributed gaze on interpersonal evaluations between males and females", *Journal of Experimental Social Psychological*, 9, 154–163.

Krishnan, L., & Carmant, D. W. (1979). "Reactions to help: Reciprocity, responsibility and reactance", *European Journal of Social Psychology*, 9, 435–439.

LaFrance, M., & Mayo, C. (1976). "Racial differences in gaze behavior during conversations: Two systematic obs^rvational studies", *Journal of Personality and Social Psychology*, 33, 547–552.

Leung, K., & Fan, R. M. (1995). "Dispute processing: An Asian perspective", H. S. R. Kao, & D. Sinha (Eds.), *Asian Perspectives in Psychology*. New Delhi: Sage. (In press).

Leung, K., & Wu, P. G. (1990). "Dispute processing: A cross-cultural analysis",

R. W. Brislin (Ed.), *Applied Cross-cultural Psychology*, Newbury Park: Sage.

Levi-Strauss, C. (1965). "The principle of reciprocity", L. A. Coser, & B. Rosenberg (Eds.), *Sociological Theory*. New York: Macmillan.

Lott, A. J., & Lott, B. E. (1974). "The role of reward in the formation of positive interpersonal attitudes", T. L. Huston (Ed.), *Foundations of Interpersonal Attraction*. New York: Academic Press.

Luce, R. D., & Raiffa, H. (1975). *Games and Decisions: Introduction and Critical Survey*. New York: Wiley.

Lydon, J. E., Jamieson, D. W., & Zanna, M. P. (1988). "Interpersonal similarity and the social and intellectual dimension of first impressions", *Social Cognition*, 6, 269–286.

Maxwell, G. M. (1985). "Behaviour of lovers: Measuring the closeness of relationships", *Journal of Personality and Social Psychology*, 2, 215–238.

Nuttin, J. M., Jr. (1987). "Affective consequences of mere ownership: The name letter effect in twelve European languages", *European Journal of Social Psychology*, 17, 318–402.

Patterson, M. L. (1982). "A sequential function model of verbal exchange", *Psychological Review*, 89, 231–249.

Patterson, M. L. (1983). *Nonverbal Behavior: A Functional Perspective*. New York: Springer-Verlag.

Raven, B. H., & Rubin, J. Z. (1983). *Social Psychology (2nd)*. New York: John Wiley & Sons.

Reis, H. T., Nezlek, J., & Wheeler, L. (1980). "Physical attractiveness in social interaction", *Journal of Personality and Social Psychology*, 38, 604–617.

Reis, H. T., Wheeler, L., Spiegel, N., Kernis, M. H., Nezlek, J., & Perri, M. (1982). "Physical attractiveness in social interaction: II. Why does appearance affect social experience?", *Journal of Personality and Social Psychology*, 43, 979–996.

Rubin, J. Z., & Brown, B. R. (1975). *The Social Psychology of Bargaining and Negotiation*. New York: Academic Press.

Rubin, Z. (1970). "Measurement of romantic love", *Journal of Personality and Social Psychology*, 16, 265–273.

Rubin, Z. (1973). *Liking and Loving: An Invitation to Social Psychology*. New York: Holt, Rinehart and Winston.

Rusbult, C. E. (1980). "Commitment and satisfaction in romantic associations:

A test of the investment model", *Journal of Experimental Social Psychology*, 16, 172–186.

Rushton, J. P., & Campbell, A. C. (1977). "Modeling, vicarious reinforcement and extroversion on blood donating in adults: Immediate and long-term affects", *European Journal of Social Psychology*, 7, 297–306.

Salovey, P., Mayer, J. D., & Rosenhan, D. L. (1991). "Mood and healing: Mood as a motivator of helping and helping as a regulator of mood", M. S. Clark (Ed.), *Prosocial Behavior*. Newbury Park, CA: Sage.

Schwartz, S. H. (1977). "Normative influences on altruism", L. Berkowitz (Ed.), *Advances in Experimental Social Psychology (Vol. 10)*. New York: Academic Press.

Schwartz, S. H., & Howard, J. A. (1980). "Explanations of the moderating effect of responsibility denial on the personal norm-behavior relationship", *Social Psychology Quarterly*, 43(4), 441–446.

Scott, P. L. (1977). "Communication as an intentional, social system", *Human Communication Research*, 3, 258–267.

Shannon, C., & Weaver, W. (1949). "The mathematical theory of communication". Urbanna: University of Illinois Press.

Snyder, C. R., & Fromkin, H. L. (1980). *Uniqueness: The Human Pursuit of Difference*. New York: Plenum.

Stapleton, R. E., Nacci, P., & Tedeschi, J. T. (1973). "Interpersonal attraction and the reciprocation of benefits", *Journal of Personality and Social Psychology*, 28, 199–205.

Sternberg, R. J. (1988). "Triangulating love", R. J. Sternberg & M. L. Barnes (Eds.), *The Psychology of Love*. New Haven: Yale University Press.

Sternberg, R. J., & Grajek, S. (1984). "The nature of love", *Journal of Personality and Social Psychology*, 2, 215–238.

Van Yperen, N. W., & Bunnk, B. P. (1990). "A longitudinal study of equity and satisfaction in intimate relationships", *European Journal of Social Psychology*, 20, 287–309.

Wetzel, C. G., & Insko, C. A. (1982). "The similarity-attraction relationship: Is there an ideal one?", *Journal of Experimental Social Psychology*, 18, 253–276.

Wlison, E. O. (1978). *On Human Nature*. Cambridge, Mass: Harvard University Press.

Zajonc, R. B. (1968). "Attitudinal effects of mere exposure", *Journal of Personality and Social Psychology, 9, Monograph suppl. No. 2*, part 2.

11
羣體互動

楊中芳 • 香港大學心理系高級講師

“人之生，不能無羣，羣而無分則爭，爭則亂，亂則窮矣。”

——《論語 • 季氏》

曰：“獨樂樂，與人樂樂，孰樂？”(孟子)曰：“不若與人。”曰：“與少樂樂，與衆樂樂，孰樂？”曰：“不若與衆。”

——《孟子 • 梁惠王下》

“與人羣者，不得離人。然人間之變故，世世異宜，唯無心而不自用者，爲能隨變所適而不荷其累也。”

——《庄子集譯 • 人間世注》

11
羣體互動

我們每一個人生活在這個世界上，都生來地、自發地或別無選擇地屬於一些羣體，是這些羣體的成員，例如，我們可能既是一個家庭的成員，也是學校的學員，又是一個童子軍。我們的日常生活往往就是連續在擔任這些羣體成員的角色中穿梭：早上在家中，我們是在進行作為某一個家庭成員(例如，女兒)所必須做的事，活動是以與家庭成員們的互動為主：到了學校，就做作為一個學生所進行的活動，老師及同學是主要交往對象；週末，在郊野公園做一個童子軍，所接獨的人及進行的集體活動自然與在家中及在學校中所接獨的人和事完全不同。有時，在同一時間、同一場合，我們甚至會是數個羣體的成員，因而產生了不知道要做甚麼好的問題。所以，研究人的心理及行為是不能不探討人在羣體中的活動的。

11.1 甚麼是羣體互動？

羣體互動是指在一個羣體內，成員們彼此之間的羣內交往及在兩個或兩個以上羣體之間的羣際來往過程中，所出現的各種心理運作及行為現象。

11.1.1 甚麼是羣體？

羣體是指一堆聚集在一起的人，或一羣相互認為是屬於一個羣體的人，例如，同一個省份的人，我們稱為同鄉，同一個村子的人，我們稱為小同鄉。而其他的羣體其共同性是，它們均由社會文化規範所決定，是靠成員彼此之間共同協定的一個特定目標而形成或組成。例如，同住在一個大廈的住戶可稱為是一個非常鬆散的羣體，由於它是由時、空的相近性而組成，而此大廈的管理委員會是以保障所有住戶權益為目的而組成的，它有一定的組織，並且要定時開會進行交流，所以可稱為是一個比較正式的羣體，有時，也稱為有意義的羣體。

具體來說，我們所論及的羣體是指：(1)一羣相互交往的人(通稱為羣體成員)；(2)他們具有某一方面的共同性(也可稱為是成員資格)；(3)有一個共同的目標(通稱羣體目標)；(4)有知道他們是屬於這一個羣體的知覺(也稱為羣體知覺)。

11.1.2 羣體的性質

在社會心理學中常用四個維度來劃分羣體：(1)羣體的人數；(2)羣體的目的；(3)羣體的組織結構；(4)羣體的穩定性。

(1) 羣體人數：是指羣體組成分子的人數，由兩個人開始可以一直到無限大。通常在研究中常見的，以4、5個人以下的為小團體，6、7個人以上的為大團體。

(2) 羣體目的：是指羣體成員共同認可的一個或數個羣體工作目標，此目標通常被用來做為評價羣體工作成績的標準。

(3) 羣體組織結構：是指羣體內部組織的緊密度。有的羣體組織鬆散，加入容易，退出也容易，更沒有甚麼規章制度可循；而另一些羣體則組織森嚴，職位分層精細，成員流動性低，賞罰分明。

(4) 羣體穩定性：羣體的穩定性通常是指兩個方面：一方面是指一個羣體持續的時間；另一是指一個羣體內成員的流動性。有些羣體是臨時為某一個特殊目的而成立的組織，當目的達成，羣體即自行解散；而另一些則有比較長遠的目標，因而持續時間也較長。

現舉一例說明這幾個維度如何描述了一個羣體。如兩人在街頭打架，引來許多看熱鬧的人，不久，其中一方引起了這些圍觀者的"公憤"，大家聯合起來幫助被欺負的一方。這時這些人突然由一羣觀戰的烏合之眾，變成了一個有共同目標的羣體，大家相互了解到，他們的合作可以拯救一個"受害者"。這樣一個有意義羣體，其目標是臨時形成的，它沒有甚麼複雜的組織，只不過是包括幾個敢說話的人，及一大堆應聲的同情者，但是共同的目標及成員之間的互動，確實使他們感到彼此是屬於同一個羣體的。這個羣體在申張了正義之後，多數就作鳥獸散了。這個例子中的羣體除了符合上述四個定義羣體的條件外，可以說是一個為數眾多的，有隱含目標的，不甚有組織及相當臨時性的羣體。

11.1.3 羣體的發展

每一個羣體都有一個發展的過程。羣體在進行一項工作目標時，是由大家彼此不熟悉其他成員的才能、習性及脾氣，逐漸演變成為一個彼此互相配合、互相適應、發揮高水平工作效率的羣體。羣體成員間的情感、對羣體的歸屬感和滿足程度也同樣是一個發展的過程。有些羣體無論是工作效率或成員情感都發展得相當快，而另外一些則不管在一起多久，仍然留在原地踏步。那麼，羣體是如何發展的呢？

過去許多的研究大部分是將羣體的發展分為四個階段（Paulus, 1989），對頭尾兩個階段大家的講法都非常相似。在開始時，成員們彼此不認識，因此產生某種程度的焦慮，但大家的感覺多數是正面的、興奮的；其主要活動是大家共同一起熟悉環境、了解作業、增加認識。最後一個階段則通常是分離或散伙階段，大家相處日久有了情感，到此時有依依不捨及分離的焦慮；主要活動集中在計劃脫離環境、總結作業及確定未來的交往基礎。至於中間的階段是指正式按工作目標而互動的時期，經常可分兩個階段，一為困難期，另一為鞏固期。前一時期，由於大家對環境、工作性質及其他成員了解不深，容易因配合不好，產生摩擦、挫折及不滿足感。成員們的權力分配也可能不為大家所接受，因而產生緊張氣氛。在鞏固期，大家彼此了解日深，能夠相互取長補短，互相配合遷就，又因日久生情，彼此能信任及融洽相處而產生歸屬感，對權力的分配也逐漸重新調整致大家都滿意的地步，這時羣體可謂已達成熟期。

至於有關羣體發展要用甚麼指標來衡量這一問題，過去大多數研究者都用工作效率及成員滿足感做為基本指標。但是，密爾斯(Mills, 1967)曾指出羣體的發展及成長應該用以下四個指標來看：(1)適應性：接受外界信息以使自身的工作效率、變通性及多樣性增加；(2)變通性：能夠在持續達成某一即定目標的過程中，仍然保持開放的態度，從而考慮其他可能目標的優越性，也即不為一個目標所困；(3)統合性：能夠在分工的情況下，仍能保持其整體性，也即能夠分散資源而不覺貧乏，分派權力而不覺失控；(4)承續性：能夠不斷接收新的成員，但仍能保持羣體原本之特性及功能。密氏之所以會提出這四個羣體發展的指標，是因為他認為這是羣體能夠發揮其優於個人或個人之集合的特長，但又不致陷入其短的理想狀態。然而，這樣的理想只是理想而已，大部分的羣體均離此目標非常遠。不過，這些指標仍可以作為我們了解及評估羣體互動的指引。

11.2 羣體所顯現的整體心理及行為現象

羣體成員在溝通及交往的過程中，經常會出現一些整體及個人的心理及行為現象。這裏的整體心理及行為現象是指不能從成員之個別行為中看到，必須對羣體做整體觀察才可以看見。在本小節中，讓我們先來看看常見的集體心理及行為現象。

11.2.1 羣體規範

當一羣人形成一個羣體之後，最常見的一個整體現象就是，大家在相互交往中，會對某些事情達成某一種共識，而這種共識又常進一步約束了羣體的行為，使該羣體有逐漸趨向一致的現象，通常我們稱這種共識為規範。這種現象即使是在一羣臨時成立的小團體中，也會發生。早期的美國心理學家謝瑞夫(Sherif, 1935)曾研究一些在實驗中臨時湊起來的受試羣體，讓他們在一個全黑的實驗室中，依次個別去判斷在前方由主試者操從的一個螢光的跳動方向。這種螢光的跳動本來是人類視覺運作的一種基本現象，稱為自動跳動現象(autokinetic)。這種跳動是完全隨意的，並沒有甚麼方向可言。一般人在光天化日下看東西時，甚至不會知覺這種在跳動的現象，因為外界物體本身的恆常性增加了我們視覺的穩定性。但是，當我們在黑暗之中，缺乏外在其他物體幫助我們穩定視覺時，就會看到這種跳動的現象。謝氏當時很想知道，在這種情況下，當受試者們被要求去辨別方向時，他們會怎麼做。結果發現，當受試者們和大家在一起作判斷時，會有受他人判斷影響的現象，而且大家的判斷有逐步趨向一致的現象。這個現象與受試者們各自單獨在暗室中作判斷時所得到的結果很不一樣。

不過，很有趣的是，當受試者被要求先作單獨判斷之後，再加入羣體作羣體判斷，其結果與受試者一開始就被要求作羣體判斷(之後再進行單獨判斷)所得的也不一樣。後者形成的規範比較清楚及迅速，顯示如果被試者在一個問題上先形成了單獨自我的判斷之後再進行羣體判斷時，比較不會那麼容易受羣體中他人的影響，羣體一致性比較難達成。

費斯丁格(Festinger, 1950)認為有兩個原因可以解釋羣體中人們形成的一致性(規範)現象，其中之一是人們經常有由別人的反應中去肯定自己所看到及所判斷的東西是否正確的習慣，特別是當自己不能肯定自己的判斷是否正確的時候；第二個原因是在羣體中，只有當成員達成某種程度的一致性時，它才會發揮其優越性。因此，當人們一成立了羣體，即時有要尋求一致性的傾向。

後來許多的實驗研究都顯示出，羣體中的人們在面對一些自己判斷不甚明確的情況時，很容易一起交流，訂下一個判斷或行為的標準，從而依此標準行事。即使是當他們已經離開這個羣體，單獨行事時，他們也會持續運用此一標準。而且一當此標準建立起來之後，如果再有新成員加入，這些新成員會自動接受或使用此一規範。不過，如果有些成員在一個比較長的時間裏，堅持他們自己的觀點之後，也會使原來的規範變成新的、折中的規範(Jacobs & Campbell, 1961)。從這些非常簡單的研究中，我們看到羣體規範的形成及運作過程。

11.2.2 少數服從多數現象

在形成規範的過程中，每個人都對自己單獨所作的判斷做了某種程度的調節，而且一旦規範逐漸顯現，它對羣體中每一個成員都會產生一種壓力，逼使他們依此規範去調整自己的行為。

有關少數份子在羣體規範中所受壓力的社會心理學研究很多，其中比較有名的是艾緒的一連串研究(Asch, 1951, 1955, 1956)。這類研究的主要興趣，是想看看一個人在面對一個一致的羣體時，會如何反應。在他的實驗中，他讓受試者作一些簡單的線條判斷工作，要受試者在三條不等長的線條中，選出一條與一事先設置好的標準線等長的線條出來。當受試者在單獨進行此工作時，完全沒有困難，他們都能做對。但是當受試者和一羣"假受試者"一齊進行此項工作，而這些假受試者又一致給予錯誤的答案時，大約三分之一的受試者會不顧自己原先判斷的正確性，轉而選擇其他受試者共同選擇的錯誤答案。在這個實驗裏，受試者與假受試者並不相識，而且判斷的線條有可能因為三條不等長線的差距太小而不易辨認哪一個是正確答案，但是正確答案確實存在，而且不難找到。在這種情況下，還有三分之一的人"隨波逐流"，試想如果受試者與假受試者真是同屬於一個有意義的羣體，彼此相互影響的可能性將更大。

另一位學者密爾管姆(Milgram, 1974)曾讓三個受試者一同決定是否要對一個在隔壁房間進行語言學習的"學生"施以某種程度的電擊。實驗者告訴這些受試者，如果那個坐在隔壁的學生答錯了一個習題，他們可以各自選擇一個電擊的強度，然後用三者中最弱的一個強度來電擊該學生。在這三個受試者中，只有一個是真正的受試者，其餘兩個是"假受試者"。他們在實驗中總是選擇給予那個學生相當高的電擊強度，迫使真受試者必須通過自己選擇的低強度來減少隔壁學生被電擊的傷害強度，因為他的低電擊選擇會成為所用之電擊強度。結果密氏發現，受試者雖然可以選擇較低的強度，以使那學生減少受電擊的痛苦，許多受試者還是"少數服從多數"，選擇了跟隨另兩位假受試者的選擇，給予學生高強度電擊(雖然強度比兩名假受試者所選擇的要來得低一些)，而近一半的人，在實驗中讓電擊強度高到令學生致命的程度。對這個研究結果的一種解釋是，人們在服從多數的壓力下，甚至可能造成對他人的傷害。

這種少數服從多數的現象，不只在實驗室中得到，在日常生活中也是常見的。卡文氏及蔡索氏(kalven & Zeisel, 1966)研究了美國法庭陪審團的判決過程。美國的法庭陪審團通常包括12個人，在聽過兩方律師的辯護之後，他們會被隔離到一個小房間裏，去做一個有關罪犯應判有罪或無罪的集體決定。這個過程通常經過幾次投票，一開始這些陪審員會進行第一次公開投票，分別公布他們自己對這個案子所作的判決。如有不同意見，大家會坐在一起商量，相互提出自己所持論點的理由，然後重新投票。如此反覆，直到達成一致的判決為止。卡氏及蔡氏的研究發現，在第一次公開投票時的多數人意見往往就是最後羣體判決的結果。

因此，我們不禁會問，為甚麼人們要少數服從多數呢？在前述艾緒氏所設計的少數服從多數的視知覺實驗研究中，當那些服從多數人意見的受試者(大約佔所有受試者的三分之一)，被問及為甚麼他們會順從多數人的意見時，有些人表示他們真的是把錯的答案看成是對的；有的則說以為自己是在做一個幻覺測驗，而因為怕別人認為自己沒有幻覺，而不得不順從；有些人則說是因為自己對自己當時的判斷沒有信心，因為自己對自己一向沒有信心。

後來有學者重新解釋艾氏的實驗結果，認為在人類社會中，人們有不願意被隔離的願望、最怕的就是被人說成異於一般人。在類似艾氏的研究中，異於規範的受試者有被看成把"黑的看成白"的神經病的危險，因此，當一個人發現自己與其他人的視知覺竟然完全不同時，往往怕自己被別人誤認為是神經失常的人，而不得不順從大家公認的錯誤判斷。更何況這種公認判斷既使是錯的，反正是大家一起錯，別人也不會把自己挑出來當神經病看待(Ross, Bierbrauer & Hoffman, 1976)。

馬斯考維奇及其協助者(Moscovici & Faucheux, 1972)甚至認為在艾氏這一類實驗室中表現所謂從眾行為者，如果我們用實驗室外的美國文化價值體系作為評定標準時，其實他們是反叛者。因為美國文化標榜個人主義，因此不從眾才是規範行為，而從眾行為反而是不按常規行事的反叛行為。

從這些解釋中，我們自然想知道，如果今天艾氏的實驗是用中國人為受試者，其結果會是怎麼樣的呢？這方面倒是有幾個研究得出了一些初步的結果。韋台克及米德氏(Wittake & Meade, 1967)曾進行了一項艾緒式的從眾研究，他們比較了美國、巴西、黎巴嫩、香港，及羅德西亞(現今的耐尼比亞共和國)等五個國家和地區的受試者。結果發現香港受試者與其他各國從眾的百分比大致相似，在31%~34%之間。只有羅國特別高，達50%。

米德及伯納德也做了兩個類似的實驗(Meaed & Barnard, 1973)。在這兩個實驗中，他們並沒有要受試者判斷線段長度，而是要求受試者判斷大學生對所關心的社會問題的意見。他們分別在美國中部一間大學及香港中文大學找了一批大學生，來進行了這項研究。米氏及伯氏研究的結果顯示：中國男大學生雖然比美國大學生有較多的從眾現象，但是中國受試者在從眾後所給的與自己先前未順從時所給的答案之間的差異，卻比美國"順從"的受試者來得小。也就是說，他們因要服從多數而做的意見改變，比美國的"順從"受試者來得少。同時，米、伯兩氏也發現中國受試者很少出現"反順從"的現象(也即給出與假受試者們相反的答案)。

這個結果有些出人意料之外，因為許多學者認為在集體主義價值體系中長大的中國人，理應有更多人表現出更快、更嚴重的從眾行為，但結果卻如此複雜。米氏與伯氏因而認為"順從多數"本身是個複雜的社會現象，中國人的"集體主義"傾向性較高，所以在遇到有與大眾的意見不同的意見時，會受到較大的壓力。但是，由於中國人顧及自己的面子(不願被判定是"出爾反爾"的人)，因此不好意思把自己原先所給的意見否定得太多，因而只有做出妥協，只將自己的意見稍作改變。

米氏及伯氏在另一個類似的研究中(Meade & Barnard, 1974)發現，中國女大學生與美國女大學生的比較結果卻與男生的結果並不一樣。中國女受試者無論在"順從"人數、意見改變大小，及反應時間三方面皆比美國女受試者多、大及長。然而，中國女受試者中有22人(全部受試人數才為60人)，在聽了假受試者們一致的意見後就表示她們無法繼續下去而退出實驗。而美國女受試者中，僅有8人退出。米、伯兩氏對這個結果的解釋是女性在中國社會承受的"順從"壓力更大，以致到不能承受的地步只有退出。這個解釋當然相當勉強，比較合理的解釋是中國女受試者在遇壓力時，通常習慣以"逃避"收場，而男受試者則以"順從"收場。(楊中芳，1989)。

對上述研究的討論讓我們認識到對實驗研究的結果做解釋時，必須非常小心，因為許多到實驗室中做研究的受試者，他們在實驗室中的表現並不一定會按研究者要他們表現的那樣去表現(例如，表現真正的自己，不要考慮對、錯的問題等)。反而，他們會按他們自己在日常生活中的表現方式來表現自己(例如，在學校實驗室中表現自己最好的一面，使別人對自己產生好感或尊敬)(楊中芳、趙志裕，1987)。

11.2.3 羣體分層(角色、地位及聲望)

在日常生活中，我們很少真正參與一個羣體規範的建立過程。通常，在我們尚未加入一個羣體之前，此羣體已經存在，而且常規也早已建立了。我們被要求的，只是遵守一些已有的規範來進行羣體互動，而羣體規範，又是形形色色，種類繁多的，其中最常見的一種就是角色規範。

在同一個羣體之中，我們經常發現，屬於同一個羣體的成員，並不是大家都做同樣的事，起同樣的作用。這個現象特別是在一個有明顯工作目標的羣體中看得最清楚。在羣體形成之後，根據羣體工作的性質，成員們很自然地會按其在羣體中所負責的那一類活動，而被給予一個名稱，我們稱之為職位，當大家對每一個職位都有了一定的共識，便逐漸知道佔有那個職位的人應該在那個職位上做些甚麼事。我們通稱佔有那一職位的人是在扮演此職位的角色，而對此角色所存有的行為期望則被稱為是角色規範。

在羣體互動中，逐漸形成的這些角色規範有時是有相當正式、清楚及明確規定的，它們有一個正式的名稱，對具甚麼樣的資格才能擔任某一個角色有一定的規定，對承擔這個角色的人應該做甚麼工作也有明確規定，將來還用這些規定來考核角色承擔人的成績。例如，一間公司有總經理、會計及打字員的職位，每一個職位由一個人來擔當它的角色，大家對擔任這些角色的人都有一定的角色期望。如總經理必須要有商業碩士學位的人才能擔任，他的工作是具有領導性質的，將來要依他是否具有領導才能來考核他是否是一個好的經理。通常我們稱承擔某一個角色所需具備的資格為角色資格；稱擔任角色所必須進行的工作及行為為角色職責；而稱在執行這些角色職責時所表現的成績為角色成就。

由於這些羣體角色往往對完成羣體目標所起的作用不同，因而在大家心目中被看重的程度也有不同，通常我們稱這種差別為地位(status)。上述例子中，總經理這個角色，因為必須統領整個公司的員工去完成公司的業務，所以地位比會計或打字員來得高。在一個社會裏常常大家有一個共識，認為在羣體中有些角色地位比較高，而有些地位則比較低。

與角色有關的另一個概念是聲望。聲望通常並不是跟着角色走的，而是跟着扮演一個角色的人走的。如果一個人的角色資格很足夠(不是通過走後門而得來)，又能稱職地履行角色職責而獲得較高的角色成就，他可以說是具有角色聲望的人。

角色、地位及聲望把羣體成員分化成更小的單位，並將它們排出高下來，使大家對他們有差別待遇。但是，又因彼此還要相互依靠，遂成為一個有層次、有組織結構的整體，我們稱此一現象為羣體分層。我們可以說，附帶於角色的地位及附帶於扮演角色人的聲望，促使羣體成員加劇分化。這種羣體分層的現象使羣體互動變得更加複雜及多樣化。

11.2.4 多數服從少數現象

前面所提到的角色、地位及聲望經常是與另一個概念分不開的，那就是權力。權力是一個人能夠影響別人來聽命於自己，替自己做事的程度。佔有較高地位角色及較高聲望的羣體成員往往能使其他成員聽他的話，照他的指示去做事，故此他的權力也就比較大。羣體中的成員所以會逐漸趨於一致的另一股力量，就是來自羣體中這些有權力的人，用他們的權勢來迫使他人與他們一致的力量所致。這種現象也可稱為是多數服從少數的現象，日常生活中最常見的一種多數服從少數的情況就是羣體中領導的顯現以及領導與被領導的互動。

西方部分心理學家同時也發現，一些扮演着看起來好像並不顯眼，也沒有甚麼特別高社會地位角色的人，同樣可以逼使許多其他人照他們的意思去做出許多非同尋常的事。例如，前面所述的密爾管姆(Milgram, 1974)就曾用與上述研究相類似的設計，邀請受試者來學校參與一項有關"懲罰與學習之關係"的科學研究。受試者被邀請做一個"科學家"的助理，去用電擊懲罰一些坐在隔壁房間內學習的學生。每當此學生在學習中犯錯，他就必須按一個按鈕來釋放電壓，使那個學生受到電擊的懲罰。這些受試者在聽到這個"科學家"的命令之後，竟然會用高到可能使隔壁學生致命的電壓來懲罰之，而完全沒有顧及那個學生的生命安危，有些受試者甚至在聽到隔壁學生的喊叫求救聲後，仍然繼續下去。當然，在這個實驗中電擊本身是假的，隔壁的學生及其喊叫聲也是假的。不過，這一個實驗說明，既使是"科學家"這樣一個完全不具任何威脅性的角色，也會使人們聽命於他。可見在社會中，有時我們無須拿出刀槍，也可以使人服從。只因"科學家"在我們所處的社會內含着崇高、客觀、道德及值得信賴的形象，致使受試者不去置疑他們的指示，只是一味的聽命於他們。

權力的來源，除了上面所述是由成員中部分人通過角色資格的審核，而爬上地位較高的位子；及成員在地位比較高的位置上表現出色，得以成為一個有聲望的人之外，有時成員本身的魄力也使得別人願意聽命於他。例如，許多中國領導人"沒有架子"的親民作風常使人特別願意跟他走；也有的人強逼別人照自己的意思去做，如果別人不照着他的意思做，他就會施以報復行為(例如用槍頂住其他人的背)。有些羣體中的領導因為掌握下屬升遷、加薪、分房、出國等大權，也內含有這種逼迫他人聽命於他的威力。

從以上我們的討論中，我們或許可以得出結論，當一個羣體中，成員之間有角色分層，出現權力分配不均的情況時，才會有多數服從少數的現象出現。然而，另一些研究者發現，有時在一些角色分層不明顯、沒有甚麼權力角力的情況下，也會有多數服從少數的情況出現。馬斯考維奇及其協作者(例如，Moscovici & Faucheux, 1992 等)曾帶動了一批研究者去探討在甚麼情況下，羣體中的少數會產生主動作用，使大多數成員聽命於他們。結果他們發現，最主要的一個因素是這些少數必須持續地堅持他們的觀點(Maass & Clark, 1984)。

下面讓我們來討論一下，在中國文化價值體系中長大的受試者，在遇到有社會公認的權威者在面前作示範時，他們會怎麼做。

過去許多西方學者認為中國文化價值體系除了是比較"集體主義"的之外，就是比較"權威主義"的。因此中國人在性格上就容易被刻模為具有權威性格(authoritarianism)，也即對高高在上的具有權力的人有趨向於聽從其命令的性格傾向(Adorno, et. al., 1950)。在這個問題上，有兩個研究沿用了一個西方人研製的權威性格量表(簡稱F量表)來測驗中國受試者，發現中國受試者比起美國受試者來，在此量表上的得分相當高(Meade & Whittaker, 1967; Singh, Huang, & Thompson, 1962)。另有哈弗斯代德(Hofstede, 1980)曾自製了一個四維度的量表來研究全世界各地的組織文化。其中一個維度為集體主義，另一個為權力距離。他在用此量表測驗中國人時，發現幾個以華人為主要居民的地區或國家(例如，新加坡、香港及台灣)的受試者在權力距離量表上的得分均相當高，與美國受試者正在兩個極端。顯示出中國受試者把權威者看為高高在上的服從對象，與自己差距非常大。

另外，韋台克及米德氏(Whittaker & Meade, 1968)曾比較55名香港中文大學的學生，對10個不同領域的題目包括政治、醫學及商業等，所持態度的改變程度與羅得西亞、巴西、黎巴嫩及印度學生有甚麼不同。結果他們發現香港學生在得知具有高信服力的權威者的意見後，其態度改變的程度與羅德西亞受試者相似，但兩者比其他國家受試者的都大很多。有趣的是，面對具有低信服力的權威者，香港大學生的態度改變程度則與巴西受試者相同，遠低於黎巴嫩及印度大學生。

另外，黃氏及哈里斯(Huang & Harris, 1973)做了一個準實驗的研究，他們在汽車站旁，讓一些路人去辨識一些一般人都不認識的植物。他們想看看受試者會不會聽從一個假裝也是路人的"示範者"(model)，照樣畫葫蘆去辨認那些植物。他們在實驗中所用的示範者會在與被試者剛接獨時，表明他們是具有較高或較低社會地位與較高或較低專業(植物)知識的人，看看台灣的受試者(80人)會不會因為示範者所顯示地位及專業的不同，而在模仿他們的答案時程度也有不同。結果他們發現，中國被試者對專家示範者的模仿行為受其社會地位高低影響不大，但對非專家示範者而言，社會地位對模仿程度的影響比較大。這個結果與美國受試者的情況比較相似，不過總括而言，中國人的順從行為較高。他們在另一個研究中（Huang & Harris, 1974）用同樣的準實驗情境來看看受試者會不會模仿示範者，去幫別人寄一封信。結果發現，在集體主義文化價值體系中生活的 130 名台灣成年人與在個人主義價值體系中生活的 115 名美國西部成年人相比，並沒有更願助人（甚至有相反的傾向），但是中國受試者在答應別人寄信之後，確實寄了信的比例則比美國受試者高。不過黃、哈兩氏認為這可能與在美國進行研究的城市地處偏僻、郵箱比台灣少有關。

從以上的回顧中，我們看出，被認定為是集體主義的中國人並沒有表現得更樂於助人，倒是對權威的服從性似乎確實是比較高。

11.2.5 羣體凝聚力

當我們在觀察一些羣體時，我們會發現有一些羣體缺乏清晰的目標，組織混亂，成員間缺乏聯繫，彼此沒有情感，也沒有很強的一家人似的歸屬感；遇到難題時，大家更不能團結在一起去尋求解決問題的途徑。我們通常會說這一類的羣體缺乏凝聚力，這種缺乏凝聚力的羣體往往也對其成員缺乏約束力及影響力，正如我們常說的："看起來，好像一盤散沙，不像一個羣體。"

那麼甚麼是羣體的凝聚力呢？怎樣的羣體才會顯現出高的凝聚力呢？費斯丁格（Festinger, 1951）定義羣體凝聚力為一羣體中成員相互吸引或成員們被該羣體所吸引的程度。此吸引力越強，成員們越會感覺此一羣體對他們的重要性，也越會像一個羣體一樣的行事。

過去的研究發現，影響一個羣體凝聚力的有四個非常重要的因素：第一，是加入此一羣體所需要付出的代價。當一個成員必須付出相當高的代價才能加入一個羣體時，他會特別珍惜此一羣體。第二個因素是當一羣體遇到外來挑戰，如天災、人禍等，或與另一個羣體互相競爭時，凝聚力就提高了。顯然，另一個羣體的存在及競爭，使成員特別注意到自己所屬羣體的存在及價值，也使自己的羣體有了一個顯著的運作目標。第三個因素是當一羣體有集體努力而成功的經驗時。成功的經驗使成員看到一個羣體可以做到個人所不能做到的事，也讓成員體會到自己的貢獻對團體的成功所佔的份量。第四個因素則是羣體大小。通常我們發現在小羣體中，凝聚力比較高，顯然，羣體成員相互交往的機會越多，認識越深，凝聚力越容易培養。

總結以上的研究結果，我們可以看出，羣體目標被突顯的程度、成員相互接觸的程度、成員自己為羣體所做的努力的程度(包括為加入此羣體所做的努力)以及自己對羣體的重要性等，都是決定一個羣體凝聚力的主要因素。

11.3　羣體中個人所表現的心理及行為

在談完羣體中的成員互動會產生哪一些集體的心理及行為現象之後，下面讓我們再來看看，在羣體中的個人會顯現哪些與羣體有關的心理及行為現象。

11.3.1　羣體認同

一個人在一生中，通常會隸屬於形形色色的羣體。有些是出於自願而參加的，有些則是在別無選擇的情況下被認定的。一個很自然的問題是：在一個人喜歡隸屬的羣體中，他的行為與在那些他不很情願參加的羣體中的行為有沒有不同？當成員自己很願意成為某一個羣體的一員時，他在此羣體中的表現往往與他在另一些他並不那麼感興趣的羣體中的表現完全不同。這個差別讓我們察覺到個人對羣體有認同及不認同的現象，而此現象是影響他在羣體中表現的關鍵。

羣體認同是指個人確認作為某一羣體的成員，因此會以作為這個羣體的一員的立場來思考問題，並以這個羣體所要求表現的行為，作為自我表現的一部分。通過這種社會認同的現象，個別成員會自願地順從一個羣體所發展出來或訂下的目標或規範。因此對一個羣體產生認同，往往是使個人順從羣體決定及行為的最重要途徑。

那麼，為甚麼一個人會認同某一個羣體而不認同另一個羣體呢？最為人接受的一類理論與社會認同(social identity)有關。其中有一個"自我分類"理論(self-categorization theory)認為，一個人之所以會認同一個羣體，是因為當他把自己放在此一羣體中時，他感覺自己得益的程度比將自己放在另一個羣體時來得高(Turner, et. al., 1987)。這裏的得益是指使自己感覺好一些，而好的標準，除了自身有溫暖、舒服及滿足的感受之外，也包括一些社會文化標準，如使自己更覺光彩，或更受到他人的尊敬。例如，某一個高爾夫球俱樂部會員的資格是會員必須是超級大公司的經理級人員。因此，當一個人加入此俱樂部後，會覺得自己比那些非俱樂部會員的朋友更加顯得"有身份"，受人尊敬，因而他就會認同此一俱樂部，到處告訴別人他是這一俱樂部的成員。

另外一個會使個人產生羣體認同的來源是，當此一羣體的目標確實能表達某一個人內心的意見、想法及態度時。例如，一個主張要使人們生活的素質提高的人，他一定很願意告訴別人他是一個環保組織的成員，也願意為此組織盡一些力。我們認同此一類羣體是因為它們的確可以幫助我們表達自我的價值。我們也稱此類認同羣體為表達羣體。

還有一個使個人產生認同的來源是個人以此羣體的目標及行為規範作為自己的理想目標及行為準則，也作為自己評價自己現時成就的標準。由於我們產生對此類羣體的認同是因為它們的參考價值，我們也稱此類認同羣體為參考羣體。

11.3.2 羣體分化

在對一個羣體認同的同時，我們往往會把所有不屬於自己所認同羣體的其他人，分屬於另外一類或幾類。通常我們稱自己所屬的羣體為內羣體(in-group)，而自己不屬於的羣體為外羣體(out-group)。研究發現，我們對待內羣體與外羣體的人通常不太一樣。

我們為甚麼會表現這種差異呢？有學者認為這是由人類感知的一種基本過程所引起的。人類在做任何分類時，普遍的把相類似的東西看得更相似，把相異的東西看得更相異。前者我們稱之為感知的同化現象

(asssimilation)，而後者稱之為異化現象(differentiation)。同樣地，當一個人認同自己屬於某一個羣體時，他會對其內羣體中其他的成員產生同化作用，覺得大家相同之處越來越多。而對外羣體中的成員產生異化作用，覺得彼此越來越不同。這兩個在同時進行的過程，也有使羣體成員逐漸把內羣體的相同處或與外羣體的相異處一般化(generalization)的現象，即在內羣體中，把本來不相同的地方也看成相同；而在與外羣體的成員相比較時，把本來沒有不同的也看為不同的。因此，使對內羣體及外羣體的感知兩極化(polarization)，因而誇大了實際的差異(Taifel, 1982)。

11.3.3 羣體認同衝突

在我們的日常生活中，我們通常會對許多羣體產生認同的現象，有時我們甚至會在同一時間，同一場合認同兩個或兩個以上的羣體。如果這些羣體對個人在此一場合的行為要求都是相同的，固然是好，但是這種理想的情境並不多。大部分時候我們會發現，我們陷入在一個羣體認同衝突的困境，也即我們同時認同的兩個或兩個以上的羣體，對我們的要求相互矛盾，致使我們必須做出一個"不能兩全"的決定，甚至因此產生不妥及焦慮。不過，也正是通過對羣體要求衝突的解決，人們才更進一步了解自己，穩定自己的羣體認同。

11.3.4 羣體依賴

個別成員隸屬於某一個羣體之後，對此羣體往往會產生某種程度的依賴。就像我們小的時候依賴父母一樣。依賴的結果就是我們放棄了自己去思考做決定的權利而以羣體一致的行為為自己行為的依歸。但是，我們為甚麼會對羣體產生這種依賴性呢？其中最直接的一個理論，認為人類依賴羣體的現象是進化的結果，即依賴羣體的人是能適應外界環境變化而生存下來的人，因此，人依賴羣體已變為天性。早期學者莫瑞提出社會依附需要(need for social affiliation)，就是一個好的例子(Murray, 1938)。

第二個理論是認為羣體依賴可以使個人減少許多麻煩。世界上需要我們注意及做判斷的事情實在太多了，如果有些事可以不必自己親力親為，而又不會錯到哪裏去，我們很自然地就會依賴這些幫助我們的來源。

另一個理論則指是因我們的世界觀使然。從小時候起，社會化一個主要的內容就是要我們相信羣體可以做到個人做不到的事，日久我們就真的相信了，而覺得事事必須依賴羣體。特別是在一些注重羣體高於個人的文化體系裏，個人的判斷往往被認為是不如集體判斷的，這會使在這些文化下生活的個體更加對羣體產生依賴。

11.4 日常生活中的羣體行為

在了解羣體形成後所產生的一些集體及個人心理和行為現象後，我們來看看這些心理及行為現象如何影響我們日常生活的操作。有關這方面的研究，通常集中在了解小羣體在工作環境中的互動，其中最常見的是有關羣體政策決定及羣體工作效率的研究。

11.4.1 羣體決策

對於羣體行為，許多學者最有興趣知道的是：羣體決定是否比個人決定更激進或更溫和及羣體決定是否比個人決定更好。

一、羣體思維兩極化

1961 年史東納(Stoner)在他的一個研究中，讓受試者決定是要選擇一個穩定但低薪的工作，還是要一個高薪但隨時有可能被"炒魷魚"的工作。他發現他要求受試者們對這個問題坐下來商量一下，再做一個一致的羣體決定時，其結果要比他們單獨作決定所得的平均數更趨向冒險。當時學者稱此為一種轉向冒險的羣體現象(risky shift)。後來學者在這個問題上發現，有時羣體決定也有趨向比個人決定保守的現象。後來學者就將這種趨向比較激進或溫和的羣體決定現象稱為羣體兩極化現象(group polarization)。

那麼，羣體為甚麼會產生這種兩極化的現象呢？一個可能的解釋是，在羣體商量的時候，許多人會提出自己以前沒有想到的原因以作為支持或反對自己觀點的理由，使羣體中各成員對問題的看法都更全面。這樣，使部分人更堅定了他們原來的意見，而另一部分人則"從善如流"，放棄了自己原來的觀點。這本是一個非常合理的解釋，然而，有一批學者發現，這個想法是錯誤的。羣體成員往往在作羣體討論時，只一再討論彼此之間有共識的題目及信息，對一些個別成員所提出的異議，經常擱下不談，而且當羣體的成員越多，這種現象就越普遍(Stasser, Taylor, Hanna, 1989)。

二、羣體思維

這些研究者非常感興趣的問題是，羣體決策在甚麼情況下會帶來災難性的結果。堅尼斯(Janis, 1972)曾提出一個叫羣體思維(groupthink)的概念來泛指羣體成員在作羣體決定時，會出現的一種思維方式。這種思維方式有一種傾向，即為了要維持羣體內部的和諧性及一致性而忽略了準確及現實地評價所有可能的決策，因而致使成員們無從求取最佳決策。

堅氏認為產生羣體思維的先決條件有四個：(1)羣體的凝聚力非常高，主要因為有一個外來羣體的競爭及威脅；(2)有一個強而有力的領導；(3)決策本身是非常複雜而艱難的；(4)時間上的緊迫性，必須在短時間內下決定。在這些先決條件之下，成員會認為他所屬的羣體是萬能的，不可能被擊敗的，也是不可能犯錯誤的。同時，羣體思維也使成員們產生一種集體合理化現象，認為只要是集體一致的決定就不可能是錯的、不合理的，因此對任何與羣體意見不一致的信息皆不予重視。更甚的是這種思維導致成員認為羣體的決定在道德上比任何其他可能的決策來得優越。因此，就會給持有異議的成員很大的道德壓力，逼使他們不敢提出異議，從而得到羣體成員是完全一致的假象。

11.4.2 羣體工作效率

另一個要回答的有關羣體行為的問題是：羣體在一起工作的效率會比個人單獨工作的總和來得更高嗎？如果答案不是完全肯定的，那麼，在甚麼情況下，羣體工作效率會高，甚麼時候又會低呢？

一、社會促進及干擾

在試圖回答上述有關羣體工作績效問題的研究中，最早一批學者的發現是，當一個人有另外一個人在身邊時，即使那個人完全不和他交談或交往，他的工作量也會比他自己單獨工作時要來得大。其後，不少學者重複這方面的研究發現，結果並不這麼簡單。有時，一個人在有另一個人在身邊的情況下，工作量比單獨時做得少。這種因有另一個人在身邊，而引起個人工作量減少的現象被稱為是社會干擾(social interference)；而工作量因之而增加的情況，我們通稱為是社會促進的現象(social facilitation)。

有關為甚麼有另一個人在身邊，就會使一個人工作量有所改變，札楊克(Zajonc, 1965)曾提出一個驅動力理論：另外一個人的出現，通常只增加了受試者的驅動力的強度(感覺很緊張及興奮)，而這種驅動力的增強只會使受試者目前正在進行的主要局部活動有被激奮的效果，但此活動有可能是對完成整項工作具有阻礙作用或有促進作用的。後來也有學者(例如，Baron, 1983)提出了另一個分心衝突理論，認為很可能另外一個人的出現，使受試者將部分注意力分散到另外這個人身上，致使剩餘的注意力只能集中在正在進行的局部活動上，如果此行動剛好對工作的完成有利，就會增加工作量；如果對工作不利，則減少工作量。

二、社會怠懈(social loafing)

另有一些學者則比較有興趣探討為甚麼及在何種情況下，個人在羣體中會有比單獨工作時更鬆弛，工作效率更差的現象出現。拉塔內及其協作者(Latane, Williame 及 Harkins, 1979)曾提出"社會怠懈"一詞來稱呼這個現象。他們發現一個人在與其他人在一起工作時，要比自己單獨工作時來得消極鬆懈。他們認為會有這個"社會怠懈"現象的原因是兩個人一起工作，如分不出"此少彼多"，自己的工作量不易單獨計算出來，也比較不會引起他人的注意，因而有責任被分散的心理，進而就覺得不必太勤勉努力了。

這種怠懈現象最清楚的是表現在下列四種情況下：(1)羣體中個人的工作不必靠其他成員的協助，羣體工作量是個人工作量的總和，也即是屬於前面所述的業績羣體；(2)工作性質相當繁複，工作成果的報酬也很低，成員都沒有甚麼動機去把工作做好；(3)個人在羣體中的工作多少不易被單獨辨認出來，因之個別成員也不能從中看到自己的努力對整個羣體工作的貢獻有多大；(4)沒有另外一個羣體與此羣體競爭，因之也無法與外羣體比較自己羣體的工作成績。

後來拉氏及其協作者曾用中國受試者來重驗他的理論(Gabrenya, Latane, & Wang, 1983)。他們的研究假設是：在台灣的中國人"集體主義"傾向較高，因此這種"社會怠懈"的現象可能比較少。但是，所得的結果卻使他們驚訝。他們發現台灣小學二、四、六年級及初二的學生在做此實驗時都出現了"社會怠懈"的現象，與美國人的結果並沒有差異。因此這些研究者只能得出結論："社會怠懈"現象具有跨文化普遍性，所以連在"集體主義"傾向很強的中國人身上也得到了相同的結果。

三、領導方式

在了解羣體工作效率的研究中，也有有關領導的研究，特別是有關領導方式與領導才能兩方面。盧溫及其協作者(Lewin, Lippit, White, 1959)讓一羣 10 歲左右的小孩，下課後參加一些課外活動組，這些組的組長都是一個成年人。在一些組內這個成人領導採取民主的方式來帶領組員進行活動，而另一些組的領導則採取權威的方式。權威式是指羣體內所有的決定，包括要做甚麼、以甚麼順序來做，及誰與誰一起做等等，都由組長自己單獨作出。而且他對組員的態度雖然並無惡意，但相當疏遠。有時，為了要使個別組員進步，他會單獨挑出個別成員來加以批評。民主式的領導則將所有活動的決定提交小組成員自行決定，他只是在旁幫助他們去實施他們已作的決定。雖然他也會提出對整個小組工作的批評，但是從不把個別成員叫出來單獨批評。盧氏等研究結果發現，在權威式領導下的小組成員養成對其他成員及自己的活動和工作無動於衷的態度。不過，這類研究後來被批評為太過"一廂情願"，有把研究者自己本身價值觀帶入研究內之弊。現在一般有關這方面的研究都發現，到底用民主式還是用權威式比較好，要依作業、依情境而定。這些研究大都支持不同的作業情況會使不同的領導方式更為有效的看法。

那麼對中國受試者而言，究竟哪一種領導方式會比較有效呢？這當然要看有效的定義是甚麼。首先，最近在台灣進行的一些有關領導的研究，都發現家庭式的經營方式仍然是最流行的企業組織形式。在這些組織中，家族主義及家長權威式的領導方式還是最普遍的(鄭伯壎，1991)。史林(Silin, 1976)在台灣某大企業進行研究時發現，員工確實認為老板有一些特質是員工沒有的。白魯恂(Pye, 1968)在調查滯留香港的大陸難民時，也發現大部分人雖然對大陸高官的鑽營及貪污深惡痛絕，但是仍然認為國家還是需要有權利的人、在高位的人的領導。這些都說明了中國社會在結構上，仍然是上、下式的，領導的運作方式仍然是家長式的、權威式的。米德(Meade, 1970)曾讓144名香港的大學生針對九個與他們自身及他們的大學有關的事項進行重要性調查。結果顯示在中國文化氣氛比較濃厚的香港，權威方式的領導仍是大家比較熟悉的方式，因此產生比較好的效果。這裏米氏所謂的效果好就是指羣體決定與個人決定吻合。

第二個有關領導的重要問題是：領導本身要具有哪些素質，才是一個好領導。好領導是指他能：(1)帶領羣體發揮工作效率：(2)又能使員工有高度滿足感及維持整體較高的士氣。費德勒(Fieldler, 1978)認為由於一個羣體的工作效率必須分上述兩方面來看，所以好的領導也有兩種：一種注重業績的領導：另一種注重人際關係的領導。費氏認為很少有領導能兼顧這兩方面，所以我們要按不同的環境要求或羣體工作需要，來配合有不同才能的領導，才能使羣體發揮其工作效率，並能維持高昂的士氣。不過。費氏認為不管領導多有才能，也要在三個主要的工作環境條件配合下，才能對羣體的工作效率產生正面的影響：(1)領導與下屬間的關係是正面及相互信任的：(2)羣體工作必須具體到成員知道領導對他們的工作要求是甚麼：(3)領導有賞罰其下屬的權力及自由度。他認為如果一個工作環境具備以上三個條件，即是一個高控制的工作環境：或非常不具備以上三個條件，也就是一個低控制的工作環境。最好的領導是那些注重工作績效的領導，而在中等控制的工作情況下，人際關係取向的領導就會發揮比較好的作用。因為成員在和諧的關係中，可以從容地尋求各自的工作範圍，並增加彼此合作無間的可能性。

有關中國人的領導研究，有一點值得注意的，是中國員工對領導的要求除了西方文獻中常見的專業水平及處理人際關係的技巧之外，經常還對領導個人品德的特徵有所要求。領導是否以身作則，是否以權謀私，被認為是判斷領導好壞的重要因素。

11.5 總結

綜觀有關羣體互動的研究，我們會發現一些普遍的特點。而這些特點又是由於大部分研究者在概念及方法上採用了某一特定的問題思考模式而形成。在概念上，羣體行為及現象的觀察與了解，通常是以將之與個人行為作比較作為看問題的出發點。由於此概念上特點的限制，在方法上，最常用的研究設計是一方面讓受試者單獨進行一個活動，另一方面是把他們放在一個羣體之中，看他們的羣體行為與單獨行為有甚麼差異。例如，社會怠懈是以個人在與另一個人一起工作的情境下所做的工作量，與其在單獨情況下工作的工作量相比較而決定的；社會促進或干擾的研究也是把個人在有另一個人在旁的工作量與沒有人在旁邊時的工作量相比較而得。這類研究的主要目的是要找出在甚麼情況或條件下此兩者會有差異。許多研究的爭論點常常是，有的人認為在某些條件下會有差異，而另外一些人則發現必須再加另一些條件這種差異才能出現。這些爭論及其相關的驗證研究，常常將重心放在發掘產生現象的先決條件上，而忽略了羣體中成員互動因素對現象產生的影響。

此一特定的問題思考模式使研究者傾向於用實驗法來研究問題。而這些在實驗室中進行的羣體互動研究其問題非常多（Tajfel, 1972），大都有以下幾個特徵：首先，受試者們都是學生；其次，他們彼此之間在做研究之前都並不認識。在概念上來說，根據本章開始對羣體的定義，他們其實並不構成是一個有意義的羣體，或者我們可以說他們是為了做實驗而成立羣體，其共同目標是把實驗做好。這樣的一個羣體與我們日常生活中所接觸的羣體是很不相同的。其結果到底能不能用來幫助我們了解我們日常生活中的羣體行為是一個非常值得討論的問題。

這些在實驗室中臨時組成的羣體，社會心理學家通稱之為最低羣體（minimum group），意思是指他們之所以被稱為羣體，主要是因為他們在時空上聚在一起了，為了要進行一項連他們自己都不知是幹甚麼(必須聽命於實驗者)的實驗。然而，許多心理學家卻認為這是研究羣體行為的最佳羣體(例如，Tajfel, 1982)，因為由於大家彼此本來並不認識，不受許多其他因素，例如角色地位、個人個性等因素的干擾，所以是最能讓我們看清羣體基本運作過程的羣體。這些學者的邏輯是，如果在這樣一些最低羣體中，一些"異於個人"的行為都會出現，那麼，在一些內容比較豐富、更可稱為羣體的羣體中，這些現象應該會更清晰，更具強度了，即兩者的差別只是量的，程度的不同而已。

其實，這個邏輯並不一定正確，一些在最低羣體中尋找到的現象，很可能在日常生活運作的羣體中並沒有出現，而在前者中不出現的，反而可能在後者中出現。舉例來說，在許多羣體研究中都發現個人在最低羣體中，從眾的現象非常普遍，甚至在自己是對的情況下，也不敢表達自己"與眾不同"的意見。這些現象之所以如此普遍，很可能正是因為用以作研究的羣體全是一些最低羣體，大家不但對羣體作業的真正目的不甚了了，而且成員彼此也不相熟。當羣體本身有一個很清晰的共同目標，而且羣體中成員的凝聚力強時，大家反而會為了羣體利益，不怕別人反對地提出自己認為比較好的意見，讓大家相互爭論，以求找出對羣體而言最好的決定來行事。這時，受多數人意見的影響，而不敢發表自己意見的現象，可能反而不如在最低羣體中來得普遍。

另外，目前羣體研究所涉及的羣體工作大多屬於一些羣體成員可以自行完成的工作，因此成員的互動是可有可無的。這種羣體作業比較方便研究者求取成員單獨作業成績，以便再與羣體成績比較。這個特點使羣體成績必須是個人成績之總和，也就是前面我們定義為累積羣體的羣體。

最後，羣體研究第四個特點是，在研究中所涉及的工作性質通常是一些非常瑣碎的工作，例如判斷線的長度、判斷顏色是綠的還是藍的，或是大叫或拍手等等。主要是由於這些行為在實驗室中比較易於測量，容易控制，又不易受其他因素例如智力、社會、文化的干擾。然而，很可能各文化對在實驗室中進行這些無聊的作業有不同的看法，以致還是可以影響其作業成績。

有學者提出，以上所述有關羣體研究問題思考模式的特點，根本上是反映了西方個人主義價值體系中生活的學者，對羣體這個概念的想法(例如，Hogan & Emler, 1978)，他們的文化價值體系強調個人的自由比任何羣體的共同目標更珍貴，個人的判斷與決定並不一定劣於羣體的判斷與決定。在這個價值體系中，個人與羣體的關係甚至是站在對立面的，視羣體是限制個人自由的。我們不難想像，在這樣一個價值體系中生長的學者，自然會認為要不要參與羣體行為是羣體中每個成員自己決定的結果。個人要在看到某一個羣體可以使他由其中得到他自己單獨去做所不能得到的好處時，才會去參加那個羣體。也因此，這些學者在做研究時，其思維集中在了解羣體行為到底與個人行為有甚麼差別，是不是比較好及比較有效等等這類的問題上。固然，探討一個現象的一個有效方式就是看它與別的現象的不同，但是，如果過多採用這一種方式，就顯得不夠全面了。

歷數西方心理學對羣體互動研究的成果，不難發現最受重視及廣泛流傳的研究，大多是一些說明羣體行為會導致個人喪失自主及個性，或造成天大的災難的研究。這些研究之所以這麼受人注視，主要是因為這些結果出人意料。然而，這些結果之所以是意外的，可能正是因為一般人在社會教化過程中被正式教導的及在社會上一般觀察到的，都是普遍支持羣體互動的優越性及重要性的。而學者挖空了心思，想出各種實驗設計來發掘與這些事實相反的例證，很可能只是想說明羣體研究並不只是在檢證一般常識，也發現一些"反常識"的知識，從而顯示了這一學科的專業性(Smith, 1972)。這說明了這些出乎意料的研究結果的發現，並不一定意味着大多數人的看法及行為是錯的，更可能只是顯示了美國社會心理學家本身帶有更多的個人主義及自由主義的色彩，從而說明學者們的研究方向可能偏了。他們把注意力集中在"示範"給別人看某一種現象是"可能發生"的，而沒有集中在探討了解人類社會行為的普遍性。我們知道，任何時候當我們設訂足夠的限制及條件(像在實驗室之中)，我們都可以找到一個現象，但這個現象可能在千分之一的機會下才會出現，如果我們因為只有千分之一機會出現的事情會出乎人的意料，便將其記錄下來，寫在書上廣為流傳，那麼，我們就容易忽略那些比千分之一更常出現的，更能幫助我們了解我們日常生活中的羣體互動行為。為此，今後我們在研究羣體行為及在解釋羣體行為的研究結果時，應該注意以上所提出的這些重要的問題，而未來研究應該多用田野研究，並以比較各種不同性質的羣體行為為主要的研究思考模式。

參考資料

楊中芳(1989)，"對'集體主義'為前題的實驗研究的反省"，《廣州師院學報》，2，18-31頁。

楊中芳、趙志裕(1987)，"中國受試所面臨的予盾困境：對過分依賴西方評量表的反省"，《中華心理學刊》，29，59-78頁。

鄭伯壎(1991)，"家族主義與領導行為"，見楊中芳、高尚仁主編《中國人、中國心——人格社會篇》，365-407。台北：遠流。

鄭伯壎(1994)，《差序格局與華人組織行為》。

鄭伯壎、楊國樞(1977)，"影響工人工作滿足感的因素：領導方式、情境因素，及人格特質"，《中央研究院民族研究所集刊》，44，13-45頁。

Adorno T. W., Frandel-Brunswik E., Levinson, D. J., & Sanford, R. N. (1950). *The Authoritarian Personality*. New York: Harper.

Asch, S. E. (1951). "Effects of group pressures upon the modification and distortion of judgments", H. Guetzkow (Ed.), Groups, leadership, and men. Pittsburgh, PA: Carnegie Press.

Asch, S. E. (1955). "Opinions and social pressure", Scientific American, 193, 31-35.

Asch, S. E. (1956). "Studies of independence and conformity: A minority of one against a unanious majority", Psychological Monographs, 70 (9, Whole No. 416).

Baron, R. S. (1986). "Distraction-conflict theory: Progress and problems", L. Berkowitz (ED.), Advances in experimental social psychology, vol. 20. New York: Academic Press.

Festinger, L. (1950). "Informal social communication", Psychological review, 57, 271-282.

Festinger, L. (1951). "Informal communications in small groups", H. Guetzkow (Ed.), Groups, leadership and men: Researh in human relations. Pittsburgh: Carnegie Press.

Fiedler, F. (1978). "Leadership effectiveness", American Behavioral Scientist, 24, 619-632.

Gabrenya, W. K., Jr., & Latane, B,. & Wang, Y. E. (1983). "Cultural differences in social loafing", Journal of Cross-Cultural Psychology, 14, 368-384.

Hofstede, G. (1980). *Culture's Consequences: International Differences in Work-related Values*. Beverly Hills: Sage.

Hogan, R., & Emler, N. P. (1978). "The biases in contemporary social psychology", Social Research, 45, 478-534.

Huang, L. C., & Harris, M. B. (1973). "Conformity in Chinese and Americans: A field experiment", Journal of Cross-cultural Psychology, 4, 427-434.

Huang, L. C., & Harris, M. B. (1974). "Altruism and imitation in Chinese and Americans: A cross-cultural experiment", Journal of Social Psychology, 93, 193-195.

Jacobs, R. C., & Campbell, D. T. (1961). "The perpetuation of an arbitrary tradition through several generations of a laboratory microculture", Journal of Abnormal and Social Psychology, 62, 649-658.

Janis, I. L. (1972). *Groupthink: Psychological Studies of Policy Decisions and Fiascoes* (2nd de.). Boston: Houghton-Mifflin.

Kalven, H., Jr., & Zeisel, H. (1966). *The American Jury*. Boston: Little Brown.

Latane, B., Williams, K., & Harkins, S. (1979). "Many hands make light the work: Causes and Consequences of social loafing", Journal of Personality and Social Psychology, 37, 822-832.

Lewin, K., Lippitt, R., & White, R. K. (1959). "Patterns of aggressive behavior in experimentally creasted 'social climates'", Journal of Social Psychology, 10, 271-299.

Maass, A., & Clark, R. D., III. (1984). "Hidden impact of minorities: Fifteen years of minority influence research", Psychological Bulletin, 95, 428-450.

Meade, R. D. (1970). "Leadership studies of Chinese and Chinese-Americans", Journal of Cross-Cultural Psychology, 4, 325-332.

Meade, R. D., & Barnard, W. A. (1973). "Conformity and anticonformity among Americans and Chinese", Journal of Social Psychology, 89, 15-24.

Meade, R. D., & Barnard, W. A. (1974). "Group pressure on American and Chinese females", Journal of Social Psychology, 96, 137–138.

Meade, R. D., & Whittaker, J. O. (1967). "A cross-cultural study of authoritarianism", Journal of Social Psychology, 72, 3–7.

Milgram, S. (1974). *Obedience to Authority*. New York: Harper and Row.

Mills, T. M. (1967). *The Sociology of Small Groups*. Englewood Cliffs, NJ: Prentice-Hall.

Moscovici, S., & Faucheux, C. (1972). "Social influence, conformity bias and the studey of active minorities", L. Berkowitz, (Ed.), Advances in experimental social psychology, vol. 6, 149–202. New York: Academic Press.

Murray, H. A. (1938). *Explorations in Personality*. New York: Oxford University Press.

Paulus, P. B. (1989). *Psychology of Group Influence*. Hillsdale, NJ: Erlbaum.

Pye, L. W. (1968). "The spirit of Chinese politics: The psychocultural study of the authority crisis in political development", Cambridge, MA: MIT Press.

Ross, L., Bierbrauer, G., Hoffman, S. (1976). "The role of attribution processes in conformity and dissent: Revisiting the Asch situation", American Psychologist, 31, 148–157.

Sherif, M. (1935). "A study of some social factors in perception", Achives of Psychology, No. 187.

Silin, R. H. (1976). *Leadership and Value: The Organization of Large Scale Taiwan Enterprises*. Cambridge, MA: Harvard University Press.

Singh, P. N., Huang, S. C., Thompson, G. G. (1962). "A comparative study of selected attitudes, values, and personality characteristics of American, Chinese, and Indian students", Journal of Social Psychology, 57, 123–132.

Smith, M. B. (1972). "Is experimental psychology advancing?", Journal of Experimental Social Psychology, 8, 86–96.

Stasser, G., Taylor, L. A., & Hanna, C. (1989). "Information sampling in structured and unstructured discussion of three-and six-person groups", Journal of Personality and Social Psychology, 57, 67–78.

Stoner, J. A. F. (1961). *A Comparison of Individual and Group Decisions Involving Risk*. Unpublished master's thesis, School of Industrial Management, MIT, Cambridge, MA.

Tajfel, H. (1972). "Experiments in a vacuum", J. Israel & H. Tajfel (Eds.), The context of social psychology, 69–122. London: Academic Press.

Tajfel, H. (1982). *Social Identity and Intergroup Relations*. Cambridge: Cambridge University Press.

Turner, J. C., Hogg, M. A., Oakes, P. J., Reicher, S. D., & Wetherell, M. S. (1987). *Rediscovering the Social Group: A Self-categorization Theory*. Oxford: Blackwell.

Whittaker, J. O., & Meade, R. D. (1968). "Retention of opinion change as a function of differential source credibiluity: A cross-cutural study", International Journal of Psychology, 3, 103-108.

Zajonc, R. B. (1965). "Social facilitation", Science, 149, 269-274.

V

應用心理篇

12

壓力、健康與適應

翁文彬 • 香港理工大學醫療科學系助理教授

"怒傷肝，喜傷心，思傷脾，憂傷肺，恐傷腎。"

——《黃帝內經》

"夫嗜欲之茂，好利而惡害，喜榮而忿辱……故其向榮也靡知足；其喜，故其觸辱也莫知已。"

——《云笈七簽》卷八十七《太清神仙眾經要略》

"五色令人目盲；五音令人耳聾；五味令人口爽；馳騁畋獵，令人心狂；難得之貨，令人行妨。"

—— 老子《道德經》

12
壓力、健康與適應

"壓力"是人類正常存在的一部分，這也是我們在西方世界經常聽到的一個詞語。直至最近，由於經濟之蓬勃發展，急速之科技演變，以至亞洲城市之生活方式已經與歐美地區看齊，逐漸形成一個世界上壓力極大之地區。正如我們會在本章中闡述一般，壓力已經對亞洲不同國家的各種不同生活方式，產生了很大的影響。

在本章有關壓力、適應以及健康的討論之中，我們會首先探究各種研究壓力的途徑：跟着會對各種可能構成壓力的元素，進行審視：其後，我們會討論壓力將如何影響每個人的生理及精神健康，特別會側重壓力在整體健康上所扮演之角色：然後我們會進一步探討適應壓力之各種方法：最後更會看看壓力如何影響不同的亞洲國家。

12.1 了解壓力

何謂壓力？我們如何為壓力下定義？

在心理學的範疇裏，壓力仍是一個較新穎的題材，所以對於如何為壓力下一個大眾都承認的定義，仍是眾説紛紜，但各種不同形式的研究方法，卻有其各自的優點，並可產生互補的效果。我們即將審視這些不盡相同的方法，並研究壓力如何可以應用在不同的情境中。

12.1.1 以反應爲本的研究取向(response-based approach)

第一個研究取向認為壓力只是面對困境時的一種心理及生理反應，這種方法稱為以反應為本的壓力研究取向。這種研究取向的中心觀念是，不同的壓力刺激，以至壓力素(stressor)，都會產生同一形式的反應。這種研究取向最具影響力的代表人物便是漢斯·薛利(Hans Selye)，這位加拿大籍的內分泌學家把壓力定義為："身體對任何外界刺激的非獨特反應。"①這句話的意思就是：壓力的症候可以由任何獨特的壓力素所造成。這種研究取向把焦點放在對壓力素的反應上，稍後我們將會討論這種研究取向。

12.1.2 以刺激爲本的研究取向(stimulus-based approach)

第二種研究取向集中研究造成壓力之刺激的本質，並找出甚麼因素令某些刺激成為壓力素，這種方法稱為以刺激為本的研究取向。研究人員嘗試確定某些刺激例如災難性事件、人際關係衝突、擁擠等是造成壓力的元素。他們也研究離婚、失業、生病等充滿壓力的人生遭遇與造成健康問題之間的關係，這種研究取向希望有助於預測各種對人類造成壓力的刺激。

12.1.3 相互作用的研究取向(interactional approach)

第三種研究取向乃建基於以反應為本及以刺激為本的取向。一方面，它把壓力視作個人的需要及能力的不均衡情況：另方面，它也把壓力視作環境的需求，因而被稱為壓力研究的相互取向。此取向集中研究個人如何以其需要及動機評估一個環境，還有就是他處理這情況的資源。認知性的評估決定該情境對人之壓力大小，而資源則決定面對這情況所用之策略。這種研究取向顧及在面對壓力時，每個人的反應都不一樣。換言之，若要知道某人是否壓力過大，以及壓力如何影響他，我們便要評估他／她對該環境的評核，以及他面對環境之能力。

壓力既是無可避免，也是無處不在的。我們不應把壓力看作負面的因素，假如你回頭想及漢斯・薛利對壓力的定義，便會記得任何對我們身體的要求都會造成壓力，這些因素可以是內在的、認知的或是環境性的。成年人在看了一齣恐怖電影後會感到肌肉緊張、心跳加速以及呼吸急速，同一個人在跑步後會有同樣的壓力反應，縱然兩者是由不同的刺激所引發。由於我們的身體需要穩定的刺激，否則便不能發揮其應有的功能，故此，壓力便成為我們生存的一項必須品。例如，合理的運動對我們體內的血液循環是大有幫助的。當我們工作過勞，便需要鬆弛及安靜下來，但當我們感到煩厭苦悶時，便會尋求一些刺激，例如約朋友到外面走走，或做些事消磨時間。完全缺乏壓力也就等於完全沒有任何刺激，這種情況最終將會導致死亡。因此，我們必須明白並非所有壓力都是有害的。

12.1.4 壓力事件

1967 年兩位知名的心理學家湯馬士・霍姆斯(Thomas Holmes)及李察・拉希(Richard Rahe)提出②，在一段短時間內經歷很多充滿壓力的生活片段，對健康會造成有害的反應。考試失敗、離婚固然會造成壓力，就是結婚或渡假等美好的事情，同樣會對我們造成額外的壓力。假如一個人在短時間內積聚了大量這樣的壓力，並超過了身體所能承受的能力，便會造成病痛。

表 1 是社會重新調整評價尺度表(social readjustment rating scale, SRRS)，表上的生活片段乃按其造成壓力的大小來排列，從最大壓力的配偶死亡，以至壓力最小的輕微違法事件。這個尺度在美國的少數族裔之中，顯得相當普遍。霍姆斯和拉希的發現顯示，對那些生活改變單位一年內共有 200 ~ 300 點之間的人，超過 50% 在第二年會出現健康問題。此外，那些超逾 300 點的人，79% 也在第二年產生病痛。1978 年，拉希及阿瑟(Arthur)③也發現，生活變遷單位的增加，預示了很多種意外的增加。

表 1 社會重新調整評價尺度表(SRRS)

次序	生活片段	LCU 值
1	配偶死亡	100
2	離婚	73
3	分居	65
4	被判坐牢	63
5	家庭近親去世	63
6	個人受傷或病痛	63
7	結婚	50
8	被解僱	47
9	婚姻和好如初	45
10	退休	45
11	家庭成員的健康情況轉變	44
12	懷孕	40
13	性方面的困難	39
14	增加家庭新成員	39
15	事業上的調整	39
16	經濟狀況轉變	38
17	親密的朋友逝世	37
18	改變工作性質	36
19	改變與伴侶爭辯的次數	35
20	超過一萬美元的按揭	31
21	按揭或借貸款失抵押品贖回權	30
22	工作責任的改變	29
23	兒子或女兒離開家庭	29
24	姻親之間出現紛爭	29
25	傑出的個人成就	28
26	太太開始或停止工作	26
27	學期開始或結束	26
28	生活條件改變	25
29	改變個人習慣	24
30	與老闆不和	23
31	改變工作時間或條件	20
32	搬家	20
33	轉校	20
34	改變娛樂消遣	19
35	改變教會活動	19
36	改變社會活動	18
37	少於一萬元的按揭或借貸	17
38	改變睡眠習慣	16
39	家庭聚會次數之轉變	15
40	改變飲食習慣	15
41	假期	13
42	聖誕節	12
43	觸犯輕微的法律	11

〔資料來源:霍姆斯及拉希(1967)〕

拉扎勒斯(Lazarous)及福克曼(Folkman)④在1984年提出他們的批評，說單是轉變不會形成壓力，他們列舉了研究的數據【紐加登(Neugarten, 1970)⑤；羅索(Rosow, 1963)⑥】，說明如更年期等生理事件對某些人不會構成嚴重的問題，這些發現，已與霍姆斯及拉希的假設不符。有些時候，煩悶等缺乏壓力的感覺反過來會造成壓力。他們也相信某些事情是否構成壓力，往往只是旁觀者的觀感而已，也就是說，每一個人對同一件事情有不同的詮譯。其他研究【拉堅及斯特寧(Rabkin and Struening, 1976)⑦；陶西格(Tausig, 1982)⑧】發現LCU及病患的關係數約為0.12。也許生活變化的數量本身並不足以構成日後所出現的病症。有些人更懷疑生活變遷度數表的項目，可能只是患病的結果，而並非其成因，例如，一個人可能由於身體健康的狀況，而改變他的日常習慣，如運動次數。每一個人分析每個環境及評估這些轉變的做法，也許比生活轉變的數量，對病症的形成更具影響力。

蘇珊娜·科巴沙(Suzanne Kobasa)在70年代時展開了一個對商業行政人員的研究，並發現那些患病率相對較低的行政人員，確是比那些患病率高的行政人員較為"硬朗"。她形容這些"硬朗"的人把生活上的轉變視作對自己的"挑戰"，而並非"威脅"，他們相信自己可以控制自己的生命，並積極主動地投入他們的環境及活動之中⑨。

12.1.5 工作壓力

為了保持工作興趣及避免煩悶的感覺，工作壓力是絕對需要的，但太多的壓力卻會引起低效率及曠工等，隨之而來的可能是病症的產生。在任何一個工商業機構、政府機關、學校、大學、醫院等，都會有大量的壓力素，包括工作環境、人際關係、工作的意義、升遷、工作調動等，但不同的人會對壓力素有不一樣的反應，對甲來說的壓力素，也許對乙來說只是微不足道的事情。例如，晉升對大多數人來說都是一項好消息，因為他們都渴望獲得晉升，但對另一些人來說，升職會產生新的壓力素，因為升職後必須面對新環境的挑戰。

工作上的人際關係也是影響我們健康的主要因素。當一個人在工作上被孤立時，便會產生大量的壓力。在處理壓力上，支持也許是最重要的外界因素，當我們不能夠與其他人分擔我們在工作上所遇到的問題及困難時，我們的慢性壓力便會處於高水平，最後更會令我們感到疲倦及虛脫。

工作過勞也會成為另一個構成壓力的因素，工作過勞指的是要在指定時間內完成的工作太困難，或份量太多，這種現象對很多僱員及部分學生來說，都是一個常見的問題。對一些人來說，時間壓力也許是自己對自己的要求，有些人可能在某一段時間內接受了超過他能力所能負擔的工作，故此不能一一準時完成。有些學生可能複核他的功課多次，但是仍然感到不滿意，並埋怨說時間不足夠。

在日本，近年來估計有 10,000 名男女僱員由於工作過勞而支持不住，並因而致死。他們通常是在一個星期超逾 100 小時的辛勞工作後才出事的(見《亞洲雜誌》，1993 年)⑩。有關工作壓力及工作過勞的研究顯示，感到工作過量的僱員通常工作滿足感較低，對工作上有關的東西感到憂慮，並感到精神緊張【巴克(Buck, 1972)】⑪。1973 年，弗格森(Ferguson)⑫主持了一項對電報員進行的研究，顯示一些受心理影響的病患有更高的發病率，這些病症包括：胃潰瘍、消化不良、職業性的腹絞痛、哮喘、手指顫動、由吸煙引發的慢性鼻病、投訴有噪音，以及對工作的負面態度等，他們把這些問題歸因於工作壓力，其中包括過量的噪音及工作沉悶等。現代的管理人員已開始留意那些影響員工健康，因而影響其生產力的各種因素。

12.1.6 騷擾

除了重大的生活事件會對我們構成壓力及挫折外，日常生活中各種小問題也會引發很多重大壓力，其中包括：遇到交通阻塞、忘記把文件帶回辦事處、遺失了車匙、沒有足夠的時間陪伴家人、與上司吵架、籌備一個派對等。當這些小騷擾日漸累積起來，便會變為我們主要的壓力來源。研究人員發現，在他們對中年男女的生活上遇到騷擾的問卷調查中顯示，日常生活小騷擾的累積較主要的生活事件更能預示我們精神及身體上的健康狀況【德朗傑斯(Delongis et al., 1982)⑬；珀爾連(Pearlin,

1980）⑭】。現今世界，一般人每天都經歷大量這一類騷擾，因而影響我們的情緒及身體健康。

12.2 壓力對個人的影響

12.2.1 情緒波動

在壓力下生活的人通常會出現多樣化的情緒反應，這些反應會以混合的情緒同時出現或連續出現，最常見的情緒反應包括：焦慮、神經過敏、發怒、有罪惡感、抑鬱沮喪等。

• 焦慮

焦慮通常是因為預期一個壓力素將會出現。等待施行手術、考試前夕、預備參加工作面試都是常見引起焦慮的情況。凡是遭遇一些一般人經驗範圍以外的身體或情緒上的痛苦難忘的經驗，例如：戰爭、被人突襲、強姦或自然災害，均會發展出一連串與焦慮有關的症候，這在醫學診斷上稱為"後創傷焦慮所造成的混亂"。例如，1993 年元旦時在香港蘭桂坊發生的災難，行人在互相推攘的情況下，造成多人死傷的慘劇。一些在現場的生還者在災難發生後發展出一套後創傷的壓力症狀。這些症狀包括：經常性及深刻地回憶起這件事、難以入睡、失眠、發惡夢、敏感及易於發怒、對以前的活動喪失興趣、與其他人疏遠、誇大驚駭的反應及感到罪惡感，因為他們認為自己應對事件中的死者提供更大的幫助。

在嚴重的生活壓力事件後，所產生的沮喪及焦慮的症狀見表 2。

• 憤怒及侵略性

另一種面對充滿壓力環境的常見反應便是憤怒，跟着可能引致的是侵略性行為。依據挫折——侵略的假設，當一個人希望達成目標的路途被阻礙時，便會向造成挫折的事物進行侵略。有時候，實際環境不容許個人向構成挫折的人進攻，例如，一名文員因受到上司的責難而感到挫折後，可能會由於害怕被辭退而不敢對上司發動反擊，因而他可能會把一股怒氣發洩在他的家人身上。

表2 嚴重的生活壓力所產生的沮喪及焦慮的症候表（百分比）

症　狀	百分比	症　狀	百分比
抑鬱沮喪		**焦慮**	
感到憂鬱	97	感到緊張或情緒激昂	95
對事物感到過分憂慮	97	神經過敏或內心顫抖	94
感到孤獨	92	感到害怕	75
感到精力不足或遲緩	91	感到坐立不安	72
埋怨自己	89	感到被推動要把事情完成	70
容易哭泣	84	心臟劇跳	67
感到每件事都要花很大氣力去做	81	發抖、戰慄	66
		無緣無故地突然受驚嚇	56
對事物提不起興趣	78	一陣突來的恐怖及驚慌的感覺	48
對未來感到沒有希望	75		
感到自己沒有價值	72	對熟悉的事物感到陌生或不真實	36
失去性事的興趣或樂趣	66		
感到被人設陷阱或捕捉	62		
想到結束自己的生命	45		

（依據 Horowitz, Wilner, Kaltreider, & Alvarez, 1980 年）⑮

• 抑鬱沮喪

在面對壓力時，有些人會感到憂鬱、疲憊、無希望及悲觀。第二次世界大戰時，在納粹集中營的囚犯感到絕望，因為他們相信會一直被監禁下去，所以也沒有逃亡的意慾。抑鬱沮喪的症狀包括：感到憂鬱、凡事提不起勁、對未來感到絕望，以致想要結束自己的生命。

1991 至 1992 年度，香港有 21 名學生自殺的記錄，年齡從最小的 10 歲到最大的 21 歲不等。在學校功課過多、部分父母對子女有驕人成就的期望過高、希望考進名校的心態強烈等種種因素驅使下，假使兒童一旦考試失敗，或不能符合父母的要求時，便會使他們對未來感到悲觀及缺乏希望。有時，壓力可能來自對自己的能力及表現期望過高。一個在香港小學進行探討精神患病率的研究（Wong & Lau, 1992）⑯運用了多組成部分的尺度及探究性的問題，結果顯示，16.3% 的精神病個案中，8.8% 與情感不協調的徵狀有關。

12.2.2 認知失調

壓力同樣會引發認知失調，在充滿壓力的情況下，我們集中精神的能力，以至邏輯地組織思想的能力都會受到損害。我們非但不能集中注意力於手上的工作，而且會時常受擔心的影響，以及被自我否定的思緒所籠罩。例如，當學生在面對困難的考試題目時，往往會因為恐懼及擔心不能把問題答好的負面思想所困擾，以致影響到尋找他們記憶系統中所學的資料。由壓力引起的短暫失憶，也許是因為從短期記憶中把資料轉到長期記憶的能力受損，這正是我們在有關"記憶"的篇章中討論到的。

在極大壓力的情況下，解決問題的過程也會受到影響，這是因為解決問題通常需要具彈性的想法及良好的集中能力，而在壓力下的人往往以他們最習慣的行為作出反應，而不會考慮其他的應變方法。例如，被困於大廈火災現場的人，通常會因為驚慌過度而把向內拉的逃生門死命的往外推。心理學家通常運用解決問題能力的受損害程度，來量度壓力的嚴重性。

• 衝突

除了外界及環境上的壓力素，另一個主要的壓力來源，便是由相反的動機造成個人的內部衝突。由衝突所引發的壓力程度，視乎衝突的複雜性以及解決衝突的難度。心理學家把各種不同的衝突作如下的分類：(1)親近一親近型衝突；(2)逃避一逃避型衝突；(3)親近一逃避型衝突(Lewin, 1947⑰; Miller, 1951⑱)。

親近一親近型衝突(approach-approach conflict)也就是一個人必須從兩個或更多的美好選擇中，揀選其一。驟眼看來，這類衝突似乎不應產生任何壓力，但且看以下例子：假如你有兩位很喜愛並要與其結婚的女朋友，但你必須二選其一；或許你有兩份好的工作，但卻必須從中選擇其一。在這些情況之下，任何一方面的行動都會令人滿意，但都必須放棄另一方面，我們必須在兩者間作出抉擇。

逃避一逃避型衝突(avoidance-avoidance conflict)則是我們必須從兩個或更多不愉快的情況中，選擇其一，而選擇任何一項，都會產生負面的結果。一個女子在愛上了另一種族的男子時，必須作出選擇，若不是結束他們之間的相戀，便可能被父母及親族所厭棄及不接納。這兩者任何一項均會產生不愉快的感覺。父母若要求兒子如不立刻做家課，便要清潔自己的房間，這兩項便都是不受兒子歡迎的選擇。

親近一逃避型衝突(approach-avoidance conflict)則是一個人同時被一個目標或行動過程所拉近及排斥，目標或行動過程會有令人滿意及不滿意的結果。例如，假設某人想與女友相聚較長的時間，與此同時，他會損失了與其老朋友相聚的機會；一個初次駕駛汽車的人可能很急於把車控制好，但同時也會被熙來攘往、車水馬龍的路面情況所嚇怕；一個考不進本地大學的學生，獲得外國大學的取錄，一方面可能感到十分高興，另一方面也可能擔心自己在社會、文化以至經濟開支方面，能否適應外地的情況。

12.2.3 生理上的失調

在正常及一般的低壓情況下，副交感神經系統會減慢心跳速度及降低血壓，與此同時，腸胃肌肉的活動也會加速。這使我們的身體保存能量、吸收養分，並維持正常的運作。在充滿壓力的情況下，交感神經系統活躍起來，心跳加速、血壓增高、腸胃的活動減慢，並使一些激素滲入血管中，其中最主要的是被稱為"壓力激素"的促腎上腺皮質激素(ATCH)。

這方面的貢獻，得力於在20世紀已開始研究壓力的體內平衡之父坎農(Walter B. Cannon)，以及在30年代進行研究的加拿大內分泌學家薛利(Hans Selye)。

• 坎農的"戰鬥或逃走"反應

坎農在20年代的主要興趣，是研究動物在生存受到威脅時，生理上會出現何種變化。在一個動物實驗中，坎農發現當貓在面對與其為敵的狗時，貓的血液會流得更快、肌肉張力增加、呼吸急促、消化系統減慢或停頓下來，他也發現腎上腺素會注入血液中，以支持這些生理上的調整。

坎農表示，上述每一種轉變都是為了動物在生死存亡之間可能為作出激烈的反應作好準備。他稱整個反應為"戰鬥或逃走"(fight or flight)反應⑲。這是一種危急應變的反應，以備動物在面對生命危險時能作出行動。在充滿壓力的情況下，只能產生上述兩種較合理之反應，而當石器時代的人類面對危險時，也會引發同樣的反應。

今天我們保留了遠古祖先同樣的自主反應，但我們的社會卻是完全兩樣的，我們甚少面對一些威脅我們生命的情況，我們只是被教導保持冷靜及理性地解決壓力的情況，但也許源於求生本能的反應一直流傳下來，在面對壓力環境時，我們的心跳速度、血壓、激素水平仍會升高，這些反應模式被認為並不特別適合面對現代社會的壓力來源。事實上，假如慢性的生理變化未能透過適當的體力活動加以解除，便可能導致心臟病、高血壓、潰瘍等嚴重疾病，我們將會在本章的後半部分加以討論。

• 薛利的一般適應症狀

薛利(Hans Selye)約在50年前，便已開始研究身體對壓力的反應。他把動物放在各種壓力素的挑戰之中，包括：寒冷、炎熱、份量不會致命的毒藥、外傷等，並發現它們都形成大同小異的生理反應，他把這些生理反應命名為"一般適應症狀"(general adeptation syndrome, GAS)⑳(見下圖)。

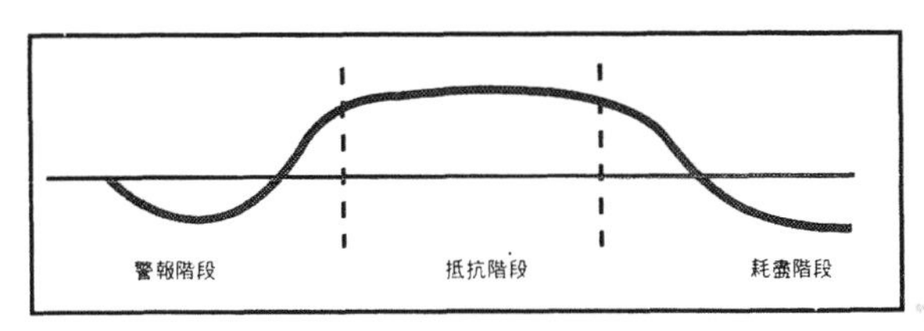

一般適應症狀

> 初期，一件產生壓力的事件會造成警報階段發生動員訊號，而抵抗則低於正常的水平，假如壓力繼續存在，抵抗會不斷上升，直至它高於正常水平，跟着會進入耗盡階段，而抵抗力也再次跌至正常水平以下(薛利，1973年)㉑。

一般適應症狀包括三個階段，在最初的階段，身體對壓力素作出反應，並刺激自主神經系統中的交感神經系統。在這個階段裏，心跳速度、血壓，以及激素的水平均會提高，這被稱為警報階段，身體有充足的能力，並準備面對這些壓力素，但卻不能在警報階段維持太久。

假如壓力素仍然存在，身體便會進入抵抗階段。在這階段裏，身體回復正常活動的水平，抵抗力逐漸增加。但是，這階段的適應及抵抗需要一定程度的能源，而長時間處於壓力素之下，適應的能力便會喪失，這便進入了耗盡階段。在此期間，身體對壓力素的抵抗力下降，最終可能會引致死亡。換言之，假如壓力素維持一段長時間，我們便會喪失忍受壓力的能力，並會被其不斷的需求所耗盡。

我們的身體經過各種不同的新陳代謝過程，在分解作用時也就是身體處於緊張狀態，而合成作用時也就是我們的身體處於鬆弛狀態中。在感受壓力時，我們的身體處於緊張狀態，同時交感神經系統的活動隨之增加，假如分解性的新陳代謝並不在高水平維持太久，對你是有好處的。

反之，假如我們維持在分解性新陳代謝太久，副交感神經系統便沒有足夠機會安靜下來，而維護的激素也不足夠保護你。若平衡點不斷穩定地指向合成狀態時，我們便可能越來越感到煩悶；假如它指向分解狀態時，便會感到興奮，而長期處於這種狀態下，便會使我們出現嚴重的健康問題，這將會在以下的內容中討論。新陳代謝中的功能差異見表3。

表3　新陳代謝中的功能差異㉒

分解狀態(緊張)	合成狀態(鬆弛)
• 停止合成蛋白質、脂肪、碳水化合物	• 增加合成蛋白質、脂肪、碳水化合物(成長與能量儲存)
• 增加消耗蛋白質、脂肪、碳水化合物(能量的使用)	• 減少消耗蛋白質、脂肪、碳水化合物
• 提高血液中葡萄糖、脂肪酸含量，脂蛋白及膽固醇濃度降低	• 減少葡萄糖、脂肪酸、膽固醇等
• 增加生產血球及膽汁酵素	
• 減少骨骼的修補及復原	• 增加骨胳的修補及成長
• 減少製造免疫系統細胞(胸腺縮小，循環白血細胞減少)	• 增加製造免疫系統細胞(胸腺及骨髓的白血細胞)
• 一些正常具有高代換率的細胞(例如內臟、皮膚等)的修補及代換減少	• 一些正常具有高代換率的細胞(例如內臟、皮膚等)的修補及代換增加
• 血壓升高	• 血壓降低
• 心臟的輸出增加	• 心臟的輸出減少
• 增加鹽與水的維持量	• 減少鹽與水的維持量
• 減少性過程	• 增加性過程(包括細胞組成方面、賀爾蒙方面、心理方面)

12.3 壓力與健康

12.3.1 癌症

"癌症"一詞，聞者色變。事實上，癌症的確成為很多國家的主要致命病症。在香港，癌症更是頭號殺手。一般相信，當體內細胞開始不能控制地繁殖，製造出超乎平常需要的細胞時，癌症便會出現。這些細胞開始進攻健康細胞的領域，除非把它們毀滅或切除，否則便會對細胞、組織、器官等構成破壞，並會導致死亡。原因可能包括以下各種因素：遺傳的問題、環境或外界因素以及身體內免疫系統的轉變。

雖然我們不能改變自己的遺傳基因，這種基因的錯位只會在面對長期的壓力素時才會發病。Maier 及 Laudenslager 兩位在 80 年代研究不能控制的打擊如何影響一種稱為自然殺手細胞(或稱 NK 細胞)的 T- 細胞的消滅腫瘤能力，這個實驗包括兩組白老鼠，分別處於"受控制"或"不受控制"的電震情況下。"受控"組只要轉動一個輪，便可終止電震，而"不受控"組則不可以。在"受控"組中的 NK 細胞可以殺死腫瘤細胞，而在"不受控"組之中，NK 細胞殺死腫瘤細胞的能力較弱㉓。

免疫系統是極其複雜的，不少疑問仍未能找到答案。但是，我們可以作出一些行為上的改變，以減低癌症的危險。例如，我們可以戒煙，也可以避免在一個經常充滿石棉纖維的煙草大樓中工作。現在很多衛生組織都很積極提倡戒煙運動，而政策性的改變及政府對工作環境的安全措施始終是十分重要的。

12.3.2 高血壓與心臟病

高血壓就是一個人的血壓經常維持在一個高水平，大多數的高血壓病例都沒有明顯的醫學原因，故稱為"原發性的高血壓"。

研究人員發現患有高血壓的人較容易受壓力所傷害，因為他們通常在面對壓力情況時，血壓會持續的上升。對於大腦血管來說額外的壓力會使受阻塞的血管爆裂。此外，高血壓也會對心臟造成過分負擔，使心臟工作過勞，而最後會導致心臟病發(Goldstein, 1981)㉔。一些研究結果顯示，患有高血壓的人比那些具有相類社會經濟地位而沒有循環系統問題的人，焦慮不安的情況會略為嚴重(Spielberger & Rickman, 1990)㉕。

壓力也是心臟病的一個主要成因，心臟病是一個一般性的用語，其中包括一切擾亂心臟肌肉的情況，最終則導致心臟衰竭。心臟病專家及其他研究人員發現，性格特徵是造成冠狀動脈心臟病(coronary heart disease, CHD)的一個主要原因。

1960年，弗德曼(Friedman)及羅森曼(Rosenman)兩位醫學研究人員發現，有些性格特徵會造成CHD，他們把這些特徵稱為"A型性格"。這些具備"A型性格"的人被形容為高度進取、常在時間壓力下生活、鞭策自己、高度競爭性、極之不耐煩。A型性格的人通常會把自己置身於永無休止的鬥爭之中，想盡快獲取最大的成就。這些人容易猜忌及發怒，以及對人產生惡意㉖。

具備B型性格的人則較能鬆弛自己、不容易煩惱、較有耐性、不易生氣，以及不易產生惡意及猜忌心。醫學研究人員對逾1,000名A型性格的人進行了為期8年的持續性研究，經過了8年研究之後，發現A型性格的人患有CHD的普遍率，比其他人高2.5倍㉗。

早期的研究顯示，A型性格特徵是造成CHD的主要原因，但是，後期的研究卻顯示，A型性格特徵及CHD沒有明顯的聯繫。也就是說，A型性格這個概念需要再細加劃分。其他一些研究顯示，敵意、憤怒、憤世嫉俗等性格特徵，也是造成心臟病的成因。研究人員認為，對人生持負面態度的人覺得他們必須經常對未來的問題提高警覺，並努力杜絕這些將會發生的問題。這種態度造成了差不多是經常性的壓力狀態。在充滿壓力的情況下，血壓上升、心跳加速、與壓力有關的激素滲透出來，所有這些生理上的變化都會對心臟及血管造成損害㉘。

A型性格的行爲特徵：

- ▲ 同一時間思想或做兩件事。
- ▲ 在最少的時間內，安排最多的活動。
- ▲ 對周圍環境或漂亮的東西，完全沒有留意或興趣不大。
- ▲ 催促別人說話的速度。
- ▲ 當被迫要排隊等候或在慢駛的車後時，感到過分的惱怒。

▲ 相信若要把事情做好，便必須親力親為。

▲ 談話時，動作手勢齊備。

▲ 經常搖腿或把手指頭快速敲動。

▲ 具爆炸性的說話方式、經常運用猥褻的字眼。

▲ 對準時的要求，近乎迷信的程度。

▲ 呆坐一旁或無所事事都感困難。

▲ 玩任何遊戲時，都要取得勝利，就是與小孩子嬉戲時也不例外。

▲ 以數量的多寡來量度自己與別人的成功程度(例如：看過多少病人、寫了多少篇文章，等等)。

▲ 舌頭發出卡塔聲、點頭、緊握拳頭、重擊桌子、在說話時吸入大量空氣。

▲ 當看着別人做事時，認為自己可以做得更快更好，因而感到不耐煩。

▲ 急速眨眼，眼眉跳動。

以上是 A 型行為一些教人容易患上冠心病的行為特徵(Friedman & Roseman, 1974)㉙。

12.3.3 胃潰瘍、十二指腸潰瘍

當鹽酸滲出過量，以致侵蝕了保護胃壁的黏液層，結果會造成胃潰瘍及十二指腸潰瘍。對現代人來說，潰瘍是其中一種最常見的與壓力有關的病症。

12.3.4 慢性痛症

雖然身體上的病已經治癒，慢性痛症仍可以持續下去。這些痛楚的出現可能具備多方面的原因，認知性的行為技巧及可推斷性的條件交替都曾用來醫治這種病症。

在認知性醫療法中，病人會被要求想及一些愉快經驗的意象以轉移痛楚，這意象通常會包括愉快的感覺情態。在可推斷性的條件交替中，病人的活動水平逐漸加強，而他們對減低痛楚壓力或治療痛楚的依賴性反應則會逐漸減少。

個案例子：慢性痛楚

一名24歲的男子，在一次交通意外後，在頸部出現了持續3年的痛症。在意外之後，由於痛楚的關係，他放棄了很多原來的計劃，其中包括到海外升學，以及到外地與家庭成員相聚。他的兄弟、姊妹和父親已經移民到美國了，直至最近，他找一位醫療顧問向他提供意見，顧問提議他做伸展的運動，以及為他設計的特別治療程序。縱使他與家人分開已經3年了，但因有頸部的痛楚，他仍不太願去美國，也拒絕與他的家人相聚。他一直與母親同住，而在意外發生後，母親一直照顧着他。

• 治療形式

受痛楚者往往避免重新活躍過來，因為他們害怕其他人不會相信他們仍有問題，他們也害怕假如治療不成功，他們會失敗。他們逃避加劇身體弱能的感覺，並加強顯見的病狀，同時影響對疾病的認知。病人可能提出他感到痛楚以避免活躍過來，有時也極依賴吊臂或拐杖。他們也會在心理上對一些重要的人非常依賴。

一個慢性痛楚的病人可能把精神過分集中於痛楚上，同時每當痛楚出現時，會盡量避免活動。臨床醫療專業人士需要改變病人的態度及行為，以促使其復原項目得以進行。輔導包括教導病人損傷並不一定帶來傷害，雖有痛楚，但經常活動則會增進健康等。溝通時，必須把焦點放在希望康復的感覺上，而不應把精神集中於病痛的感覺。我們必須注意對病人以及對其重要的人的溝通技巧。我們須對病人身邊重要的人解釋，選擇性地注意一些病徵投訴及患病行為，不但沒有建設性，反而會加強病患的行為。反之，做運動及正面的思考方法等，改變健康的活動則會加強。

很多受痛楚的病人感到鬆弛訓練及其他壓力管理技巧等控制壓力的方法可以幫助他們面對日復一日的痛苦壓力。臨床醫療專業人士最好能教授這些技巧，並必須確保其病人適當地運用這些技巧，以及跟進病人在這些項目的進展。筆者認為，假如醫療專業人士能夠把他們部分時間用在教授病人進行適當的鬆弛運動，他們一定會感到物有所值，而長遠來說，這些運動也會產生明顯的效果。

12.4 處理壓力

12.4.1 防衛機制

防衛機制是心理分析理論的中心要點。弗洛伊德把防衛機制視作減少焦慮及其他負面感受的方法，這些感覺都是由不被接受的性及攻擊衝動等潛意識所造成，由於防衛機制可以幫助減輕失望感，以及幫助人調節每天的生活壓力，這些機制可以視作正常心理運作中的處理技巧。但是，當過分使用時，可能會同時出現不正常的行為。

• 壓抑

在這些情況下，引發痛楚、羞恥、犯罪感，以及其他負面感受的刺激或記憶都受到壓抑。壓抑(repression)與抑制(suppression)是不同的，抑制是有意識地把不受歡迎的記憶放在一旁，而壓抑則經常是在潛意識中進行的。例如，對自己兒子的惡感可能在有意識的記憶中抹除，因為父母會覺得這與其個人的概念互相違背。

• 合理化

當我們未能達到目標時，合理化便可以減少我們的失望。它為我們的行為提供可接受的理由。例如，你在網球比賽中輸了，便給自己一個藉口："我並不要贏這場賽事，未來的比賽更重要，因而我要把精力放在日後的比賽中。"

• 投射

一個人把個人問題的責任，推在其他人或其他事之上。例如，在乒乓球雙打比賽中，一名參賽者在打失一球後，向其隊友看看，以表示錯不在己。

• 拒絕接受現實

拒絕接受現實是一種最常用的防衛機制，由於拒絕接受現實中的威脅，所以不會因而產生任何恐懼。例如，一個妻子永不會相信其丈夫在外面有一段婚外情，因為她不能忍受由此而生的痛楚。

• 反作用的構成

反作用的構成是以相反的想法，假裝出現相反的情境，以避免危險的想法出現。例如，一名有着不愉快約會經驗的男子，不斷對自己及其他人說，他有一段愉快難忘的約會。

• 理性化

理性化就是幫助我們只在理性的層面處理問題，而把所有感情的成分隔開。對工作上經常遇到人類痛苦的人士，這類防衛系統常要運用出來，因為他們不能經常變得感性。如一名外科醫生在面對病人的生死問題時，需要在一定程度上把感情隔開，以期能把工作做好。

• 替代

替代也是一種十分普遍的防衛機制，抒洩感情的對象多是一些較少威脅性的人或事物。例如，某人被上司責罵，但他害怕對他叫囂，因此改為在家裏罵他的孩子，這當然看來像負面性質。另一方面，替代也可以具有建設性，很多著名的書畫、詩歌、文學、音樂作品，都是藝術家情感的替代品。

請記住，防衛機制並非是有意識的過程，而只是一些假設的建構而已，雖然如此，它也可以視作以情緒為焦點的處理方法。

12.4.2 對環境重新評估

對環境重新評價是一種認知的策略，改變我們對充滿壓力的環境評估及衡量的方法。重新評估也就是重新檢驗我們最初對情況的看法。研究人員指出，一般來說，事件本身並不造成壓力，反之，人們的看法才是壓力的泉源。Ellis、Beck 及 Meichenbaum 等認知—行為治療員相信，個人的內心對話是影響其情緒及活動的主要因素。行為及情感被認為是認知活動的結果，在改正了機能障礙的信念後，不適應的行為及情緒便會隨之改變。認知性的治療師 Albert Ellis 曾經寫下很多在機能障礙信念方面的書籍及文章，並成為最著名的治療師。他相信假如以理性想法取代非理性的信念，很多不適應的情緒及行為都會改善[30]。此外，Donald Meichenbaum 及 Aron Beck 等治療師則運用認知策略，作為教導人們如何面對壓力環境的其中一種技巧。事實上，很多傳統的行為治療師都把認知部分包括在其臨床技巧上，以加強治療法中行為策略的效能[31]。

12.4.3 解決問題的技巧

雖然認知策略可以多次成功地減低壓力，但大部分時候我們要直接面對造成問題的壓力素。

解決問題的技巧是直接處理壓力情況的策略，這些方法包括把問題界定清楚、形成不同的解決方法、衡量各種方法之優缺點，再從中選擇並執行所選擇之做法。例如，你的上司警告你不可再遲到，否則便會把你辭退。你可以與上司商量，要求彈性的工作時間、查察有些甚麼交通工具可以讓你準時上班等等，所有這些行動都是解決問題的方法。

解決問題的技巧也包括改變一個人渴望的水平，並選擇其他使人滿足的來源。很多臨床醫療專業人士對解決問題方法的有效程度也進行了研究[32]。

12.4.4 社羣的支持

社羣的支持使個人感到被接納、安全及重新獲得肯定，並有助減低壓力的反應。人們通常從愛人、朋友、親戚、教會人士，或有時從專業人士身上尋找支持。近年來，自助小組在不同的城市中廣泛發展起來，這些小組是為了獨特的目標而組成的。例如，香港的"撒瑪利亞會"便有不少義工，可以幫助一些孤獨、情緒低落的人，並透過電話熱線服務，減低他們的壓力。世界上很多城市中，都有很多自助小組及同輩輔導小組成立。一些臨床醫療專業人士認為，這些自助小組在很多方面都比傳統的心理治療來得有效。另一些人則懷疑這些小組是否對情感受痛苦的人有所裨益，特別是他們非常依賴富有魅力的領袖，並會在充滿宗教氣氛的環境下，要求他們極度信服權威。在很多國家，對癮君子、吸煙人士、末期病人、受虐待妻子以及醉酒者也有不少的支持小組，這些小組是為了心理上的支持而組成的，在危機時刻則更為普遍。

12.4.5 物質上的支持

從馬斯勞(Maslow)的需要架構之中，我們得知基本的生理需要對任何人都是必須的。當人們有足夠的收入，便可以享有一頓適當而均衡的飲食，同時也可以有充足的醫療護理以及適合的居住環境。Lazarus 及 Folkman (1984)[33]等心理學家提出，有錢的人在面對壓力素時，比貧窮的人承受較小的壓力，因為只要他們有效地運用金錢，便可以用錢來得到他們的需要。在香港，社會福利署負責對有需要人士發放金錢資助，例如公共援助等。

12.4.6 體力運動

體力運動是減輕壓力的健康處理手法，在劇烈運動之後，通常會出現一段鬆弛的狀態，這狀態可以維持達數小時之久，期間產生壓力的刺激會暫時受阻，它有助解除在肌肉中積聚的緊張。有些研究發現，需氧運動可以減低抑鬱的感覺。McCann 及 Holmes (1984)[34]曾研究輕度受壓抑的女士對運動的反應，他們把這些婦女分為三組：(1)進行運動；(2)對他們給予鬆弛指示，但沒有積極的處理；(3)沒有接受任何處理。10 星期後，分別測試各組女士對抑鬱的感覺，發現有運動的女士明顯地較其他兩組的女士減少抑鬱的感覺。對今天的年青人來說，網球、壁球、緩步跑、游泳及騎腳踏車，都是十分普遍的運動，可以幫助調節心臟和血管的活動。研究結果顯示：經常進行需氧運動的人在面對壓力時，明顯地比不經常運動的人有較低的血壓及較慢的心跳速度，假如你重溫薛利對一般適應症狀的概念，便會記得第二階段(抗拒階段)是適應的階段，較健康的人可以適應一段較長的時間，而不會進入耗盡的階段。

12.4.7 獨特的適應方法

獨特適應方法包括壓力管理法、生物回饋、冥想、鬆弛訓練。

對高血壓、慢性痛症、心臟病、氣喘等與壓力有關問題的醫治，代表了行為醫療的一個主要部分。血壓、心跳速度等生理過程受自主神經系統的控制，傳統上都認為是自主而不可以自由控制的。但是，研究結果顯示，人們可以學習緩和心跳速度及血壓。讀者如有興趣，可以閱讀 Herbert Benson 的"鬆弛的反應"[35]，其中包括壓力管理策略的不同方法，包括鬆弛訓練及生物回饋作為一個完整的套裝，或只作為獨立的技巧。還有關於生理狀態上、認知上以及公開行為範疇的反應之報告，在這些記錄的資料中，以生理狀態為基礎的資料似乎是反映個人壓力程度最客觀的壓力指數。

12.4.8 壓力管理

Albert Ellis 的理性感性治療(RET)及 Donald Meichernbaum 的壓力移植訓練(SIT)是對焦慮、緊張、恐懼及痛苦管理等與壓力相關的問題，最經常使用的治療法。

壓力移植訓練是一種處理壓力的技巧，同時也是防治性的醫療項目，主要分為三個階段：

在開始的階段，將會教授壓力如何結合個人的認知過程，透過這個教育過程，個人學到了面對壓力情況的不同組成部分。其中包括準備面對一些充滿壓力的刺激、正式面對刺激，以及在面對刺激後所作的評估等，這包括實際的自我說明，以及鬆弛訓練等行為技巧：在第二階段，他們的技術可以直接指向有關目標的問題：在最後一個階段，個人學習如何在其他自然環境中的普及技術。這種介入旨在提高個人處理壓力的能力以及控制的觸覺，讀者可以找到更多有關壓力管理的資料㊱㊲㊳。

12.4.9 生物反饋

生物反饋是一種自我調節的過程，使個人學習如何影響心理生理的過程。每個人的獨特生理反應透過生物反饋機制進行，這些反饋機制通常以視覺(如光源)或聽覺(如聲音)的形式出現。人們接收這些反饋，作為其生理狀態之一方面，並試圖改變這種狀態。他們先了解例如緊張性頭痛、原發性高血壓等生理症狀如何與壓力聯繫起來，以及如何運用生物反饋的技巧來控制壓力的刺激。

通常目標性的生理反應的底線會被記錄下來，受治療者通常會學到，當訊號或聲響增強時，其前額肌肉便收緊：反之，其肌肉則放鬆。只要學習控制聲音的強弱，我們便可以保持在鬆弛的狀態之下，因而使情況轉向較理想的狀態，減輕了當事人的緊張性頭痛。

雖然有不少報告肯定了生物反饋鬆弛程序的效果，但也有不少人懷疑其減低生理及主觀壓力的能力。主要是搞不清究竟生物反饋的鬆弛本身是一種治療，還是附屬於以鬆弛治療法的治療。研究指出，從長遠來看，生物反饋研究的最重要貢獻是痛楚管理的非獨特治療法的加強力量[39]。

12.4.10 冥想

過去 25 年來，冥想的受歡迎程度，日漸普及。這些冥想方法包括超自然的冥想靜座、瑜珈以及其他冥想的方法。在冥想的過程中，人們需要把注意力集中在一個精神上的形象達數分鐘之久，很多人用冥想來減輕生理上及主觀上的壓力。這種自我引發式的平和經驗可以減慢交感神經系統的活動，從而降低血壓、減慢心跳及呼吸的頻率。然而，這結果並未獲得絕對的證實，必須經過細心的測試加上適當的驗證方可成立。

12.4.11 鬆弛訓練

在西方，製造鬆弛反應的最普及和被廣泛接受的方法便是漸進式的鬆弛法，雅各森(Edmund Jacobson)醫生是發展漸進式鬆弛法的鼻祖。這個練習包括相間性地收緊及放鬆身體上的主要肌肉，並教導人們分辨緊張與鬆弛的不同。已發表的實證性文獻顯示，只要適當地運用雅各森醫生的鬆弛方法，便能減輕心理上的刺激[40]。這種方法曾經應用於高血壓[41]、頭痛、失眠、驚恐混亂、慢性痛症等與壓力有關的病症[42]，而中國書法也有顯示減低心跳及鬆弛的作用[43][44]。以下的鬆弛肌肉緊張程序便是在漸進式鬆弛訓練過程中的典型程序。

除了臉部之外，手部與臂部的緊張是每個人最容易被觀察到的外部壓力訊號。神經生理學家表示，腦部連接手的感覺細胞遍及整個手部，這也就是為甚麼人的手那麼靈巧的緣故。人慢慢發展出手的各種功能，也經常用它來與其他人溝通，表達憤怒、愛意或關懷。手就像臉一樣，可以反映出人的喜怒哀樂。透過它我們可以表達愛與怒，可以做出維生的活計，也可以建立一個文明的社會。在壓力反應中，手部與臂部會不停地運動如捻弄鉛筆或其他物件、不斷握緊又放鬆、扭手帕、咬指甲(這是顎與手緊張的混合產物)、雙手互絞、手指敲物等。

當這些情況出現時，手部的緊張事實上是增加了壓力，它將警告訊號傳至腦中樞，從而影響身體的其他系統，這會令你感覺不小。手指與手部大部分肌肉的活動，事實上有賴前臂的腹背兩側，因此前臂正是你必須觀察"T"訊號以及消弭緊張的部位。

盡可能緊握拳頭。留意你的手掌以及前臂腹背兩側的肌肉，它們全部十分緊張——也許你會覺得這種緊張延伸到上臂以至肩部，影響臉部與頸部，甚至影響腹部。現在慢慢地鬆開指頭，你將會在身體其他因手指緊張而受影響的部位，感受到一股鬆弛的舒適感覺流過。

握緊拳頭時動作必須做得十分誇張，如此才能充分體會手部的緊張狀態。再試一次，這次僅將指尖觸及手掌，試着體會一下最小程度的緊張。然後放鬆，這時你的手部與臂部會完全鬆弛下來。

做一個小實驗：躺臥時用手掌壓地板，或坐着時用手掌壓桌面或椅子。試着體會手部與臂部的緊張，即使只有輕微的緊張，也會使心跳和血壓增加。再試着體會一下，縱使肌肉出現很微弱的壓力，心跳和血壓會增加，身體的其他系統也會相應改變。放鬆這些肌肉，這些系統就會發生反方向的變化。這就是你處理自己壓力的方法！

一旦你學習如何感受手部與臂部的鬆弛，就必須學習把這種體會帶入日常生活之中。如果你的手沒甚麼事做，那就讓它放鬆。若你正站立，而手中又沒拿甚麼東西，那麼輕輕地(不是緊緊地)將手置於身前。當壓力器出現時，將你的手與臂放鬆，也放鬆臉部的肌肉。當手部與臉部的肌肉放鬆時，你便很難產生緊張、焦慮、生氣或恐懼，因為在有意地鬆弛直覺的肌肉緊張時，你已經卸除了壓力的激活狀態㊺。

12.5 東南亞及香港的壓力問題

在西方國家，壓力是一個廣泛應用的名詞，但近年來它就像流行病一樣在亞洲國家中蔓延開來。

在亞洲，香港及日本被認為是壓力最高的地方之一，大部分人都是住在城市裏的狹窄單位裏，他們的生活節奏急促，工作具高度競爭性。渴望成功及社會經濟條件向上爬的壓力，使一般人很難有時間鬆弛下來，達致心境的平和。根據亞洲週刊 1993 年報告㊻，台灣、馬來西亞、菲律賓等國家也有關於壓力的問題。台北的人口密度為每平方公里 10,000人，是亞洲其中一個人口最密集的城市，教育制度是具有高度競爭性的，而要上專上院校就好像爬金字塔般困難。馬來西亞首府吉隆坡經常受到交通阻塞及高噪音的困擾，馬來西亞的精神健康專業人士並不足夠，精神病人只得找傳統的治療人士或得不到治療。在菲律賓，生活指數不斷上升，工作也十分難找。至於泰國方面，工作壓力及交通阻塞也對居民造成巨大的壓力。

1990 年，香港有一個有關社會指標的社區調查，以隨機抽樣的方式進行(Mak, J.W.H. & Lau, B.W.K., 1992)㊼。調查的目標是為了評估日常生活的騷擾及社會事件在影響個人心理健康上的力量。壓力的來源被分為四類：(1)家庭，例如與父母的關係；(2)工作環境，例如工作上的要求；(3)個人方面，例如目標與抱負；(4)社會環境，例如居住環境。結果顯示，17.8% 的回答者說有家庭壓力； 57.6% 說有工作壓力； 40.6% 說有個人要求的壓力；32.5% 則說有社會環境的壓力；大部分人士都靠家庭成員及親屬提供實際的幫助及感情上的支持。其實，對很多中國人來說，各方面的傳統觀念十分濃厚，由於面子攸關，以及精神病的偏見，他們均不願意把情緒及精神上的煩惱及困擾向專業人士傾訴，反而家庭網絡仍然是一個獲取實際幫助及心理支持的最重要來源。長遠來說，我們希望建立一個更具凝聚力的支持網絡。更重要的是，心理學家可以教育市民享受更健康的生活方式，並進一步提高生活的質素。

註釋

① Seyle, H (1976). *The Stress of Life*. (rev. ed.)New York: McGraw-Hill.

② Holmes, T. H., & Rahe, R. H. (1967). "The social readjustment rating scale", Journal of Psychomatic Research, 11, 213–218.

③ Rahe, R. H., & Arthur, R.J. (1978). "Life changes and illness studies: Past history and future directions", Journal of Human Stress, 4, 3–15.

④ Lazarus, R. S., & Folkman, S. (1984). *Stress Appraisal and Coping*. New York: Springer.

⑤ Neugarten, B. L. (1970). "Dynamics of transition of middle age to old age: Adaptation and the life cycle", Journal of Geriatric Psychiatry, 4, 71–87.

⑥ Rosow, I. (1963). "Adjustment of the normal aged: Concept and Measurement", R. Williams, C. Tibbitts, & W. Donahue (eds.), Processing of aging, (2), New York: Atherton.

⑦ Rabkin, J. G., & Struening, E. L. (1976). "Life events, stress, and illness", Science, 194, 1013–1020.

⑧ Tausig, M. (1982). "Measuring life events", Journal of Health and Social Behavior, 23, 52–64.

⑨ Kobasa, S. C. (1974). "Stressful life events, personality and health: An inquiry into hardiness", Journal of Personality ans Social Psychology, 45, 127–134.

⑩ Asia Magazine (1993). "Asia under Pressure", 31, H–7, 15--17.

⑪ Buck, V. E. (1972). *Working Under Pressure*, Staples Press.

⑫ Ferguson, D. (1973). "A study of occupational stress", Ergonomics, 16, 649–664.

⑬ De Longis, A., Coyne, J. C., Dakof, G., Folkman, S., & Lazarus, R. S. (1982). "Relations of daily hassles, uplifts, and major life events to health status", Health Psychology, 1, 119–136.

⑭ Pearlin, L. I. (1980). "The life cycle and life strains", H. M. Blalock (ed.), Sociological theory and research: A critical approach. New York: Free Press.

⑮ Horowitz, M. J., Wilner, N., Kaltreider, N., & Alvarez, W. (1980) "Signs and symptoms of post-traumatic stress disorder", Archives of General Psychiatry, 37, 85–92.

⑯ Wong, C. K., & Lau, J. T. (1992). "Psychiatric morbidity in a Chinese primary school in Hong Kong", Australian and New Zealand Journal of Psychiatry, 26, 459–466.

⑰ Lewin, K. (1946). "Behavior and development as a function of the total situation", D. Cartwright (ed.), Field theory in social science. New York: Harper & Row.

⑱ Miller, N. E. (1951). "Comments on theoretical models: Illustrated by the development of a theory of conflict behavior", Journal of personality and Social

Psychology, 20, 82–100.

⑲ 請參閱 Cannon, W. B. (1927). "The James-Lange theory of emotion: A critical exammination and an alternative theory", American Journal of Psychology, 39, 106–124.

⑳ Selye, H. (1973). "The evolution of the stress concept", American Scientist, 61, 692–699.

㉑ 參閱註 20。

㉒ Wallace, J.M. (1988). 翁文彬、陳淑娟譯 (1992),《戰勝壓力》,商務印書館(香港)有限公司,頁 61。

㉓ Laudenslager, M. L., Ryan, S. M., Drugan, R. C., Hyson, R. L., & Maier, S. F. (1983). "Coping and immunosuppression: Inescapable but not escapable shock suppresses lymphocyte proliferation", Science, 221, 568–570.

㉔ Goldstein, I. B. (1981). "Assessment of hypertension", C. K. Prokop & L. A. Bradley (eds.), Medical Psychology. New York: Academic Press.

㉕ Spielberger, C. D. & Rickman, R. L. (1990). "Assessment of State and Trait Anxiety in Cardiovascular Disorders", D. G. Byrne & R. H. Risenman (eds.), Anxiety and the Heart.

㉖ Friedman, M., & Rosenman, R. H. (1974). *Type A Behavior*. New York: Knopf.

㉗ 參閱 Rosenman, R. H., Brand, R. J., Jenkins, D., Friedman, M., Straus, R., & Wurm, M. (1975). "Coronary heart disease in the Western Collaborative Group study: Final follow-up experience of 8.5 years", Journal of the American Medical Association, 233, 872–877.

㉘ 部分研究報告指出敵視態度是造成冠心病的主要成因,請參閱:Demrroski, T. M., MacDougall, J. M., Williams, B., & Haney, T. L. (1985). "Components of Type A hostility and anger: Relationship to angiographic findings", Psychosomatic Medicine, 47, 219–233.

㉙ 請參閱 26。

㉚ 有關理性情緒療法,請參閱:Ellis, A. (1983). *Rational-emotive Therapy and Cognitive Behavior Therapy*. New York: Springer.

㉛ 有關其他認知性療法及壓力管理的資料,請參閱:Beck, A. T. (1976). "Congnitive therapy and the emotional disorders", New York: International Universities Press. and Meichenbaum, D. (1975). "A self-instructional approach to stress management: A proposal for stress inoculation training", C. D. Speilberger & I. G. Sarason (Eds.), Stress and anxiety (vol. 1). New York: Halsted Press.

㉜ 有關解決問題技巧的資料,請參閱: Nezu, M., Nezu, C. M., & Perri, M. G. (1989). *Problem-solving Therapy for Depression: Theory, Research, and Clinical Guideliness*. New York: Wiley.

㉝ 參閱註 4。

㉞ McCann, I. L., & Holmes, D. S. (1984). "Influence of aerobic exercise on depression", Journal of Personality and Social Psychology, 46, 1142–1147.

㉟ Benson, H. *The Relaxation Resonse*. (1976). Avon Books, William Morrow and Company, Inc., New York.

㊱ 參閱註 35。

㊲ McGuigan, F. J. (1981). *Calm-Down-A Guide for Stress and Tension Control*. San Diego: Institute for Stress Management, U.S. International University.

㊳ 翁文彬、陳淑娟譯(1992),《戰勝壓力》,商務印書館(香港)有限公司。

㊴ Jessup, B. A. (1984). "Biofeedback", P. D. Wall & R. Melzak (Eds.), Textbook of pain. New York: Churchill Livingstone, 776–786.

㊵ Jacobson, E. (1938). *Progressive Relaxation* (rev.ed.). Chicago: University of Chicago Press.

㊶ Keltner, A. A. and Yung, P. (1994). "Control and maintenance effects of long term relaxation training in a case of hypertension", International Journal of Stress Management. 1, 1, 75–79.

㊷ 讀者如有興趣研究鬆弛訓練等壓力管理的應用內容,請參閱 Taylor, S. E. (1991). *Health Psychology*. (2nd ed.) McGraw-Hill, Inc.: New York.

㊸ 參閱 Kao, H. S. R. & Hoosain, R. (1984). "Psychological Studies of the Chinese Language", Hong Kong: *The Chinese Language Society of Hong Kong*.

㊹ 參閱 Kao, H. S. R. & Hoosain, R. (1986). "Linguistics, Psychology and the Chinese Language (1986)", Hong Kong: Centre of Asian Studies, University of Hong Kong.

㊺ 請參閱註 38。

㊻ 請參閱註 10。

㊼ Mak, J. W. H. & Lau, B. W. K. (1922). "Stress as a social phenomenon", S. K. Lau, S. L. Wong & M. K. Lee (Eds.) Social Indicator Survey 1990 in Hong Kong. The Chinese University Press, Hong Kong.

13
經濟心理與消費行為

楊維富 • 香港大學心理系講師

“春季萬花爛漫，賣花者以馬頭竹籃鋪排，歌叫之聲，清奇可聽。”

——宋代孟元老《東京夢華錄》

“人有賣俊馬者，比三旦立市，人莫之知。往見伯樂曰：臣有駿馬，欲賣之，比三旦立於市，人莫與言；願子還而視之，去而顧之，臣請獻一朝之賈。伯樂乃還而視之，去而顧之，一旦而價十倍。”

——《戰國策•燕二》

“宋人有沽酒者，升概甚平，遇客甚謹，爲酒甚美，懸幟甚高，著然不售。”

——《韓非子•外儲說右上》

13

經濟心理與消費行為

心理學的研究發展多始於觀感認知心理、知覺心理和臨床心理，這是因為它們和心理學的起源有密切的關係。隨着心理學的發展，現在的心理學研究已經有了人工智慧發展、兒童、社會、工業心理學等等的分類。在工業心理學的研究中，包括了動機、人際關係、小團體動態等和工業管理有直接關係的科學；在社會心理學研究中，則包含了社會中各種行為和態度的研究。然而，眾多心理學研究中與經濟行為有關的，卻是屈指可數。在整體心理學研究中，經濟行為的探討可以說是近期才有的研究方向。

不少社會心理學的理論適用於經濟行為的探討，例如認知協調理論、歸因理論和社會助長理論等，但與社會中經濟行為，如討價還價、廣告的社會影響、消費過程、選擇的心理等直接有關的研究卻非常有限，儘管有一些非常基本的問題，如一般人對消費品的了解、對消費品的選擇、各種游説消費者的方法和消費者的基本動機等，並不純粹只是概念上或理論上的問題，而是與日常生活、社會現象有密切相關的。每個人不論其個人的政治理念和生活主旨如何不同，在日常生活中，都會有部分經驗屬於消費行為。我們對經濟的概念實際上始於兒童時期，我們的信仰和習慣是在與父母互動的過程中形成的。因此，在不同的社會有不同的工作和生活習慣。然而，在小孩子與父母互動的過程中，又會受到他們的經濟背景所影響，例如由於家庭的經濟背景不一樣，給小孩子零用錢的習慣不同，小孩子長大後對經濟和消費的概念也會不一樣。

經濟行為的研究與發展受到限制，很可能是由於它並不如其他的理論可以通過小型的實驗加以證實，如一個消費者如何作財政上的決策，或形成簡單的消費行為(如選購一項產品)。因為當消費者選購一項產品時，有可能是因為它的實用性、他對該產品廠牌的信任、它的價格，甚至有可能是他在選擇時，受到周圍朋友的游說等各種因素的影響。另外，有不少關於消費的研究是由廣告公司或產品公司完成，除非這些公司願意發表研究結果，否則，這些研究會因是商業秘密，外界不得而知。

對經濟信念和消費行為的了解，心理學家所追尋的方向雖然與經濟學家、人類學家和社會學家不太一樣，但要對經濟行為進行整體的了解，就必須融合各門科學的研究知識。即使經濟信念和消費行為之間有極大的關連，它們之間也仍會有差異，單就消費行為的心理而言，就已包括了多種不同的研究主題。為了清楚說明心理學在這兩方面的發展，以下將個別剖析有關的心理研究。

13.1 消費心理

要了解消費的心理，就得先了解行銷流程和消費者的關係。而這種關係具有相當的複雜性。一個行銷流程通常會包括"概念的構想"、"概念測驗"、"市場的認定"、"產品的發展"、"品牌(或俗稱'牌子')的認定"、"廣告的發展"、"促銷的策略"、"行銷策略效果的評估"(圖 1)

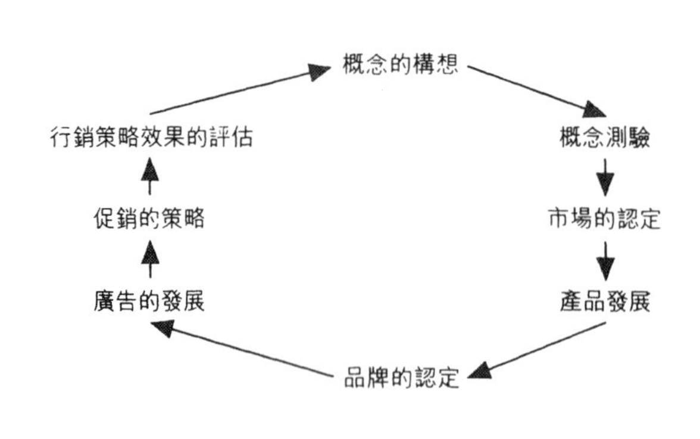

圖 1　行銷流程

等。這一行銷流程，與消費者有着多層次的相關，而每一階段又與消費心理的深層認識脱離不了關係。從行銷的角度來説，對消費者心理越有深層的透視，就越會有成功的行銷：相對而言，越是沒有深入了解消費者的心理，也就越容易在市場上失去良機。而在每一個行銷階段，都會面對每階段不同的問題。

一、概念的構想

在此最初階段，最終目的是要尋找一種消費者能夠接受和認同的產品或概念。要能夠準確認定消費者所願意接受的東西，就要能了解他們所追求的是甚麼，換句話説，也就是要了解消費者的價值觀。

不同的人有不同的品味，不同的消費者也有不同的價值觀。最基本的一個例子就是在現代的社會結構中，不同的人會對物質有不同的看法。有些研究結果不但證實了不同的人對物質有不同的看法，更指出物質主義者認為物質可以表達他們生活中的滿足感①。此外，不同的文化背景也會造成對物質不同的評斷②，因此也就形成對廣告和行銷宣傳會有不同的反應③。由於消費者的價值觀和他們對廣告的反應有一種直接的關係，換句話説，也就是和他們的消費行為有直接的關連。因此，價值觀在市場研究上常常是分析市場的一個重要因素，特別是如生活形態等的市場研究。

二、概念測驗

當尋找到一個產品的概念，下一個階段便是要證實這種產品是消費者所能夠接受和認同的。有不少產品的失敗是因為行銷者和消費者的認知程度不一樣而造成的，更準確地説，是行銷者所了解的消費者知覺並不是消費者真正的知覺。由於消費者的知覺是導引消費者行為的主要因素，如果需要改變消費者的行為，就要先了解消費者的知覺，因此，了解消費者的知覺實際上是成功的關鍵，因為"成功"有時候就是要改變市場的消費行為。所以，對認知實際上需要如有形資產一般的加以管理。認知能夠增加或減少產品的價值，同樣的，認知也能夠形成問題和解決問題。

三、市場的認定

市場的認定包括對市場多方面的認識。很多市場上成功的例子實際上是行銷者對市場心理結構徹底研究和了解的結果，最成功例子之一是美國運通卡在它們的卡上顯示使用者已經使用運通卡的年數(廣告1，見彩頁)。美國運通卡的持卡人主要是收入比較高的消費者，因此對申請者的財務要求比一般的信用卡為嚴格，這對消費者能夠持有美國運通卡形成一種無形的獎賞，等於肯定了他們的事業成就。

市場的認定包括了兩個不同的方向：第一是有關消費者的分類。最基本的是指他們的社會經濟背景，特別着重的是他們的個人收入、家庭收入、住所地區、職業，同時也包括了其他資料，如性別、年齡、教育等等，這些資料均可用作對產品使用者的分析。例如，使用該產品的消費者是比較高收入的還是中層收入的？是年齡比較大還是年輕的？是男的還是女的？是教育程度比較高還是普通教育程度的？等等不同的問題。像這種對未來消費者的了解，就等於提供行銷者有關市場大小的訊息。

除了以社會經濟背景對消費者進行劃分外，也可通過消費者的行為特點將市場分類。最基本的就是產品的使用行為、購買行為及消費者的預算方法。在這三種行為分類中，包括了幾個重要的問題，如使用該產品的目的、甚麼樣的消費者會使用該產品、使用該產品的頻率、購買的數量等等。

第二個用來劃分消費者的方法是以他們的心理結構來區分。一般來說，這種方法是生活形態研究的基本出發點。首先，在沒有對市場做出任何假設下，以消費者的心理結構來對他們進行劃分。例如一羣是比較保守的，另一羣則是比較浪漫的等等。有些人為了方便，會替這些由心理結構劃分出來的消費者取一些名字，如"保守派"、"浪漫派"等，以方便參考。其後，再看進行心理形態分類後的每一羣人的共同點，例如他們是男比較多或女比較多、教育程度高或低、個人和家庭收入等資料。最後再看他們的休閒活動，如打球、旅行等。這些資料能充分向行銷者反映一個消費者的生活形態，以便製造適合的廣告。

行銷者常常對市場有一種假意的認識。其實在每發展一種新產品前，最保守的應該是假設對市場完全不了解，只有在這種情況下，才能以客觀的態度去了解消費者，對行銷過程的下一個步驟"產品的發展"作出準備的決策，如包裝的大小、產品的價格等。

四、產品的發展

心理學對消費者和產品的研究很多都着重於消費者對產品價格的認知。一般來說，產品的價格對消費者的認知有很大的影響。最常見的是，某一種類的產品，如服裝，消費者會特別認同價格越高的，品質越優良④。另外有一些研究資料發現耐用產品，如傢具、家庭電器等，消費者較少會把產品的品質和價錢聯想在一起；而對非耐用產品，一般消費者會覺得價錢高，就代表產品的品質比較優良⑤。不過，也有一些研究發現相反的結果，就是消費者會比較把價格和耐用產品的品質聯想在一起，而不是把價格和非耐用產品的品質聯想在一起⑥，這些相反的研究結果很可能是由於觀察不同階層的消費者所致。有關這兩個不同階層消費者的特點，還有待研究結果進一步證實，但很明顯的是，消費者越是對產品品質有所認識，便越不會受到價格的影響⑦。此外，影響消費者的還有其他因素，如耐用產品的品牌對消費者而言便比價錢重要⑧。

上述的研究結果主要指出了產品定價的重要性，在發展新產品階段，越是能把價格定在消費者能接受的範圍內，就越能確定行銷的成功；而要準確地捉住價格定位，就要了解各種因素對消費者心理的影響。

五、品牌的認定

最被廣泛應用的研究可以說是品牌認定，原因是它直接影響產品在市場上成功的機率。而它的重要性，也導致一些公司，例如富雄霸廣告公司(FCB)發展出他們獨特的測驗方法⑨。兩種相同的產品，其中一種因為有品牌而能在市場上以更高的價格出售，但另一種卻不能，就是反映一個品牌成功的最好例子。一般來說，行銷者常會問一些誤導人的問題，如"品牌打好了沒有？"等。所問的問題，實際上應該是直接針對行銷、包裝等方面。要徹底了解品牌，就得先了解消費者對品牌的不同反應，也就是"品牌的意識"、"品牌認同"和"品牌的參與"，而這是三個不同的概念。

"品牌意識"是指消費者知道一個品牌存在的程度。也就是說，在他進入一個商店的時候，他知道他要買的產品有甚麼牌子可以選擇，要是他並不知道某品牌的存在，該牌子給這位消費者選擇購買的先決條件便沒有了。愈多消費者知道某品牌，它被購買的機會就愈大。

不過，當一個品牌的驚覺度很高的時候，也只是表示它被購買的機會會提高，並不能確定它被購買的機會一定會很高，同時，也不表示消費者會重複購買這種品牌。這是因為每一個品牌都可以和人一樣，有它的"個性"，也就是指這個品牌會給予消費者一種心理上的知覺。例如，Mercedez-Benz 和 BMW 給予消費者一種它是事業成功人士的車子的形象，這也是這兩種品牌在香港市場非常成功的原因。但是，由於 Mercedez-Benz 在日本市場曾給消費者一種與黑社會有關的感覺，造成它在日本市場無法得到像香港消費者那樣的支持。也就是說，雖然品牌一樣，產品一樣，但當消費者在心理上對這種品牌有不同知覺的時候，他們就會給予該品牌不同的評價。要特別強調的是，這是一個消費者心理知覺的問題。又如，當 1986 年可口可樂在美國推出新改良的口味，所得到的卻是消費者極端的負性反應，導致在 6 個月內，可口可樂仍要重新推出以前的口味。消費者對可口可樂的品牌認同很明顯是跟着它一向的口味走，雖然行銷者以為可以把口味改良，可是這與消費者對品牌的認同並不配合。相反，九廣鐵路(KCRC)卻非常成功的利用廣告來改變了消費者對火車的觀感(廣告 2，見彩頁)。雖然火車本身只是一種交通工具，但它利用一羣天真可愛的小孩子，引起消費者對火車一種溫馨的童年回憶，使火車對人們產生一股很強的吸引力。

這種對品牌的知覺，可能會也可能不會導引消費者的認同；然而，決定購買或不購買一種品牌，卻是"品牌的參與"問題。當一個消費者對某個品牌參與度高的時候，他越能從此品牌上得到對自己的認同，也就會影響他購買該品牌的機會，同時也影響他會不會重複購買該品牌的興趣。

當消費者對產品沒有徹底了解或當他們並不清楚品牌的形象時，品牌的參與度就需要時間來培養。就如 80 年代末期的台灣市場⑩，市場的發展使得消費者突然有機會面對多種不同的品牌，於是他們比較喜歡嘗試購買不同的品牌，但是卻很難預測他們重複購買同一品牌的次數。

當一個品牌成功的時候，可以同時帶來其他的發展機會，如產品擴伸，即如果一個品牌的產品成功，它會給予消費者對同一個品牌的其他產品一種心理上的信心⑪。也就是說，消費者對同一個品牌多種產品的反應，是受到品牌的主要產品形象所影響⑫，當一個品牌的主要產品和它其他產品並不類似時，同樣會影響消費者對其他產品的評判⑬。

六、廣告的發展

消費者、廠商和廣告商一直都對消費者對廣告的反應有很大的興趣。有些消費者以為只要明白廣告商所用的幾種策略，就可以看了廣告"無動於衷"；同樣，也有一些廠商以為只要知道廣告的策略，就可以有效地掌握廣告，這兩種想法都不夠全面。

有效的廣告包括以下幾種方法：抓住消費者的心理、採用戲劇性的誇大、利用權威人士(如專業人士)提供資料、簡單的品牌或展品訊息、不要離開品牌本身給予消費者的個性感覺、給消費者有利益的感覺、用和消費者相同的語言和說話方式告訴消費者有關"產品的個性"等等；同時，一個有效的廣告還要有突出的創意⑭。

以上的方法並不可以斷下結論哪一個方法比較有效，例如，幽默的效果要看它和產品的相關性⑮，幽默和產品的相關性越高，利用幽默廣告成功的可能性就越大⑯，要是消費者對品牌已經有負面的感覺，利用幽默的廣告只會產生反效果⑰。至於在廣告上採用音樂以求對消費者產生影響，則要看音樂的性質。例如，悲傷的音樂會影響消費者的心情，但它同時也會提高購買的意願⑱；採用音樂會減弱消費者有關產品詳情的記憶，但是也可以使得消費者在廣告過分重覆的情形下，不會忘記該廣告⑲。同時，使用音樂也可能防礙消費者對廣告內容的思考⑳。另外，有名的權威發言人可以增加消費者購買的興趣㉑，雖然名氣有可能比權威的影響大㉒，或因為代言人本身的種族具有影響力，例如有關高技術的產品，亞裔發言人對美國的消費者比較具有說服力；而西方發言人則對高品質的產品較有說服力。

除此之外，消費者本身也影響廣告的有效性，例如，消費者的情緒與廣告中的情緒有直接的連帶關係，當消費者在高興時看了一個情緒比較輕鬆的廣告，則廣告的效果會比較大㉓；另一方面，廣告媒體、廣告的性質等等因素也同樣可以影響廣告的效果㉔。但儘管廣告和消費者情緒的相關性十分重要，消費者對廣告的喜歡程度卻仍是最重要的。

除了上述的例子，有關廣告心理的研究還包括各種不同的廣告手法、畫像的式樣、廣告的信息等多種因素的影響㉕。由此可以看到單一因素不足以預測廣告的效果，除了那些重要的因素以外，還需要同時考慮廣告的處境才可以作出一個比較準確的估計。一個深具特色的成功例子就是國泰航空公司“香港——萬象之都”的廣告(廣告3，見彩頁)。該廣告是因波斯灣戰爭期間，空中旅行的人數大大減少，為了爭取更多的客戶，國泰航空公司便利用香港的特點——一個可以和紐約、倫敦、巴黎相媲美的城市，做一個廣泛的宣傳。國泰航空公司更和香港旅遊協會及不同的酒店一齊配合，使它成為一個非常成功的促銷策略。

七、促銷的策略

在行銷策略中，產品在市場上的成功除了需要有效的廣告外，還得配合其他促進銷售的方法。這些促進銷售的方法可以有不同的形式，如減價、贈品、試用品等。而每一種方法本身又有多元化的實施方式，如試用品除了可以讓消費者在商店中立刻嚐試外(食品或飲品便是常見的例子)，也可以提供試用品給消費者在家中嚐試一段時期，或在展銷會中介紹產品等等。

以行銷心理的角度對這方面進行的研究，大部分以價格變動對購買行為的影響為主，但這方面的研究結果並不太一致㉖。有些研究發現利用價格來爭取短期的銷售成功，會有長期的負面影響㉗：可是也有研究發現相反的結果。這些研究結果不統一的原因，是它們並沒有充分考慮其他因素的影響程度，如對於原來就是某品牌的非使用者，或一向是使用其他品牌的人，是因為價格的轉變而購買該種品牌，他們常會在促進銷售期過後，停止購買該品牌的產品㉘。其他少數研究還發現，不同的產品放在一起出售，給予消費者心理上的總值往往大於個別產品相加的總值㉙。雖然在這方面的研究仍然有限，但已很明顯顯示出只追求單一因素對促進銷售的影響，而不考慮其他因素的配合，是很難使促進銷售有全面效果的。

實際上，促銷策略本身就已經可以是非常多元化的。單是廣告，如香港港麗酒店早期的一個廣告，就採用了一個非常具有特色的促銷策略(廣告4，見彩頁)。在廣告上，出現的並不是酒店的裝璜，而是所有酒店員工的名字，這不僅使員工有一種非常強烈的認同感和自豪感，同時，也向消費者傳遞了有關港麗酒店一種很特別的，令人很有信心的訊息。

八、行銷策略效果的評估

當一個新產品在市場上進行積極的促銷和廣告時，除了廣告的有效度和促進銷售的效果外，對廠商而言最重要的一個問題是整體行銷策略的成效，即消費者對產品的接受程度。這依然屬於已經提出的"品牌認同"和"品牌參與"的概念。

實際上，整個行銷流程中，也涉及一個有關研究方向的問題。以上所介紹有關消費心理的研究，均是以某一些因素的影響程度為主。但是，評估一個產品在市場上行銷策略的效果，要考慮的可不只是廣告和促進銷售，也包括其他有關的因素㉚，例如文化歷史對消費者的影響。最明顯的，在中國文化裏，很少產品的包裝是用黑色或白色的，原因是這兩種顏色都帶有不祥的意義，但在一海之隔的日本文化裏，白色不但可以被接受，而且是一種被普遍使用的包裝顏色。

除了文化歷史，還有一個重要的影響因素就是社會的結構。例如，某一些種類的產品，如酒類在大部分國家出售並沒有問題，但在回教國家卻有很嚴格的限制。此外，還有習慣、環境等不同的因素。這些不同因素所引致有關消費心理研究方向的問題是：消費者的認同是否只以個人為主，還是也應該考慮他所屬社會環境導致的認同形成過程㉛？在最新的研究發展中，是和社會結構等因素一同考慮的，考慮的範圍也隨之變得比較廣泛而複雜。事實上，消費心理的研究不應該只受限於心理學和經濟學的融合，還應該包括人類學、社會學，甚至歷史學等不同的角度。

13.2 經濟心理

研究經濟心理，和消費心理不太一樣，因為消費心理的研究是有關個別的消費行為，而經濟心理是消費者整體上對財務管理的概念和行為。由於經濟信仰由不同的因素組成，若引導某方面的因素改變，可以改變整個經濟信仰，因而又形成了另外有關這些因素相關性的問題，例如對持有財富和對沒有財富的態度是不是可以成正比、經濟信仰和其他社會生活信念的相關性等。

一、金錢的象徵

經濟心理包括一般人對金錢的態度。事實上，一般消費者對金錢通常已有一定的態度。最明顯的例子是當某一種舊的錢幣被取消，或一種新的貨幣出現時，會引起消費者的強烈反應㉜。但一般人對用金錢作禮物的態度卻很特殊，如以金錢送禮，禮券或禮物在西方社會比鈔票容易被接受㉝；而一些自己通常不會買的禮物則比自己會買的禮物受歡迎。有很多宗教對金錢都有所訓誡，但主要卻不是對富有本身，而是針對富有帶來的佔有慾、不願意幫助別人及對社會問題不願意負責的態度。因此，社會對金錢同時有正、負兩方面的態度。

二、有關對金錢心理的研究

有一個有趣的發現是，錢幣的價值越大，人們對該錢幣的認知就越大，而所估計的價值通常要比實際的價值大；家庭貧窮的會較家庭富有的過分估計錢幣的實際價值㉞，而這種對錢幣大小的高估，並不在於受試者有沒有機會看到錢幣。這個實驗證明了主觀意識對價值的重要性。在不同地方，針對多種不同的貨幣所做的研究，得到的結果大多數是一致的㉟。

一般來說，不同的背景對金錢有不同的態度，如性別、社交圈子、經濟能力和人格等。一個較有影響力的因素是工作經驗。工作的人對金錢的態度比較正面，也認為金錢比較有用和重要。另外，有錢的人被認為是比較快樂和健康的㊱；不在意花錢的人也覺得自己比較健康和快樂；不願意花錢在自己身上的人不單對自己的財政較不滿意，對朋友、工作，甚至對國家的經濟也不太滿意。

有關經濟心理的研究比一般消費心理的研究少。關於經濟心理研究的問題有兩個：第一是大部分的人以為他們的個人經濟狀況是秘密，並不願意解答有關的問題；而收入愈高，也就愈不願意公開個人的經濟狀況。第二個問題是大部分的研究是在西方國家進行，在別的文化社會裏，經濟心理會不會有明顯的差異，要有待進一步的研究才能夠了解。

註釋

① Fournier S, Richins ML. 1991. "Some theoretical and popular notions concerning materialism", J. Soc. Behav. Pers. 6:403–14.

Rudmin FW, Kilbourne WE. 1993. "The meaning and morality of voluntary simplicity: history and hypotheses on deliberately denied materialism", Queen's School of Business Working Paper # 93–15. Queen's University, Kingston, Ontario.

② Tse DK, Belk RW, Zhou N. 1989. "Becoming a consumer society: a longitudinal and cross-cultural content analysis of print ads from Hong Kong, the People's Republic of China, and Taiwan", J. Consum. Res. 15:457–72.

③ Richins ML, Dawson S. 1992. "A consumer values orientation for materialism and its measurement: scale development and validation", J. Consum. Res. 19: 303–16.

④ Rao AR, Sieben WA. 1992. "The effect of prior knowledge on price acceptability and the type of information examined", J. Consum. Res. 19:256–70.

⑤ Rao AR, Monroe KB. 1989. "The effect of price, brand name, and store name on buyers' perceptions of product quality: an integrative review", J. Mark. Res. 26: 351–57.

⑥ Lichtenstein DR, Burton S. 1989. "The relationship between perceived and objective price-quality", J. Mark. Res. 26:429–43.

⑦ Gaeth GJ, Levin IP, Chakraborty G, Levin AM. 1990. "Consumer evaluation of multi-product bundles: an information integration analysis", Mark. Lett. 2:47–57.

Tellis GJ, Gaeth GJ. 1990. "Best value, price-seeking, and price aversion: the impact of information and learning on consumer choices", J. Mark. 54:34–45.

⑧ Dodds WB, Monroe KB, Grewal D. 1991. "Effects of price, brand, and store information on buyers' product evaluations", J. Mark. Res. 28:307–19.

⑨ 楊維富、徐淳華(待版中)市場研究的方法與應用。香港：商務。

⑩ Young, L. & Wong, Kelly KL.(待版中). *Understanding Brand Involvement in China*.

⑪ Aaker DA, Keller KL. 1990. "Consumer evaluations of brand extensions", J. Mark. 54:27–41.

⑫ Schmitt BH, Dube L. 1992. "Contextualized representations of brand extensions: Are feature lists of frames the basic components of consumer cognition?", Mark. Lett. 3:115–26.

⑬ Boush DM, Loken B. 1991. "A process-tracing study of brand extension evaluation", J. Mark. Res. 28:16–28.

⑭ 袁文俊，"廣告—説服的藝術"。於香港大學的"消費心理"講座，1995年12月1日。

⑮ Weinberger MG, Campbell L. 1990/1991. "The use and impact of humor in radio advertising", J. Advert. Res. 30:44–52.

⑯ Scott C, Klein DM, Bryant J. 1990. "Consumer response to humor in advertising: a series of field studies using behavioral observation", J. Consum. Res. 16:498–501.

⑰ Chattopadhyay A, Basu K. 1990. "Humor in advertising: the moderating role of prior brand evaluation", J. Mark. Res. 27:466–76.

⑱ Alpert JI, Alpert MI. 1990. "Music influences on mood and purchase intentions", Psychol. Mark. 7:109–33.

⑲ Anand P, Sternthal B. 1990. "Ease of message processing as a moderator of repetition effects in advertising", J. Mark. Res. 27:345–53.

Gorn GJ, Goldberg ME, Chattopadhyay A, Litvack D. 1991. "Music And information in commercials: their effects with an elderly sample", J. Advert. Res. 31:23–32.

⑳ Scott LM. 1990. "Understanding jingles and needledrop: a rhetorical approach to music in advertising", J. Consum. Res. 17:223–36.

㉑ Ohanian R. 1991. "The impact of celebrity spokespersons' perceived image on consumers' intention to purchase", J. Advert. Res. 31:46–54.

㉒ McCracken G. 1989b. "Who is the celebrity endorser? Cultural foundations of the endorsement process", J. Consum. Res. 16:310–21.

㉓ Batra R, Stayman DM. 1990. "The role of mood in advertising effectiveness", J. Consum. Res. 17:203–14.

Mathur M, Chattopadhyay A. 1991. "The impact of moods generated by television programs on responses to advertising", Psychol. Mark. 8:59–77.

㉔ Schumann DW, Thorson E. 1990. "The influence of viewing context on commercial effectiveness: a selection-processing model", Curr. Issues Res. Advert. 12:1–24.

㉕ Hughes GD. 1992. "Realtime response measures redefine advertising wearout", J. Advert. Res. 32:61–77.

Smith RA. 1991. "The effects of visual and verbal advertising information on consumers' inferences", J. Advert. 20:13–23.

Snyder R. 1992. "Comparative advertising and brand evaluation: toward developing a categorization approach", J. Consum. Psychol. 1:15–30.

Wells WD. 1989. "Lectures and dramas", Cafferata & Tybout 1989, Cognitive and Affective Responses to Advertising. Lexington, Mass: Lexington pp. 13–20.

㉖ Blattberg RC, Neslin SA. 1989. "Sales promotion: the long and the short of it", Mark. Lett. 1:81–97.

㉗ Kalwani MU, Yim CK. 1992. "Consumer price and promotion expectations: an experimental study", J. Mark. Res. 29:90–100.

Kalwani MU, Yim CK, Rinne HJ, Sugita Y. 1990. "A price expectations model of customer brand choice" J. Mark. Res. 27:251–62.

㉘ Chakraborty G, Cole C. 1991. "Coupon characteristics and brand choice", Psychol. Mark. 8:145–59.

Davis S, Inman JJ, McAlister L. 1992. "Promotion has a negative effect on brand evaluations—or does it? Additional disconfirming evidence", J. Mark. Res. 29: 143–48.

Ortmeyer G, Huber J. 1990. "Brand experience as a moderator of the negative impact of promotions", Mark. Lett. 2:35–45.

㉙ Gaeth GJ, Levin IP, Chakraborty G, Levin AM. 1990. "Consumer evaluation of multi-product bundles: and information integration analysis", Mark. Lett. 2:47–57.

㉚ Hirschman EC. 1992. "The consciousness of addiction: toward a general theory of compulsive consumption", J. Consum. Res. 19:155–79.

Sherry JF Jr. 1991. "Postmodern alternatives: the interpretive turn in consumer research", Robertson & Kassarjian 1991, Handbook of Consumer Behavior. Englewood Cliffs, NJ: Prentice-Hall pp. 548–91.

㉛ Kvale S. 1992. *Psychology and Postmodernism*. London: Sage.

㉜ Furnham A, Lewis A. 1986. *Economic Mind. Sussex*: Wheatsheaf.

㉝ Webley P, Lea S. & Portalska R. 1983. "The unacceptability of money as a gift", Journal of Economic Psychology, 4, 223–38.

㉞ Bruner J and Goodman C. 1947. "Value and need as organizing factors in perception", Journal of abnormal and Social Psychology, 42, 33–44.

㉟ Tajfel H. 1981. "Human Groups and Social Categories", Cambridge: Cambridge University Press.

㊱ Luft J. 1957. "Monetary value and the perceptions of persons", Journal of Social Psychology, 46, 245–51.

㊲ Rubinstein C. 1980. "Your money and your life", Psychology Today, 1980, 12, 47–58.

14

工業與組織心理學

許志超 • 香港大學心理系高級講師
管慶慧 • 香港大學商學院博士研究生

“愛設於先，威設於後，不可反是也。若威加於前，愛救於後，無益於事矣。”

——《李衛公問對》

“教得其道，則士樂爲用；教不得法，雖朝督暮責，無益於事矣。”

——《李衛公問對》

“將帥者心也，羣下者支節也。其心動以誠，則支節必力；其心動以疑，則支節必背。夫將不心制，卒不節動，雖勝，幸勝也，非攻權也。”

——《尉繚子 • 攻權第五》

14 工業與組織心理學

心理學是一門科學，也是一門應用的學問，很多心理學家的工作就是要將心理學中研究出來的原理、方法以及發現應用在解決人類的問題上面。大多數應用心理學家的工作是在醫院、監獄裏面，這些我們稱之為臨床心理學。其實心理學還可以應用在工業及商業上面。

在工商界工作的心理學家，一般稱為工業組織心理學家。他們的工作很多樣化，其中有：幫助機構增加他們的產量；加強他們的服務；提高員工工作的滿足感；改善管理的方法；設計訓練的課程；將適合的人和適合的工作配合起來等。公司的人事部門是工業心理學家工作或提供顧問服務的地方，員工的遴選、培訓就是這些人事部門的主要職責。另外一種是以工作機構內人的行為為探討對象的心理學家，叫做組織心理學家。他們較多從理論及研究的觀點，來看許多組織內的基本活動現象。例如領導風格、激勵方法、公司決策過程等，以促進我們對組織的本質、功能及效率方面的了解。組織心理學家的研究能配合工業心理學家的工作，共同促進企業組織的任務與表現。

14.1 工業心理學

14.1.1 大機構裏面的小組織

在任何一個機構、任何一間公司裏面，都有很多小的組織。它們包括正式的部門，如會計部、生產部等，也有可能如汽水廠的貨車司機與車上的跟車工人等，都是一個小的組織。即使是同一辦公室裏的同事，或者是一間百貨公司裏面男裝部的售貨員所構成的小組織，在整個大機構中都有着很重要的功能。工業組織心理學家其中一個能夠做出貢獻的地方，就是提高這些小組織、小羣體的效率，令員工在這些小組織裏面能夠發揮最高的生產力，得到最大的滿足感。

14.1.2 甚麼是一個小組？

一個小組有如下的特徵：

(1) 小組裏面的成員有互相來往溝通的機會，它可以是面對面，也可能是透過傳真機、電話、電報等來聯絡。

(2) 小組織的成員都覺得自己是屬於這個小組織的，而其他人也同樣覺得這些成員是屬於這個小組織的，一間百貨公司男裝部的售貨員，他們覺得自己是男裝部的，女裝部、童裝部也同樣覺得這幾個售貨員是屬於男裝部的。

(3) 這個小組織的成員都有同一個目標，或者相當接近的目標：在他們的小組裏也有某些規範，如規定幾點上班，午飯時吃些甚麼，或者穿甚麼衣服等。

(4) 在小組織裏每一個成員所碰到的事情或多或少都會影響其他成員，如果這個小組是成功的，組裏面的其他組員都會感覺到這種成功：如果這個小組失敗的話，小組中的組員也都要分擔失敗。

早於 1920 年，美國一批研究人員發現，小組對工人的行為有很深遠的影響，工人在工作時都必須遵守他們所訂的規範。而其後的研究也顯示出小組的內聚力和氣氛都影響着組員的產量、士氣及工作的滿足感。

14.1.3 小組的領導

凡是小組，或者部門，甚至董事局，都有領導人。正式的領導人可能是小組的組長、部門的主管，或者是董事局的主席。工業心理學家研究的其中一個課題就是怎樣的小組領導人是最有效的。我們可以粗略將小組的領導方式分成四類：

(1) 放任式，領導人任由小組的組員做他們喜歡做的事，而甚少干預他們的工作，做決定時也由組員來做。

(2) 專權式，剛好與第一種相反，由自己做一切決定。他會要求小組的組員服從他的命令，給的指示很清楚，且不需要組員有太多的參與。

(3) 諮詢式，當小組的領導人需要做決定的時候，他會諮詢其他人的意見，然後根據大家的意見以及各人提供的資料做出決定。

(4) 參與式，當領導人要做出決策時，他會要求每一個參加者來參與，以致大家都能同心協力的工作。

這四種決策及領導方式中，哪一種好一些，哪一種差些呢？Locke & Schweigher 於 1979 年綜覽歷年發表的研究文獻，指出不論是參與式或者其他的領導方法在有些情況下有好處，能夠提高小組的生產力，但也都有同樣數目的研究顯示參與式的決策並不一定能提高小組的生產力，有時它們甚至會有不良的效果。簡單而言，參與式的決策使員工們會覺得士氣高些，開心些，具體的產量就不得而知了。

在東方，尤其是中國人的社會，下屬不太願意向上司提意見，在一個集體主義的社會裏面，下屬寧可將話埋在心裏。所以儘管上司要求下屬多給些意見，下屬仍會有所顧忌：他不想開罪其他同事，也不想顯示出上司無能。種種原因令參與式的領導方式及決策方法都不太容易施行，同時，諮詢也未必會帶來有用的效果。所以在中國人為主的機構裏，大部分都是由小組組長、部門主管或董事局的主席發表意見，除非他的決定與很多人的分歧太大，否則大家都會忍氣吞聲。

那麼，專權式的領導是不是在中國人的社會裏較為有效呢？要回答這個問題，實在不是那麼簡單的。不錯，專權式的領導是較為普遍，因為中國人大多都會接受領導人及部門主管的領導，即使心裏面不太歡喜，起碼表面上他們都會表示支持。它可以令小組決定進行快，減少討論的時間，大家的意見都不需要表達出來。尤其是當一個主席在工作實務方面有經驗的情況之下，專權式的領導是有它一定作用的。

不過，在現代的工商業社會裏，實在有太多的問題，並不是一個領導人能夠完全明白和完全掌握的，往往需要集思廣益。如果小組中的其他成員不願意表達他們的意見，甚至還表示同意心裏面其實不太同意的意見，就會產生很嚴重的後果。因此，在一個中國人社會裏專權式的領導之下，我們更加需要小組成員提出他們的意見，對主席的決定表示些許的懷疑，這對小組的貢獻將會更大。同時，這些小組的組長、領導人也應學會如何聽取他人的意見，而不是利用他的表情、言語過早地壓制不同的聲音，這樣小組的決策才會更加準確，得到更加有利地發展。

14.1.4 人員遴選

工業組織心理學家對私人機構及政府機構一項很重要的貢獻，就是在人員遴選方法上的研究及開發。一家公司招聘新人，使用最普遍的方法就是面試。經過現代工業心理學家的研究顯示出，這個使用得最普遍的方法實際上可以是最不準確的方法。其不準確的成因有很多，比如：

(1) 負責面試的人對那項工作沒有清楚的認識，也不知道該工作要求些甚麼；

(2) 負責招聘面試的人準備不足夠，不懂得提出適當的問題；

(3) 負責招聘的人太受應徵者的外表、言談的影響，以致不知道或沒時間，也沒心思去清楚了解應徵者是否適合這份工作；

(4) 負責面試的人，問的問題只是一些有簡單答案的問題，比如"你喜不喜歡現在的這份工作？"令答問題的人只可以答"喜歡"或者"不喜歡"。另外一些問題是根本不可能令主持面談的人得到新資料的，比如"這份新的工作，你估計一下其中最難的是甚麼呢？"

(5) 一般的面試都是沒有組織的，應徵者甲和應徵者乙雖然是應徵同一職位，但是被問的問題不同，結果根本就不能夠被準確地比較。到最後，公司根本不能分辨甲及乙誰者較適合。

為解決這個問題，有些工業組織心理學家就提出了改善的方法。其中有 Latham 等(1980)所提出的更加有組織的處境面談法(situational interview)，Janz, Hellervik 及 Gilmore(1986)所提出的"行為描述面談"(behavior description interview)。這兩種改善了的面談方法，能夠更加準確地測試出應徵者是否適合這份工作。

這兩套方法基本上是要求負責招聘的人對工作有清楚的了解，透過進行工作分析(job analysis)，明白工作職位的要求後，再設計出一套完整的、客觀的問題，順序發問，這樣就可以做到事半功倍了。

除了改良面試的方法以求增加準確度之外，工業組織心理學家更設計了多種心理測驗給予人事部門使用。倘若一份工作要求特殊的語文能力、特殊的觀察能力或手指肌肉的能力，我們就可以使用適當的心理測驗，來量度應徵者是否具有這種能力或技巧。

另一種心理測驗可用來測試應徵者是否有某份工作所需要的個性或興趣。有些心理測驗是用來量度誠實程度；有的是量度一個人能不能夠輕鬆地與客戶交談；另一些測驗則測量成就動機。這些測驗都可以使我們更加深入的了解應徵者的個性，以方便我們確定是否聘請，聘請之後將他安插在哪個部門、哪個職位工作。

14.1.5 遴選工具的效度

我們用"效度"一詞來表示一種工具的準確程度。一種有高效度的工具，是一種能夠幫助公司準確預測某人將來工作表現的工具。一種工具若缺乏效度，那麼員工在這個測驗上的得分與他日後的工作表現便完全沒有關係。

直到目前為止，很多歐美的研究都顯示出運用面試方法所達到的效度通常是由 0 ~ 0.15 左右；如果是運用紙筆的能力測驗(如數學能力測驗、語文能力測驗、分析能力測驗)，效度就可以高達 0.5 ~ 0.6；至於性格測驗或興趣測驗，效度大約為 0.1 ~ 0.3 左右。

為甚麼我們要選擇有高效度的測驗？因為效度越高，準確性越高。如果能夠準確地預測員工的表現，就不會有這麼多錯誤的決定，從而能節省日後因為員工流失所需的再招聘費用、再培訓費用或其他的工作費用。Hunter 在 1979 年，為美國費城的警察作了一個研究，他發現倘若警局不再使用心理測驗中的能力測驗，而採納來者不拒或者隨意挑選的原則，在 10 年之內就會損失 1.7 億美金。這些損失包括需要再培訓那些不能通過警察學校訓練的人、日後解聘的解僱金及增聘有能力的警員等等。

一般的工業組織心理學理論及方法都有濃厚的歐美文化背景，西方的心理測驗在香港、台灣及大陸等以華人為主的社會裏是否適用、是否有效度呢？在香港，少數外資機構直接引進英國和美國的心理測驗，但這種應用有幾項重要限制：

(1) 這些心理測驗本來就是為西方，甚至可能是為某一個企業設計的，後來才加以修改擴大：歐美的僱傭條例、勞工市場、文化價值都與華人社會不同，所以它們的適用程度可能受到限制。

(2) 這些西方的心理測驗所使用的樣本是外籍人士，它們用的樣本所建立的常模當然也都只適合外籍人士。在華人社會裏根本就不能使用西方的常模來量度某一個中國人是否適合某件工作。

所以，中國人的機構需要使用中國人自己的心理測驗。心理測驗的準確性非常高，但是如果用得不恰當，就會令我們作出錯誤的結論。目前，筆者正陸續開發新的測驗，同時將西方的測驗加以修訂，以適合香港及中國的華人使用。

14.1.6 人員的升遷及培訓

工業組織心理學家另外一個重要貢獻，就是設計適當的方法來幫助企業找出僱員需要的培訓，同時挑出適合培訓的僱員。此外，工業組織心理學家也可以幫助一間公司找出哪些僱員有潛質、可加以提拔，使他們經過培訓之後負起更大的責任，擔任更高的職位。

除了使用面試及心理測驗之外，工業組織心理學家還設計了一些模擬活動來測試員工。這些模擬活動中，包括有小組討論，即透過一起討論一個課題，解決問題，達到一致的意見。在這樣的過程中，一般初級僱員可以表現他們對問題的處理方式、人際關係、語言表達能力、處理衝突與異議的方法以及各種特質。而在旁邊的人事部經理或工業心理學家就會加以觀察評分，最後可以構成幾個分數，然後確定參與測試的人是否適合培訓，或者調職，或者晉升。

另一種常用的工具就是"文件處理練習"。在一個文件處理練習中，參加者面前放着一大疊較高級的經理可能要面對的文件，在限定的時間來處理(例如回覆電話、覆信、做出決定、分派工作、編排時間等等)。

這些練習同樣可以顯示出僱員是否有足夠的潛能來處理公司較高層的事務，從而讓我們明白這個人晉升之後會否有令人滿意的表現。

工業組織心理學家也發現了怎樣才能有效地令大機構的員工學習得更好，其中包括設計各種培訓的方法、方式，除了課堂講授之外，還提供不同的實習；同時還進行培訓功效的研究。透過這些研究，可以判斷哪一種培訓課程及培訓方式，可令員工在短時間內更有效的吸收所要學習的信息，從而使部分成本得以減低，員工的工作績效得以提高。

14.1.7 工作滿足感

工作滿足感是一個人對工作的一般反應，或是對工作中某一方面(如公司的政策、薪金、升遷的機會、工作環境、同事或者上司)的感受。

過去 40 年來，很多心理學者設計了各種不同的方法來量度僱員的工作滿足感。量度僱員的工作滿足感其實有兩個目的：第一，為了學術研究。若能測量員工的工作滿足感，就可以由此明白它與其他如工作產量、僱員流失等的關係，從而建立一種有系統的理論。第二個是較為應用性的。一間公司倘若能夠明白僱員的工作滿足感，知道他們喜歡甚麼，不喜歡甚麼，那間公司便可以就僱員的喜惡來對工作的環境、方式、政策等作出相應的修改，從而提高僱員對公司的歸屬感，也就提高了工作的績效。

有一間跨國顧問公司 International Survey Research 收集了數十萬計的各國僱員工作滿足感的資料。他們發現南美洲的人對他們的工作組織、公司的管理階層、訓練及工作環境都較為滿意。北美洲的工人則對他們公司的福利、僱傭保障、工作的穩定程度較為滿意。亞洲太平洋地區工人的工作要求又是怎樣的呢？資料顯示，亞洲人對公司的管理階層、運作的效度、培訓、資訊的交流、福利等等都是最不滿的。當然這些不滿很可能與個別亞洲國家的經濟政策、制度以及當前的經濟氣氛等都有關係。

有哪些因素影響工作滿足感呢？工業組織心理學家在這方面有相當多的研究，我們只能在這裏簡要概述：

一、年資。若我們參看各種研究的結果，我們不能不看到年資與工作滿足感成一曲線關係。一個人剛剛加入一間公司的時候，可以稱為蜜月期，工作滿足感非常高。這當然可以理解，因為剛加入這一公司時，一定是聽聞了該公司有很多好的地方，如薪酬、升遷機會及工作環境等等，正是因為這些因素才將他吸引到這間公司裏來的。所以，當一個人新加入的時候，很自然就會有較高的工作滿足感。

第一階段的蜜月期之後，第二階段就是挫折期了。發生時間可以早至入職後半年，也可能是兩年之後發生。挫折是難以避免的，原因有幾個：

(1) 在挫折期內的員工仍然年輕有為，有極高的工作上進心，可惜他們的事業前途似乎到了一個頂峰，看不到再有甚麼升遷的機會。

(2) 當時該員工遇到各樣的阻礙、困難，原因或者是公司制度的限制，或者是在通貨膨脹及急速的經濟發展下，這些較高年資的人發現他們的薪金與剛加入公司的僱員的薪金相差並不遠，比他們更加年輕且無甚麼經驗的人的薪金正在追上自己。於是，這些年資較高的人感覺到不滿、失望。

(3) 員工在公司裏面見到各種困難及不善的地方，工作滿足感進入了低潮。這個階段的人不少就開始去尋找另外一份較好的工作。

第三個階段可稱為忠誠期。雖然一部分在挫折期的僱員曾經嘗試去外面尋找一份更好的工作，但卻找不到；而另一些人，挫折並沒使他們受很深的創傷，以致他們最終繼續留在公司裏，成為一名忠誠的僱員，沒有打算再離開。在忠誠期的僱員明白自己已經投資了相當的年日在這間公司裏面，他可能已累積了相當的退休金，或者在公司的附近買了房子，以致他們差不多沒有其他選擇去跳槽了。他們一般都較為滿意，較開心，不及挫折期的人有那麼多的不滿。

二、性別。除了年資之外，性別也是一個重要的因素。可惜工業組織心理學家在這一方面還沒有一致的看法。有些調查研究顯示，男性比女性更加有工作滿足感；而另外一些研究卻顯示相反的情況。也有更多的研究顯示二者並沒有甚麼分別。

究竟性別對工作滿足感有些甚麼影響呢？我們就要從不同的角度來

看了。自古以來，養家似乎就是男性的責任，男性的收入往往都較女性高，以致不同性別的僱員對薪金產生了不同程度的滿足。由於男性要在家庭裏負起較重的經濟責任，他們對工資的高低有較強烈的反應；而女性所承擔的經濟責任較男性略小，因而對高的工資她們不會有很高的滿足感，而對於低的工資也未必有與男性相同程度的反感。在性別與滿足感關係的研究數據裏，其實有相當多的因素是我們現在尚未清楚的。例如，時代的變遷，產生了不少單親家庭，在這些家庭中，女性負起了很重的養兒育女的責任，因而會左右她們在工作上的情緒、喜好等。此外，在很多社會裏男、女性的教育程度不同，他們願意做、能夠做，或者有僱主肯聘請他們做的工作都有相當的差異，因此在公司裏所能達到的階級地位也不同，而這些都可能與工作滿足感有密切的關係。

三、地位薪金。在公司裏坐高位的人對工作的滿意程度往往高過那些居於低位的人。另外，薪金較高的人，也較為滿意。

四、生活的滿足感。目前，有證據顯示一個人在人生其他方面的快慰感與他的工作滿足感有着密切的相關。我們不知道哪一個是因，哪一個是果，但是若一個人體弱多病，或者婚姻不如意，他在工作時也就不見得會特別開心。

五、性格、情緒。有追蹤研究顯示，一個人某一年的工作滿足感與他幾年之後的工作滿足感有密切的關係。換言之，某一個人當他不滿意時，他會對他其後的工作都不滿意；對此份工作感到開心的人，對其他工作同樣也會感到開心。

何種個性與性格是與工作滿足感有關的呢？第一，較具體的證據顯示，一個內控(internal locus of control)的人有較高的工作滿足感。內控的人相信生活中所遇到的事件不管如意與否，都與他自己的特性及所做的事情有關，而不是因為一些不可由他們控制的因素所造成。內控的人相信生活控制在自己的手裏，當他們不滿時，就會去採取行動，令到工作更加如意。第二種性格是集體主義，當一個人介懷自己與其他人的關係，便不想與其他人分隔，他們願意接受其他人的意見甚至隨和地附從他人，這種人的人際關係較為和諧，與同事之間有着較密切的關係，工作滿足感也會高些(Hui, Yee, & Eastman, in press)。然而我們需要明白，以上所講的都不是絕對的關係，因此不能說凡是內控的人，或凡是集體主義者必然有着較高的工作滿足感，尚有其他的因素影響一個人的工作滿足感。

14.1.8 滿足與表現：東方人的理念與行爲

組織裏人們的態度與表現的中國觀點，與西方或許不同，它不如西方那麼重視個人的需求滿足對於工作表現的影響。在東方，滿足與表現二者可分開獨立地變動。另外，中國企業會運用集體的士氣以增進團體的利益。

中國人在工作態度上的一項特色，是個人的工作表現不一定符合他從工作中獲得多少金錢或是內在的滿足。中國人在工作方面的基本觀念，是將其在工作上的義務與他可以由工作中獲得的滿足分開，這種現象乃源自於儒家觀點對於工作的基本理念。這種心理現象，也就是在個人的情感層次提高其工作道德。它可以解釋一些矛盾的情形如：個人雖然工作條件不佳，甚至得不償失，仍能促使其擁有正向的工作態度。在一個許氏對台灣企業所做的研究裏，獲得了這種現象的間接證據：如果受試者認為他們對更大的社會、團體有所貢獻，有社會價值時，他們的工作態度很顯著地受到影響。

有關東方文化與工作組織的另一項特色，是從集體的角度來看工作表現，認為它是企業、部門或工作團體中成員之"團結力"的顯現。然而在西方，個人目標是分析組織行為時的首要重點，因此，促進表現便由個人化的動機着手。這個觀點用於分析中國或日本的現象時，就可能並不適合。在東方，工作士氣對於員工表現的激勵作用更勝於個人需求期望的影響。事實上，在探討整體工作精神的美國研究或理論裏，很少認真地考慮企業士氣的影響。幾項有關香港傢具業、日本勞資關係以及英國與日本工廠的研究便充分說明：東方人對待滿足與表現的態度與西方工作組織是相當不同的(高尚仁、伍錫康，1988)。

14.1.9 提高生產量

工業組織心理學家的一個重要責任就是幫助機構去提高員工的生產

量，增加他們的服務和工作質素。工作滿足感或許同產量、工作質素有關係，但是要提高產量和質素，還有其他方法：

一、激勵員工。

有各種動機理論從不同的角度討論一個人為甚麼會作一件事，怎樣可以做得快，為甚麼能做得好。工作動機的範圍中，一個重要的心理學理論就是"目標理論"。

根據此"目標理論"，工作指標能改變我們的行為，使我們的工作更加有效率。根據 Locke 和 Latham(1990)的研究，僱員訂立了目標之後，將精神集中在要做的工作上面，因而較少受其他因素的影響。目標能令僱員更加有恒心地工作，僱員們會嘗試找出新的方法去達到這個目標。員工心裏所問的是，我們怎樣才可以達到指標呢？我們怎樣才可以將我們的力量集合去達到這一目標呢？這些問題都催使僱員去找尋新的方法，更加有效率地增加他們的生產量，提高他們的工作質素。

工業組織心理學家除了研究工作指標之外，還研究了其他可能激勵員工的因素(詳見 Hui, 1992)，其中之一就是薪金及福利。在西方的研究中，薪酬越高的人就可能做得越多或者越快，但這只是限於按件計酬的工作。但即使如此，也有員工會覺得，倘若他做得多的話，公司就會將每件的工資再減低。所以，這種方法未必就真能完全提高工作產量。另外一些研究顯示，如果有高的薪金，員工會覺得較有滿足，較受到別人尊重，他們的工作就會更加快些。不過，也有些人覺得他們只需要賺到足夠的錢，就可以不用繼續工作，這些人反而是越多收入就會工作越少。

公平理論(equity theory)指出，人不是單看自己有多少收入，而是將自己的收入相對於自己所付出的勞力、知識或其他的資歷，跟其他的同事甚至業內人士比較，當他發現他和其他人的資歷差不多，付出的勞力差不多，但是得到的薪金不一樣時，心裏面就有不公平的感覺。相反，如果發現自己的資歷可能較別人低，工資也低，而其他人的資歷比他高，工資也比他高時，他便會有公平的感覺(Walster, Walster, & Berscheid, 1978)。薪金的確是一個經常產生矛盾、衝突的因素。

其他能夠激勵工作的因素，尚有：

(1) 人際接觸(social interaction)。不少員工都很喜歡與其他人來往、交談，甚至有些人工作的原因就是為了要多見世面，不想老是呆在家中做井底之蛙。這類人如果被囚在一個房間裏工作，他會不開心，工作也不會做得好。

(2) 地位。如果僱員覺得他的工作很有地位，令他有滿足感的話，他就會很盡力地去工作。

(3) 成就感。當我們覺得自己所做的事情能夠肯定自我，又能澤及他人的時候，便會較為起勁地去做。

(4) 舒適。人在光線充足，色調柔和，有空氣調節的環境裏工作，會做得好一些。給他們不舒適的環境，工作興致就會受到影響，工作時較易出錯和發生意外。我們須注意一點，不同的人受上述原因影響的程度不同。有的人可能會較注重舒適，另一些人可能較為注重成就感。這些原因都可能構成用不用心工作的因素。

二、改變工作及工作環境

除了個人因素之外，公司可以用來提高工人的產量的另一個方法就是將工作重新設計。這裏包括兩方面：(1)工作"社會"環境的設計。有些僱員工作不起勁是因為他們的上司領導無方，在這種情況之下，他們的上司就需要接受更好的訓練。(2)僱員工作的實際環境：工作的程序、工作所需用的儀器是否合用和舒適？ Hackman 和 Oldham (1976) 研究怎樣使員工對工作產生趣味(job enrichment)。他們的研究發現，如果一個文員的工作只是將一些數字打入電腦，明明見到有錯誤他都不能修改的話，這個人的工作興趣及士氣都會降低。我們應當將這件工作重新設計，以至每一個電腦打字員都有權做適當的修正，都可以在請示上司之後去修改某些錯誤。他們還可以上一堂簡單的課，知道原稿可能會在甚麼地方發生甚麼錯誤，可以怎樣去修改。

另外，管理者可以令員工除了打字之外，再做些其他的事情，以使他的工作更加多樣化，這稱為工作擴大(job enlargement)。如果一個負責打字的電腦打字員同時在接待處幫助接線生，也同時作一些傳真的工作，她的工作就不會太刻板。

此外，很多心理學家也都集中研究工作環境對人類有些甚麼影響。工作的環境包括了光線、噪音、溫度、辦公室的設計間格和上、下班時間等等，如飛機駕駛艙中，常用的按鈕及需要緊急使用的掣，都在機師可以隨時摸得到的地方，而沒有常用的按鈕則設計在較遠的地方。這都是心理學研究的成果。

14.1.10 華人僱員的工作目標和態度

我們已經指出，要提高一個人的工作滿足感，或者要促進他的生產力，我們就不能夠忽視這個人是為了甚麼而工作，工作的目標是工業組織心理學家研究的另一個重要課題。Lawler(1973)的差歧理論指出，倘若一個僱員個人的期望和需要在工作的時間、環境及工作中得不到滿足時，他就會失意及不滿。究竟他個人的期望與需要是甚麼呢？在中國人的社會裏，僱員有些甚麼特別的要求呢？在台灣和中國大陸都有工業組織心理學家做了有關的調查研究。

對台灣的華人而言，工作的意義在過去數十年間發生了相當重大的改變。在 60 年代和 70 年代畢業的人視工作為生命的焦點和重心，工作是維持家庭生活的一個重要因素，因此，任何與工作沒關係的活動，都被視為次要。而在 80 年代畢業的人卻視工作為生活中的一個部分，必須與其他的個人興趣、需要、家庭、閒暇等配合：工作並不能夠凌駕在其他活動之上。他們認為工作最重要的目的是去做一個人喜歡做的事，而不一定是為了養妻活兒 。生存曾經是 60、70 年代台灣人最重要的工作目標，但現在已經不再是工作的主要原因了。

中國大陸的情形又是如何呢？ Shenkar 與 Ronen 於 1987 年收集了 163 位中國大陸的男性經理人員的資料。調查發現，中國大陸的經理對於升遷並不是那麼重視。這一個現象可能是由於很多中國人覺得升級表示更重的責任，更少的錢，這種現象在社會主義國家裏面似乎相當普遍：高的地位，多些責任，即使有發展的機會，也未必具有吸引力，因為這些並不能即時換取物質上的豐足，尤其在通貨膨脹很高的國家裏，地位和責任就變得相當不切實際了。另有一宗調查研究顯示出，在過去的 10 ~ 20 年間，工人的價值觀念和工作目標有相當重大的改變。在湖南省的一項調查中顯示，1986 年時有 73% 的人認為生活最重要的元素是對國家、社會有貢獻，在 1991 年同樣的調查結果中，在

15,000 多人當中只有 45% 的人仍認為這是生活中最重要的元素；而視財富為生活中最重要元素的人在 1986 年時有 5.82%，1991 年之後上升到 8.2%；希望有一個快樂幸福家庭的人，在 1986 年時有 10.27%，而 1991 年時有 39.2%。這個數字顯示，人們的期望從一個國家民族的重點轉移到實用及家庭的保障方面。當然這一改變也可能是由於中國變得更加開放後，中國人民有膽量說出以往他們藏在心裏的話。無論如何，我們都要明白，中國社會現在的轉變很快速，以致舊的調查所得未必能充分反映實際的情況。若讀者對有關中國人的工作滿足感、工作動機有興趣的話，可以參考 Hui & Tan (1995)的文章。

14.2 組織心理學

組織心理學或稱組織行為學可以視為一種了解、解釋以及預測"為何在組織中人們會有此種行為"的科學探討，研究主要有兩種基本變項，一種是正式的組織(包括結構、歷程與技術等)，一種是人的變項(認知、知覺、動機、人格，以及其他心理歷程)(高尚仁、伍錫康，1988)。

組織行為學的研究經常都對工作組織中人類行為的基本課題，例如決策、激勵、領導與督導、溝通、權力運用、特殊的工作表現等，有很大的興趣。這些行為歷程，對於個人與集體的表現，以及工作組織內的成就都有所影響。而且，也會與其他歷程相互作用，而影響到組織在表現上的整體效能。

14.2.1 人性論與組織行爲

管理者對組織成員的觀點，對制定企業組織的管理哲學與管理方法而言是很重要的。

西方的管理文獻裏，已有 McGregor (1960)的兩個著名理論——X 理論與 Y 理論。X 理論歸納了傳統的美國人或西方人對運作組織中成員的看法。基本上，它假設了人類對工作的負面性看法：它認為人們不喜歡工作，除非在負面的強制及正面的誘因下，否則他們會逃避工作：再者，人們在工作時，必須給予指導及控制，不能信任他們或讓他們自由發揮。因此西方傳統的管理法則，明顯地是以控制、指導及統合的方式為重心。X 理論所設定的觀點長期主宰着美國管理思想，對典型的美國公司而言，這種權威式的管理形式，造成了管理者與員工之間的低信任感，相互猜疑及敵對的局面，並是導致企業內衝突的主要原因。

Y 理論的基本假說認為，人們並不討厭工作，實際上，它是內在滿足感的泉源。因此，外在的控制、指導或壓迫通常不能得到預期的效果。人們在本質上並不逃避責任，反而會主動尋找它。給予適切的機會，人們是有想像力、純真及創造力的。

X 理論與 Y 理論兩者雖然都對人類本性及行為有基本假設——但 Y 理論較不以現實生活為基礎，而以社會科學家的人本精神及道德理想為骨幹，仍須在實際工作情境中求取驗證。

此外，較新崛起的管理理論—— Z 理論，是大內(1981)參考東方文化及美國企業用日本式管理所歸納出來的經驗結晶。Z 理論在某部分和 Y 理論相類似，兩者共同強調開放性、公平性及平等性，並且都相信人們對事物的判斷力和會憑着良心行事。而在處理成員團結與組織的整合上，Z 理論則優於 Y 理論，它強調的是團隊精神的建立及集體動力的維持。

對於工作組織而言，中國人對行為的看法有幾點特色。首先，個體能夠經由教導或社會化歷程來改變與導正。第二，人們在接觸及互動中，會依據所處環境表現出中庸、謙虛、保守與防衛等多元性。第三，就如同 Z 理論及 Y 理論一般，深信個體存有潛能，只要有適當的機會，就會為着人類共同的幸福去創造、投入、表現及貢獻。最後，在社會風氣及道德上也鼓勵犧牲個人，為團體的最後榮譽作出奉獻。

換言之，中國人對人的看法，顯示了秩序和利他精神，追求整體的和諧與發展，持有人本的態度與相對的平等觀念。

14.2.2 工作動機

一般而言，動機意含促使人們去完成某些工作或目標的歷程。在企業組織中，它扮演了一個重要角色，能使部屬或員工受誘導去完成工作上期望的結果。換言之，動機是一種"當一個人花費努力或精力去滿足某一需求或獲得某一目的"的行為歷程。採用具體的方法引發員工的積極意識和工作動機叫作激勵。

動機的概念涵蓋了解人類的需求、驅力、期望、努力、知覺、表現及其他心理歷程的問題。各個工作動機理論所重視的焦點不同，處理方式與觀點也不盡一樣。大體而言，其中幾個主要理論值得簡述。

一、需求理論：

需求理論大部分可歸功於 Maslow (1943，1954)的建構，對於企業組織的工作運作提供了深層的解析。該理論假定人類需求的層次由下往上，分別是生理需求(physiological needs)、安全需求(safety or security needs)、情愛或隸屬需求(love or belongingness needs)、自尊需求(esteem、status and self-respect need)及追求自我實現(need for self-actualization)。其基本法則，認為低層次需求的滿足必須先於社會與心理方面等較高層次需求的滿足。

二、人際關係理論：

人際關係學派(human relation school)觀念的要義，強調社會因素及社會關係影響組織中個體行為的重要性，其注意焦點超越個體生理層次的需求，而進一步放在組織羣體的發展及社會關係的滿足方面。

在理論及運用上，人際關係理論認為企業組織的各個層面應重視成員的工作態度，加強員工在情感上對組織的認同，及對組織目標的強烈投入。因此，管理者應運用各種方法培養員工良好及合作的態度以增強動機的驅力，包括經濟的、安全性的及自我的動機。在這種管理激勵模式下，管理態度是民主的、容忍的、鼓勵並追求員工對組織各層面的參與及投入。

三、兩因素理論：

另一個受歡迎的理論是 Herzberg(1959，1966)提出的"兩因素"理論(two-factor theory)，它區分了滿足與不滿足兩種驅力的向度，而對應於組織中的內容(content)(內在的)及維生(hygiene)(外在的)兩個因素。對於外在因素(如公司政策、行政措施、督導方式、薪資、工作環境及人際關係等等)無法適當地提供，會造成對工作的不滿足，且會令人喪失興趣。然而，對這些因素的改善，並不會正面增加工作的滿足感，即缺乏顯著的動機效果。動機的來源是決定於對內在因素的強化，例如取得成就的機會、責任、成長、對工作的認知與興趣等等。同樣地，這些內容與工作的不滿意並沒有關聯，它們的欠缺也並不造成減低動機的結果。

高滿足感並非來自造成不滿足感因素的欠缺，而是來自那些被歸類為"滿足因子(satisfiers)"的存在。這個理論認為企業組織在使用"激勵因子(motivator)"於工作情境時，還要同時使用好的"維生因子(hygience)"。所以很重視"工作豐富化"的重要性。

四、成就理論

成就理論(achievement theory)特別強調在工作表現與人際交往上種種可以誘發成就取向行為的有利環境及條件。

許多高成就取向的人都重視挑戰性目標應對策略的發展，他們對個人成就擔負起責任，喜愛挑戰性的工作，時時考驗自己的進步，並堅守成就目標的工作，專注於實踐計劃，並從目標的達成中獲得滿足。對這些特點的認識和針對這些心理現象設計激勵計劃，應能提高人的工作動機。

五、動機的東方觀點

以上所介紹的各種理論有"需求理論"、"兩因素理論"及"人際關係理論"，它們在西方的管理及組織哲學上具有極大的影響。這三種理論對於人類需求的看法，尤其那些"自我"成分較高的部分，反映了美國文化中有關個人主義、自我超越與成就的傳統觀點。

在中國企業組織中，成員從事工作並不僅僅是由於工具性的吸引力，也是因為他已承諾了工作的義務及對集體利益的貢獻。因此，儒家思想的激勵觀念中，人們判斷行動方向是以了解其義務為基礎的(Silin, 1976)。因此，在中國人的想法中，激勵行為乃是與道德認知有所關聯的，因此，行動必須與思想所涵括的價值相符合。在工作環境中，一個人會努力工作是因為他認識到表現自己所能乃是他的責任(Munro, 1977)。這些中國文化與工作行為的看法，導致集體目標的強化，並成為東方人努力的正式目標。這與西方強調追求自我及朝向個人目標發揮截然不同，中國人和日本人都覺得利他的義務更為重要，如此才能達成集體的利益。

大陸近年來對員工工作動機的研究，強調要重視精神、物質及感情三方面的心理因素，以達到全面工作的效率及人性化要求。其中中國人以傳統的"和為貴、禮、誠"等信念來協調種種人際關係，構成感情激勵。這在華人世界、日本及東南亞諸國得以有效的發揮，是東方價值觀很有特色的一種表現(俞文釗，1993)。在具體的實踐之中，以物質與精神同步的激勵方式最能在大陸收效。

14.2.3 領導行爲

"領導"這個字常引起不同的定義，有的學者認為領導是去執行指派的正式職責，及完成特殊的既定目標，領導被說成是一個團體中的某個人，發揮其社會影響力去影響團體中的其他人。可以說，領導者就是運用其權力以期能影響團體成員的人，而領導行為，當然也只有在有附從或部屬的情況下才能成立。因此，在組織中探討領導，會有兩種結果，第一，領導者的表現可以決定團體的工作成果；第二，領導者會影響團體成員的凝聚力、穩定性以及滿足感。下面介紹有關的理論。

一、特質論

早期的領導理論着重於領導者的個人特質。所謂特質，就是任何個人會產生不同行為的生理或心理特點，其中某些特性，足以區分成功與失敗的領導者。史密斯及克魯格(Smith & Krueger, 1933)就曾列出一些與領導特質有關的包括人格、社會以及生理的特質。

二、行爲論

行為論的焦點在於領導者影響工作團體的一套模式，而非僅定義人格特質。因此，學者要分析領導者所表現出來的活動目的，諸如團體凝聚力、生產力，以及成員工作滿足感的提高。所以團體表現的成就水準，成了領導效能的指標。

基本上，領導形態可以"權威式領導"及"民主式領導"為兩極劃分。從邏輯上推想，"人際關係"論者，較傾向於贊同"民主式領導"，這種領導方式容許部屬或成員有較大的參與空間。

貝爾斯(Bales, 1953)認為領導者的表現具有兩種功能，即完成工作以及滿足成員的需求。一般而言，工作取向的領導者專注於工作，可能會忽略成員在社會及其他內在需求的期望。因此，有兩種領導行為，一種是社會情感性行為，另一種是工作關聯性行為，即"主動結構"(initiation of structure)的"體貼"(consideration)。

三、聯列論：

如果從領導效能的觀點來看，沒有一種領導行為，是放置四海而皆準的。為了尋求更大的彈性，西方有關領導的文獻開始倡議一種"一把抓"(catch-all)的公式，也就是要找到工作結構、人際關係及領導者人格與行為特質之間的適切性。費德勒(Fiedler, 1972)模式的要旨是分析不同的領導形態、工作環境及團體效率之間的關係，它同樣以"工作取向"及"人際取向"來二分領導者的動機及行為特質。他的"聯列理論(contingency theory)"基本上認為，高效率的團體表現究竟須要何種領導類型，端視團體情境對領導者的有利程度而定。其間，影響情境適切性的因素有權力地位、工作結構，以及領導者與成員的關係。

情境適切的程度與這三個向度間的關係是呈正比的，因此對領導影響力而言，最適切的情境就是：良好的上司—部屬關係、高度結構化的工作以及在組織中有力的地位。

四、中國的領導研究

前述的論點都說明，美國領導理論的研究多少受制於西方主流文化的特質對個人行為形態的看法。在"特質論"中，這種情形從領導者與一般從員的內在及生理特質定義上的區分就可以看出。在"行為模式"中，則強調領導屬性可以習得，只要練習去表現領導者應有的行為，就可以成為優秀的領導者。繼而發展出來的"情境模式"，在分析領導行為時採取了更大的彈性，它同時考慮工作環境、工作性質，以及領導者與部屬之間的關係。

相反，中國人對領導的觀點，建基於具體能力以及啟發及連結團體的思想，更關心領導者在團體中的表現。在策略上來說，領導者最重要的是能提供指導，並表現可讓部屬倣效的行為模式，因此，領導的品德及操守的重要性有時高過他對人、對事的能力及表現(Ling & Fang, 1994)。西方的領導概念大部分走向個人的管理，而中國人則同時強調領導者個人的管理，以及對團體內外關係的協調。首先，督導的角色就是要明確地向部屬傳達自己的想法，使得部屬有所遵循；其次，領導者所欲達成的目標，就是要求部屬對他的效忠(Silin, 1976)。

中國式管理也很注意領導者是否有洞察力，以及能否"帶得動人"。這就要求領導者不僅要關注組織的目標、個人的需求，同時還得對成員有一種關心愛護之情。因此，領導者是權威擁有者，他對於權威所應表現的行為有其個人的責任，同時也必須督導部屬的所做所為。理論上而言，只要部屬被"教"得很好，這個團體就會成功。領導者也必須承受為部屬謀求福利的責任，並且對部屬的期待、需求與假設，都保持高度的敏感。領導者與從員之間的影響是互相的。

中國人對領導的討論，與西方人最大的不同在於它有更複雜的內涵，而不只是考慮個人的特性與行為的特質，以及關係和諧是對個人信賴的報償。以102名中國大陸各工商貿易組織中中級幹部為對象的研究(Redding, 1977)結果發現，在一個團體情境中，"面子"與"可信賴"是決定領導是否成功的要素，其重要性遠超過利益的物質成就。總言之，中國的領導研究跨越了人格、關係以及環境的諸種考慮，因此較之西方傳統領導模式重視個人性以及工具性，中國式的領導更能呈現領導的整體面貌。

14.2.4 團體關係及衝突

衝突可以看成是互動行為的一種，起因或許是興趣、知覺或喜好的差異。外在的衝突引起對手間競爭或對立的戰爭，它的範圍從輕微的不同意，不同程度的爭執，一直到完全的對立。儘管它可能會帶來"緊張"、"對立"、"不合諧"等負面的結果，但有些學者認為"衝突"在界定團體意義，維持團體界限，及保持組織的穩定等各方面，都有其正面的功能。

一、組織中之衝突

組織中的衝突在運作上有三個層次：個人(personal)、組織

(organizational)、組織間(inter-organizational)。舉例而言，角色衝突就是一種發生在個人層次的衝突，乃是因為個人同時面對數種衝突的意願、價值、標準以及角色。這樣一種內在的衝突可能是認知上、情緒上或者潛意識上的。另一方面，衝突也可能發生在組織的層次。最常見的形式就是工作組織中因幾方面而來的團體間衝突如功能上的不同以及歷史上的不同。組織間的衝突也和同一組織內各部門的衝突類似，是由各方面的差異所引起的。這些分歧可能來自於資源方面的競爭，爭權奪勢，甚至理念上的不同。一個互相增強的社會機制(政治、經濟、地理、教育)能夠將競爭或衝突制度化。

二、解決衝突

衝突的解決與管理有許多不同的方法，赫伯特(Herbert)曾將之加以分類：(1)問題解決(problem solving);(2)超越的目標(superordinate goals)：(3)資源擴充：(4)逃避：(5)撫平(smoothing)：(6)協調：(7)權威命令：及(8)人或組織的修正。

三、西方對團體間衝突的觀點

西方的觀念認為，衝突的正面角色具有促進並統合團體的意義，所以說藉着抵禦外侮，團體就更能合一與團結，並激發組織的紀律。

在西方企業中，許多主管人員對衝突能採取人文的觀點，認為衝突是正向的，有助於維繫社會秩序。藉着規律架構的重整，衝突有助於解決對立，消弭緊張，澄清權力關係，並能於分裂中締造許多合作的團體。

四、東方的團體間衝突模式

東方模式中的工作組織一般很明顯地偏向於合作與整合，而非衝突與競爭。

在中國文化環境裏，人們避免公開的衝突，這是基於中國人在哲學、社會、與工作道德上的一些特殊假定。近年來，有學者(Chau, 1987)認為衝突可以用(1)逃避：(2)忍耐：(3)協調：(4)面質：以及(5)整合等方法來對待。逃避是行為上的隔離，限制互動機會，或甚至不再參與；忍耐則是一種忍受差異，對敵對與不和的態度，相應的策略是停止競爭，姑息，或自甘屈辱。另一方面，中國人也很願意"調解"，調解的有關技術包括懷柔、取與予以及降低要求。當然，中國社會不會完全不懂得"面質"。發生面質的時候，衝突可以自由地表達出來，但不能只反映個人的"自私"慾望。在中國人的慣例中，用以化解擾亂與衝突，最常用的莫過於他們的整合機制，它強調團體的團結合一，以及互相支持的互惠關係，內部不和與分裂的外顯是不受鼓勵，甚至被禁止的。

14.3 工業及組織心理學的前景

我們在上文涉獵了工業及組織心理學的一些內涵和成果，但由於篇幅所限，我們不能詳細討論，其實工業心理學在很多方面都有相當重要的貢獻。例如，在培訓員工方面，工業組織心理學家建議了不同的培訓方式，並協助僱主檢討不同方式的效果，提出修改的意見。

另一些工業組織心理學家協助僱主提高工作環境的安全。工作環境是否安全受很多不同的人為及器械因素左右，所以僱主需要小心遴選人員，也可能需要加強對僱員的訓練。心理學家會提出方法，用海報、講座、訓練班、規章制度等來提高廠房的安全意識，聯同工業工程師及工程心理學家重新設計廠房，以達到安全規格，從而避免工業意外。

此外，隨着科技的進步，近年來很多機構都已經自動化。由自動化帶來的員工再培訓及削減人手，會使員工擔心自己不能適應新的工作環境；另一方面，由自動化帶來的，也可能是減低員工上班的時間，讓他們在家中通過電腦和電話線上班。這種改變都影響了工作環境，工業心理學家便更需要多了解員工的情況。

將來會怎樣呢？隨着亞太區的經濟發展，西方的工業及組織心理學研究必然會引進。現在有的西方心理學遴選人才的技巧和測驗，設計訓練課程的方法，以及很多西方的研究成果，有些是可以應用在香港、台灣和中國大陸的。不過我們有獨特的文化背景、獨特的經濟發展模式，因此我們需要有自己本土的工業及組織心理學。舉例而言，我們中國人的文化並不很注重對顧客的服務，但是工商業社會越來越注重優質服務，我們就需要在這方面多做功夫，工業組織心理學家便要協助企業找出哪些人最樂於服務顧客，哪些人最能夠在一些優質服務的培訓當中得益。應該如何設計這些培訓課程呢？當顧客有投訴時，公司的經理有何辦法來應付呢？這些問題都是工業組織心理學家要面對和解決的。

至於組織心理學家呢？本章前面數節的討論已可表明，人在組織裏的行為，不論是主管或者從屬員工，都深受組織環境、社會上的文化價值及文化認知的影響。我們承認組織中的行為有其普遍的共通性，但是文化本位的成員思想、態度、行為模式的決定性作用更大。當東亞地區經濟與社會的發展更上一層樓的時候，工商企業組織所累積的獨特管理理念和管理方式，將會對未來組織心理學的多元化理論模式、各領風騷的本土性做法與行為產生深遠和重大的影響。

參考資料

俞文釗(1993)，《中國的激勵理論及其模式》。上海：華東師大 1993。

威廉大內，《Z 理論》。台北：長河，1991。

高尚仁，伍錫康(1988)，《組織行為學》。台北：三民。

高尚仁，伍錫康(1993)，《中西文化與組織管理》，見霍韜晦主編，《東方文化與現代管理》。香港：法住。

Donald J. Munro, *The Concept of Man in Contemporary China*, Ann Arbor: The University of Michigan Press, 1977, 34.

F. E. Fiedler, "Personality, motivational systems and behavior of high and low LPC persons", *Human Relations*, 25, 1972, 391-412.

Hackman, J. R., & Oldham, G. R. (1976). "Motivation through the design of work: Test of a theory", *Organizational Behavior and Human Performance*, 16, 250-279.

Herzberg, F., *Work and the Nature of Man* (Cleveland, OH: World Publishing, 1966).

Herzberg, F., B. Mausner, and B. B. Snyderman. *The Motivation to Work* (New York, NY: Wiley, 1959)

Hui, C. H. (1990). "Work attitudes, leadership styles, and managerial behaviors in different cultures", R. W. Brislin (ed.), *Applied Cross-cultural Psychology*, 186–208. Newbury Park, CA: Sage.

Hui, C. H. (1992). "Values, attitudes, and organisational behaviour", R. Westwood (ed.), *Organisation Behaviour: A Southeast Asian Perspective*, 63–90, Hong kong: Longman.

Hui, C. H., & Tan, C. K. (1995). "Employee motivation and attitudes in the Chinese workforce", M. H. Bond (Ed.). *The Handbook of Chinese Psychology*, HK: Oxford.

Hui, C. H., Yee, C., & Eastman, K. L. (in press). "The relationship between individualism-collectivism and job satisfaction", *Applied Psychology: An International Review*.

Janz, T., Hellervik, L., & Gilmore, D. C. (1986). *Behavior Description Interviewing: New, Accurate, Cost Effective*. Boston: Allyn & Bacon.

Latham, G. P., Saari, L. M., Pursell, E. D., & Campion, M.A. (1980). "The situational interview", *Journal of Applied Psychology*, 65, 422–427.

Lawler, E. E. (1973). *Motivation in Work Organizations*. Monterey, CA: Brooks/Cole.

Ling Wenquan & Fang Liluo (1994). "Theories on leadership and Chinese culture", Kao, H. S. R., Sinha, D., and Ng Sek-Hong, (Eds.). *Effective Organizations and Social Values*. New Delhi: SAGE 1994.

Locke, E. A., & Latham, G. P. (1990). *A Theory of Goal Setting and Task Performance*. Englewood Cliffs, NJ: Prentice Hall.

Locke, E. A. & Schweigher, D. M. (1979). "Participation in decision making: One more look", *Research on Organizational Behavior*, 1, 265–339.

Maslow, A. H., "A theory of human motivation", *Psychological Review*, July 1943, 370–96.

Maslow, A. H., *Motivation and Personality* (New York, NY: Harper, 1954).

McGregor, D., (1960). *The Human Side of Enterprise*. N.Y: McGraw-Hill. 1960.

"Perceptions of psychological needs and managers in South-East Asia", Y. H. Pooringa (ed.), *Basic Problems in Cross-Cultural Psychology*, Amsterdam: Swets and Zeitlinger, 1977.

Robert Bales, "The equilibrium problem in small groups", T. Parsons et al. (eds.), *Working Papers in the Theory of Action*. New York: Free Press, 1953.

Robert H. Silin, "Leadership and values: The organization of large-scale Taiwanese enterprises", Cambridge, Mass.: East Asian Research Centre,

Harvard University, 1976, 57–58.

Shenkar, O., & Ronen, S. (1987). "Structure and importance of work goals among managers in the People's Republic of China", *Academy of Management Journal*, 30, 564–576.

Theordora Ting Chau, "Conflict management: Tradition and innovations", a paper presented to the Conference on Chinese Style Management, April, 1984, Taipei.

Walster, E., Walster, G. W., & Berscheid, E. (1978). *Equity: Theory and Research*. Boston: Allyn & Bacon.

15

心理輔導與治療

黃文珮 • 香港大學學生輔導處主任
梁永亮 • 香港中文大學心理系講師

"天有四時五行，以生長收藏，以生寒暑燥濕風。人有五臟，化五氣，姿生喜怒悲憂恐。"

——《素問 • 陰陽應象大論》

"古之治病惟其移精變氣，可祝由而已。"王冰注曰："移爲移易，變謂改變，皆使邪不傷正，精神復強而內守也。"

——《黃帝內經 • 素問》

"明朝末年一人中了舉人，高興過度，終日狂笑不已，請江蘇高郵名醫袁體庵診治，袁氏診畢，大驚說：'你的病沒法治了，最多能活十來天時間，趕快回家去吧！'這無異是一桶涼水迎頭潑下，病人笑聲頓止。"

——《冷廬醫話》

15
心理輔導與治療

15.1. 心理輔導及治療定義

由於現代社會經濟水平不斷提升，社會生活日益複雜，人們必須面臨高度的競爭，因而變得惶恐、孤獨、心靈空虛，加上家庭糾紛及社會犯罪增加等，一連串的社會現象，給人們的心理帶來了巨大的壓力，導致了許多生理和心理的毛病。而現代人逐漸認識到生理與心理兩大系統是互相影響和互相運作的。長期性的高度緊張狀態可誘發出高血壓、心臟病、胃潰瘍等身體疾病；而生理疾病也會對心理產生不良影響，如令人變得抑鬱、煩躁、易發怒和失去自信等等，在此情況下，心理輔導或治療便能發揮其作用，協助人們在生活中保持平衡和適應能力，維持身心健康。

心理治療是指純以了解心理系統之方法來醫治或解答問題，解決情緒上的困擾。心理輔導及治療均是一對一的，是在一個私人性的、沒有騷擾的環境中進行，並對受助人作出保密之承諾。傳統的心理治療通常有以下幾個步驟：1. 診症，包括病人敍述病徵及心理測驗診斷之結果；2. 預測病勢；3. 計劃治療方針；4. 進入療程；5. 不斷觀察進度及作相應的療程調整；6. 觀察結果及採取相應行動：完滿結束個案、轉介或暫停療程等。

但心理輔導的處理方式有一些分別，治療師不一定要經歷前二個步驟。當受助人與治療師已形成一種良好的互相信任的關係時，受助人會主動訴說問題或煩惱的來龍去脈，治療師在旁細心聆聽，並作出有效的回應。雙方的默契與受助人的意願使治療師可以從旁協助對方增加對事物與感情的認識和了解，從而尋找到開解心扉的鑰匙。療程之長短則視雙方之協議，但決定權還是在當事人手中。

無論是心理輔導或是治療，目的是共通的，即整個過程是協助當事人明瞭異常行為和情緒的緣由，舒緩心中積壓的感情，從而得到釋放感，並有能力重新掌握人際關係和處理來自各方之壓力，有些深入的心理治療更可帶來人格重整，發揮與生俱來的潛能。

15.2 心理治療的派別

一、心理分析學派：

弗洛伊德(Freud, 1856–1938)為心理分析學派之始創人。他是一個決定論者(determinist)，他相信所有行為，包括思想與感情均非偶然產生的，而是有因果相連的關係，如說溜嘴、善忘、夢或幻想等均可有背景因由。

通過長久的觀察與自我分析，他建立了一套人性觀和人格結構，人格包括本我(id)、自我(ego)和超我(superego)三部分。本我包括所有與生俱來的本能，包括性衝動與侵略本能，以"享樂"為運作之原則，一切以降低緊張、逃避痛苦、尋求滿足為目標；自我是人格結構中的"執行者"，扮演統籌、控制和調節的角色，根據"現實原則"，以理性思考的方法，調和本我和超我之間的衝突；超我是以"道德原則"為標準，其作用在於管制個體的行為，使其合於社會規範與道德標準。他認為個人與生俱來的心理能量是固定的，而本我、自我和超我是依賴這種心理能量而運作，有分配不均的現象時，便造成衝突和情緒緊張的結果。

弗洛伊德提供了心理運作的潛意識概念及意識的層次論。他認為意識層次是人所知覺的部分，是心理系統之小部分，而絕大部分是在意識不能知覺之處，即潛意識。潛意識儲存了所有的經驗、記憶以及被壓抑的需求和動機，它與外界並無直接溝通點，不過，可通過夢、催眠、說溜嘴、不警覺的零碎感受和行為追尋到一些線索。

處理"焦慮"是心理分析學的重點之一。弗洛伊德認為有三類焦慮：一是從"現實世界"引發的危機所帶來之焦慮：二是神經過敏性焦慮，即"原我"動能衝破原有範圍，使個體不能自制地做出一些將會受到處罰的事：三是由"超我"的道德價值所影響而帶來之焦慮。一個強大的"自我"能夠有效地處理所有環境中的問題及減少"焦慮"。不過，一般人總有一些時刻不能處事恰當，當人以非現實或衝動的手法來處理事物時，那是採用了心理的自衛機制。

心理自衛機制是"自我"保衛個體的方法之一，也反映了"自我"短暫或長久性的變弱。其特性是歪曲事實和在潛意識層面運作，短暫採用可使"自我"有舒緩的空間：長期性運用可使個體失去心理平衡。常被書本提及的心理自衛機制有：壓抑作用、否認作用、投射作用、合理化作用、升華作用、雙向作用、認同作用或替代作用等等。例如：

壓抑作用：　為了避免引起焦慮、自責或罪惡感，"自我"會將意識所不能接受的本能衝動逐出意識範圍外，它是不知覺地在潛意識中進行，與抑制不同。如失憶症和一些表面安享太平但內心總感不安的人，他們並不能列明因由，所有不愉快的事全忘記得一干二淨。

否定作用：　不承認若干事實或感情的存在，當事人並不能意識該種否定，而在意識上他完全相信某種曾發生過的感情或不愉快事件不存在。例如，一個有強迫性思想的病人不斷強調家中的人際關係如何之佳，父母在日常生活中如何和諧，他所形容的是一幅完美的家庭溫馨圖，完全否定了人與人之間的親密關係是非有矛盾不可的，由於他沒有能力處理爭執，於是選擇了只看好的或不看壞的。

心理分析學強調個體早 5 年心理發展及成長的重要性，也是"自我"強健的基礎。在成長過程中，若"自我"無能力應付外在的惡劣環境，可以停頓在某個階段，甚至有倒退的現象。

心理分析治療法運用不同的方法去發掘人格內不同的動能，目的在減輕當事人的焦慮感，重整並加強人格中的"自我"，使個體能領悟被壓抑在潛意識下的一些衝突情感，有機會抒發積聚的感情，以期能產生更合理、更有組織、更有方向的思想、行為與感覺。

弗洛伊德創立了"自由聯想"方法，病人一定要同意及遵守其指導，放開習慣性的思想模式，讓自己放鬆並解放思想，說出自發的思潮和感受，不管如何無聊、瑣碎或窘迫。

其另一個創見是通過夢的分析來了解內在的世界。他認為夢是潛意識層面的窗戶，在睡眠和防衛沒有那麼嚴謹之情況下，有些資料可能會透漏出來。而這正是心理分析方法所追溯的潛意識資料。

在治療過程中，治療師客觀地聆聽，並與當事人建立一種互信的關係，使當事人可以放心開懷地開啟內在的資料。通常到了某種程度，抗拒現象會出現，原因是太接近矛盾的核心，而"自我"仍未有能力去面對或承擔那些"焦慮"，故此利用多方理由來逃避。常見的有：(1)不滿治療師的處理方式；(2)以病的方式來拖延；(3)自毀的動能使其停留在苦難中；(4)"超我"的動能與影響過大，使"自我"永遠處於被處罰的狀態。

要使治療進入有效階段，治療師一定要處理這些障礙，通常所採用的方法是闡釋。治療師在適當或時機成熟時向當事人解釋其抗拒的不合理原因，使其有所"頓悟"(insight)，開啟探討之門。

真正產生治療作用的程序是當事人重溫過往經驗與感受。當當事人重踏往事之門，其感情也跟着倒退至當年的情景，而治療師因之成為投射的對象，這種現象稱為"感情轉移"(transferance)，當事人可將治療師視為嚴厲的父親或要求過高的母親等等。這些轉移的感情必須加以處理，通過適當的感情發洩(哭和忿怒便是療程早期常見的情緒)和治療師的闡釋，使當事人學習重整"自我"和學習處事方法。雖然"感情轉移"是正面的治療動向，但若當事人的潛意識資料引起治療師內在的共鳴，便可能產生"反感情轉移"現象，而不適當的處理將會帶來不良的效果。

心理分析治療的療程通常很長，對治療師個人的要求也很高，其目的是要使當事人做到自我醒覺、坦誠、能控制動念、有效的人際關係、對自我潛能有準確的預測和有能力接受不能改變的事實。到達快樂境界並非其目的，而是如何去接受自我的弱點與限度，總括來說是加強自我。

二、個體心理學派

隨着弗洛伊德的心理分析理論和治療方法的發展，其門生柯德勒

(A. Adles 1870－1937)自創了個體心理學派(individual psychology)，他不同意心理分析學派所強調的本能決定論，尤以性本能為動力。他提出社會意向是人類(social interest)的基本動機，是與生俱來的，透過與他人的關係，個人建立自我的"生活形式"(life style)，而治療方法也稱作"生活形式"分析。其治療方法至今仍被廣泛應用，尤其是兒童輔導或家長的訓練課程等。

柯德勒認為人格是受社會影響的，而非全受性衝動所驅使。他是持自我決定論(self determinism)的，認為人可以控制自己的行動，同時更強調人的行動是目標導向的：他同時假設了人對未來有無限的盼望，而這種盼望是人類生活的基本原動力。

柯德勒相信人天生有自卑感，這種感覺來自身體缺陷或孩提時代在成人的權威下所形成的"自卑情結"。為了補償，個人透過追求完美和卓越的歷程來發揮自己的潛能，達成自我的目標，這些目標包括權力和自我尊重。

阿德勒強調人人都有其"生活方式"，它深受早年家庭經驗的影響，生活方式會形成個人的人格系統，他曾列出不同的生活方式，包括自我概念、理想我、世界觀、倫理信念、補償法及個人創作活動等。

在治療過程中，個體心理治療也着重 5 歲前的各種經驗，包括生理狀態、家庭環境、家庭教育、家庭星座(family constellation)(與出生序有關)及性別等。他深信，兒童有能力對事物作出最佳選擇，因此在輔導的歷程中要求尊重兒童本身的態度及價值觀，他提醒家長不要企圖控制兒童的行為，並認為成人應反省自我或先改變自己的行為，才可要求兒童有所改變。兒童的不當行為，常是為了表達其內心對周遭環境之不滿，因此，在治療過程中，應協助兒童在生活細節上學會自我管理和與他人合作。

個人心理輔導程序通常有五個階段：

1. 建立雙方信任的關係，使當事人有被了解及被接納的感覺。

2. 協助當事人了解他們的生活方式、信仰、情感、動機及目標。

3. 協助當事人內省自己的生活方式，察查錯誤的目標及自我傷害的行為。

4. 協助當事人考慮各種自我改變的途徑和可供選擇的方法，並制定行動方案及行動契約。

5. 跟進療程，確保治療的完成和治療的效果。

三、個人中心治療法

個人中心治療法的創始人羅傑士(Carl Rogers)於1940年創立該治療法，原名為當事人中心治療法(client centre therapy)，後於1974年改稱為個人中心治療法，反映了他對人性的尊重。羅傑士認為治療師與受助者處於一種平等的關係，無上下或優劣之分，應視受助者為獨立和值得尊重的個體。治療過程以個體的主觀感受和知覺為中心，因而稱之為個人中心治療；而且對受助者以當事人相稱而非病患者。

羅傑士自認其信念是矛盾的，他相信決定論但同時也相信自由論，他認為人的行為表現受外在環境所控制，但人的行為同時也是由人的自由選擇決定的，要明瞭兩者之間的運作，便必須要明白個體的主觀經驗和自我評價，內在的經驗與外在現實越配合，人的自由度越高。

羅傑士對生命(人與生物)有絕對的基本信任。他認為所有生物均擁有不停的原動力，促使有機體(生物)有建設性地朝向潛能方向發展。無論環境如何惡劣，有機體還是不停地發揮潛質，除非被摧毀。他假設若人能有一個適當的環境，是會成長得很好的。

羅傑士認為人是需要別人關懷、愛護、接納與尊重的，尤其是來自父母或心中重要人物的無條件的、積極的關注(unconditional positive regard)。這等需要是與生俱來的，重要人物(significant others)的回應可以導致個體價值觀的形成和取向，而內化成自我價值觀。在輔導過程中，輔導員若能給予對方無條件的和積極的關懷，可使受助人重新信任內在的經驗，重省外在賦予的價值觀，而逐漸邁向自我實現的人生目標。個體的心理差異是由於"理想我"與"真實我"之差距過大，當個體為了迎合他人的評價，而忽視或否定自我內在的評價時，將活在虛假的自我概念中，與真實自我不一致，因此個體會感到不快樂和不滿足。若在治療關係中有接納、尊重和信任的內涵，可協助個體逐漸察覺真我，遠離虛假的自我。

"裏外一致"是羅傑士提出的概念，表示人的健康心理狀況和諧和平穩。他從觀察受助人的成長歷程中，肯定了當受助者漸漸接近真正的內在感受與經驗時，不論苦或哀、好與壞，他已逐漸成長，成為較完整的一個人；同時也減少了內在的疏離感，人開始懂得分門別類的選擇和肯定自我的概念，再不怕外在的經驗與要求，具有接納和處理生活中自然發生的事物的經驗。理論上，羅傑士是希望人可以成為完全自主的個體，但由於人需要活在一個有支持力量和愛的環境中，所以人對這些現象的醒覺和意會甚至願意去經歷，都已經算得上是"自主的完人"了。

個人中心治療法營造了一個溫馨和接納性的環境，使受助者解除恐懼和隔膜，而開放地表達自我，增加自我信任，漸漸接近內在的經驗。當然，這些現象不是單靠技巧可以達成的，而是要雙方(授與受的人)同時感受和體會某些經驗，這要求治療師是一個非常完整和有高度運作能力的人。

治療者的態度條件，主要透過傾聽與回應達成，傾聽的功能在於用心去聽，而非只聽其言，亦即治療師要超越來談者所說的內容，去了解來談者內在的所思所感，以及將"感同身受"的內涵傳達給對方，把來談者未意識到或感受到的資料帶進對方的意識內，增加其理解程度。治療師的傾聽，可使來談者感到被接納和無條件的關懷，無須再壓抑自己，得以自由的釋放情緒。

四、行爲治療法

行為治療法是基於古典制約(classical conditioning)和操作制約(operate conditioning)的理論演繹而來。行為學派側重以科學觀點研究人類行為，相信人的行為均在學習過程中形成，而所有偏差行為均可運用學習原理加以重整或改變。

古典行為學派，多持環境決定論，同期的大師如華生(Watsan)和斯金納(Skinner)均強調行為的形成乃環境的產物，人是沒有自由或自主性的，因此，人需透過環境的改變才能達成行為的改變。近代行為治療師已不再堅持傳統的決定論，而當事人也不再只是站在被塑造的位置，而是主動參與治療程序。近代行為學派代表人物有艾森克(H. Eysenck)、渥爾培(J. Wolpe)、班都拉(Bandura)和柏森堡(D. Meichenbaum)等人。至70年代，認知心理學(cognitive psychology)

肯定人類認知功能對行為的重要性，行為主義者亦逐漸融合認知的觀點，成立了"認知—行為"治療法(cognitive-behavior therapy)。主張人類行為是個體與環境互動的產物，不再強調人是受制於環境的個體；更承認人擁有主動選擇反應的能力。例如，行為修正術(behavior modification)在於增進個體選擇行為的能力，亦在於促進個體的自由度與自主性；而其他自我管理(self management)、自我控制(self control)或自我規約(self-regulation)等方法，均在於增進個體的自主力量，促進自我導向的行為。

行為治療法強調以科學方法來驗證治療效果。它具有下列特性(Kazdin 1987)：

1. 焦點集中於目前影響行為的因素，較不重視過去的歷史性因素。

2. 強調具體而客觀的目標，才能得到相應的行為結果。

3. 立下明確的定義與具體的治療程序，以便可以進行治療處理與測量。

4. 治療的假設與療法都是依據研究方法的理念和結論而來。

5. 強調評估治療效果的量度標準應是外顯行為的改變。

行為治療法的方式很多，依據受助者的問題與特質來選擇適用的策略，不同策略的治療過程與技巧各異。以下介紹四種經過科學驗證的行為治療策略：

1. 系統減敏感法(systematic desensitization)

系統減敏感法是治療恐懼症和焦慮的有效方法。為渥爾培(Wolpe 1958)所建立。其治療原理是利用反制約學習(counter conditioning)過程，協助患者以放鬆的情緒來代替害怕或焦慮的情緒。治療程序有三個步驟：

甲、焦慮階層分析：

治療師對受助者的問題有一個詳盡和細致的了解，所有資料均要求具體化，把握行為發生的確切時間(when)、地點(where)、行為的具體描述(what)。然後針對受助者的困擾，分析引起焦慮或害怕的具體情境與事物，制訂一個"焦慮階層表"，想像從最嚴重的情況到最輕的情況。例如學生怕進入試場考試，其焦慮階層表可能如下：

a. 聽聞考試時間已公布	1
b. 想像去看考試時間表	2
c. 與同學們談及考試	3
d. 現在距離考試六個星期	4
e. 距離考試三個星期	5
f. 距離考試一個星期	6
g. 距離考試六天時間	7
h. 距離考試二天時間	8
i. 距離考試一天時間	9
j. 現是考試前夕	10
k. 考試當天早上，正吃早餐	11
l. 在試場中，老師分派試卷	12
m. 在試場中書寫試題	13

乙、放鬆訓練：

第二步是教導受助者如何放鬆身心。放鬆訓練是Jacobson（1938）所創，由渥爾培加以運用及配合治療使用。這種訓練可由治療師引導，或跟程序自我訓練。程序是由手部開始放鬆肌肉，然後逐步放鬆身體各部分肌肉直至全身均已放鬆，再加上想像舒適及輕鬆的環境，達到身心鬆弛的狀態。若能到達自我暗示已能鬆弛的境界，便能進入另一階段。

丙、減敏感訓練階段：

患者閉眼放鬆，治療師指引其想像置身在一個情境中，若患者能想像那種情景，同時又保持鬆弛狀態便可進行減敏感訓練。治療師引導患者聯想在制訂的焦慮階層表上最低層次的情況，若仍能保持鬆弛，便可進入下一個層次。當患者在某一階層出現焦慮反應，則停在該層次，並再度介入放鬆訓練。如此類推，直至想像置身於最高焦慮階層中，也不會有焦慮現象時，訓練便告完成。

類似的減敏感訓練也可以在真實情境中訓練，如有畏高症之患者，治療師可指引患者在不同的高度慢慢適應及放鬆。

2. 厭惡治療法(aversive therapy)

厭惡治療法是利用對身體有害的刺激來減少不良行為。有時不快的刺激被安排在與不良行為同時產生，有時卻在不良行為發生之後。這正是古典反制約原理協助戒除不良習慣(如吸煙、酗酒、同性戀、暴力等)的方法。如當患者吸煙時，便會受到電擊，引起痛苦的反應。吸煙和電擊多次配合，使患者一想到吸煙，便會想到受電擊此一令人厭惡的情況，而不再吸煙。厭惡性治療法的使用與效果均具爭論性，其與減敏感訓練法相比，使用度非常低。

3. 代幣制(token economy)

是操作制約(operate conditoning)的一種，在70年代建立，在精神科醫院應用的效果非常顯著，同時也廣泛用於兒童教育方面。操作制約是利用增強與削弱原理來建立新行為和消除不良行為的方法。

4. 模仿(modeling)

以觀察別人的行為(楷模)而帶來行為的改變，稱為模仿。對減輕恐懼或學習新行為均證實非常有效。班都拉等人(Bandura, Blanchard & Ritter 1969)曾進行一個經典實驗，安排四組相等的參與者在四種不同實驗安排下，觀察他們對蛇的恐懼是否有所改變。結果，以真人作模仿對象去與蛇親近的那組參與者，均有很大的改變，對蛇的恐懼大減，有些更能與蛇接觸和親近。研究後期更強調，處理對蛇的恐懼是先以楷模參與及引導患者如何處理，再慢慢以個人方法來學習與蛇相處。

模仿通常會與角色扮演同時運用。輔導員引導患者進入一種假想情境，協助患者回應、調整，並示範正確和被他人接受的行為，使受助者有機會去嘗試和改善，直至達到個人期望的目標。

行為治療法的技巧還包括內爆法、洪水法、自我肯定訓練、思考停止、自我管理等多項技巧。

五、認知——行爲治療法

近期行為治療法已開始溶入一些傳統行為學者不能認許的內容，包括個人的思考、期望和對事物的闡釋等，並已形成獨立的治療模式，稱為認知行為治療法。其基本上仍以行為改變為主體，附加改變不適應現實的思考模式。治療師主要協助處理情緒困擾，例如焦慮和憂鬱症等，教育受助者新的和有效的思考模式，並以不同的觀點與角度來評估經驗。一般有抑鬱傾向的人通常會以嚴厲的態度對待事物，對事物估計失敗的時候多於成功的時候，治療師便要指出其歪曲的思想模式，使其更具現實性。

這派治療師也混合減敏感法和教導正面的思考方法，協助消除內在自我挫敗的句子(對話)。例如，患有恐懼症的人會說"若我離開這間屋，我必定會暈倒，"通過治療將它改變為"冷靜些，我不是單獨一個人，假若我有事，別人會照顧我的"。此派的主要的理念是使當事人從現實的成功例子來證實自我的能力和價值，只有成功的經驗才能促使成功(Bandura, 1984)。

認知行為治療師認為思想修正才能有長久性的行為修正。不過，他們也同意行為的正面變化，對當事人的鼓舞和衝擊較清談大得多。正如 Bandura 所說：真實的成功例子帶來長遠性的成功(成功建在功成上)。

15.3 心理治療之效能

本章陳述之心理治療法主要屬於三大主流派及其支流，其他還有多種派別，不能在此盡錄。在眾多理論中，還沒有任何一個宗派可以全面性地解釋所有心理範疇，或準確地預測治療效果。心理系統是一個異常繁複的體制，每一種理論只能解釋系統內某一個環節，故有必要把各宗各派作一比較，但並不太容易，加上當事人希望達到的目的各有不同，而效果的量度也相應的不同，學者在過去數十年都在不斷尋求心理治療的效果。 Du Pont (1975)發表其研究論點，認為受助人對心理治療存有正面和較高的期望，其治療效果也相應地提高；另一個是"河塘效應"(Hawthom Effect)(Roethlisberger & Dickson, 1939)，意即在療程中治療師全心一意的專注在受助者身上，使人的自戀性得到滿足，繼而增加對自我價值的認識。Prochaska (1984)總括出在心理治療進行中會有五類不同改變：

1. 意識提升：

通過交流和回應，受助人會對其內在儲藏的資料更具醒覺性。

2. 感情宣洩：

積聚的有害身心的情感得以發洩，改善感情經驗，帶來情感的釋放。

3. 醒覺有選擇餘地：

提高當事人對選擇能力與交替選擇之可能性的醒覺，從而得到個人或社交的自由。

4. 改善環境：

帶來相應的行為和意念改善。

5. 自省過程會帶來個人生活的重組或重整。

若觀察到有這五方面的變化，也可以說是治療方法產生了效用。使治療過程能產生效能的是治療師"本身"及與受助人所建立的關係。治療師本身便是治療的工具，治療師的修為與道行和治療成果成正比。Carkhutt & Troax (1967)綜合各家各派的治療法，加以分析和研究，歸納了三個心理治療之核心成分，即：

1. 真誠(genuinness)
2. 無盡關懷(warmth)
3. 感同身受之明瞭(empathic understanding)

三者的重要性同等重要，缺一不可，再加上專業知識才能達成心理治療應有的效果。由於治療效果是基於治療師本身，傳統的訓練均包括自我分析和了解程序，以免治療師的盲點成為療程的障礙。

15.4 小組治療

大部分的情緒問題均來自人際關係的困擾，如感覺孤立、隔離、被遺棄或不能建立有意義的親密關係等。通過個別性的心理治療，使對方感覺有所改變，但最大的考驗還是現實生活。小組式的治療法便可容許當事人在一羣有共同目標的人中間共同學習和提供回應，以便更正確知道是否真能破舊迎新。

不同的心理治療導向派別均有調節的療程與技巧來發展小組治療法。小組治療法已被廣泛應用於醫院、監獄、診所、懲教處及私家治療場所等，有小孩至成年人以及各種類的問題組合。每一小組的結合由6～12人不等，均有共同的問題或關注重點，成員的組合和小組的結構全基於小組的目的和組員的能力。在治療師安排下，小組成員有機會交換生活經驗，對別人的行為表現作出回應，並討論個人面對的困難和他人所提出的問題。初期，小組會有不自然、拘謹和不敢放開的現象，直至發現小組有支持和感應力時，各組員才會放膽透露自我和給予他人坦誠的回應。這樣，組員互相協助，並對問題貢獻新的意見，互相學習與成長。

小組治療有多方面好處：較個人治療經濟省時，一位治療師可同時兼顧數倍的人數。同時，當事人也可有安全感，尤其是當發現不只他一個人要面對那些難題時。另外，小組成員均是一面鏡子或學習的對象，通過了解別人的問題可增強對個人遭遇的理解，而別人的處理手法也可成為仿效的方法之一。小組成員會不自覺地增加了個人力量，而且人數多了，學習內容也變得多元化，而非單從治療師一個人身上學習。治療師的功效是適當地運用小組的功能，運用得當，會有正面的效果：不然，也會產生對組員構成傷害的情況。

一、衝擊小組

60至70年代，小組治療用於個人成長，學習坦誠開放的人際關係成為風氣。這一類為衝擊小組，簡稱T組或培訓觸角敏銳性小組。這類小組通常有大約12～20人，為期一個週末(約20小時)或維持數月，每星期聚會1次，2～3小時。每組均有一位導師，引導組員交流與探討感性層面的內容與來源(意念)，目的是協助組員得到心靈的解放和學習建立較為坦誠及開放的親密關係。

羅傑士研究了很多種衝擊小組，發現均有固定的模式(Rogers 1970)。初期，導師會清楚地表明：所有組員均有責任引導小組的進行方向，結果則全靠各組員的努力，導師只是從旁聆聽和觀察。通常小組成員均會顯得混亂及不知所措，甚至有不滿的情緒出現。小組整體性的抗拒涉及私人話題，就算有人忍不住提出來，也會有人不經意的加以阻撓，最初的感情表達多是負面性的，小組成員不斷地試探直至發現反應良佳及被接納，並感覺有一份共同感及支持和信任時，成員才開始解開自衛網，容許分享較多的私人資料和坦誠的回響。到最後階段，成員開始不能容忍有自衛性的談話內容，並嘗試協助對方解除心理偽裝。在這種情況下，日常社交的客套話已變得多餘。

理論上，他人對個人行為的反應和感情上的完全接納應帶來自我醒覺與個人內外的改變。在研究此類小組的效果時，顯示對此理論的邏輯尚有懷疑。 Lieberman, Yalom & Miles 1973 研究 200 個曾參與這類小組的大學生，這些小組均由有資格的導師帶領。基於自我報告或朋友估計小組對自我的影響，其中 1/3 自報有大轉變：1/3 沒有甚麼影響：另外 1/3 則覺得有不良影響，這是由於小組自我探討的內容引起個人內心不安或共鳴，但卻不知如何去處理。

這些成長小組是為一羣心理運作正常的人而設，而結果顯示參與者的得益和行為的轉變並不大。傳統上，小組必須經過分門別類和預先約見組員，經雙方同意後才入組。小組的目標比較具體和明確，時間也較充足，讓參與者有時間了解其問題所在。在小組時間結束後，成員均有機會跟治療師有跟進的見面，確保參與小組沒有帶來負面的效果，同時也更進一步確定在小組中受到的啟發和學習結果。

二、婚姻和家庭輔導

很多求助者都經歷到人際溝通的困難，尤其是一些親密的關係如夫婦或家人，他們得不到感情上的支持或滿足，也不懂得去滿足對方的需要或體諒對方的苦衷。在這種情況下，單憑改變個人的看法或適應方式未必能帶來好的效果，要改良夫妻的相處方式，有效的方法是夫婦倆同時去面對共同的問題。若是家庭的結構產生了問題，從個體輔導只能改善個人的觀點與處理模式，但回到家中，重新投入家中的不正常環境，矛盾與糾紛仍然揮之不去。故此，治療師會邀請家人參與治療程序，以建立符合家中各人所需的生活模式。這種輔導以兩個人以上為單位，成為新的小組治療或輔導方式。有時不只一個家庭為單元，而是數對夫婦或數個家庭參與小組的治療模式，通過不同單元的家庭來互相學習、反省，研究新的溝通方法。

在婚姻輔導過程中，跟其他小組不同的是，其他小組的組員在小組以外沒有其他關係，深入的溝通和回應沒有涉及現實生活中的矛盾，他們可暢所欲言；其他組員也不會在小組以外求證他的行徑。在婚姻或家庭小組中則不一樣，他們是把生活中的問題帶入小組討論而希望得到新的解決方法。開始時，輔導員會分別會見家中各成員，明白各人的觀點和目的，並衡量各人的心理狀況是否適宜將所有成員放在同一時空去商討各種問題。假若積怨過深，感情傷害過大或是一方的心理情況過分脆弱，沒有足夠的心力去面對和支持，放在一起只能更令雙方互相仇視，而得不到有建設性的效果。重要的是雙方均關心對方，且有意達成協議和改進現況，才可把兩人放在一起討論。小組的目的是帶動雙方去重新訂定個人對兩者關係的期望、相處間帶來之感受，明白對方的需要和性格，並了解如何滿足對方和探討新的相處技巧。只有以關心和愛作為基礎的家庭才會使小組輔導有效，不然只會徒勞無功。

15.5 中國人進行心理治療的體驗和研究

在這一節中，我們將簡要回顧一些有關心理治療應用在中國人身上的觀點、爭議和研究結果【更詳細的討論見於 Cheng, Cheung 和 Chen (1993), Leong (1986), Leung 和 Lee（待印）, Ng (1985), Tung (1991)和鍾友彬(1988)】。有關這一範圍的討論可分為兩部分，第一部分集中於闡述中國文化中一些與西方心理治療類同的活動；第二部分將討論心理治療應用在中國人身上的效應。

一、中國本土化的心理治療

本章前部分已經對各類心理治療的方法作了簡要的敍述。這些方法都是基於西方的心理學說發展而來，因此，不可避免地會造成一種錯覺，即認為心理治療只是西方文化的產物，它並不存在於其他文化中。實際上，跨文化精神病學和心理學研究對此問題持不同的觀點。跨文化研究者在對"心理治療"一詞採用更廣泛的定義後，發現在許多非西方國家中都存在着各種本土化心理治療的形式。這些研究者將心理治療定義為利用心理學方法，使求助者的情緒、態度及行為發生積極的改變，其最終目標是為求助者解除痛苦及提高他們的適應能力(Draguns. 1975；Frank & Frank, 1991)。在這樣的定義下，心理治療就成為一種普遍的現象，由於每一種文化均有其各自的生活難題，故會相應地發展他們自己的心理治療方法以幫助其成員。從這個角度來說，西方的心理治療方法只是各種不同文化背景下產生的心理治療程序之一，用以對其情緒受到困擾的成員提供心理治療。

1. 儒家思想和中國本土化心理治療

儒家思想是中國文化的主流意識，其中關於修身和人性的論述，體現了其心理治療的功能(di Bary, 1991, Liu, 1992)。儒家提倡中庸之道，儒家的哲學思想認為，當一個人在尋找生活的適當平衡中，中庸的美德就得以表現，所以人不應當放縱慾望，甚至快樂也不可追求過度。這些戒律幫助人們達到意識的寧靜，而要達到中庸的境界便需要通過修身養性，這是所有人終其一生的努力目標。中庸之道的影響是非常普遍的，最近在中國大陸進行的一項調查表明，中庸之道在中國人的思想中被認為是促成身心健康的關鍵因素(Wang, 1992)。

在中醫學中，中庸之道表現在"陰"和"陽"的概念當中，由"陰""陽"兩極相對，而產生平衡的動力。如果陰陽不平衡就會導致疾病，例如，七情(即喜、怒、悲、恐、愛、恨、慾)過度被認為是萬病之源(Lin, 1981)。由於正面的情緒諸如"喜"或"愛"也被包括在內，就非常明確地表明，病的禍根是過度而非情緒本身，治療的方法則是用與之相反的情緒來平衡過度的情志。這類治療程序在中醫實踐中有所記載，因此可被視為一種中國本土化的心理療法。(Wu, 1982)。

中國心理治療家是主動的，是行動取向的，他們具有不容置疑的權威性。因為他們很少給與病人解釋，所以不需要任何心理學知識或"心理學的意識"，治癒過程也不需要他們領悟甚麼。在實際應用中，治療家時常採用欺騙的方法，如當某人中舉後狂喜不能自制，其欣快損害了健康，這時醫生就編造其父母病重的消息，來挫折其過分高漲的情緒，當高漲的情感得以控制後，其健康狀況就得以改善。

而 Wu (1982)的報告也指出，我們應當謹慎地看待這一類中國本土化的心理治療個案記錄，儘管它們並沒有系統化，不是有條件控制的研究產物，但是，這些個案提供了傳統中醫學用於心理治療的豐富文獻，是產生未來研究假設的沃壤。

2. 超自然取向的民間心理療法

另一方面，心理治療的發展可以追溯到超自然取向的治療實踐，包括巫術和占卜術(Tseng & McDermotl, 1975, 1981)。它可以被視為一種民間心理療法，其方法是運用一般的心理治療原理，諸如提供希望加以激勵(inspiration of hope)、得到權威人物的支持和關注，為存在的問題提供一個能使個人接受的解釋以及解決問題的方法。

在中國大陸，即使到了 90 年代初，估計仍有 70% 以上的農村人口曾在一生中某些時候求助於巫師(Li & Phillips, 1990)。

台灣的研究指出，這類超自然取向的民間心理療法具有一定程度的療效，特別是對於輕度或短期的疾病，以及抑鬱、焦慮和癔病引起的軀體化病例(Kleinman & Gale, 1982)。

這種民間心理治療的功能因以儒家為主導的文化因素的影響，而得以增強，例如，很多心理問題都以祖先干擾作為解釋(Li, 1972)，而這種常用的家庭關係式解決方法，目的是希望達至中國文化標準中家庭融洽相處的理想(Tseng, 1976, 1978)。幾乎所有的占卜所提供的指示，均勸諭求助者做人要採取中庸之道，適應羣體要求(Hsu, 1976)。但儘管如此，對於這種民間心理治療的長期療效，還存在相當的質疑(Kleinman & Sung, 1979)。

二、將西方心理療法用於中國人

1. 文化不相容(cultural incomparibility)的爭議

西方文化提倡個人主義(individusalism)，即要求當羣體和個人有衝突時，較大的羣體服從於個人的利益；而在中國文化中則維護集體主義(collectivism)，即每個人必須修正其態度和行動，來適應較大羣體的狀況(Sckei, Borow, 1985)。

因此，西方心理治療的目標是強調維護性應對(assertive coping)和主宰環境。而這種目標與中國人中庸思想和社會取向的價值觀是互相衝突的(Yang, 1993)。後者特別強調了中國人注重人際關係，希望在人際、階層的關係中，維持一種穩定的狀態，因而每個人都必須堅信及遵守一些清楚列明的權威和關係模式。

西方和中國文化的差異可以解釋為甚麼多數西方人將其生活困擾認定為心理內部的(intrapsychic)問題，而中國人則視其為一種社交性的問題(Lo, 1993)。這就引出了一個有趣的治療學問題：西方心理治療家能否用提倡自主和自立，而不是順應較大集體來治療中國人的社交性問題？

在實踐的層次，中國的求治者難於表達其個人的想法和強烈的情緒(Lin & Lin, 1981)，相反，不滿的情緒常常以軀體化的形式表達出來(somatization)(Cheung, 1987)，反映了缺乏心理複雜性(psychological sophistication)(D. W. Sue & D. Sue, 1990)。中國的求治者還常常表現出對不肯定的事情缺乏容忍力、崇拜權威以及喜歡得到解決問題實際而快捷的辦法(D. W. Sue & D. Sue, 1990)，他們期望治療過程是具有指導性和權威性的(Yuen & Tinsley, 1981)。

為了解決中西文化的不相容，學者們提出了一系列建議以求將西方的心理治療過程用於中國人(Cheng, 1991; Ho, 1987; Jung, 1984; Ng, 1983, 1985; D.W. Sue & D. Sue, 1990; S. Sue, 1993a; S. Sue & Zane, 1987; Tsui & Schultz, 1985; Tung, 1984; 鍾友彬，1988)。例如：(1)對中國的求治者進行治療前教育，使其熟悉西方心理療法的形式和目的：(2)因為"被動"或"沉默"是中國文化中表達對權威尊重的一種方式，所以治療者應當對求治者的問題作出指導性及有系統的討論：(3)與中國人對權威的期望相適應，治療家應當採取專家的姿態，創造肯定而不容置疑的表達模式和氣氛，同時保持和善的態度：(4)治療者應當對求治者坦誠相向：(5)由於求治者往往對患有心理疾病而求助存有羞恥和罪責感，治療者應當加以體恤：(6)治療者應當給予求治者多點時間建立對治療者的信任，在開始幾次的談話中避免唐突：(7)對非指導性(non-directive)程序的抗拒(resistance)，可以用精神分析的方法加以克服：(8)因家庭在個人生活中的重要性在中國文化中被強調，所以家庭治療(family-therapy)的方法將會特別適用：(9)每次治療應該提供一些即時的效果；(10)確定具體問題和目標的短程治療(short term therapy)會更為適合；(11)在精神分析法的應用中，直接提供清楚明確的解釋可以加速中國求治者的領悟(insight)進度。以上所有的建議都有一中心主旨，即治療法必須適合中國人的需要。

2. 研究結果

Leung 和 Lee 最近在中國大陸、香港和台灣所做的研究，提供了更新的資料，而結果則令人鼓舞。這些研究綜合了各種治療方法，心理治療；即使去尋求治療，也有較高的退出(dropout)率，他們來訪次數較少，對心理治療的效用和治療者的勝任程度給予較差的評價。

Leung 和 Lee 最近在中國大陸、香港和台灣所做的研究，提供了更新的資料，而結果則令人鼓舞。這些研究綜合了各種治療方法，包括心理動力治療(psychodynamic)、非指導性治療(non-directive)、認知行為(cognitive-behavioural)和家庭療法等，治療法用於中國人，療效報告顯示大部分都有相當的效應。這些研究結果遍及從心理動力到行為干預的所有治療技術，以及從神經病症到精神病的各類心理障礙。

儘管如此，Leung 和 Lee提醒研究者不能不加批判地接受這些具有正面性的研究結果。首先要注意出版的偏見，因為正面的結果容易得到發表，而非正面的結果常不被採用；其次，許多研究的方法過於簡單，大部分只用單一個案和非控制的研究設計，而療效的測量則主要是治療者的主觀評價，客觀的標準化工具則很少被採用。同時，Leung 和 Lee 謹慎地作出結論：這些只是支持西方心理療法可有效用於中國人的初步證據，如要進一步證實這個初步的結論，還需要設計更周嚴的研究。

三、結論

儘管所得結論並不是肯定的，但現有的文獻至少表明了心理治療應用於中國人身上的潛在效益，並使這一領域的研究具有啟發性價值。心理治療並不是只供西方人專用的西方產物，它應當是一種在各種文化中被普遍應用的治療方法。將心理治療用於中國人，無論是本土化的還是西方的方法，都被認為有一定程度的療效。遺憾的是，在更周嚴的研究方法未被採用之前，很難確定心理治療用於中國人身上和用於西方人身上是否具有同樣的療效；同樣的，也無法對中國本土化心理療法與西方心理治療法的不同療效進行準確的評價。與西方心理治療相比，中國本土化的心理療法實際上還屬於一個有待開發的研究領域，對其各種形式的治療過程與結果尚需進行更多的研究工作，而且，進一步努力的方向應是將中國本土化治療法和西方心理治療法結合起來，加以適當應用，以改善其療效。

參考資料(一)

Atkinson, R. L., Atkinson, R. C., Smith, E. E. & Hilgard, E., (1987) *Introduction to Psychology*, 9th edition,. N. Y.: HBJ.

Benduara, A. (1977)*Social Learning Theory*. Englewood Cliffs. N. J. :Prentice-Hall.

Cameron, N. (1963) *Personality Development and Psychopathology: A Dynamic Approach*. Boston: Houghton Mifflin.

Corey, G. (1982) *Theory and Practice of Counselling and Psychotherapy* (2nd Ed.) Monterey, C. A. Erooks/Cole.

Ellis, A (1962) *Reason and Emotion in Psychotherapy*. Secaucus, N. J.: Lyle Stuart and Citalel Books.

Erwin, E. (1978) *Behaviour Therapy*. N. Y. Cambridge University Press.

Freud, S (1949) *An Outline of Psychoanalysis*. New York: Norton.

Frued, S. (1955) *The Interpretation of Dreams*. London: Hogarth Press.

George, R and Christiani, T. *Counselling, Theory and Practice* (3rd Ed), Englewood Cliffs: Prentice Hall.

Haley, J. (1963) *Strategies of Psychotherapy*. New York: Grune and Stratton.

Jacobs, M. (1988) *Psychodynamic Counselling In Action*. Newberry Park: Sage Publications.

Jacobson, E. (1938) *Progressive Relaxation*, Chicago: University of Chicago Press.

Lundin R. (1991) *Theories and Systems of Psychology* (4th Ed) D C Heath and Company.

Meichanbaum, D. (1977) *Cognitive Behaviour Modification*: an Integrative

Approach. N. Y.: Plenum.

Misiak H, and Sexton, V. (1966) *History of Psychology*. Grune and Stratton. N. Y. and London.

Nye, R (1986) *Three Psychologists: Perspectives From Freud, Skinner and Rogers*. Monterey CA: Brooks/Cole.

Prochaska, J. (1984) *System of Psychotherapy: a Transtheoretical Analysis*. Howewood Ill: Dorsey Press.

Rogers, C. R. (1961) *On Becoming a Person*. Boston: Houghton Mifflin.

Truax, C. and Carkhuff, R. (1967) *Toward Effective Counselling and Psychotherapy*. Chicago: Aldine Publishing Company,

Watson, J. B. (1925) *Behaviorism*. N. Y.: Norton.

Wilson, G. and O'Leary, K. (1980) *Principles of Behaviour Therapy*. Englewood Cliffs: Prentice-Hall, Inc

Wolpe, J. (1969) *The Practice of Behaviour Therapy*. N. Y.: Pergamon Press.

(以上為 15.1 ~ 15.6 部分的參考資料)

參考資料(二)

鍾友彬(1988),《中國心理分析》。瀋陽:遼寧人民出版社,第一版。

Cheng, L. Y. (1991). "Sino-therapy: Is it necessary? Is it possible?", *Bulletin of the Hong Kong Psychological Society*, 26/27, 71–80.

Cheng, L. Y., Cheung, F. & Chen, C. N. (Eds.), *Psychotherapy for the Chinese*. Hong Kong: Dept. of Psychiatry, The Chinese University of Hong Kong.

Cheung, F. M. (1987). "Conceptualization of psychiatric illness and help-seeking behaviour among Chinese", *Culture. Medicine and Psychiatry*, 11, 97–106.

de Bary, T. (1991). *Learning for One's Self: Essays on the Individual in Neo-Confucian Thought*. New York: Columbia University Press.

Draguns, J. G. (1975). "Resocialization into culture: The complexities of taking a worldwide view of psychotherapy", R. W. Brislin, S. Bochner, & W. J. Lonner (Eds.), *Cross-cultural perspectives on learning*, 273–289. New York: John Wiley & Sons.

Frank, J. D., & Frank, J. B. (1991). *Persuasion and Healing* (3rd ed.). Baltimore: Johns Hopkins University Press.

Ho, M. K. (1987). *Family Therapy with Minorities*. Newbury Park, CA: Sage.

Hsu, J. (1976). "Counselling in the Chinese temple: a psychological study of divination by *chien* drawing", W. Lebra (Ed.), *Culture-bound Syndromes, Ethnopsychiatry, and Alternative Therapies*, 211–221. Hawaii: University Press of Hawaii.

Jung, M. (1984). "Structural family therapy: Its application to Chinese families", *Family Process*, 23, 365–374.

Kleinman A., & Gale, J. L. (1982). "Patients treated by physicans and folk healers: A comparative outcome study by Taiwan", *Culture, Medicine and Psychiatry*, 6, 405–423.

Kleinman A., & Sung, L. H. (1979). "Why do indigenous practitioners successfully heal?", *Social Sciences and Medicine*, 13B, 7–26.

Leong, F. T. (1986). "Counseling and psychotherapy with Asian-Americans: Review of the literature", *Journal of Counseling Psychology*, 33, 196–206.

Leung, P. W. L., & Lee, P. W. H. (in press). "Psychotherapy with the Chinese", M. H. Bond (Ed.), *Handbook of Chinese Psychology*. Hong Kong: Oxford University Press.

Li, S. X., & Phillips, M. R. (1990). "Witch doctors and mental illness in mainland China: A preliminary study", *American Journal of Psychiatry*. 147, 221–224.

Li, Y. Y. (1972, March). "Shamanism in Taiwan: An anthropological inquiry", Paper presented at the 4th Conference on Culture and Mental Health in Asia and the Pacific, Honolulu, HI.

Lin, T. Y. (1981). "Traditional Chinese medical beliefs and their relevance for mental illness and psychiatry", A. Kleinman & T.Y. Lin (Eds.), *Normal and Abnormal Behaviour in Chinese Culture*, 95–111. Dordrecht, Holland: D. Reidel.

Lin, T. Y., & Lin, M. C. (1981). "Love, denial and rejection: Responses of Chinese families to mental illness", A. Kleinman, & T. Y. Lin (Eds.), *Normal and Abnormal Behaviour in Chinese Culture*, 387–401. Dordrecht, Holland: D. Reidel.

Liu, S. H. (1993). "The psychotherapeutic function of the Confucian discipline of *hsin* (mind-heart)", L. Y. Cheng, F. Cheung, & C. N. Chen (Eds.), *Psychotherapy for the Chinese*, 1–18. Hong Kong: Dept. of Psychiatry, The Chinese University of Hong Kong.

Lo, H. T. (1993)., "Psychotherapy for the Chinese Canadians", L. Y. Cheng, F. Cheung, & C. N. Chen (Eds.), *Psychotherapy for the Chinese*, 215–224.

Hong Kong: Dept. of Psychiatry, The Chinese University of Hong Kong.

Ng, M. L. (1983). "Experiences with non-directive psychotherapeutic techniques for Chinese in Hong Kong", *Journal of Hong Kong Psychiatric Association*, 3, 35–39.

Ng, M. L. (1985). "Psychoanalysis for the Chinese—applicable or not applicable?", *International Review of Psychoanalysis*. 12, 449–460.

Sakei, C., & Borow, H. (1985). "Counseling and psychotherapy: East and West", P. B. Pedersen (Ed.), *Handbook of Cross-cultural Counselling and Therapy*, 221–229. London: Greenwood Press.

Sue, D. W., & Sue, D. (1990). *Counselling the Culturally Different* (2nd ed.). New York: John Wiley & Sons.

Sue, S. (1993a). "Psychotherapy with Chinese in the United States: The transmission of Chinese cultural values", L. Y. Cheng, F. Cheung, & C. N. Chen (Eds.), *Psychotherapy for the Chinese* (pp.175–186). Hong Kong: Dept. of Psychiatry, The Chinese University of Hong Kong.

Sue, S. (1993b). "Mental health issues confronting Asians in the changing world", *Asian Journal of Counselling*, 2, 61–70.

Sue. S., & Zane, N. (1987). "The role of culture and cultural techniques in psychotherapy: A critique and reformulation", *American Psychologist*, 42, 37–45.

Tseng, W. S. (1976). "Folk psychotherapy in Taiwan", W. Lebra (Ed.), *Culture-bound Syndromes, Ethnopsychiatry, and Alternative Therapies*, 164–178. Hawaii: University of Hawaii Press.

Tseng, W. S. (1978). "Traditional and modern psychiatric care in Taiwan", A. Kleinman, P. Kunstadter. E. R. Alexander & J. L. Gate (Eds.), *Culture and Healing in Asian Societies*, 311–328. Cambridge: Schenkman.

Tseng, W. S., & McDermott, J. F. (1975). "Psychotherapy: Historical roots, universal elements, and cultural variations", *American Journal of Psychiatry*, 132, 378–384.

Tseng, W. S., & McDermott, J. F. (1981). *Culture Mind and Therapy*. New York: Brunner/Mazel.

Tsui, P., & Schultz, G. L. (1985). "Failure of rapport: Why psychotherapeutic engagement fails in the treatment of Asian clients", *American Journal of Orthopsychiatry*, 55, 561–569.

Tung, M. (1984). "Life values, psychotherapy, and East-West integration", *Psychiatry*, 47, 285–292.

Tung, M, (1991). "Insight-oriented psychotherapy and the Chinese patient", *American Journal of Orthopsychiatry*, 61, 186–194.

Wang, M. Q. (1992, April). "The principle of moderation as a health-promotion measure", Paper presented at a conference on Chinese psychology and behaviour organized by Institute of Ethnology, Academia Sinica, Nankang, Taipei.

Wu, D. Y. (1982). "Psychotherapy and emotion in traditional Chinese medicine", A. J. Marsella, & M. White (Eds.), *Cultural Conceptions of Mental Health and Therapy*, 285–301. Dordrecht, Holland: D. Reidel.

Yang, K. S. (1993). "Chinese social orientation: An integrative analysis", L. Y. Cheng, F. Cheung & C. N. Chen (Eds.), *Psychotherapy for the Chinese*, 19–56. Hong Kong: Dept. of Psychiatry, The Chinese University of Hong Kong.

Yuen, R. K., & Tinsley, H. E. (1981). "International and American students, expectations about counselling", *Journal of Counselling Psychology*, 28, 66–69.

(以上為 15.7 部分的參考資料)

16

應用認知行為

周偉立 • 香港大學心理系講師

“仰則觀象於天，俯則觀法於地，觀鳥獸之文與地之宜，近取諸身，遠取諸物，於是始作八卦，以通神明之德，以類萬物之情。”

——《周易 • 繫辭下》

“《易》之爲書也，廣大悉備，有天道焉，有人道焉，有地道焉，三才之道也。”

——《周易 • 繫辭》

“法莫大於天地，變通莫大於四時。”

——《周易 • 繫辭下》

16
應用認知行為

在日常生活中，有時我們會因一些工具的設計問題而感到不便或犯錯誤。例如，汽車駕駛員往往在開照明燈時誤把水撥開動，這錯誤的原因之一便是這兩枝控制桿的形狀幾乎是一樣的：在操作電腦(或電子計算機)時，我們也常常因為手冊上的解釋不清楚，或需要運用的指令太多而犯錯，這些錯誤不僅浪費寶貴的時間和精力，也會令我們的工作情緒大受影響。

上述的問題，往往都是因為設計師在設計機器時，沒有充分考慮人類處理訊息時的模式和限制。在日常生活中，這樣的疏忽只是導致輕微的錯誤和不便，但在一些先進和極度複雜的系統中，微小的疏忽可能產生極度嚴重的後果。

舉例來說，在先進的飛機內，駕駛員往往要同時注視數以百計的儀錶。試想想如果因為設計有問題，駕駛員要花多些時間去閱讀每個儀錶上的數據，在危急的時候，這些多花的時間很可能會耽誤了駕駛員的正確行動，因而影響到全體乘客的生命安全。

在著名的三哩島核電廠意外事件中，其中一個關鍵性的錯誤便是發生在操作員閱讀一個壓力儀錶時，這個儀錶所顯示的是操作員給其中一個活塞的指令，但操作員卻以為儀錶上所顯示的是該活塞真正的壓力，以至未能及時作出必要的行動去調節冷卻系統內的氣壓。

要減少上述的意外，我們在設計機器時就必須充分考慮並照顧到人類處理訊息的方式和習慣。圖 1 顯示一個人—機器的系統(human-machine system)。如圖所示，機器的儀錶顯示和聲音都是操作員的刺

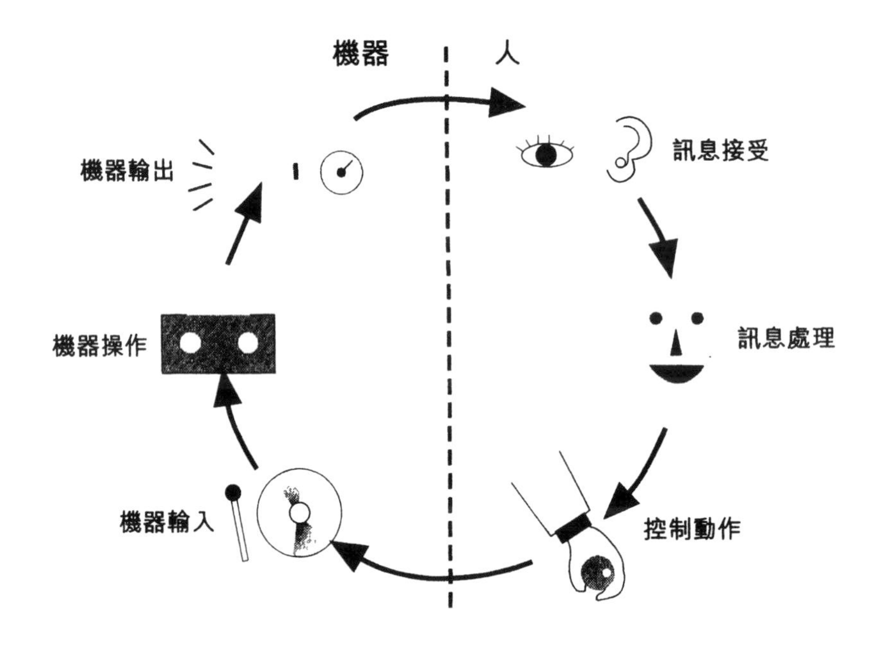

圖1　人一機器界面

激或訊息輸入，操作員在收到訊息後，對訊息進行加工，然後決定合適的動作去控制機器。這些動作的效果，會透過各個儀錶，顯示給操作員知道。簡單來說，在一個人一機器界面中，人和機器形成了一個回饋圈(feedback loop)，人和機器的輸出(output)都會影響對方，而對方的改變則會產生新的輸入(input)，從而影響其後的輸出。

舉一個簡單的例子，在駕駛汽車的時候，駕駛員與汽車便形成了一個人一機器系統，駕駛員可以透過視覺知道汽車在方向上的任何偏差(如偏離路上的白線)，看到偏差後，駕駛員便會扭動方向盤把偏差改正，更改後的方向成為新的顯示，駕駛員又會透過這些顯示繼續調節汽車的方向，這樣的回饋循環不斷，直至駕駛員及汽車到達目的地為止。

16.1 認知心理學及訊息處理取向

要設計出更好、更有利於操作之人一機界面，我們必須明白人類的訊息處理過程，這就是認知心理學的研究範圍。認知心理學的研究課題很廣，包括人類如何從外界得到訊息：如何把這些訊息在腦海內表達（represented）、儲存及轉化為知識：以及如何利用知識操縱我們的行為等等。很多認知心理學家都會把這些複雜的問題納入一個統一的理念架構加以研究，而這個理念架構便是訊息處理取向（human information processing approach）。

簡單來說，訊息處理取向假設人類的訊息處理行為可以分為若干階段，每一階段都有自己本身的功能和工作，而最後的外顯反應是一系列訊息處理階段和運算的綜合結果。

圖 2 顯示的是一個典型的訊息處理模式，圖中虛線代表影響。從圖左至右標誌着各階段在時間上之先後次序，箭頭所指是訊息流動的方向，雙向的箭頭表示訊息的流動是雙向的，亦即是說，較早進行的階段亦會受到較後階段的影響，這一點在稍後的討論中會再加論述。我們現在先看看每一階段的工作和特點。

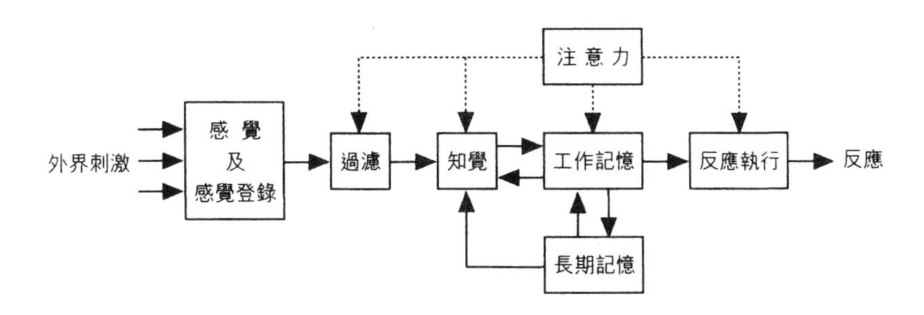

圖 2　訊息處理模式

16.1.1 感覺(sensation)及感覺登錄(sensory register)

當外界訊息進入我們身體時，它首先是經過我們各感官系統的感受器(receptors)，在視覺系統中，這些感受器是視網膜(retina)上的視杆(rods)和錐體(cones)；在聽覺系統中，是基膜(basila membrane)上的毛細胞。這些感受器都有固定的接收範圍和靈敏程度，我們若要把訊息有效地傳給接收訊息的人，必須把訊息表達在有關的感受器靈敏度最高的地方。

除了接收外來訊息外，每一個感官系統都有一個登錄，用作訊息的短暫儲存。這個短暫儲存的主要作用是在外界刺激物消失後，延長刺激物在感覺系統內的停留時間，讓接收者有更多時間在刺激物中提取有用的資料。多個研究的結果顯示，視覺的儲存大概維持 250 毫秒(1/4秒)，而聽覺的儲存則是 4 秒左右。

16.1.2 過濾

感覺登錄中的部分訊息會通過過濾，接受進一步處理，不能通過過濾的訊息會在登錄中慢慢消失。能夠通過過濾的訊息當然是比較重要或與正在執行的任務有關的，負責選擇的機制是選擇性注意力(selective attention)，在下文討論注意力時會再詳加闡釋這個機制。

16.1.3 知覺(perception)

在感覺系統中，各感受器官所偵察到的外界刺激物，其實都只是一些特徵(feature)。例如，當我們看見字母"A"時，在視網膜上呈現的是三條線："/"、"–"及"\"，知覺階段的工作便是要辨認這些特徵到底代表甚麼外界物體。很明顯，這個辨認過程必須用到記憶系統中的知識(辨認"A"這個圖形代表字母"A"，我們必須先知道字母"A"是甚麼樣子)。有時候，其他的刺激物亦會影響我們的知覺，如圖 3 中間那個圖形在橫看時看來是 B，但在直看時看起來卻是 13，換句話說，同一種感覺輸入，在不同的環境下會產生不同的知覺效果。反過來說，相同的知覺效果也可能是源於不同的感覺輸入，如圖 4 所示。當我們俯視一個

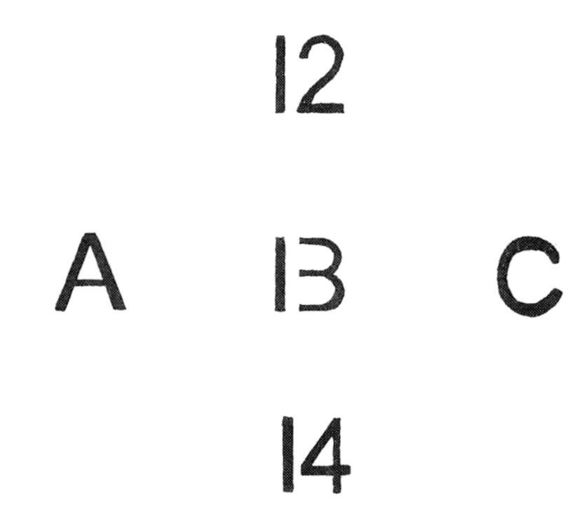

圖 3　周圍事物對知覺的影響

水杯時，這個水杯在我們視網膜上的投射影子是一個正圓形，但當我們從旁邊去看這個水杯時，在視網膜上的影子會變成一個長方形(見圖4)，雖然感覺的輸入改變了，但我們的知覺效應仍然是同一個水杯。

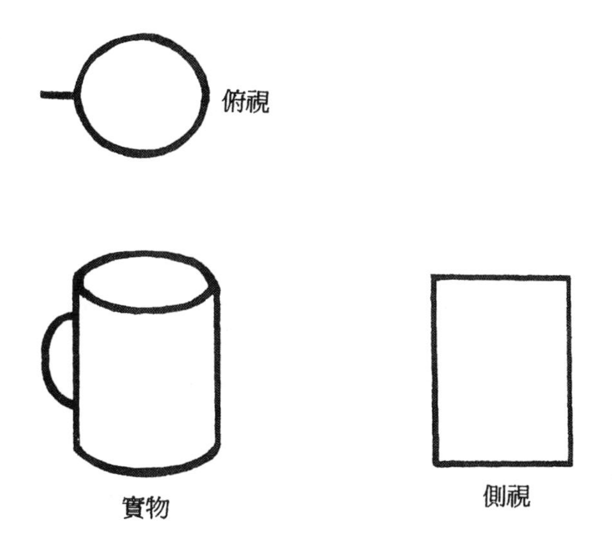

圖 4　觀看角度與視網膜上影像的形狀

16.1.4 工作及長期記憶

自 50 年代開始心理學家把記憶系統分為短期記憶及長期記憶兩個系統。短期記憶儲存一些正在使用的資料，例如當我們撥電話的時候，要撥的電話號碼會被放在短期記憶內，短期記憶是有時間限制的，若我們不重複背誦短期記憶內的資料，這些資料只會在短期記憶中逗留 30 秒左右。短期記憶可儲存 5 ~ 9 個組集(Miller, 1956)，組集是一組儲存在一起的資料，如果你要記一些沒有相關的單字，每一個單字便是一個組集，你只可以記着 5 ~ 9 個單字，但若果要記的資料是有意義的兩個字詞，每一個詞便會成為一個組集，你也可記着 5 ~ 9 個詞(10 ~ 18 個字)。

Baddeley, Thomson 及 Buchanan (1975)把短期記憶的概念推廣，變成工作記憶(workingmemory)。這個記憶系統可分為三部分，第一部分是誦圈(rehearsal loop)，它的工作跟短期記憶原來的工作一樣，透過背誦，把資料維持在記憶內和轉送到長期記憶。這個系統的主要工作對象是跟語言(如說話、閱讀)有關的資料。

工作記憶的第二部分是視覺空間草擬部(visual spatial sketchpad)，主要負責短期儲存和操縱視覺映像。當你在腦海中想像如何重新佈置你的臥房時，你便是在運用這部分。

第三部分是決策控制系統(exeuctive control system)，它的功能是進行決策、解決問題及計算等心理操作，並儲存這些操作所需的資料。當我們在腦海中比較甲餐廳及乙餐廳的優劣點和決定往哪一間餐廳時，我們便用到這一部分。

長期記憶並沒有如短期記憶般受到時間和容量的限制。很多心理學家都認為長期記憶可無限量地儲存資料，而資料一經進入長期記憶，亦會在記憶系統中停留一段很長的時間(甚至是永不消失)。

16.1.5 反應執行

經過上述一連串的訊息處理過程後，若果受試者決定做一個動作來對刺激物作出反應，另一連串的程序會被馬上引發。根據 Van Galen

及 Teulings (1983)的理論，執行肌動動作的準備工作可分為三個階段：第一階段是從記憶系統中提取一個肌動程序，這個程序就像一個電腦程序一樣，沒有具體的參數，只有一連串的程序法(alogrithm)；第二階段是把要執行的動作的參數代入程序內，這些參數包括動作的幅度、速度、力量、肌肉的組合等等；最後，這個程序把肌動指令送到所需之肌肉組合，透過這些組合，把反應動作執行出來。而動作執行的效果會成為回饋，透過各個感覺器官回送給動作者，動作者可利用這些資料去檢討反應動作是否正確，若有偏差的話，動作者會調節有關的參數，或引入新的程序，把反應動作校正。

16.1.6 注意力

在日常生活中，無論在何時何地，無論我們在幹甚麼事情，每一刻其實都有大量的刺激跑進我們的感覺系統。例如，當你在一個宴會中與朋友談話時，除了你的朋友跟你所說的話之外，還有很多其他聲音跑進你的耳朵：其他赴宴者談話的聲音、餐具互相碰撞的聲音、其他人的腳步聲、背景音樂等等。此外，你也會看到很多不同的面孔、宴會場所的佈置等等。我們若是要把所有刺激都詳加處理，必會對我們的訊息處理系統構成沉重負荷，嚴重影響我們的正常功能。故此，我們的訊息系統必須把部分刺激物過濾掉，只讓小部分的刺激物接受深入處理。

注意力的作用便是選擇刺激物，讓我們可以集中處理重要或與當前任務有關的刺激物，而不受其他擾亂物的干擾。很多心理學家都認為感覺和感覺登錄並不需要注意力，所有外界刺激均可進入我們的感覺系統和在感覺登錄停留一段短時間，但只有那些受到注意及被挑選的刺激物方可進入較後的處理階段。

另一些心理學家把注意力看成一種有限的心理資源，除了感覺及感覺登錄外，圖 2 內所有階段均須一定程度的心理資源才可運作，我們可按照任務的需要，把不同數量的資源分配到各個處理階段的刺激物或任務上。但是，若果我們把越多資源放在一項任務上，其他任務所得到的資源便會相應減少，而我們在這些任務上的表現也會隨之下降。

在一般的訊息處理模型中，較複雜的心理過程如決策行為，問題解決都沒有特定階段，但這些過程其實已包括在各個訊息處理階段。如上文所述，決策和問題解決可以在工作記憶中進行，而進行這個過程所需的外界資料，亦會透過感覺、知覺等階段從外界獲得。

在本文餘下的各節中，會深入討論幾個較重要的訊息處理階段，並指出心理學家如何把認知心理學中有關這幾個階段的知識和理論應用到人一機器界面的設計中。

16.2 訊息傳入

如圖 1 所示，機器儀錶是操作員的訊息來源，為了令操作員能快而準地從儀錶得到所需的訊息，儀錶的設計必須符合人類知覺系統的運作和原理，在本節，我們將會簡單地看看視覺顯示的設計。

16.2.1 視覺顯示

視覺顯示是人一機器界面最常用的訊息顯示方法，它特別適用於嘈吵的工作環境，隨着電腦技術的發展，較複雜的訊息也可在電腦屏幕上顯示出來。

視覺顯示的資料大致可分為數量和質量兩種：數量資料是用數字表明機器的狀態，如溫度、速度、高度等等。質量資料是表明機器狀態的類別，例如它只會表明機器的溫度是否太高、正常抑或是太低，而不表明機器的確實溫度：在一些操作中，操作員需要比較兩個儀錶所顯示的數據是否一樣，這也是質量資料的一種。

顯示數量資料的儀錶可分為跳字及指針兩種。有研究發現操作員閱讀跳字儀錶的速度和準確度都較指針儀錶為高（Zeff, 1965），但這個結論只適用於變化較慢或較小的讀數。如果儀錶上顯示的數字變動很快，跳字儀錶上的數字會因跳動太快而變得模糊不清，在這樣的情況下，指針儀錶會較為優越。

指針儀錶特別適合於顯示讀數變化的趨勢和速度。在設計指針儀錶時，設計者必須考慮錶面及數字的大小，刻度的密度和指針粗細等因素，最重要的原則是儀錶必須要清晰易讀，刻度、數字和指針不要擠在一起。

至於質量儀錶的設計，也有很多可運用知覺理論的地方，設計者可以用不同的視覺編碼(visual coding)方法來顯示機器的各種狀態。較常用的視覺編碼有顏色和圖形兩種。在選用顏色時，設計者必須充分考慮每一顏色慣常所代表的意思，如紅色代表危險，黃色代表小心，綠色代表安全等(Morgan, 1963; Oborne, 1987 引述)，而顏色的數目應限制在10 種之內，以免引起混淆。

在日常生活中，我們常常看見圖形編碼。例如當汽車的汽油快用完時，汽油儀錶上會出現一個油泵的符號，提醒駕駛員要趕快加油。有心理學者認為處理圖形比文字容易(Snodgrass & McClure, 1975)，雖然這個結論為其他人所反對(如 Theios & Amrhein, 1989)，但圖形顯示確實有很大的實用價值，除了能跨越語言障礙外，具真實感的圖形也會協助操作員迅速獲取有用的資料。

另一種常見的質量顯示是檢查閱讀(check reading)。操作員的工作是檢查是否有任何指針偏離正常的位置，圖 5 顯示兩種儀錶編排，在圖 5A 及圖 5B 中，左面第二個儀錶的指針偏離了向左的正常位置，除它

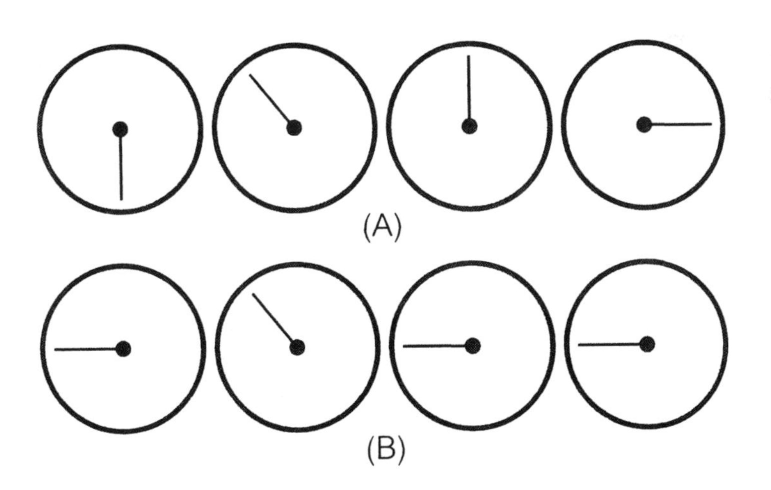

圖 5　知覺組合與視覺顯示

以外，其餘的指針都在正常的位置，如圖中所見，在圖 5A 的編排中，操作員必須逐一檢查各儀錶才能發現左二的儀錶有偏差。但是當各儀錶的位置被移動至圖 5B 的位置，在正常的情況下，所有指針應連成一線，若有任何偏差，直線便會被打斷，異常狀況便無所遁形。

除了儀錶以外，我們每天都會遇到很多其他視覺訊息的傳遞方法，如告示、警告標誌、廣告牌、交通標誌等等，圖形在這些訊息傳遞方法中也被廣泛利用。使用圖形時最重要的考慮當然是圖形的理解難度。有些圖形的意思是十分明顯和具有世界性意義的，如向右的箭頭表示右轉，箭頭上加一斜線表示禁止右轉：一架飛機的外形表示往機場等等。這些符號的意義是顯而易見的，不受文化背景所約束，但其他的符號則很容易受到文化所影響，例如，對慣用刀叉的西方人來說，一個有刀叉的符號可能很清楚表明了前方有餐廳的意思，但對於少用刀叉的東方人而言，這個符號可能令他摸不着頭腦。

很多應用心理學者均曾指出，圖形顯示是否簡單易明，取決於在設計時能否正確地運用知覺理論和原則。在知覺理論中，整體學派（Gestalt school）曾在本世紀中找出幾個知覺原則（perceptual principles）來說明人類如何把不同的刺激物整合。他們最廣為人知的立論便是"整體大於部分的總和"，也就是說，當幾個不同的刺激物放在一起時，我們會有新的知覺經驗，這個經驗是我們看個別刺激物時所看不到的。Easterby（1970）指出圖形設計必須正確地運用知覺原則，使圖形辨認及理解更快、更準確。圖 6 是 Easterby 所提出之其中四個原則：

（1）穩定（stability）

圖形的形象（figure）必須很容易從它的背景（background）分辨出來。

（2）簡單（simplicity）

圖形必須簡單，沒有重要訊息的細節可被刪掉。

（3）統一及封閉（unity & closure）

這有助於圖形的完整性，而圖形的各部分也可一起被處理。

（4）對稱（symmetry）

對稱的圖形可助圖案辨識（pattern recognition）。

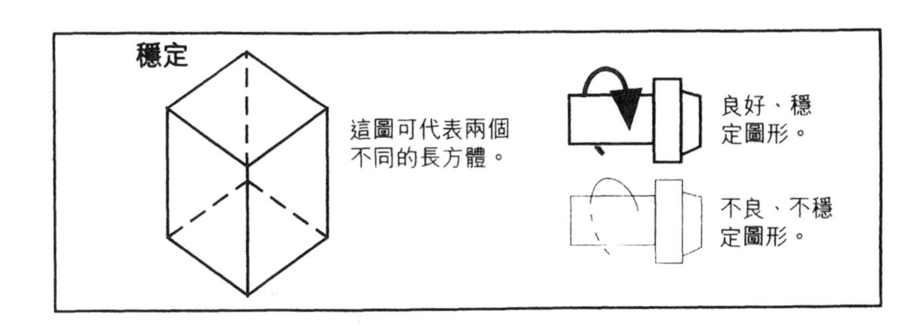

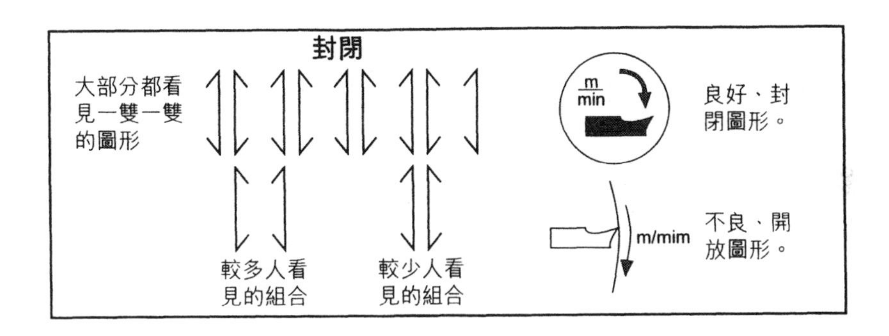

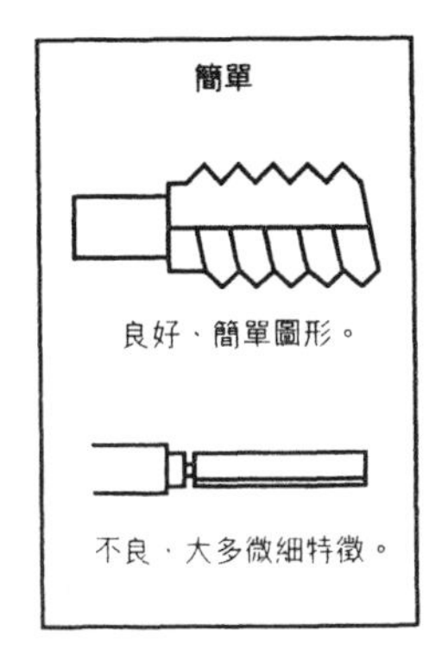

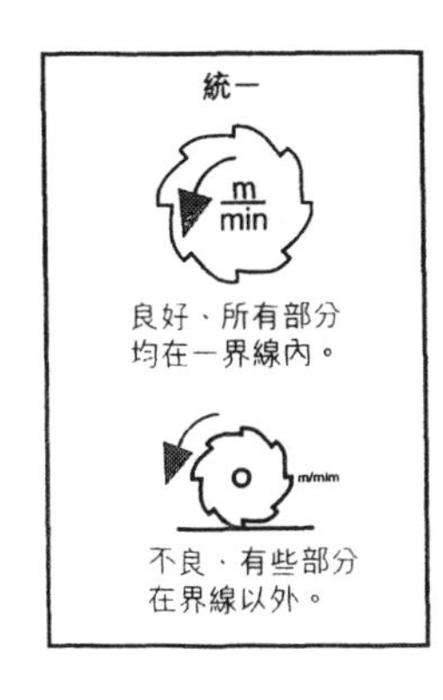

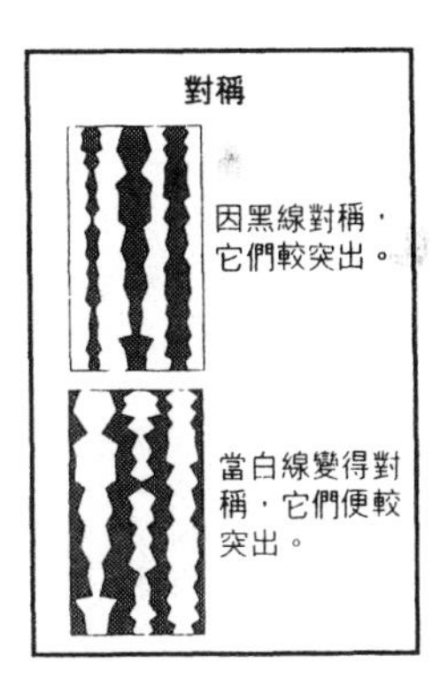

圖 6　知覺原則與符號設計

（來源：Easterby, R. S（1970）. The perception of symbols for machine displays *Ergonomics*, 13（1）, p. 149–158）
（作者及出版商同意復印。）

16.2.2 視覺顯示近年之發展

近年來，隨着科技發展，先進儀器的顯示變得越來越複雜，儀錶板上的儀錶也越來越多，心理學家不斷利用認知心理學的發展來設計新的顯示，希望能減輕操作員的工作量。較新的視覺顯示包括抬頭顯示（head-up display）、三度空間透視顯示（3-dimensional perspective display）及立體顯示（stereoscopic display）。

一、抬頭顯示

抬頭顯示是把重要的儀錶讀數投射在擋風玻璃屏或頭盔的面罩上，操作員在閱讀儀錶時仍可把頭保持在一個平望的位置而無須把頭垂下來。雖然這項科技主要應用在飛機上，但數年前已有汽車製造商嘗試把汽車的速度顯示在擋風屏上。這項設計的原意是要把眼動和注意力轉移減至最低。由於儀錶的讀數和外面的景物重疊，駕駛員可一邊看着外面的景物以控制方向，一邊看着儀錶所顯示的讀數。

二、三度空間透視顯示

圖 7B 所顯示的是一個由 Ellis 等人（1987）所建議用來作展示空中

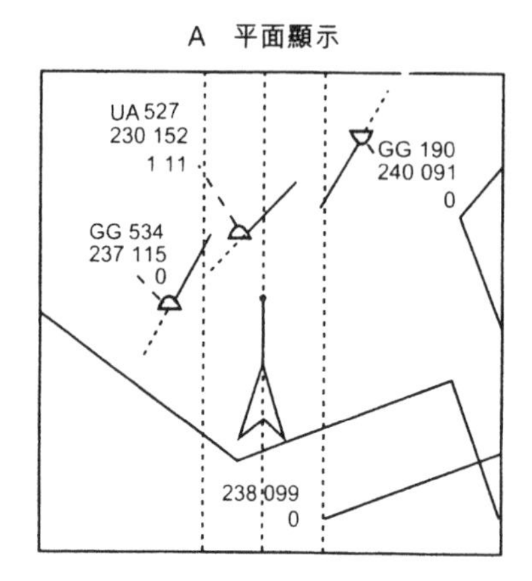

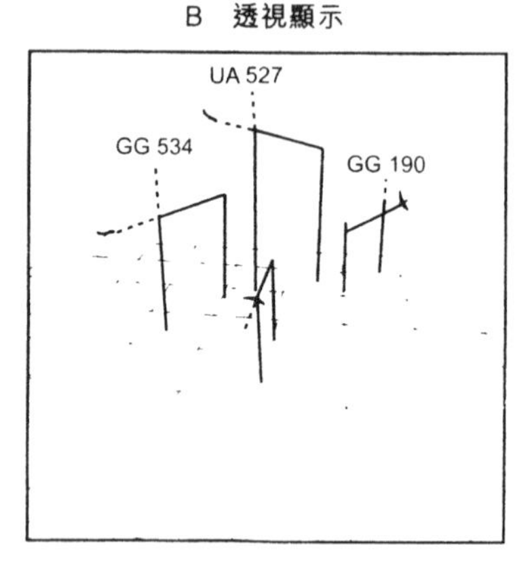

圖 7 平面顯示與透視顯示之比較

（來源：Ellis S., McGreevy, M., & Hitchcock, R.（1987）. Perspective traffic display format & airline pilot traffic avoidance. *Human Factors*, 29（4）, 371–382.）
（作者及出版商同意復印。）

交通的透視顯示，飛行員可從中看出週遭其他飛機的位置，圖 7A 是相應的平面圖，雖然圖 7A 也附有圖 7B 裏所有的資料，但讀者都會看出圖 7A 的平面圖要求更多的運算，駕駛員必須把平面的資料轉化成三度空間的資料。很多研究都發現，三度空間透視顯示讓飛行員無論在飛機控制及環境判斷上均有更佳表現(如 Ellis 等人，1987)。

三、立體顯示(stereoscopic display)

立體顯示是一個更有效、更準確展示三度空間的方法，它是把兩個稍為不同的映像分別投射到兩隻眼睛上，透過立體視覺(stereopsis)，駕駛員可看見一個有深度的景象，所以這類顯示除了能把附近物體的平面位置展示出來外，還可把它們的高度(或深度)展示出來。

16.3 注意力(attention)

相信每一個人都會有這樣的經驗，我們必須把注意力集中在一件事情上，才能把該事情辦得快而好。例如：我們必須心無旁騖地看書，才能夠明白書本的內容，倘若我們一邊看一邊談話，我們看書的速度一定會下降，甚至完全不明白書中的內容。

由此可見，注意力是處理外來訊息和完成任務的重要條件，根據 LaBerge (1990)的看法，注意力可從三個角度來分析。

首先，注意力是有選擇性的。正如前文所述，所有在感覺範圍內的刺激物均可進入感覺和感覺登錄，注意力就好像一個過濾機制，把不重要或與當前任務無關的雜物過濾掉，只讓重要的消息進入知覺及其後的訊息處理階段。

其次，由於人的能力有限，不能同時處理多個刺激物或多項任務，故此必須按照輕重緩急，把精力先放在較重要的任務上。注意力就好像一池有限的心理資源，我們可以按照自己的意願並依據任務的重要性把注意力分配到各項任務上。

注意力的第三個層面是它的預備性(preparation)或期待性(expectation)。若果你在街上等候你的朋友時，知道他會從哪一個方向走來，你必定會把注意力集中在這一方向，當他出現時，你便能更快地看見他和跑過去跟他打招呼。注意力的第三個作用，便是讓我們去集中資源，為一些期待中的刺激物作好準備，以便在刺激物出現時能作出更快、更準確的反應。

在日常生活中，有四種不同的任務，需要我們用不同的方法來運用注意力。這四種任務分別是選擇性注意力(selective attention)、焦點注意力(focused attention)、分散注意力(divided attention)及持續注意力(sustained attention)。

16.3.1 選擇性注意力

在這一類任務中，我們必須同時注視着多個消息來源，並從中搜索有關資料，以決定某一事件曾否出現。這類任務的例子很多，駕駛飛機時飛行員必須掃視在他面前的各個儀錶，不正常的讀數一旦出現時，飛行員必須準確而快捷地把它察看出來，並馬上作出補救行動。在球場上，持球者必須不斷留意着己方及對方球員的行動，當隊友在有利的位置時，便要馬上把球送出。

視覺選擇注意力的理論可以歸納為兩大類：第一類是區域理論(space-based theories)，它們假設選擇性注意力必須集中於在視野內某一個相連的區域，任何在這個區域內的刺激物均會接受注意力並進入知覺及較後的訊息處理階段，而不在這個區域內的刺激物會在視覺登錄中隨時間消失。換句話來説，倘若兩個刺激物同時在這個區域內，我們必須同時處理這兩個刺激物。如果其中一個刺激物是干擾物，我們的反應會無可避免地受干擾。反過來説，倘若我們要同時注視兩個刺激物，它們必須同時在這個注意力區域內，如果一個在內，一個在外，我們便沒有辦法同時注視它們。

有一些區域理論把注意力區域的面積看成是固定的(半徑約為視角一度左右)，選擇性注意力好像一支探射燈一樣，在視野內來回往返，每一刻鐘照亮一個有固定面積的範圍。在這個範圍內的事物均被照亮，而範圍外的事物則處於黑暗中而不被看見。另一些區域理論則假設選擇性注意力所能照顧的範圍是有彈性的，這個範圍的面積越大，選擇性注意力的分析度則越小，即使是有接受注意力的刺激物，我們也不一定能看到它們的微小之處。Eriksen 及 St. James (1975)用聚焦鏡來比喻選擇性注意力，聚焦鏡的焦點範圍越小，所拍得的事物越少，但細微的地方會拍得清楚；如果聚焦鏡的焦點範圍擴大，所拍得的事物會較多，但清晰度也會隨之下降。

第二類視覺選擇性注意力理論為物體理論(object-based theories)。這類理論認為選擇性注意力可分散到在視野中不相連的區域，但會集中在被認為是來自同一個物體的刺激。這種理論認為視者會在感覺登錄的階段中透過一些知覺組合的原則(如完形原則，Gestalt principles)把刺激物歸納為不同物體，然後把注意力集中於一個物體上。有些時候這些刺激物中間可能夾雜着其他刺激物，但只要它們被看成是屬於同一物體，縱使它們並不相連，也會同時受到注意。舉例來說，倘若有一隻貓躲在燈柱後面，只有頭部和腳部暴露出來，而身體部分卻被燈柱擋着，雖然牠的頭部和腳部看起來不是連在一起的，但我們仍會知道它們是屬於同一物體。我們可以把注意力集中在貓兒身上，不論牠移動頭部或腳部，我們都會馬上就察覺到。

上述的理論對設計選擇性注意力任務有莫大的重要性。倘若操作員於進行任務一時需要同時注視甲、乙、丙三個儀錶，而進行任務二時需要丁、戊二個儀錶所顯示的數據，根據區域理論，我們應該把甲乙及丙儀錶放在儀錶板上的同一個區域，而丁、戊則在另一個區域。如果丁或戊所顯示的資料可能對任務一構成干擾，更應把丁及戊放在遠離甲、乙及丙的位置上。另一方面，我們也可利用各種知覺組合的方法，讓操作員把有相關的儀錶看成同一物體及同時注視這幾個儀錶。譬如說，我們可以把甲、乙、丙三個儀錶都髹上紅色，丁及戊漆上綠色，以便操作員把它們看成兩個不同物體，把注意力集中在其中一組的儀錶上，注視該組中各儀錶，而不受另一組儀錶的干擾。

16.3.2 焦點注意力

在這一類任務中，主要目標便是把注意力集中在一個或極少數的訊息來源，並要避免其他刺激物的干擾。例如，當你閱讀時，你希望能把所有注意力集中在書本上，而把周圍的談話聲、電視機聲都拒之於外。

正如上一節所提到，視覺注意力是與距離有關的，如果兩個刺激物在同一注意力範圍內，我們就很難把注意力完全集中於其中的一個刺激物上，而不顧另外一個。所以，在設計焦點注意力任務的時候，我們應該盡量把重要的訊息來源與其他訊息來源的差異做到最大。例如一位操作員的主要工作是追蹤儀錶甲的讀數，甲儀錶便應與其他儀錶分開放置，或者把甲儀錶設計得較大，較明亮、清晰，並把它放在視野中央，令儀錶甲吸引最多的注意力。

16.3.3 分散注意力

這類任務和上述兩種剛好相反，上述兩類任務都要求我們把注意力集中在少數，甚至是一個外界刺激，而分散注意力的任務卻是要求我們把注意力分散到不同的刺激物，或兩項不同的工作。例如，當駕駛員在開車時要轉換到另一條行車線，駕駛員必須同時留意在他的正前方及他旁邊的車輛。上課的時候，學生也往往要同時聽着老師的講解，和抄下黑板上的筆記。

這類同時進行兩項任務的情況，在心理學中名為時間分享(timesharing)。由於人對外界訊息的容量有限，當我們要同時進行兩項或更多的任務時，在個別任務的表現往往會比單獨處理該項任務時的表現為差，認知心理學有很多不同的理論去解釋時間分享及分散注意力任務的種種現象，其中較重要的有 Kahneman (1973)的單資源理論和 Wickens (1984)的多資源理論，現把這兩個理論分述如下。

16.3.4 單資源理論與多資源理論

單資源理論提出注意力是一池單一的心理資源，所謂單一，就是說這種資源支持所有心理過程。這個理論與很多實驗結果頗為吻合。如前文所述，當我們要把注意力分散到多項任務時，我們在個別任務上的表現多會下降。對於這個現象，單資源理論的解釋是由於資源是有限的，當我們把資源分散到不同的任務時，每一項任務所得到的資源便相應減少了，而表現也因而下降。此外，如果其中一項任務的難度增加，它就會佔用更多資源，其他工作的資源會因此減少，表現也會進一步下降。

單資源理論的主要問題在於它不能夠滿意地解釋下列幾種現象：

(1) 如果時間分享的任務是要應用同一感官或同一種符號，它們之間的干擾會較大；相反，倘若時間分享的任務須用不同感官或不同符號，它們之間的干擾就會較小。例如，同時聽兩個人說話(同是聽覺)會比一邊看書(視覺)一邊聽人說話(聽覺)來得困難。而一邊看圖畫(圖形符號)，一邊聽人說話(語言符號)也比一邊看書及一邊聽人說話容易(同是語言符號)。

(2) 在一些任務組合中，增加其中一個任務的難度，並不影響其他任務的表現。假設我們在駕駛汽車時要同時在心中回答算術題，算術題的難度並不影響我們駕駛汽車的穩定性和準確性。

(3) 在一些任務組合中，操作者在個別任務上的表現與單獨進行該任務時的表現完全一樣，並不受其他任務影響。例如我們走路的表現(速度、路線正確與否)不會受其他任務影響(不論我們一面談話一面走路，還是全心全意走路，走路都是輕鬆的任務)。

基於上述現象和大量類似的研究結果，多資源論者認為心理資源不是單一的，而是可劃分為不同的、獨立的資源，倘若兩個時間分享的任務需要不同的資源，它們之間的干擾會較低，甚至是完全沒有干擾；反過來說，如果它們須徵用同一資源，它們之間的干擾就會很大。

在 Wicken's (1984) 的模擬中，可按照三個兩極的度向(dichotomous dimensions)來劃分心理資源的種類：

(1) 階段(stages)：早期(知覺及中央處理)對後期(反應選擇及執行)。

早期階段是指感覺以至記憶等訊息處理階段，也包括心理運算等認知過程，後期則是選擇反應行動和執行反應。

(2) 感覺通道(sensory modalities)：聽覺對視覺。

如前文的例子所顯示，當兩個任務需要不同感覺輸入(例如一個是視覺，另一個是聽覺)，它們之間的干擾會比兩個需要同一種輸入的任務的干擾為小(例如兩個同是視覺或同是聽覺)。

(3) 處理代碼(processing codes):空間對語言。

需要空間代碼的任務包括在某一空間內移動和定位,及把物件放在固定的位置上等;而需要語言代碼的任務包括文字運用、語文及邏輯思維等等。兩個需要同一種代碼的任務的干擾較大,兩個需要不同代碼的任務的干擾較小。

跟處理代碼有關的便是反應種類(聲音對肌動),聲音反應需要語言代碼,而肌動反應則牽涉空間代碼,同時進行一個聲音及一個肌動反應通常都沒有困難(例如一邊開車一邊談話),但同時進行兩個肌動反應則會較困難(如一邊開車,一邊調校收音機的頻道)。

1994 年在香港有人曾以安全理由,建議立法禁止駕車者在車輛行駛中使用手提電話,這是一個典型的時間分用的例子。到底開車時用電話通話是否真的會影響駕駛者的表現,我們試從上述多資源的理論分析。表 1 列出了駕車與通電話在四個度向上所需的資源。

表 1 駕駛和通電話所需的心理資源

度向	任務	
	駕車	通電話
(1) 階段	反應選擇及反應執行 (部份中央處理)	中央處理
(2) 輸入通道	視覺	聽覺
(3) 處理代碼	空間(部份語言)	語言
(4) 反應	肌動操作	語言/聲音

(1) 階段

電話談話牽涉思考、決策、問題解決等中央處理程序。同樣地,倘若駕駛者思索應走的路線或計算行車時間時,駕駛任務也會動用中央處理的資源。但是駕駛對這方面的要求會隨着駕駛者的熟練性而下降,有經驗的駕駛者只須按着知覺輸入而選擇及執行反應。故此,對有經驗的駕駛者而言,駕車與談話是應用兩種不同的階段資源。

(2) 輸入通道

很明顯,駕駛主要用的是視覺輸入,電話通話用的則是聽覺輸入。

所以，二者並無矛盾。

（3）處理代碼

駕駛時的種種任務，如控制方向、調校速度、覓路等等所應用的都是空間代碼，而電話通話所用的卻是語言代碼，因此，兩項任務之間不應有衝突。可是，如果駕駛者需要看路標，他便會用到語言代碼，而駕駛與通話便會互相競爭而導致干擾。

（4）反應

駕駛需要肌動操作反應，而談話則需要聲音反應，故此在這個度向上，駕駛與電話通話也不存在干擾。

從以上的分析看來，駕駛時使用手提電話並不一定構成問題。當然，以上只是一個理論分析所得出的結論，這個結論的真確性還有待驗證。

基於各個注意力的理論，Sanders 及 McCormick（1992）建議下列指引，作為設計時間分散注意力任務的參考：

（1）應盡量減少消息來源的數目；

（2）如果不同任務間有可能存在干擾，操作者應該知道各任務之重要次序，以定出資源分配的準則；

（3）為了避免不同任務互相競爭資源，每一項任務都是越簡單越好；

（4）在階段、輸入通道、處理代碼及反應各度向上，任務與任務間的差異越大越好；

（5）若有一個肌動的任務與其他感覺或記憶任務一起進行，操作者必須多加練習肌動任務，以降低它對資源的要求及對其他任務之干擾。

16.3.5 持續注意力

在這一類任務中，操作者必須長時間維持注意力及對外來的刺激物的警醒性。近年來，由於科技日益發達，很多複雜的系統（如發電廠、飛機）很大程度上已經自動化，操作員的工作常常只是看守這些系統，留意屏幕或其他顯示，一旦有異常現象便馬上發警報或採取適當行動。由於異常現象並不常常出現，絕大部分時間操作員都只是看着重複而單調的顯示，他們很可能因此不能持續集中注意力，一旦有事故發生時，操作員可能覺察不到或來不及作出反應而釀成巨災。

持續注意力（或警醒性，vigilance）研究最主要的探討範圍是警醒性下降和如何維持警醒性。典型的警醒性實驗是要求受試者偵察一個不常出現的訊號。在 Giambra 及 Quilter（1987）的研究中，受試者要注視一個鐘，鐘面上分成 100 格，測試時有一指針在鐘面上跳動，在正常的情況下，指針只會每秒鐘跳動 1 格，但每隔一段頗長而又不規則的時間（平均為 2.7 分鐘）指針會跳動 2 格。當這個"雙跳動"的情況出現時，受試者必須按反應鈕一下。結果顯示，受試者的偵測率在首 30 分鐘內不斷下降，到了 30 分鐘以後，受試者只偵測到 63% 的"雙跳動"，顯示受試者的注意力下降。

關於警醒性下降的研究和理論都很多，Wicken's（1992）歸納了三個較為重要的理論去解釋這個現象：

（1）敏感度下降

敏感度下降的原因有二：一是疲勞；二是受試者對訊號的記憶會隨着時間而衰退，導致受試者辨別訊號與非訊號的能力下降。

（2）激發理論

因為受試者長時間處於一個單調而重複的環境，身體整體的激發（arousal）會逐漸下降，這個下降會導致神經系統內的活動減少，訊號與非訊號在神經系統內所引發的活動會變得相似，令受試者錯過訊號。

（3）期望理論

在訊號測試的實驗中，受試者往往以訊號的頻率來決定用甚麼準則來判定訊號曾否出現，倘若他認為訊號是不常見的，他會以一個較苛刻的準則來判定訊號曾否出現；如果他認為訊號是很常見的，他的準則就可能寬鬆一點。在警醒性的任務裏，訊號的頻率一般都是很低的，受試者一開始便會用很嚴謹的標準。而令情況更壞的，便是一個嚴謹的標準會導致錯失（misses），這些錯過的訊號會令到受試者進一步低估訊號的頻率和收緊準則，而收緊後的準則又會導致更多的錯失。這樣繼續下去的話，便會產生一個惡性循環，令受試者的偵測準確度下跌。

根據以上的理論，處理警醒性下降的方法可分為兩類，一類是針對敏感度下降的問題，另一類是針對辨別訊號與非訊號的準則。

如上文所述，敏感度下降主要是因為疲勞及記憶衰退，要減低疲勞的影響，管理人員必須設計合適的工作時間表，給予操作員小休時間來恢復體力和保持清醒。另一方面，把參考訊號放在當眼的地方以作參考、加強訊號、擴大訊號與非訊號間之差異(如在屏幕上訊號會較亮或閃動，以吸引注意力)和減少訊號的種類(例如每一操作員只負責偵測一種訊號)等等，都是減少記憶衰退的方法。

至於調節判別訊號準則方面，由於錯失往往都是由於操作員低估了訊號出現的頻率，設計者必須設法令操作員避免犯上這個錯誤。直接的方法便是向操作員解釋訊號出現的機會和時間表(如是否循環出現或有其他先兆)，並向他們強調錯失的嚴重性。較間接的方法也不少，第一是提供回饋(feedback)，讓操作員知道自己的表現；其次，設計者可以放進一些偽訊號，這些偽訊號與真訊號大致一樣，但偽訊號會有另一標識，即使操作員錯過了它們，也可在較後時間把它們剔掉。偽訊號的主要作用是避免操作員使用一個太嚴謹的準則，也可令操作員的激發水平(arousal level)提高。

16.4 動作因素

如第一節所述，人—機器之間的溝通是雙向的，機器透過儀錶顯示向人提供資料，而人對機器的指示是透過各種動作來操縱各個按鈕的操縱桿，即使是各認知及知覺程序全都準確，倘若操縱動作有誤，也可能構成嚴重意外。

肌動動作(motor movement)也是認知心理學中一個重要的研究課題。很多研究曾探討刺激物本身之因素和刺激物與反應間的關係對反應時間和準確度的影響，本節會簡單回顧一下這類研究的結果和這些結果對人—機器界面設計所帶來的啟示。

在眾多的肌動動作中，最簡單的莫過如簡單反應，在這個任務中，受試者於每一次測試中對同一刺激物盡快作出同一反應。例如，在每一次測試中，受試者面前的紅燈忽然亮起來，受試者必須盡快按他面前的按鈕把紅燈關掉。研究結果顯示，簡單反應時受刺激物的強度影響。一般來說，刺激物越強（如燈光越亮，聲音越大），反應時間則越短。

較簡單反應時複雜的便是選擇反應時，在這一類任務中，會有兩個或以上的刺激物，而每一個刺激物均有一個指定反應，在每一次測試中，受試者會看到（或聽到）其中一個刺激物，他／她的任務是在最短的時間內作出正確的反應。舉例來說，實驗進行時，受試者面前會有紅綠小燈泡各一，在每一次測試中，其中一個燈泡會亮起來。紅燈亮時，受試者必須盡快按左邊的按鈕把紅燈關掉；綠燈亮時，受試者應按右邊的按鈕把綠燈關掉。在一般情況下，受試者都不知道即將亮着的是哪一個燈泡。

像簡單反應時一樣，選擇反應時會隨着刺激物的強度增加而縮短。但是，它比簡單反應時多了一個決策和選擇反應的過程，受試者看到刺激物後，必須決定和選擇正確的反應，因為這個決策過程，選擇反應時會受到一些其他因素影響。

16.4.1 選擇數目

Hick（1952）發現選擇反應時會隨着選擇的數目增多而變長，也就是說，可能出現的刺激物（和相應之反應）數目越多，選擇反應時越長。Hick 把這個關係跟當時的訊息理論（information theory）結合起來，在訊息理論中，當某事件有兩個相等機會的可能性時，這個事件便有一位元（bit）的消息，倘有 N 個可能性，這個事件便有 $\log_2 N$ 的位元資料。Hick（1952）發現反應時跟以位元計算的消息數量有一個直線關係（見圖8），這關係說明了我們需要等量的時間去處理每一位元的消息。後來的研究發現，我們最多可以同時處理約 2～3 位元的消息，換句話說，設計者不能要求操作員在同一任務內處理超過 8 個不同的訊號，否則操作員便會因負荷過重而容易犯錯。

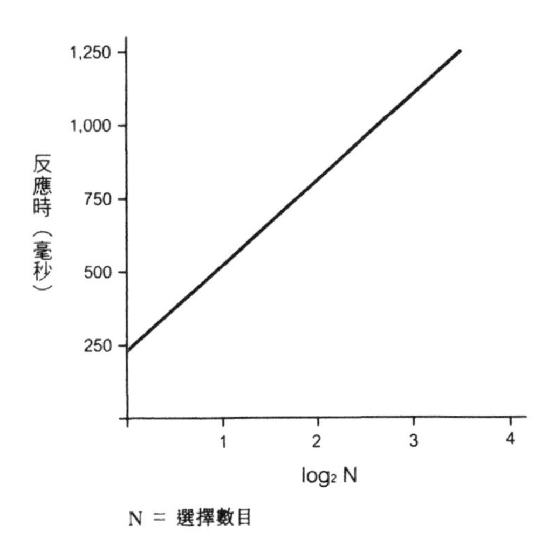

圖 8　反應時間與選擇數目之關係

16.4.2　速度—準確度換算(speed-accuracy tradeoff)

選擇反應時任務跟簡單反應時任務的另一分別便是犯錯誤的可能性。在簡單反應時任務中，由於受試者在每一個測試中均作出同樣反應，所以受試者基本上不會犯錯誤，但在選擇反應時任務中，受試者有可能作出錯誤反應。圖 9 的曲線是在一般選擇反應時實驗中速度與準確度的關係，當反應速度越高(反應時間越短)，受試者犯錯的機會越大。舉例來說，如果一項任務只講求準確度，受試者可以慢慢地、在百分百肯定自己正確後才作出反應，這樣受試者便會做到百分百之準確度，但這樣做的代價是很長的反應時。反過來說，如果只講求速度而不求精度，受試者可以不理會刺激物是甚麼而每次都作同樣的反應，這樣的話，受試者的反應速度會很高，但準確度則只會跟完全瞎試的正確機會一樣。

圖 9 給予我們一個很重要的啟示，倘若一個任務需要極高的精確度，操作員便須在圖 9 右上方的區域操作，在這個區域內，操作員要把反應拖慢很多才能夠把準確度提高一點兒，這樣的話，不單反應時會波動得很厲害，而且操作員的效率也會很低。

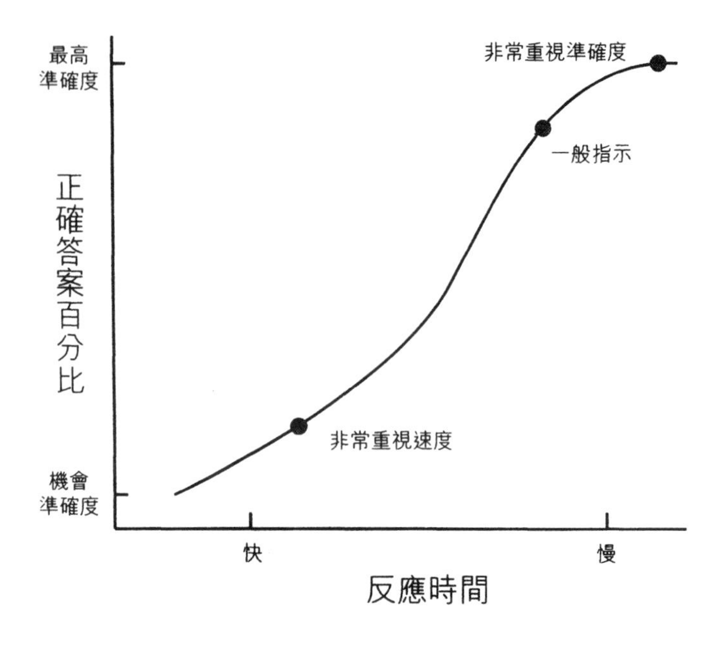

圖 9　反應時間與準確度之關係

16.4.3　刺激物—反應和諧性

刺激物—反應和諧性是指兩者間的協調和一致性。我們試想像兩個選擇反應時的實驗情況，在第一種情況下，當左方的燈亮着時，受試者盡快把左面的按鈕按下把它關掉，當右方的燈亮着時，他/她要盡快按下右面的按鈕把它關掉：在第二個情況下，當左方的燈亮着時，受試者要把右邊的按鈕按下，當右方的燈亮着時，受試者要按下左方的按鈕。讀者不難想像，第一種情況要比第二種情況容易，受試者也會較快及較準確。在第一種情況下，刺激物與反應是和諧的，受試者很容易把刺激物和反應的空間位置連結起來。第二種情況是不和諧的，受試者必須把刺激物（或反應鈕）的位置先倒過來才會做出正確的反應，這個多出來的步驟不但把反應時拖長，還大大提高了受試者犯錯的機會。

在上一節中，我們知道選擇反應時與選擇數目的對數成直線關係（見圖 8），Proctor 及 Zandt (1994) 指出，若刺激物與反應有高度和諧性，則無論有多少個選擇，反應時都會一樣。也就是說，當操作員的任務是複雜和牽涉到多個選擇時，我們必須確保刺激物和反應有高度和諧性，以縮短反應時和減少錯誤。

刺激物和反應不和諧在日常生活中也會構成種種不便。試想像你要把圖 10A 中的燈(1)開亮，你根本不知道應該按右邊或是左邊的電開關，但如果電燈的排列改成與燈掣平衡(見圖 10B)，你便不會感到混淆。

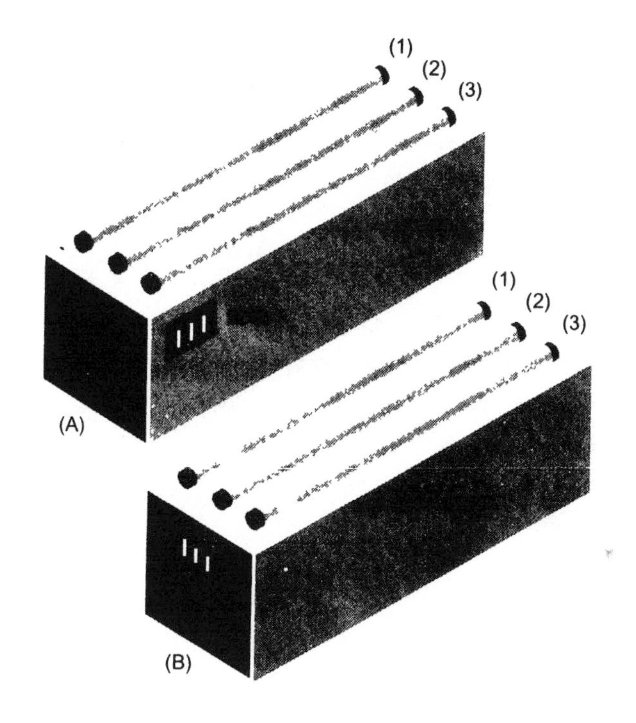

圖 10 刺激物—反應之和諧性

16.5 人—電腦

在前幾章中，我們簡單看到認知心理學如何被應用到一般人—機器界面設計，在下一節，我們會集中討論一個很獨特而又複雜的人—機系統——人—電腦，看看認知心理學在此系統中的應用。

16.5.1 人－電腦互動

電腦可說是近年來發展得最快的科技，它幾乎改變了人類生活的每一方面，在工商業裏，從業員利用各式各樣的軟件來存放記錄、結賬、處理貨品交收等等；在課堂裏，學生會透過各種電腦輔助學習(computer-assisted learning)軟件來提高學習效率；在圖書館內，學生再不需要在厚厚的記錄卡中尋找自己需要的書籍；近年來電子郵件的迅速發展，不僅加快了人與人的溝通，也改變了溝通的模式。美國的克林頓政府計劃建立一個貫串全國的"訊息高速公路"，即透過電子網絡，把全美每一住戶和辦公室都串連起來，說不定將來我們可以足不出戶便能"上班"，也不用跑到街上買報紙，只要把電子網絡開啟，便能知道世界各地發生的大事。

人－電腦系統是一個典型的人－機器互動的系統，透過屏幕顯示，電腦把資料送給操作者，而操作者則透過鍵盤、鼠標等輸入工具(input devices)把資料輸入電腦。在設計過程中，不論是硬件或軟件，設計者均必須充分考慮用者的心理因素，才能做出用者友善(user-friendly)的系統。

16.5.2 屏幕顯示

屏幕是用者從電腦獲取資料的媒介，顏色及光度對比、字體大小、字體排列、字體滾動速度等都會影響電腦用者的知覺和閱讀過程。設計者必須充分考慮這些因素才能夠把用者的效率提高。在英語顯示方面，人體因素學會(Human Factors Society)建議了一些標準，例如字體亮度必須高於 35cd/m^2，高度最低為視角 16 分(當視距為 60 厘米時，字體的高度應不少於 0.28 厘米)，而每一字母的高度與闊度比例應為 1 比 0.7 至 1 比 0.9 等(見 Proctor & Zandt, 1994)。此外，人體因素學會也建議應用者與屏幕間的距離應不少於 30cm，以免眼球過於疲累。

中文顯示的研究還在起步階段，Huang, Wang 及 Her (1988)測試四個變項對閱讀表現及視覺疲勞的影響，這四個變項包括：(1)字與字間之空間；(2)逐頁或滾動式顯示；(3)滾動速度；(4)排列方向。

他們的結果顯示，字與字間的適當距離是 0.61 毫米或 1.21 毫米（這適用於常用的 485 毫米 × 485 毫米的字體和三毫米的行距）；如果講求閱讀速度，可以把滾動速度定得比正常閱讀速度稍高，這樣做可以增加閱讀速度，但不會增加讀者的疲勞，最後，橫或直的顯示並沒有任何分別。

莊仲仁（1982）研究字距（2、3 或 4 毫米）及行距（2、3 或 4 毫米）對閱讀速度及辨識性（legibility）的影響，辨識度的指標是受試者在 70 秒內找出的錯字數目，結果發現行距對閱讀速度和辨識性均沒有影響，而字距則以 3 毫米為最好，在這個字距下，受試者的閱讀速度和辨識性均是最好的。

16.5.3 鍵盤設計

鍵盤設計必須配合人類肌動行為的特性，考慮因素包括字母排列、按鈕大小、按鈕的敏感程度和觸覺回饋等。

在字母排列方面，現時常用的標準（QWERTY）鍵盤其實不是最適宜的設計。據 Ferguson 及 Duncan（1974）的研究結果顯示（見表 2）在一般日常的打字工作中，左手承擔了 54% 的工作量，右手只是 46%。左手的無名指及尾指所承擔的工作在比例上超過了它們力量所應負責的工作量。此外，約有一半時間，同一手要連續按兩鍵，這樣同手的轉移比用兩手交替按鍵緩慢。

表 2　英文打字時各手指按鍵次數之分配

手	佔該手之工作量				佔全部工作量
	食指	中指	無名指	尾指	
左	37%	33%	16%	14%	54%
右	46%	18%	32%	4%	46%

來源：Ferguson, D., & Duncan, J (1974). Keyboard design and operating procedures. *Ergonomics*, 17, 731–744.

在中文打字方面，中國大陸、台灣及香港均有自己的輸入系統，而不同系統也有不同符號排列。在設計中文系統時，除了要考慮工作量在手和手指間的分佈外，也要考慮編碼的難度，與英文打字比較，中文打字複雜得多。打英文的時候，鍵盤與字母有一對一的對應，打字員心目中要打一個字母，他只要在鍵盤上按下那個字母便可以；但中文打字員卻必須把心目中要打的字按字音或字形轉換成一些碼，再在鍵盤中找出這個碼的按鈕。這個過程牽涉很多認知過程，如記憶、編碼等等。隨着中文電腦的日益普及，認知心理學家必須和其他專業人士通力合作，在這方面多作研究，以提高中文打字的效率。

16.5.4 人一電腦對話

人與電腦間所交換的資料不但數量很大，而且還可以有不同的形式(文字或圖形)和表達方法。設計這些溝通軟件時，還要照顧不同水平的用者，太少指示(instructions)或太繁複的指令(commands)都會對初學者構成障礙，嚴重的可能會令他們對電腦望而卻步，但有經驗的人卻希望指示越少越好，或者把數個簡單指令結合成一個較複雜指令以節省時間，所以把軟件設計到適合不同要求的用者已是一件不容易的工作。

在人一電腦對話中，其中一項十分重要的研究便是用者的心理模式(mental model)。心理模式是用者對電腦如何工作的假設和概念，例如：很多人都會按 “ESC” 鈕來脱離程式，或者都會在"檔案"這個拉下目錄內(pull down menu)找尋有關檔案處理的功能。這些心理模式可能是用者單憑直覺推斷，或是用者從其他軟件累積所得的經驗，也可能是用者從使用手冊和訓練課程中所得到的。研究人員的任務便是找出這些心理模式的特性和發展歷程，從而設計出與這些模式兼容(compatible)的手冊，訓練課程和軟件。

16.5.5 立體顯示和仿眞實(virtual reality)

近年來，隨着電腦圖形和立體顯示的發展，出現了一種嶄新的人一電腦方式，這個方式便是仿真實。

仿真實(virtual reality)其實是一種電腦圖形技術，讓用者可以利用立體視覺，仿如置身在一個真實的三度空間內，除了視覺以外，仿真實的設備還有仿真的音響效果來增加真實感，也有控制系統，讓用者可以控制空間內的"物體"(這些物體其實都只是電腦所製造的圖形效果，並不是真實的)。仿真實在電影、教育和室內設計等均已被廣泛應用。

認知心理學對仿真實的發展可有多方面的貢獻：第一，透過研究立體視覺及聲音知覺，我們可以設計出更逼真的仿真實環境；第二，應用認知心理學家也可研究仿真實對電腦使用者、教育效果和其他知覺經驗的影響。仿真實的鼻祖之一 Jaron Lanier 曾説過仿真實是人類溝通的終極工具(ultimate communication tool)，仿真實可以再造(recreate)任何人類的知覺環境，促進溝通。不過，亦有論者認為仿真實有其壞處，例如，仿真實模擬黑洞的真實程度，足以叫人忘記黑洞只是一個理論，而黑洞可能根本並不存在。

16.5.6 結論

從上述的討論可見，看似十分理論化的認知心理學其實在日常生活中有很多實際應用之處，本文集中討論認知心理學在人—機器系統的應用，因篇幅所限，未能包括認知心理學在廣告決策行為、為特殊用者(如老人、傷殘人士)設計等其他方面的應用。雖然如此，筆者希望各讀者已能對認知心理學在日常生活的應用有了較透徹的了解。

參考資料

莊仲仁(1982)，"中文編排方式對閱讀速率之影響"，見高尚仁、鄭昭明合編《中國語文的心理學研究》。台北：文鶴語文研究叢刊。

Baddeley, A. D., Thomson, N., & Buchanan, M. (1975). "Word length and the structure of short-term memory". *Journal of Verbal Learning and Verbal Behavior*, 14, 575-589.

Easterby, R. S. (1970). "The perception of symbols for machine displays". *Ergonomics*, 13 (1), p. 149-158.

Ellis, S., McGreevy, M., & Hitchock, R. (1987). "Perspective traffic display format and airline pilot traffic avoidance", *Human Factors*, 29 (4), 371-382.

Eriksen, C. W., & St. James, J. D. (1986). "Visual attention within and around the field of focal attention: A zoom lens model", *Perception and Psychophysics*, 40, 225–240. LaBerge, D. L. (1990). Attention. *Psychological Science*, 1 (3), 156–162.

Ferguson, D., & Duncan, J. (1974). "Keyboard design and operating posture", *Ergonomics*, 17, 731–744.

Giambra, L, & Quilter, R. (1987). "A two-term exponential description of the time course of sustained attention", *Human Factors*, 29 (6), 635–644.

Hick, W. (1952). "On the rate of gain of information", *Quarterly Journal of Experimental Psychology*, 4, 11–26.

Huang, S. L. Wang, M. Y., & Her, C. C. (1988). "An experimental study of Chinese information display on VDTs", *Human Factors*, 30 (4), 461–471.

Kahneman, D. (1973). *Attention and Effort*. Englewood Cliffs, NJ: Prentice-Hall.

Oborne, D. J. (1987). *Ergonomics at Work* (2nd ed.). Chichester: John Wiley & Sons.

Proctor, R. W., & Zandt, T. V. (1994). *Human Factors in Simple and Complex Systems*. Needham Heights, MA: Allyn and Bacon.

Sanders,, M. S., & McCormick, E. J. (1992). *Human Factors in Engineering and Design* (7th ed.). New York: McGraw Hill.

Sondgrass, J G., & McClure, P. (1975). "Storage and retrieval properties of dual codes from picture and words in recognition memory", *Journal of Experimental Psychology: Human Learning and Memory*, 1, 521–529.

Theios, J., & Amrhein, P. C. (1989). "Theoretical analysis of the cognitive processing of lexical and pictorial stimuli: Reading, naming, and visual and conceptual comparisons", *Psychological Review*, 96 (1), 5–24.

Van Galen, G. P., & Teulings, H. L. (1983). "The independent monitoring of form and scale factors in handwriting", *Acta Psychologica*, 54, 9–22.

Wickens, C. (1984). *Engineering Psychology and Human Performance*. Columbus, OH: Merrill.

Wickens, C. (1992). *Engineering Psychology and Human Performance*. (2nd ed.). New York: Harper Collins.

Zeff, C. (1965). "Comparison of conventional and digital time displays", *Ergonomics*, 8, 339–345.

VI

中國人特色心理篇

17

語言、思維與中文

李永賢 ● 香港大學心理系教授、系主任
譚力海 ● 美國匹茲堡大學博士後研究生

“倉頡之初作書，蓋依類象形，故謂之文；其後形聲相益，即謂之字。”

—— 許慎《說文解字》

“海外有形語之國，口不能言，而相喻以形，其以形語也捷於口。”

—— 蘇軾《怪石供》

“一二三諸文，橫之縱之，本無定也；馬牛魚鳥諸形，勢則臥起飛伏，皆可則象也；體則鱗羽毛鬣，皆可增減也；字各異形，則不足以合契。倉頡者，蓋始整齊畫一，下筆不容增損。”

—— 章太炎《檢論》卷一《造字緣起說》

17
語言、思維與中文

心理學上關於語言與思維關係的論述，主要是語言相關性假設。簡而言之，這一假設認為我們所使用的語言影響着我們認識事物以及對事物形成概念的方式和結果，因此，人們使用的語言不同，認識事物的方式也不同。該假設通常被稱為沃爾夫(Whorf)假設，它是由辜杰明·沃爾夫提出的，但有時也被稱為薩彼爾—沃爾夫假設，因為沃爾夫的老師，愛德華·薩彼爾(Sapir)也是該假設的發起人之一。

薩彼爾和沃爾夫均因研究美洲印第安語而著名，尤其是沃爾夫對亞利桑那Hopi語言的研究廣為人知。例如，Hopi語中許多與時間有關的特色都不同於沃爾夫所稱的標準歐洲語中與時間有關的特色：Hopi語中的動詞沒有英語中我們所熟悉的三種時態(漢語中也沒有時態現象)。Hopi語中關於時間的概念與一個土生土長講英語的人所講的時間不同，後者把時間看作一種有維度限制的空間，而前者則不可能。沃爾夫指出，Hopi語很難表示絕對同時性這一概念，它只有用操作性的概念來代替(沃爾夫，1939)：而另一方面，Hopi語卻能比最新的英語科學術語更清楚地表達有關"振動現象"。我們應該指出，言語相關性的目的，不僅僅是揭示某些古怪語言的特點，以及使用這些語言的人們與我們不同的世界觀，沃爾夫在他的研究工作中還發現了言語相關性的一種偉大的、服務於人類的功用，這種功用可以用沃爾夫自己的話來表達：

"如果我們不能在理智上和感情上適應其他國家的兄弟姊妹，那麼全人類友好相處、寬厚博愛的理想就會化為泡影。這一點我們並未充分意識到，這種適應需要我們對本國語言的邏輯關係進行語言學的研究，並要求我們了解到本國語言與我們自己的思維習慣有着同樣的科學效力"(Carroll, 1956, 第 21 頁)。

語言影響思維的觀點可以得到或強或弱的解釋。第一種解釋是，人們認識事物以及對事物形成概念的方式和他們的世界觀不可避免地取決於他們的本國語言，這種解釋被稱為完全的語言決定論；而另一種解釋是語言只能使某些認知較為可能，但它並不能妨礙選擇性認知，或者說，人類不可能因為其語言中沒有某些相關的特徵而沒有了選擇性認知。薩彼爾—沃爾夫假設中存在的一個問題，即由於他們的寫作風格，在他們著作的不同部分都可能發現關於上述觀點的強弱兩種解釋(Kay & Kempton, 1984)。

17.1 詞彙差別

在許多教科書及一些較早的研究中，支持語言相關性假設的證據是詞彙或語法結構方面的語言差異。在現代心理學導論教科書中只多次舉例闡述了語言的差異，而沒有提出任何相應的認知差異的證據。愛斯基摩人有表達各種不同雪的截然不同的詞彙，阿拉伯人也有完全不同的表示各種駱駝的詞彙。語言上的差異顯然與人們在各個生活領域中從認知和行為上區分事物特徵的需要有關，而這些生活領域又與人們在某個時期的生計息息相關。如果我們仔細琢磨一下我們自己使用的語言，就有可能發現我們區分其他重要事物類別的例子。例如，在古漢語中，就有多個截然不同的表示各種牛的單字(見圖 1)。

犢 、 㸬 、 犙

牭 、 [illegible] 、 [illegible]

犉 、 [illegible] 、 [illegible]

圖 1　各樣的牛(見自馬蒙教授在 1969 年香港大學就職演講)

大多數詞彙在現在已過時不用了，中國現代城市居民幾乎見不到牛，就更談不上所說的各類品種的牛了。我們可以推測在古代以農業或遊牧業為主的社會中，上述牛的分類確實至關重要。

在語言區別差異方面，亞洲語言和英語之間也有所不同，其中一個例子是關於"米"的語言區別差異。在大多數亞洲國家大米是主食，我們的詞彙中通常對"未煮而帶殼的米"（漢語叫穀或稻子，波斯語叫faltuk）、"未煮而去殼的米"（漢語叫米，波斯語叫 berange）和煮熟的米（漢語叫米飯，波斯語叫 polou）之間作出區分。而上述三種區分在英語中只用一個相同的詞"rice"來表示，難道我們能由此假設一個土生土長講英語的人，因其語言中沒有此類區分，就不能區別大米的各種不同狀態嗎？難道他就不能區分煮熟的和未煮過的大米嗎？

從上述有關具體事物的例子中，我們可以看出，語言上的區別差異可以提醒人們注意這種差異，而在沒有語言線索的條件下，人們也能注意到所說的各種事物。我們甚至可以說，語言區別差異是進行認知和行為區分需要的結果，至少，兩者是相輔相成的，彼此沒有明顯的或必要的因果導向。換言之，這種語言區分差異和相應的認知區分差異的存在，不能解釋為語言決定論。在另一方面，如果必須要作出精細的語言區分的話，如現代美國滑雪者所說的雪粉和雪粒（Atkinson, Atkinson, Smith, Bem, & Hilgard, 1990），甚至對我們住在亞洲南部或東南部從未見到雪的人來說，也不難對粉雪和粒雪之間的差別形成概念，並能想到它們對滑雪者的重要性。

近年來，薩彼爾、沃爾夫和一些研究者們開始運用控制條件的實驗研究方法來證實語言相關性，顏色詞和顏色知覺是人類認知的最基本領域之一，同時，也是語言相關性實驗研究最為活躍的領域。

17.2 顏色詞和顏色知覺

從人類學家伯林和凱伊（Berlin & Kay, 1969）的研究中，我們得知，世界上各種不同的語言其基本顏色詞的數量均不同，從兩個（如新幾內亞的丹尼人所使用的顏色詞)到十一個(如英語中的基本顏色詞)不等。作為一個基本顏色詞的標準是，該詞必須僅由一個詞素構成，例如，英語中的 pink 是一個基本顏色詞，而它的中文對譯詞卻不是一個基本顏色詞，因為它是分別由"粉"和"紅"兩個詞素來構成的。另外，這裏所說的顏色不能包含在其他顏色之中(由於猩紅色包含在紅色之中，因此"猩紅色"就不是一個基本顏色詞)。基本顏色詞應具有無限的適用性(blond 不包括在內，它僅限於指頭髮或其他少數事物的顏色)。

通過許多語言的研究，伯林和凱伊發現，基本顏色詞組成了一種層次系統，見圖 2 所示。

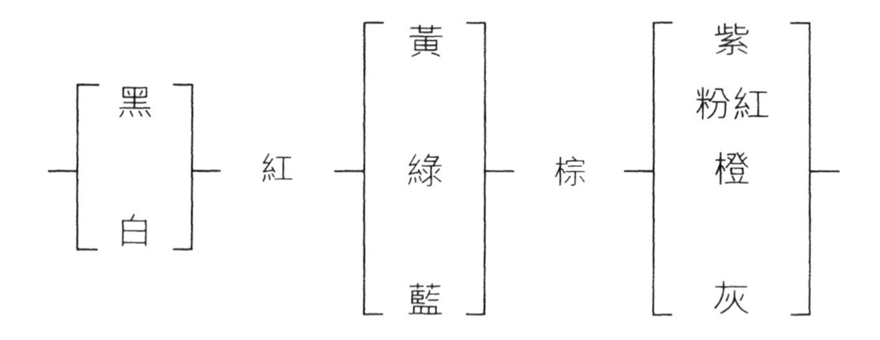

圖 2　基本顏色詞

如果一種語言中只有兩個基本顏色詞，這兩個詞即與"黑"和"白"相對應(如丹尼語中的 mili 和 mola)；如果有三個基本顏色詞，即與黑、白和紅相對應；如果有四個，則對應於前三個再加上黃／綠／藍其中一個，等等(注意：按照現代顏色視覺理論，左邊的六個顏色詞與三種紅一綠、藍一黃和黑一白神經編碼通道相對應)(Hurvich & Jamson, 1974，認為基本顏色詞的發展演變在很大程度上受到生理現象的影響)。如果在一種語言中，如漢語，有 10 個基本顏色詞，那就會是左邊的所有七個詞加上右邊四個詞中的三個詞(粉紅色除外)。

這種基本顏色詞的系統層次性為語言相關性的研究提供了豐富的依據。研究結果表明，雖然不同的人在其母語中使用不同的基本顏色詞，但他們對顏色的知覺或記憶都是相同的。當被要求記憶顏色名稱時，講丹尼語的人覺得關鍵(焦點)顏色(如最能代表紅的紅色)比非關鍵(焦點)顏色更容易識記，這一點與講英語的人完全相同。Kay & Kempton (1984)將講英語的人(以英語為母語的人)和講 Tarahumara 語的人(墨西哥北部的阿茲台克語)作了比較，在阿茲台克語中，綠和藍沒有詞彙上的區分(Siyoname 表示"綠或藍")。實驗運用了主觀判斷測試，要求被試者判斷兩個顏色之間的距離，發現講英語的人在藍一綠詞彙範疇邊界出現判斷偏差，講阿茲台克語的人則沒有出現偏差。但是，當在主觀判斷測試中控制使用顏色標記時，講英語的人和講阿茲台克語的人之間的判斷差異卻消失了。這表明，受到語言影響的認知結構並非是必須的唯一可能的結構，換言之，語言決定論在顏色知覺領域是站不住腳的。

17.3 抽象概念

由於顏色視覺關乎生理基礎，所以，我們認識顏色以及對顏色編碼的方式很少受到語言的影響；同樣，我們對其他事物具體特徵的知覺也較少受到語言的制約(如上述對雪和米的認識)。在這類情況下，事物的具體特徵是顯而易見的，或許在對非具體事物的認知結構中，語言相關性的影響會更大一些。

將漢語和英語作一比較，我們發現與人際關係有關的某些詞彙，在一種語言中出現而在另一種語言中卻沒有。Privacy 在漢語中就沒有對譯詞，"隱私"這個詞有時用來表示這個意思，這個詞有隱藏某種東西的含義，但它不能被用來表示"給某人隱私"(to give a person some privacy)。顯然，一個只會講漢語的人，如果處在一種羣體而非個體的社會文化環境中，就有可能體會不到"privacy"的所指。另一方面，漢語中某些與人際關係有關的普遍概念，諸如追溯到孔子時代的詞彙"仁義"(有時被譯為"humanness"或"human-heartedness")，在英語中就沒有對譯詞。按照語言相關性假設，意味着不講漢語的人就不會意識到人類的這種品質，因而也不能產生適當的反應。不管是不是如此，或者說不管能否想到事物的特徵，在沒有語言標識的情況下，具體特徵或者抽象特徵都是一個經驗問題，要想得出有效的結論，只是依據一些支離破碎的觀察是不夠的，必須進行嚴格的實驗研究。對有關"privacy"和"humanness"兩種詞彙進行實驗控制研究非常困難，但我們能夠對漢語虛擬推理條件下的"思維的語言塑造"問題進行實驗探討。

17.4 虛擬推理

布魯姆(Bloom)在香港研究政治思維過程中的不同抽象水平時，對中國被試者提出了一些問題。如："如果香港政府將要通過這項法律"，被試者意外地答以："但政府並沒有通過這法律"、"政府不可能通過"或"不會通過"；如果力圖說服被試者說："我知道政府沒有和不會通過這法律，但我們可以想像它做了……"，被試者只會回答說："我們不能那樣說或那樣想"。

我們知道，虛擬推理是要聽者想像事情可能是怎麼樣，儘管他明白這種事情沒有發生也不可能發生。在漢語中，沒有表達這種虛擬推理的精簡詞彙、語法或結構；在英語中，虛擬推理可用如下方式來表示：一般是複合句的第一個分句使用過去式，緊接着在第二個分句中是一個"would"句式；如果指過去的事情，講英語的人會在第一個分句中用過去完成式，在第二個分句中用"would have"或"might have"句式(漢語沒有"標準普通歐洲語言"的時態體系)。

布魯姆通過對居住在台灣和香港的中國被試者，與講英語的美國被試者進行比較研究，來驗證他的預測，即中國人將不能正確地解釋虛擬的陳述。例如，實驗呈現一篇文章，該文講述一個18世紀的歐洲哲學家，此人不能讀中文，但是如果他能夠讀中文並了解中國哲學的話，他便會對西方哲學做出眾多的貢獻。布魯姆用理解測試評價被試者對虛擬推理的認識，例如，對"他將使西方哲學向中國哲學邁出更近的一步"這句話作出判斷。布魯姆發現，中國被試者與美國被試者不同，他們不能理解文章的虛擬意義。

但是，隨後 Au (1983, 1984)作了一系列研究，在研究中她慎重地使用了地道的中文，並未發現中國被試者不能掌握虛擬意義。Au (1984)認為"中文雖沒有明顯的虛擬標識，但並不妨礙虛擬推理"。有人認為 Au 的中國被試者已經掌握英語，但 Liu (1985)用幾乎不懂或完全不懂英語的中國被試者所做的研究，與 Au 的結果卻是一致的。

對中國人虛擬思維的研究，以及上述對顏色知覺和記憶的研究，是兩項用嚴格控制的實驗手段檢測語言相關性假設最著名、最徹底的研究。研究結果表明，同顏色知覺和記憶一樣，虛擬思維也不符合語言相關性假設。筆者認為中國人有一種通用的表達虛擬思想的模式，而無需特別的語言結構，比如說"如果是那樣的話，我就不姓李了"(If that is the case, my name is not Lee)。因此，虛擬思維所需要的不是語言結構，而是適當的思維模式。

17.5 信息加工方式

到目前為止，對語言相關性的研究主要集中在對世界觀，如時間、顏色、雪和隱私的認識和思考，以及虛擬思維等方面。這似乎讓人覺得，薩彼爾和沃爾夫一想到語言和思維的關係，腦子裏就只有這類認知現象。但是，近年來人們開始關注語言的不同，會否導致不同的信息加工方式(Tseng & Hung, 1981; Hoosian, 1986, 1991)。這一思路是 60 年代以來認知心理學領域中掀起對信息加工研究的結果。信息加工研究探討感覺信息如何通過傳導進入感覺器官，在感覺記憶中瞬時登記，繼而通過選擇注意進行加工，儲存到工作記憶和長時記憶之中，最後可能產生某種行為或動作。中文方面也作了大量的研究，探討由於中文語言或文字的特徵，是否可能導致不同的認知加工方式。這些結果並沒有說明中國人認識世界的方式不同，但是，我們必須認識到，語言的差異具有深刻的含義。我們從知覺和記憶方面研究各種語言在信息加工上的差異，在研究之前，我們先來瀏覽一下中文的一些顯著特徵。

與世界一些主要語言相比，漢語一個相當獨特的特徵是，它的語音單位、意義單位以及文字的視覺單位都集中在一個個的字裏。中國字是單個字書寫的，每個字佔據一個或大或小的正方形空間，就連不識漢字的人都能分辨得出來(如在電影中一個個關於唐人街的廣告牌)。漢字一字一音，並且每一個字表示一個意義單位，即一個詞素。在古漢語中，詞通常是由單個字組成的，而在現代漢語中，詞則通常要兩個字來組成。

與此相比，英語的語音單位是一個音節(音節比更小的音素單位要明顯一些)，意義單位是詞素，詞素可能是一個音節(如 pin)、兩個音節(如 unit)，也可能是三個音節(如 character)或者更多。文字的視覺單位是字，它可能由不同數量的音節和詞素構成(如 place、replace 和 replacement 分別由一個、兩個和三個詞素組成)。

在英語中，字的發音可以拼讀出來，漢語文字由於不是字母語言，所以文字與其發音就具有更直接的一對一關係。漢語不像英語具有字母—音素轉換規則，必須掌握這種規則才能進行流暢閱讀，但是對每個漢字的發音必須逐個記憶。同時，漢字的意義是直接表現出來，而不以拼音作為中介，字母的基本任務是表音。

現在，我們來看一下語言的某些特徵是怎樣與認知過程有關的。

17.6 知覺特徵

中文知覺一個有趣的特徵，是漢字的意義是從每個字直接到達的。這一點可在反應時間中得到驗證，也可以在斯圖普(Stroop)現象中得到間接證實。在反應時研究中，要求被試者注視單詞並判斷詞義。Hoosain & Osgood (1983)將英語和漢語的常見用詞逐個分別呈現給美國被試者和中國被試者，要求被試者認識詞義並判斷這些詞表示的是正的事物(如天堂)還是負的事物(如地獄)。結果發現，無論是用英語還是用漢語，被試者對正的詞的反應時均比較短。這一現象與 Osgood 所稱的 Pollyanna 現象有關，即人類比較容易接受及處理正的事物，而不是處理負的事物。但是，與目前我們所討論的問題更有關係的是，漢語被試者對中文的反應時間較美國被試者對英文字的反應時間快，這與漢字到達意義的速度有關，也跟漢語的文字與其意義直接聯繫這一特徵一致。在閱讀心理學的研究中，有關語音編碼(通過語音到達文字意義)的必要性的爭論尚懸而未決，漢語與英語相比可能較不需要這一語音編碼過程(Hoosain, 1991)。

我們還發現，漢語存在着較大的斯圖普效應，一些結果表明，漢字的意義更可直接達到。在斯圖普現象研究中，要求被試者報告：(1)色片的墨水顏色(作為一種基本量數)；(2)命名墨水顏色的顏色名稱(如用紅墨水寫的"紅"字)；以及(3)命名錯誤顏色的顏色名稱(如用紅墨水寫的"藍"字)。最後一種條件需要較長的反應時間，這表明，雖然只要求被試者注意墨水的顏色，但被試者卻注意到了顏色名稱的意義，或受到它的影響，當顏色名稱的意義與墨水顏色不一致時，會產生干擾現象，因而導致反應時延長。更進一步説，研究發現，中文顏色名稱與英文顏色名稱相比，存在着更大的斯圖普效應(Biederman & Tsao, 1979)。這一結果表明，與英文相比，被試者更加不可避免地處理了中文詞彙的意義。

在對中文和英文書寫數字名稱的研究中也發現了類似的效應。在Tzeng & Wang (1983)的研究中，分別向中國被試者和美國被試者呈現中文和英文數字詞對，詞對中的一個詞寫得比另一個詞大，例如，數字的名稱是六和九，六寫得較小一點(一致性條件)，或者六寫得比九大(這叫非一致性條件)，要求被試者只分辨哪個名稱寫得較大。實驗又一次發現，被試者在一定程度上不可避免地注意到了詞的意義，非一致性條件需要的反應時較長。這一效應在漢語數字詞反應中存在，在英文數字詞的反應中卻沒有發現，不過，在阿拉伯數字的反應中也發現了該效應(6 字寫得或者比 9 大，或者比 9 小)。漢語詞彙同阿拉伯數字一樣，這兩種類型的書寫符號均是一對一地直接表達意義(和發音)，而不是拼出字音。

17.7 記憶特徵——數字廣度

從目前的研究看，在記憶中存在着一個有趣的跨語言現象，即講漢語的人其數字廣度明顯比其他羣體的人大。數字廣度是許多標準智力功能測驗的一部分，比如斯坦福—比納智力量表和韋克斯勒成人智力量表，它是指一個人能夠儲存在短時記憶中的隨機數字的最大限量。表1說明了不同語言中的數字廣度。這裏需要注意的是，由於不同的研究者可能使用不同的研究方法，因而所得到的數字不能完全對比，但無論如何，這些結果都能很好地説明我們下面要討論的問題。而同一個研究者所得到的不同語言的數字廣度，是可直接比較的。

表1　各語言的數字廣度*

語文	數字廣度	語音長度(秒)
威爾斯	5.77	0.385
英文	6.55	0.321
中文	9.90	0.265
西班牙	6.37	0.287
希伯萊	6.51	0.309
阿拉伯	5.77	0.370

*各資料非從同一研究所得，程序可有出入，見 Hoosain, 1991。

表1所示的，如 Ellis & Hennelly (1980)對威爾士人和英國人的數字廣度所做的比較研究，講威爾士語的兒童在其短時記憶中儲存隨機數字的能力較小，並且用威爾士語讀出數字名稱聲音的時間，比用英語讀音時間要長。確定讀音時間的方法是，要求被試者盡快讀出一組隨機數字的聲音，然後計算讀出每個數字所用的平均時間。我們發現，讀音持續時間明顯與每個數字中所含的音節數量有關，但不是完全由音節數量來決定。例如，seven 這個數字有兩個音節，但它的讀音持續時間比只有一個音節的數字 six 還要短，我們自己來默讀這兩個數字也會感覺到這種差異。

Ellis & Hennelly (1980)認為，威爾士語和英語在數字讀音持續時間上的差異，與威爾士人和英國人在數字廣度上的差異有關，同時也與威爾士語兒童普遍比英語兒童數學水平低有關。這一觀點還關連到Baddeley (1986)所提出的工作記憶模型，工作記憶的功能在於把信息儲存到短時記憶中，從而完成言語理解和問題解決等認知功能。工作記憶的主系統之一，語音回路即儲存語言信息、完成言語理解和心理運算功能，它的能量限度是由聲音持續時間來決定的，就像錄音磁帶一樣，通常可達大約 2 秒鐘。因此，數字讀音持續時間短的語言，其數字廣度相對就比較大，由此我們也可以推測這種語言，會對心理運算提供較多的方便。

表 1 顯示了讀音持續時間變量和數字廣度的關連性很大，阿拉伯語中數字名稱的讀音持續時間最長，數字廣度最短；廣東話數字讀音持續時間最短，數字廣度幾乎是 10，這一廣度比 Miller 1956 年提出的 7 ± 2 組塊還要大，表明了組塊概念可能不適用於語音回路中語音信息以時間為基準的能量限度。中國人對數字記憶存在着優勢，但我們不能由此而推斷對詞彙的短時記憶(詞彙廣度)也存在優勢，因為普通漢語詞彙不同於數字，它的讀音持續時間通常是兩個音節，並不比英文詞短，而漢語的詞彙廣度也不比英語大。這一結果表明，漢語的數字廣度差異並不是由被試者記憶事物的動機或傾向性造成的。

17.8 聯想網絡

在現代漢語中，詞通常是由兩個字組成的，而每個單音節字本身又是一個詞素或意義單位。這一點有點像英語中的名詞複合詞，如 postcard。它們作為一個語言單位結合在一起發揮着一個詞的作用，但它們又是由兩個意義整體組成的。在英語中，類似 postcard 這樣的詞彙很少，而在漢語中這卻是詞彙構成的主要模式，而同樣的一個字可能在許多雙字詞中出現，有時是雙字詞的第一個詞素，有時是第二個詞素。因此，中國人的詞彙就像是一個由一個個有意義的單音節字組成的錯縱複雜的蜘蛛網；而在英語中，詞素都有其習慣位置和意義(如 pre 在 prepare, preface 之中的位置和意義等等)。這一語言特徵的心理學意義是甚麼呢？

Miron 和 Wolfe (1964)要求許多語言羣體中的被試者對 100 個詞(如 butterfly, "蝴蝶")作出聯想，對一個刺激詞作出一個反應。實驗用了 100 位被試者，在每種語言中獲得近 10,000 個反應詞(標記)。實驗發現，講廣東話的中國被試者詞彙種類比其他語言的被試者的詞彙種類豐富得多(見表 2)。這可能是當中國被試者看到雙詞素的詞時，其詞彙網絡中與構成該詞的其中一個詞素相鄰的詞素也被激活了，整詞聯想除外，在上述情況下，詞彙網絡越豐富反應詞彙的種類也就越多。

表 2　聯想詞的數目和種類

語文	詞的數目	詞的種類
阿拉伯	8749	0708
中文	9730	2509
荷蘭	9557	1442
英文	7349	1138
波斯語(阿富汗)	9582	1681
波斯語(伊朗)	9612	1117
法文	9813	1566
日文	9997	0290
瑞典	7881	0903

Huang (1979)表明，中國被試者作詞彙聯想時，有時會另外對組成詞的第一個字作出反應，有時對第二個字作出反應。相反，在英語條件下，只有整詞聯想才是可能的，因為對大多數的詞來說，構成詞的音節都沒有明確的意義，因而不能作出單個音節聯想。當然，除語言特徵之外，其他心理因素也可能影響產生反應模式的趨勢。我們發現日本被試者的反應種類最少，這一發現尤其有趣。

我們很容易看到數字廣度差異的實際意義，但很難看到豐富的詞彙聯想網絡有甚麼應用價值。這使我們聯想到語言差異對信息加工的意義問題。

17.9 意義及關鍵

我們在漢字知覺和記憶領域中發現了語言特徵與信息加工的關係，但是證據大多來自嚴格控制條件下的實驗研究，那麼，這些效應究竟在多大程度上有更實際的或者更深遠的結果呢？下面我們來看幾個信息加工方式具有深遠影響的例子。

我們在對詞彙正負意義的判斷測試或斯圖普效應中，發現了漢語詞彙意義的快速或直接到達現象。這是不是就意味着中文讀者的閱讀速度比較快呢？如果詞彙意義到達的速度是閱讀速度的唯一決定因素的話，答案便是肯定的，並且這也為語言相關性在信息加工方式上的作用提供了一個實例。閱讀速度實際上取決於讀者閱讀課文時的眼動速度。我們在閱讀以及看其他事物時，我們的眼睛並不是從一件事物緩慢地轉向另一件事物，而是先盯住一點注視一段時間，然後再迅速跳到另一點上，在閱讀英文的情況下，眼睛的平均跳動廣度大約是一個半字的長度，但是跳動廣度有賴於讀者的閱讀熟練程度或課文的難度，總的來說，閱讀速度取決於眼睛注視的持續時間以及跳動廣度。

有關眼動的研究表明，閱讀中文時的跳動廣度比閱讀英文時短（Peng, Orchand, 和 Stern, 1983; Sun, Morita, 和 Stark, 1985），這一發現似乎與中文單詞的意義快速到達現象相悖。有研究認為（Sun 和 Stark, 1986），某一中樞加工機制對以詞彙呈現的信息加工方式，受到了某種阻礙或限制，必須通過調整眼動速度來適應這種來自認知機制之上的限制。

另一種可能性與中文的特性有更大的關係，即在漢語書面語中，表面上看不到詞彙長度的變化，所有的字都佔據一個正方形的空間；而英語在字長和字形上都有很大的變化，整個字可長可短而個別字母可上下起伏不平，如字母 L 和 P。在讀英文時，熟練的讀者眼睛盯住一點時，從視覺邊緣所看到的字長和字形的變化會為他的前注意加工提供有用的信息，當眼睛從一個注視點移向另一注視點時，這種信息會促使加大跳動廣度。研究發現，好的讀者能夠更多地運用這種邊緣信息，對於中文來說，從視覺邊緣只能看到一片模模糊糊的空間大小相同的字，並且需要更頻繁的眼球跳動以彌補邊緣視覺加工信息的不足。

如果這一解釋成立的話，我們就可以說語言特徵導致了對單詞意義知覺的快速度，但是快速認知單詞意義又與需要頻繁集中注視連續的詞字相矛盾。

在數字廣度方面，有一種可能是，在工作記憶中儲存數字信息越容易，數學思考操作能力就越好。當需要更多在工作記憶中儲存信息的能力時，所剩的操作信息的能力就會更少一些。我們可以推斷，使數字廣度增大的語言同樣也能促進對數字的操作。Ellis 和 Hennelly (1980)認為，威爾士人和英國人在數字廣度上存在的差異與威爾士兒童比英國兒童的數學操作水平低是有關係的。事實上，這種關係的證據通常也只是存在相關性。

對漢語來說，我們發現用漢語作為教育媒介的中學生與用英語的中學生相比，前者具有較高的數學成就，儘管前者在許多其他的學校課程上成績較差(Chan, 1981)。其他研究報導，中國和其他一些亞洲學生數學成績較好，這也可能有其他方面的原因，例如父母的指導、學習動機以及學校的課程安排等，都與學科作業的成績有很大的關係(參見 Stevenson 和 Stigler, 1992)，但是我們在這裏可以充分地說明，我們必須認真地考慮與語言特徵有關的因素。

從上文可見到，語言文字可以影響思維這一可能，不必在世界觀或對事物的看法中找尋，從信息加工的研究，我們也可見到多方面特別是中國語文的影響。

參考資料

Atkinson, R. L., Atkinson, R. C., Smith, E. E., Bem, D. J., & Hilgard, E. R. (1990). *Introduction to Psychology*. New York: Harcout Brace Jovanovich.

Au, T. K. F. (1983). "Chinese and English counterfactuals: the Sapir-Whorf hypothesis revisited", *Cognition*, 15, 155-187.

Au, T. K. F. (1984). "Counterfactuals: In reply to Alfred Bloom", *Cognition*, 17, 289-302.

Baddeley, A. D. (1986). *Working Memory*. Oxford: Clarendon.

Berlin, B. & Kay, P. (1969). *Basic Color Terms: Their Universality and Evolution*. Berkeley: University of California Press.

Biederman, I., & Tsao, I. C. (1979). "On processing Chinese ideographs and English words: Some implications from Strooptest results", *Cognitive Psychology*, 11, 125-132.

Bloom, A. H. (1981). *The Linguistic Shaping of Thought: A Study in the Impact of Language on Thinking in China and the West*. Hillsdale, NJ: Erlbaum.

Carroll, J. B. (1956). "Introduction", J. B. Carroll (Ed.). *Language, Thought, and Reality: Selected Writings of Benjamin Lee Whorf*. New York: Wiley.

Chan, J. (1981). "A crossroads in language instruction". *Journal of Reading*, 22, 411-415.

Chen, C. S., & Stevenson, H. W. (1988). "Cross-linguistic differences in digit span of preschool children", *Journal of Experimental Child Psychology*, 46, 150-158.

Ellis, N. C., & Hennelly, R. A. (1980). "A bilingual word-length effect: Implications for intelligence testing and the relative ease of mental calculation in Welsh and English", *British Journal of Psychology*, 71, 43-51.

Hoosain, R. (1979). "Forward and backward digit span in the languages of the bilingual", *The Journal of Genetic Psychology*, 135, 263-268.

Hoosain, R. (1984). "Experiments on digit spans in the Chinese and English languages", H. S. R. Kao and R. Hoosain (Eds.), *Psychological Studies of the Chinese Language*, 23-38. Hong Kong: The Chinese Language Society of Hong Kong.

Hoosain, R. (1986). "Language, orthography, and cognitive processes: Chinese perspectives for the Sapir-whorf hypothesis", *International Journal of Behavioural Development*, 9, 507-525.

Hoosain, R. (1991). *Psycholinguistic Implications for Linguistic Relativity: A case* study of Chinese. Hillsdale, NJ: Erlbaum.

Hoosain, R., & Osgood, C. E. (1983). "Information processing times for English and Chinese words", *Perception and Psychophysics*, 34, 573–577.

Huang, J. T. (1979). "Time-dependent separability hypothesis of Chinese words association", *Acta Psychological Taiwanica*, 21, 41–48.

Hurvich, L. M., & Jameson, D. (1974). "Opponent processes as a model of neural organization", *American Psychologist*, 29, 88–102.

Kay, P. & Kempton, W. (1984). "What is the Sapir-Whorf hypothesis?" *American Anthropologist*, 86, 65–79.

Liu, L. (1985). "Reasoning in counterfactuals in Chinese: Are there any obstacles?', *Cognition*, 21, 239–270.

Ma, M. (1970). "An anatomy of written Chinese", An inaugural lecture delivered at the University of Hong Kong. The University of Hong Kong, Supplement to the Gazette, Vol, XVII, No. 6.

Miller, G. A. (1956). "The magical number seven, plus of minus two: Some limits on our capacity for processing information", *Psychological Review*, 63, 81–97.

Miron, M. S., & Wolfe, S. (1964). "A cross-linguistic analysis of the response distributions of restricted word associations", *Journal of Verbal Learning and Verbal Behavior*, 3, 376–384.

Naveh-Benjamin, M., & Ayers, T. J. (1986). "Digit span, reading rate, and linguistic relativity", *The Quarterly Journal of Experimental Psychology*, 38A, 739–751.

Peng, D. L., Orchard, L.N., & Stern, J. A. (1983). "Evaluation of eye movement variables of Chinese and American readers", *Pavlovian Journal of Biological Sciences*, 18, 94–102.

Stevenson, H. W., & Stigler, J. W. (1992). *The Learning Gap Between the East and West*. New York: Summit Books.

Stigler, J. W., Lee, S. Y., & Stevenson, H. W. (1986). "Digit span in Chinese and English: Evidence for a temporally limited store", *Cognition*, 24, 1–20.

Sun, F. C., Morita, M., & Stark, L. W. (1985). "Comparative patterns of reading eye movement in Chinese and English", *Perception and Psychophysics*, 37, 502–506.

Sun, F. C., & Stark, L. W. (1986). "The analysis of reading eye movements in Chinese and English—an approach to study information processing in the central nervous system", Paper presented at the Shanghai Symposium on

Neuroscience, Shanghai.

Tzeng, O. J. L., & Hung, D. L. (1981). "Linguistic determinism: A written language perspective", O. J. L. Tzeng & H. Singer (Eds.), *Perception of print: Reading research in experimental psychology*, 237–255. Hillsdale, NJ: Erlbaum.

Tzeng, O. J. L., & Wang, W. S.-Y. (1983). "The first two R's", *American Scientist*, 71, 238–243.

Whorf, B. L. (1939). "The relation of habitual thought and behavior to language", Reprinted in J. B. Carroll (Ed.) *Language, Thought, and Reality: Selected writings of Benjamin Lee Whorf*. New York: Wiley.

18

中國保健心理：氣功研究

王極盛 • 中國科學院心理研究所研究員

“吹呴呼吸，吐故納新，熊經鳥伸，爲壽而已。此道引之士，養形之人，彭祖壽考者之所好也。”

——《莊子 • 刻意篇》

“腎有久病者，可以寅時面向南，淨神不亂思，閉氣不息七遍，以引頸咽氣順之，如咽甚硬物，如此七遍後，餌舌下津令無數。”

——《黃帝內經 • 素問》

“呼吸吐納，服食養生，使形神相親，表裏俱濟也。”

—— 嵇康《養生論》

18
中國保健心理：氣功研究

中華民族在幾千年的發展中積累了豐富的保健心理的理論、經驗與保健心理方法，為中華民族的生存、繁衍與發展作出了不可磨滅的貢獻。本世紀 70 年代健康心理學的興起，對促進中國保健心理的研究有着很大的推動力。筆者堅信，具有中國文化特色的健康心理學的發展必然對 21 世紀實現人人享有健康的目標產生重要作用。

氣功心理學是中國傳統氣功學的一個重要分支，也是心理學的一個重要分支。

氣功心理學是在整理、發掘中國傳統氣功中心理學思想的過程中，在當前中華大地幾千萬人練氣功的豐富心理體驗的背景下，運用現代心理學的理論與方法，對氣功現象中心理學問題進行研究而取得的成果。1989 年筆者出版了《中國氣功心理學》，便是第一本氣功心理學的專著。

18.1 氣功促進心理健康

筆者用 90 問題臨床檢查表評價 27 人的心理健康，他們練功 4 個月，研究結果見表 1。

研究結果表明：練功對上述 13 個項目都有良好的改變，其中總均分、陰性項目數、軀體化、強迫症狀、人際關係敏感、焦慮、敵對、恐怖、偏執、精神病性和其他差異達到了顯著性水平。

表 1　氣功對心理健康的作用

項目	t	P
總均分	3.467	< 0.01
陰性項目數	4.36	< 0.01
陽性疾狀均分	1.264	> 0.05
軀體化	2.525	< 0.05
強迫症狀	3.054	< 0.01
人際關係敏感	2.340	< 0.05
抑鬱	1.473	> 0.05
焦慮	3.36	< 0.01
敵對	3.732	< 0.01
恐怖	1.958	= 0.05
偏執	2.589	< 0.05
精神病性	3.2	< 0.01
其他	2.565	< 0.05

筆者採用臨床症狀 90 問題自評量表對 272 名練氣功的人的心理健康進行評價。272 人分為兩組，一組是練功兩年以上的 153 人，另一組是練功兩年以下的 119 人，研究結果見表 2。

研究結果表明，除了軀體化和偏執外，練功兩年以上組的總均分、陰性項目數、陽性症狀均分、強迫症狀、人際關係敏感、抑鬱、焦慮、敵對、恐怖、精神病性和其他都明顯的低於練功兩年以下組。這表明練氣功時間越長，心理健康越好。

18.2　氣功對情緒的作用

筆者設計了心理學問卷法研究氣功對情緒的作用。氣功對每一項的作用分為五等，即：很低、低、一般、高、很高。

1. 氣功組和對照組情緒水平的對比研究

研究結果見表 3。

研究結果表明氣功對情緒的穩定性、情緒愉快、非緊張、情緒舒暢、心胸開闊和控制情緒能力明顯的高於對照組。

表 2　氣功對心理健康的效應

	練氣功兩年以下組（153 人）	練氣功兩年以上組（119 人）	t	P
總均分	1.568 ± 0.447	1.437 ± 0.361	2.91	< 0.01
陰性項目數	31.88 ± 18.59	26.96 ± 16.86	2.28	< 0.05
陽性疾狀均分	2.56 ± 0.618	2.39 ± 0.56	2.39	< 0.05
軀體化	1.567 ± 0.661	1.45 ± 0.49	1.65	> 0.05
強迫症狀	1.882 ± 0.598	1.72 ± 0.59	2.28	< 0.05
人際關係敏感	1.719 ± 0.607	1.56 ± 0.49	2.52	< 0.01
抑鬱	1.607 ± 0.57	1.48 ± 0.43	2.73	< 0.01
焦慮	1.490 ± 0.555	1.34 ± 0.45	2.38	< 0.05
敵對	1.578 ± 0.517	1.46 ± 0.47	1.871	= 0.05
恐怖	1.329 ± 0.45	1.22 ± 0.43	1.98	< 0.05
偏執	1.482 ± 0.514	1.4 ± 0.47	1.3	> 0.05
精神病性	1.491 ± 0.443	1.31 ± 0.36	3.58	< 0.01
其他	1.62 ± 0.577	1.45 ± 0.55	2.39	< 0.05

表 3　氣功組和對照組的情緒水平的對照研究

	平均數 ± 標準差 氣功組 39 人	平均數 ± 標準差 對照組 28 人	t	P
情緒穩定性	4.256 ± 0.595	3.786 ± 0.917	2.386	< 0.05
愉快	4.256 ± 0.637	3.857 ± 0.891	2.046	= 0.05
非緊張	4.103 ± 0.821	3.714 ± 1.1117	1.562	> 0.05
心情舒暢	4.179 ± 0.761	3.893 ± 0.786	1.72	> 0.05
心胸開闊	4.336 ± 0.552	3.929 ± 0.94	2.535	< 0.05
控制情緒能力	4.231 ± 0.810	3.821 ± 0.690	2.253	< 0.05

2. 練氣功和練排球對情緒因素的作用

氣功組是 107 人，排球組是 15 人。研究結果見表 4。

研究結果表明，氣功組對情緒的穩定性、情緒愉快、非緊張、情緒舒暢、心胸開闊與控制情緒能力、非孤獨感、非寂寞感和對脾氣的作用非常明顯的高於排球組。

表 4　練氣功和練排球對情緒因素的作用

	M ± SD 氣功組	M ± SD 排球組	t	P
對情緒穩定性作用	0.935 ± 0.589	0.2 ± 0.561	4.858	< 0.01
對情緒愉快作用	0.785 ± 0.765	0.2 ± 0.561	3.634	< 0.01
對非緊張作用	0.794 ± 0.610	0.133 ± 0.516	4.599	< 0.01
對情緒舒暢作用	0.981 ± 0.700	0.071 ± 0.495	6.276	< 0.01
對心胸開闊作用	1.093 ± 0.622	0.286 ± 0.611	4.585	< 0.01
對控制情緒能力作用	0.972 ± 0.679	0.133 ± 0.516	5.669	< 0.01
對非孤獨感作用	0.449 ± 0.827	0.133 ± 0.516	2.039	< 0.01
對非寂寞感作用	0.561 ± 0.8	0.2 ± 0.676	1.9	= 0.05
對脾氣作用	0.710 ± 0.599	0.133 ± 0.516	3.979	< 0.01

3. 練功時間與改善情緒關係的結果見表 5。

表 5　練功時間和氣功改善情緒的關係

	平均數 ± 標準差 練氣功三年以上組	平均數 ± 標準差 練氣功三年以下組	t	P
情緒穩定性	1.397 ± 0.801	1.171 ± 0.785	1.152	> 0.05
愉快	1.417 ± 0.803	1.286 ± 0.622	1.074	> 0.05
非緊張	1.224 ± 0.854	1.021 ± 0.568	1.653	> 0.05
心情舒暢	1.442 ± 0.674	1.143 ± 0.692	2.3	< 0.05
心胸開闊	1.445 ± 0.775	1.171 ± 0.707	2.119	< 0.05

研究結果表明，練氣功時間越長，情緒穩定性、愉快、非緊張、心情舒暢和心胸開闊情況越好。這部分的研究結果表明氣功的重要心理效應是改善情緒穩定性、提高情緒愉快度、降低情緒緊張度等。氣功這樣的心理效應是氣功防止心理疾病最重要的基礎，也是氣功治療心身疾病的心理基礎。

18.3　氣功對身心疾病的症狀的作用

筆者設計了氣功對身心疾病症狀作用的 40 個問題的問卷，氣功對症狀的作用分為六級，即加重很大、加重、沒變化、減輕、減輕很大和消失。筆者調查了100例身心疾病患者，包括冠心病、高血壓、潰瘍病和神經衰弱症。這100人練氣功，他們僅回答他們有的症狀，100例分成兩組，一組練氣功兩年以上，一組練氣功兩年以下。研究結果見表6。

表6　氣功對心身疾病症狀的作用

症狀	練功兩年以下組		練功兩年以上組	
	有效率(%)	治癒率(%)	有效率(%)	治癒率(%)
1 頭痛	66.67	33.33	72.41	37.93
2 頭暈	78.95	26.32	72.22	33.33
3 怕噪聲、怕光	56.25	25.00	55.17	24.14
4 耳鳴	61.90	14.29	62.79	27.91
5 眼花	50.00	4.55	72.50	25.00
6 失眠	62.22	34.78	77.27	25.00
7 易出汗	76.19	20.41	55.88	26.47
8 精神疲乏、精力不足	75.00	20.83	80.95	23.81
9 體力不足、四肢無力	73.08	23.08	76.92	25.64
10 肢體痛	64.71	29.41	77.42	29.03
11 手腳發麻	58.82	29.41	67.74	41.94
12 心悸、心慌	66.67	28.57	74.29	28.57
13 胸悶	70.59	35.29	73.33	30.00
14 心區疼痛或壓迫感	58.33	33.33	78.13	31.25
15 心律不齊	68.75	31.25	75.68	27.03
16 心絞痛	50.00	33.33	69.23	26.92
17 血壓高	57.14	35.71	68.42	31.58
18 氣促、氣短	66.67	26.67	59.38	28.13
19 食慾不振	72.22	38.89	79.41	38.24
20 惡心	76.92	38.46	78.26	39.14
21 腹瀉	61.54	46.15	73.33	36.67
22 便秘	72.22	27.78	76.67	33.33
23 尿急、尿頻	52.94	23.53	53.13	21.88
24 性慾減退	29.41	0.00	32.43	13.51
25 月經不調或早洩、陽萎	38.46	15.38	36.00	28.00
26 身體衰弱感	70.59	17.65	64.71	20.59

症狀	練功兩年以下組		練功兩年以上組	
	有效率(%)	治癒率(%)	有效率(%)	治癒率(%)
27 動作遲鈍	30.77	7.69	56.41	17.95
28 怕痛	58.33	16.67	55.17	24.14
29 注意力難集中	29.41	5.88	62.50	17.07
30 記性不好	60.00	16.00	56.25	6.25
31 思維遲鈍	50.00	18.75	46.51	9.30
32 對甚麼事都不感興趣	40.00	20.00	67.74	25.81
33 憂愁	50.00	14.29	65.63	18.75
34 煩惱	53.85	15.38	60.61	18.18
35 急躁	53.33	20.00	60.00	15.00
36 緊張不安	53.33	20.00	57.14	21.43
37 容易生氣	60.00	20.00	67.50	10.00
38 容易發火	50.00	18.75	69.44	16.67
39 絕望	69.23	46.15	64.00	44.00
40 人際關係緊張	40.00	20.00	64.29	32.14

研究結果表明：

1. 氣功對心身疾病症狀的大多數項目的有效率是50%–80%。
2. 氣功對心身疾病症狀的大多數項目的治癒率是20%–45%。
3. 練功兩年以上比練功兩年以下組的有效率和治癒率高。

筆者還用上述問卷研究了33例癌症病人，獲得了相似的結果，按照這個結果筆者認為：氣功對身心疾病有良好的治療效果。

筆者設計了關於氣功心理效應的心理學問卷，對171名身心疾病病人和75例癌症病人進行了心理學問卷研究，他們均練氣功。這個心理學問卷包括40個問題，內容分為氣功的智力效應、氣功的情緒效應、氣功人際關係效應、氣功改變對疾病的認識、氣功改變對疾病的情緒、氣功改變對疾病的行動和氣功的治療效果。氣功對每一項的作用分為五大類，即：很好、好、沒變化、壞、很壞，研究結果見表7。

一般說來，氣功對40個項目很壞作用和壞作用是0%～30%；氣功對40個項目好和很好作用佔60%～90%。研究結果表明氣功能改善病人的智力、情緒和人際關係；氣功能改變病人對疾病的認識、情緒和行動。這是氣功促進心理健康、防治心理疾病的心理學基礎。

表 7　氣功的心理效應

	作用好和很好的百分數(171 例身心疾病病人)	作用好和很好的百分數(75 例癌症病人)
1　練功對您的記憶力作用	65.45	30.14
2　練功對您的思維能力的作用	69.23	32.88
3　練功對您的動作能力的作用	79.17	50.00
4　練功對您的注意能力的作用	74.10	53.52
5　練功對您的情緒穩定的作用	84.21	87.84
6　練功對您的情緒愉快的作用	89.16	91.78
7　練功對您的情緒緊張的作用	74.39	67.12
8　練功對您的心情舒暢的作用	89.16	86.49
9　練功對您的心胸開闊的作用	89.29	79.73
10　練功對您的控制情緒能力的作用	80.24	64.86
11　練功對您的孤獨感的作用	71.34	66.37
12　練功對您的寂寞感的作用	71.88	74.65
13　練功對您的意志堅強性的作用	86.88	75.00
14　練功對您的自制力的作用	80.63	63.89
15　練功對您的精力的作用	90.48	84.72
16　練功對您的脾氣的作用	79.88	54.93
17　練功對您的生活規律的作用	78.44	83.78
18　練功對您與家屬的人際關係的作用	73.17	53.42
19　練功對您與社會交往的人際關係的作用	68.71	45.07
20　練功對您適應環境的作用	72.29	56.16
21　練功對您熱愛生活的作用	76.22	65.75
22　練功對你熱愛工作的作用	68.94	33.82
23　練功使您對自己病的害怕情緒	73.58	85.14
24　練功使您對自己病的擔心	78.13	81.69
25　練功使您對病的後果的猜疑心	71.70	70.83
26　練功使您對病的急躁情緒	79.62	76.71
27　練功使您對自己病的信心	85.09	79.78
28　練功使您對自己病的決心	87.90	91.78
29　練功使您對自己病的恒心	83.55	87.50
30　練功使您與醫務人員配合治療	72.30	61.43
31　練功對您的食慾	70.55	77.14
32　練功對您的飯量	63.75	76.01
33　練功對您入睡的快、慢	76.97	65.28
34　練功對您睡眠深淺(是否易醒易早醒)	72.84	52.78
35　練功對您早上醒後有無精神	86.42	62.50
36　練功對您自己的身體衰弱感	82.50	69.44
37　練功對您的身體健康	89.68	84.29
38　練功對您的心理健康	86.67	92.86
39　練功對您的病的治療效果	81.88	68.57
40　您對練功治療您的病的滿意情況	77.36	72.86

18.4 氣功鎮痛的實驗研究

這個研究由四個部分組成。

1. 自練氣功鎮痛研究

筆者用彈簧壓力器對266名練功者的痛進行測定，研究結果見表8、表9。

表8 自練氣功的鎮痛研究

測痛部位	練功前的痛閾均數(g)	氣功態下的痛閾均數(g)	P
右外關	108.80	151.80	< 0.01
右內關	83.46	111.54	< 0.01
左外關	111.2	140.00	< 0.01
左內關	94.80	129.60	< 0.01

表9 練功時間和痛閾增加均數的關係

	少於1個月	1個月到3個月	3個月到6個月	6個月以上
測痛部位	(g)	(g)	(g)	(g)
右外關	37.02	42.22	47.08	92.86
右內關	18.72	26.83	40.08	54.29
左外關	14.03	30.16	43.75	85.24
左內關	15.53	34.76	47.92	67.40

研究結果表明：氣功態下能明顯提高人體痛閾，這個研究表明練功時間越長痛閾提高越大。

2. 氣功師發放外氣的鎮痛研究

氣功師分別對28名被試者發放外氣鎮痛，結果見表10。

表10 氣功師發放外氣的鎮痛研究

部位	M 發放外氣前(g)	M 發放外氣(g)	P
臂	119.65	169.66	<0.01
胸部	90.69	138.28	<0.01
腿部	123.10	172.76	<0.01

研究表明氣功師發放外氣能夠明顯提高被試者痛閾。

3. 氣功信息治療儀的鎮痛研究

氣功信息治療儀刺激 17 名被試者的人體穴位，研究結果見表 11。

表 11　氣功信息治療儀的鎮痛研究

部位	氣功信息治療儀刺激前(g)	氣功信息治療儀刺激中(g)	P
臂	116.47	171.17	<0.01
胸部	92.94	123.53	<0.01
腿部	127.40	173.50	<0.01

練氣功，發放外氣和氣功信息治療儀對人體痛閾作用的共同特點包括：(1)痛閾明顯提高；(2)鎮痛效應不全，即痛覺變的不明顯但不消失；(3)鎮痛後效應明顯；(4)鎮痛個體差異明顯。

筆者對針刺鎮痛和針刺麻醉有多年研究，根據實驗結果筆者認為氣功鎮痛和針刺鎮痛的特點和效應是類似的。

4. 氣功信息治療儀和針刺複合鎮痛的實驗研究

筆者用拉丁方設計實驗並且用 4 × 4 拉丁方兩組被試者，在 4 天中對每一個被試者做空白對照、針刺刺激、氣功信息治療儀的刺激複合刺激，採用方差分析，各種刺激間，$F = 10.514$，$P < 0.01$，我們做考驗複合刺激和氣功信息治療儀刺激的 $t = 2.5$，$P < 0.05$，複合刺激和針刺刺激的 $t = 4.14$，$P < 0.01$。研究結果表明：用針刺和氣功信息治療儀的複合刺激穴位的鎮痛效應和後效應比針刺或者氣功信息治療儀的效應好。

18.5　氣功開發智力

筆者分別對小學生、初中生、高中生和大學生進行了實驗研究，研究結果是類似的。

1. 用氣功促進大三學生智力開發的實驗研究

研究結果見表 12、表 13。

從表 12 可以看出，氣功組比對照組的動作速度、色對字干擾念字數、色對字干擾念字準確性、字對色干擾念色數、數字劃消淨分的成績提高較大，統計學考驗達到了顯著性水平。氣功組與對照組的動作準確

表 12　氣功組練功智力提高的成績與對照組智力提高的成績比較

項目	氣功組智力提高成績的平均數與標準差	對照組智力提高成績的平均數與標準差	t	P
動作速度	4.643 ± 3.915	1.545 ± 3.532	2.075	= 0.05
動作錯誤	1.857 ± 2.349	0.091 ± 2.587	−1.764	> 0.05
順背數字記憶廣度	0.643 ± 1.277	0.182 ± 0.751	1.127	> 0.05
倒背數字記憶廣度	1.429 ± 1.555	0.727 ± 1.009	1.360	> 0.05
色對字干擾念字數	6.786 ± 17.599	−11.545 ± 24.456	2.096	= 0.05
色對字干擾念字錯誤數	−0.786 ± 0.975	0.273 ± 1.421	−2.110	< 0.05
字對色干擾念色數	9.143 ± 11.051	0.636 ± 5.887	2.469	< 0.05
字對色干擾念色錯誤數	−1.643 ± 3.650	−1.091 ± 2.386	−0.455	> 0.05
黑紅數字	0.857 ± 1.834	0.182 ± 2.316	0.791	> 0.05
數字符號	5.286 ± 4.159	3.182 ± 3.060	1.456	> 0.05
數字劃消淨分	4.071 ± 6.220	−1.364 ± 5.005	2.421	< 0.05

表 13　氣功組智力成績與前四個月未練功時智力成績的比較

項　　目	練功四個月的平均數與標準差	未練功時的平均數與標準差	t	P
動作速度	29.5 ± 3.981	24.857 ± 4.589	4.439	< 0.001
動作錯誤	1.143 ± 1.460	3 ± 1.617	−2.957	< 0.01
順背數字記憶廣度	8.643 ± 0.745	8 ± 1.468	1.886	> 0.05
倒背數字記憶廣度	6.714 ± 1.684	5.286 ± 1.267	3.638	< 0.005
色對字干擾念字數	127.571 ± 18.400	120.786 ± 26.10	1.443	> 0.05
色對字干擾念字錯誤數	0.071 ± 0.267	0.857 ± 1.099	−3.011	< 0.01
字對色干擾念色數	57.643 ± 13.500	48.5 ± 15.941	3.096	< 0.01
字對色干擾念色錯誤數	0.429 ± 1.089	2.071 ± 3.430	−1.684	> 0.05
黑紅數字	9.071 ± 2.464	8.214 ± 7.920	1.749	> 0.05
數字符號	45.786 ± 5.989	40.5 ± 7.920	4.754	< 0.001
數字劃消淨分	35.929 ± 4.795	31.857 ± 8.085	2.450	< 0.05

性、順背數字記憶廣度、倒背數字記憶廣度、字對色干擾念色準確性、黑紅數字、數字符號成績的提高，二者統計學差異不顯著。

從表 13 可以看出，練功 4 個月比練功前的動作速度、動作準確性、倒背數字記憶廣度、色對字干擾念字準確性、字對色干擾念色數、數字符號、數字劃消淨分的成績好，差異達到了顯著水平。練功 4 個月比練功前的順背數字記憶廣度、色對字干擾念字數、字對色干擾念色準確性、黑紅數字的成績差異達不到顯著性水平。

從本實驗結果分析來看，可以初步認為氣功能夠促進記憶、思維、知覺動作等智力的發展。

2. 練氣功和練排球對某些智力和學習的作用的研究

筆者設計問卷法研究練氣功和練排球對某些智力和學習項目的作用。對每個項目的作用分為五個等級即很壞、壞、沒變化、好、很好，研究結果見表 14。

表 14　練氣功和練排球對某些智力和學習項目的研究

項　　目	M ± SD 氣功組	M ± SD 排球組	t	P
對記憶的作用	0.374 ± 0.622	0.133 ± 0.516	1.628	> 0.05
對思維的作用	0.383 ± 0.985	0.067 ± 0.458	2.241	< 0.05
對動作的作用	0.551 ± 0.882	0.469 ± 0.640	0.459	> 0.05
對注意力的作用	0.814 ± 0.646	0.4 ± 0.632	2.352	< 0.05
對記憶速度的作用	0.458 ± 0.589	0.2 ± 0.676	1.418	> 0.05
對記憶準確性的作用	0.430 ± 0.616	0.2 ± 0.676	1.25	> 0.05
對思維分析能力的作用	0.561 ± 0.632	0.069 ± 0.884	2.084	= 0.05
對思維綜合能力的作用	0.590 ± 0.674	0.2 ± 0.696	2.011	= 0.05
對思維靈活性的作用	0.459 ± 0.919	0.2 ± 0.696	1.578	> 0.05
對精力的作用	0.822 ± 0.711	0.333 ± 0.619	2.829	< 0.01
對學習積極性的作用	0.608 ± 0.739	0.071 ± 0.475	4.676	< 0.01
對學習態度的作用	0.505 ± 0.757	0 ± 0.535	3.258	< 0.01
對學習效率的作用	0.589 ± 0.044	0 ± 0.535	3.842	< 0.01
對學習成績的作用	0.374 ± 0.707	0 + 0.535	2.413	< 0.01

研究結果表明，氣功對上述14個項目的作用比排球對它們的作用好，其中思維能力、注意力、思維分析能力、思維綜合能力、精力、學習積極性、學習態度、學習效率和學習成績的差異達到了顯著水平。

3. 練功時間和練功效應的關係

筆者對189名練功人進行了問卷研究，他們分成兩組，第一組被試者練功3年以上，第二組被試者練功3年以下，研究結果見表15。

表15　練功時間與氣功效應的關係

項　目	M ± SD 練功3年以上組	M ± SD 練功3年以下組	t	P
對記憶力的作用	1.135 ± 0.856	0.829 ± 0.891	1.832	= 0.05
對思維的作用	1.321 ± 0.900	0.771 ± 0.690	4.231	< 0.01
對想象力的作用	1.064 ± 0.817	0.8 ± 0.868	1.640	> 0.05
對觀察力的作用	1.097 ± 0.847	1 ± 0.686	0.575	> 0.05
對注意力的作用	1.160 ± 0.891	0.943 ± 0.906	1.299	> 0.05
對精力的作用	1.481 ± 0.941	1.343 ± 0.539	1.255	> 0.05
對學習效率作用	1.314 ± 0.670	0.94 ± 0.702	3.077	< 0.01
對工作效率作用	1.340 ± 0.659	0.971 + 0.618	3.124	< 0.01

研究結果表明，練氣功時間越長，氣功的效應越好。

4. 氣功態下的智力效應

筆者對不同氣功功法進行了實驗研究，獲得了相似的研究結果。研究結果見表16、17。表16是中年人在氣功態下的實驗結果；表17是老年人在氣功態下的實驗結果。

研究結果表明：中年人和老年人的動作速度、順背數字記憶廣度、倒背數字記憶廣度、色對字干擾念字數和字對色干擾念色數、黑紅數字在氣功態下明顯增加。中年人和老年人的動作錯誤、色對字干擾念字的錯誤數和字對色干擾念色錯誤數，在氣功態下明顯降低。

表 16　中年人在氣功態下的實驗結果

項　目	被試人數	M ± SD 練功剛結束的平均數與標準差	M ± SD 練功前的平均數與標準差	t	P
動作速度(每分鐘攝滾珠數)	45	27.07	24	6.302	< 0.01
動作錯誤(每分鐘攝滾珠錯誤數)	45	0.822	1.2	1.6439	> 0.01
順背數字記憶廣度(單位是數字位數)	45	7.733	6.89	5.548	< 0.01
倒背數字記憶廣度(單位是數字位數)	45	4.82	4.09	5.1117	< 0.01
色對字干擾念字數(每分鐘念字數)	45	80.021	77.09	0.5624	> 0.01
色對字干擾念字錯誤數(每分鐘念字錯誤數)	43	0.744	1.023	1.182	> 0.01
字對色干擾念色數(每分鐘念色數)	45	47.844	44.133	2.5012	> 0.05
字對色干擾念色錯誤數(每分鐘念色錯誤數)	42	1.048	1.690	1.850	< 0.05
黑紅數字(每分鐘找出黑紅數字成對數)	45	6.02	5.22	3.571	< 0.01

表 17　氣功態下老年人的實驗結果

項　目	被試人數	M ± SD 練功剛結束	M ± SD 練功前	t	P
動作速度(每分鐘攝滾珠數)	28	29.71	24.86	3.516	< 0.01
動作錯誤(每分鐘攝滾珠錯誤數)	28	0.89	1.25	1.64	> 0.05
順背數字記憶廣度(單位是數字位數)	28	7.5	6.96	3.009	< 0.01
倒背數字記憶廣度(單位是數字位數)	28	4.39	3.89	2.554	< 0.05
色對字干擾念字數(每分鐘念字數)	28	84.04	81.78	1.559	> 0.05
色對字干擾念字錯誤數(每分鐘念字錯誤數)	28	0.04	6.21	2.307	< 0.05
字對色干擾念色數(每分鐘念色數)	28	45.80	44.32	1.339	> 0.05
字對色干擾念色錯誤數(每分鐘念色錯誤數)	28	0.36	1.04	3.301	< 0.01
黑紅數字(每分鐘找出黑紅數字成對數)	28	6.5	5.39	3.613	< 0.01

參考資料

王極盛(1993)，《氣功のすべて》。北京：科學出版社。

王極盛(1989)，《中國氣功心理學》。北京：中國社會科學出版社。

19

東方心理衛生與中醫心理治療

王米渠 • 四川成都中醫學院副教授

“結氣病者，憂思所生也，心有所存，神有所止，氣留而不行，故結於內。”

——《氣病諸候》

“惟勞而氣耗，恐而氣奪者，爲難治；喜者少病，百脈舒和故也。”

——《儒門事親》卷一

“故喜怒傷氣，寒暑傷形。暴怒傷陰，暴喜傷陽。厥氣上行，滿脈去形。喜怒不節，寒暑過度，生乃不固。”

——《素問 • 陰陽應象大論》

19

東方心理衛生與中醫心理治療

19.1 東方心理衛生

中華民族有悠久的文化背景，是世界上人口最多的民族，它的傳統衛生保健思想對這個偉大民族的繁衍昌盛起着重大的作用。東西方文化中，中華文化是東方文化的代表，它在預防保健中強調心理衛生的重要意義。完整的健康概念包括軀體、社交、智力、生活、情緒、精神諸方面正常的適應狀態，東方文化概之為身(形)與心(神)兩個方面，只有心身的整體調節得以實現之，故主張"形與神俱"(《素問．上古天真論》)，重視心理衛生。在衛生保健中，心理衛生往往起主導作用，"養生，先養心：調身，先調神"。歷史上何曾見到精神糟糕，僅僅講究生理衛生而獲得健康長壽的？

東方傳統心理衛生思想長期以來，發生着有效的作用，但作為現代科學的研究卻不多。目前，中醫心理學作了一定的系統整理，但還是相當籠統，需要進一步的具體實驗。下面我們介紹目前常見的幾種東方心理衛生方式。

19.1.1 四氣調神

四氣即是春夏秋冬四個季節。古代養生家要求調節自己的心理精神狀態與四時氣候發生同步協調以保持心身健康，東方文化很看重"法於自然"(《道德經》)，人與自然界是統一諧和的，中醫整體觀叫"天人相應""人合四時"：《內經》作"四氣調神"專篇命題討論。如春天的三個月，是萬物推陳出新的季節，天地間的生氣發動，萬物都呈欣欣向榮之象。人們可以晚一些睡眠，早一些起身，到庭院中散散步，披散頭髮，舒緩形體，使思想意識活潑而充滿生機，象對待初生的萬物一樣，只應讓其生長，而不可殺害；只應給予生發，而不應剝奪；只應賞心悅目，而不要摧殘身體，這就是適應春天調養"生氣"的道理。如果違反了這個道理，就會損傷肝氣，到了夏天，會產生寒性的疾病，使得人體適應夏季盛長之氣的能力減少。其他夏長、秋收、冬藏都有相應的心身調理方法，順着自然、地理、氣候的條件養生，適應者就是健康的表現。順天者昌，逆天者亡，故《素問．上古天真論》認為這樣才能"壽敝天地……形體不敝，精神不散"，亦可壽達百歲天年。

19.1.2 恬淡虛無

中國傳統文化養生方面以靜為主導，要求"恬淡虛無"(《素問．上古天真論》)。這源於老子《道德經》"致虛極，寧靜篤"，它主張在心理調節方面將過激情緒、過多的思緒、奢侈妄想、性慾房事，求名逐利等過分不利於健康的思想與行為均減少淡化，減少得越少越好，直至沒有。尤其是性行為方面，越少越利於保精氣神，即為恬淡至虛無。"虛無"是要達到最高的境界，已自覺主動地消滅了一切不健康的思想和行為。《內經》主張"恬淡虛無"，實際有禁慾主義傾向，認為性慾、色情、慾望等一切關係到男女兩性的均是骯髒、齷齪，見不得人甚至是罪惡的。"智者察同，愚者察異"(《素問．陰陽應象大論》)，要求聰明者是自己把慾望、情慾深深地潛藏、隱沒以至消滅，以達到健身節慾以保精，以利健康、長壽。在個人修養方面，則如孟子所說"富貴不能淫"，傳統文化總是克制、抵抗性的本能，而自覺地約束自己。

東方養生以靜為主，"恬淡虛無"是主要原則之一。但西方養生則以動為主，"生命在於運動"是典型的口號，在講求心理衛生上也是這種框架。尤其是弗洛伊德精神分析學派，以力必多的泛性論，認為一切疾病都是由潛意識所產生的，要治病保持健康，就要將潛變為顯。其方法是精神分析治療，它的基本原則是"自由聯想"，即在覺醒狀態，身心放鬆地坐臥於安樂椅上，精神分析者盡量鼓勵精神病患者把陸續湧上心頭的任何東西，不管它如何微不足道、不合邏輯、荒唐可笑或者有傷大雅，都如實地報告出來。在這一過程進行的同時，精神分析者把患者所報告的材料加以分析和解釋，直到分析者和患者都認為已找到病根為止。精神分析派的治療要訣"就在於用有意識代替無意識，就在於把無意識翻譯為有意識"，治療已病，防止未病。

總之，東方文化"恬淡虛無"與弗洛伊德的泛性論截然相反。保持健康、治療疾病，其行為方式有以下幾個方面的差別：(1)對性行為封閉與開放；(2)對情慾的禁止與發掘；(3)性意識要自覺潛藏與潛意識要向着意識升華；(4)性知識的多與少。弗洛伊德是以不斷地挖掘潛意識，痛快地洩出為目的；而中醫則自覺地使性慾滅亡為上乘。所以兩者是完全相反方向發展的兩種心理衛生方式。

19.1.3 閒情逸致

閒情逸致，指用一些高雅的興趣愛好陶冶自己的志趣，以創造良好的心境、培養高尚的情操。前賢很重視，龔廷賢說："詩書悅心，山林逸興，可以延年"(《壽世保元》)。閒情逸致的內容是十分廣闊的，有人總結有五，有人歸納有十。宋代陳直《養老奉親書》云："靜坐第一，觀書第二，看山水花木第三，與良朋講論第四，教子弟第五。述齊齋十樂云：讀義理學、學法帖字、澄心靜坐、益友清淡、小酌半醺、澆花種竹、聽琴玩鶴、焚香煎茶、登城觀山、寓意弈棋"。這裏談到讀詩書、弄琴瑟、習書法、對弈棋、種花草、去遠足、品清茶、交朋友、教學生等方法均可閒情逸致，其中有許多方法是東方民族特有的心理衛生調理方法。

東方文化講求琴棋書畫雅性，被稱為儒家四藝。彈琴、對弈、書寫、繪畫，古人不但作為學問的必需，而且作為修身養性的良好形式，有造詣的讀書人多有涉獵，常通曉一、二種。《中國醫籍考》有壽命記載的 67 位醫家，平均壽命為 75.1 歲，比同時代人高 1 ~ 2 倍，他們之中有琴、棋、書、畫愛好和擅長者達 41.7%(王米渠，1993)。這是傳略中有記載者，其實愛好者是這個數的一倍以上。愛好書法者都有體會，書寫後一身舒適，精神爽快。通過書寫活動調整心境，解除煩惱，涵養情操，往往有潛移默化的漸變過程，確實有養心調神、延年益壽的效果。在這以前只是經驗之談，目前高尚仁教授在書法心理學研究中作了一些書寫的心電、呼吸、肌電、血壓、腦電等方面的研究(高尚仁，1986)，科學地說明了書法對肌體、生理的調節作用，對當今的文明病等都有好處。

19.1.4 衡和七情

在諸種心理因素中，情緒對健康的影響最為明顯和直接，或情緒過分強烈不能自抑；或不良心境，日曠持久；或情緒二極反覆波動都易發生疾病，中醫叫做內傷七情，概括為喜、怒、憂、思、悲、恐、驚，其過激是常見的發病因素之一。人不能沒有七情，但太過與不及均不好。早在宋代陳無擇《三因極——病症方論》就明確提出了七情為中醫病因的學說。

維護健康要和暢性情，就是要消除有害的情志，創造良好的心境和情緒。質言之，就是要調節七情。從致病因素來看，七情最多；從養生來看，七情傷害最明顯，故俞昌在《醫門法律》中總結了《內經》對七情的論述，命題為《和暢性情》一節。人們都知道愉快的情緒利於人的心身健康，"人之性情最喜暢快，形神最宜煥發，如此刻刻有長春之性，時時有長生之情，不惟卻病，可以永年。"相反，若"積憂不已則魂神傷矣；憤怒不已則魄神散矣。喜怒過多，神不歸室，憎愛無定，神不守形。"這是《彭祖攝生養性論》中所說的，彭祖是中國歷史上著名的壽星，相傳八百歲，這雖然不足信，但享有高齡是可信的。他注意攝生養性，指出了七情過激的危害。此書未必出於本人，此論卻有道理。

在平常的生活中，不如意的事是常有的，怒、憂、悲、恐等不良刺激不時而生，要創造良好的心境，往往需要以理抑情，自我調節。《友漁齋醫話》說："遇逆境，善自排解，因腎水上交於心，此者，病從何來？……肝喜條達，戒喜怒，當拂逆而善自釋，以養生氣"。這裏要注意到兩個方面：一是意志的調節，意志強者，可侮辱不起，七情自平，保持內環境的穩定；另一方面要善於自我解釋與開導，接受環境的暗示，排除不良情緒，創造良好的心境，才能"任我逍遙過百春"(《壽世保元》)。

19.2 中醫心理治療

中醫心理治療在中國醫學中建立的基礎，包括有陰陽學說的理論體系；有臟象經絡獨特系統；有四診代表的診斷系統；以辯證論治為主的治療體系。而以中藥為主的治療方法，同樣在心理疾病的治療上有多種多樣的方法，既有與西醫臨床心理相同的方法，更有獨特的治療方法。本文着重介紹後者。

19.2.1 情志相勝心理治療

各種情緒之間存在着一種辯證關係，即相互依存、互相制約的關係。這種關係中醫用五行相克配成五種相應情緒，如肝木志為怒、脾土志為思、腎水志為恐、心火志為喜、肺金志為悲。它們依次相勝，即怒勝思、思勝恐、恐勝喜、喜勝悲、悲勝怒，利用一種情志可以有效地糾正另一種過激的情志。現舉思勝恐一例說明：《儒門事親》載衛德新的妻子旅宿遇盜，驚恐中從床上摔下來。自此患驚恐病一年多，藥物治療效果不好，張子和即採用心理治療。為了讓她明白驚恐產生的原因，先叫她對面坐下，以木擊茶几，她甚為驚恐，當說明了原因後，驚恐程度減弱，這樣反覆多次，明顯見效，以後進一步夜晚擊門窗，都能聞聲不驚，最後變驚為喜，破泣而笑，取得好的療效。此案完整，層次井然，用切實可行的簡單辦法漸漸深入，步步引導，效如桴鼓。"驚則氣亂，恐則氣下"，張子和用擊木並使她往下視的方法，讓她明白驚恐產生的原因，達到使浮越之神氣收攝的目的。思屬脾土，五行學說認為恐屬腎水，脾可以制約腎水，故思可以勝恐，此即是情志相勝的心理治療。

如果以現代國外盛行的行為治療來看，這個病案近似於其開創人沃泊系統脫敏療法，先找出產生恐懼的原因，通過表演充分暴露他所恐懼的事物，"脫"其對聲音"過敏"的恐畏心理，逐漸鬆弛其反應，最後完全抑制恐懼，達到治療效果。金代張子和《儒門事親》成書於公元 1228 年，比沃泊 1958 年的《交互抑制心理療法》早 730 年。他倆居於世界東西兩方，能不謀而合，可見其科學性。

19.2.2 移精變氣治療

移精變氣治療出於《素問．移精變氣》。這是一篇心理治療的專論，其中心思想是轉移注意治療，糾正病人對某處過分的病理性體驗，轉移到其他"疼痛處"，而利於癒疾除病，故有人直稱為"移心法"、"移情易性"治療。它的基本精神是轉移患者注意，排遣思情，改移心志，給病人一種良好暗示，創造一個治癒其病的心理環境，即可易移精氣，變利氣血而卻病。移精變氣可以有兩種方向，一種是把心理疾病轉移到軀體上加以排除；另一種則是將軀體疾病轉移於心理。後者如《儒門事親》中，對於一個腹瀉的病人，楊先生治療時不說病情，卻迎合患者的興趣，暢談日月星辰，風雷雲雨等自然景色。楊先生博學強記，口若懸河，滔滔不絕，患者聽得入神，忘卻了自己的病痛，病從此有了起色。前者如葉天士治療一眼患病例，其病人過分體驗眼睛疼痛，實際上眼睛沒有甚麼大毛病，但他終日注意這種病，於是，醫生暗示他病不在眼部，而在腳心，用針刺腳心，注意力轉移，也就是說病痛的體驗轉到腳底，心火下潛，而熱不至於薰上面的病，以後注意力集中到腳，腳部一點針刺疼痛很快好了，病理體驗也就消失了。這種方法今天臨床上還行之有效。

19.2.3 經穴控制治療

中醫有獨特的經絡穴位系統，有十二正經、奇經八脈、三百六十五穴。自我按壓某些穴位，針對一些心理障礙，確實有一定的效果。儘管經絡穴位現代科學還不能實質性的揭示它，但臨床效果未可厚非，比如失眠：隱白，公孫、三陰交等；煩心：合谷、陽溪、少澤等；嬉笑：魚際、列缺、勞宮等；健忘：列缺、百會、神道等；驚風：巨骨、曲池、合谷等；嗜臥：湧泉、太溪、照海等；遺精：中極、關元、氣海等；嘆息：少府、公孫等；心神恍惚：心俞、天井等；悲恐：魚際、神門、大敦等；夢多不寧：厲兑、隱白等。

對於突出的心身病症，如幻聽幻視、強迫觀念、思維奔馳、失眠多夢、注意力分散及頭痛眩暈、胸悶心煩、腰痛困乏等，患者苦於受其折磨，無法控制(尤其是心理方面)，可教其在某些經穴(內關、神門、勞宮等)按壓，取用重按快出的手法。此行為控制為應急而作，隨發隨作，按壓得當，往往可立竿見效，轉移其心身之苦，集中於所作經穴，控制不良的心理病症和行為障礙，中斷其惡性循環。若症狀輕就採用輕壓緩揉的補法，增強功能調節。例如我校某大學生，他明知與某同學不存在戀愛關係，但無法控制，常產生錯覺，甚至幻覺，頭痛健忘，失眠多夢，時常精神恍惚，心煩多怒，看書注意力難集中，人也消瘦。遂叫他按壓內關等穴位，告之內關的意義是管理內部機關的穴位，暗示加強效果，並讓他記錄這種症狀產生的次數。其後便逐漸減少發作次數，一個星期後基本上控制上述症狀，能睡能吃，精神也好起來了。

按壓內關穴也可類似現代臨床心理學所流行的，用橡皮圈厭惡療法治療強迫症，其方法是手腕置橡皮圈，位置恰好是內關穴位處(腕橫紋上二指處，兩筋之間，即戴手錶位置)用橡皮圈拉彈恰好是穴位，故兩者可結合，即可用橡皮圈厭惡法治療強迫症，又可以按壓內關穴以加強效應。

19.2.4 兩極情緒治療

兩極情緒的心理治療是運用中醫的陰陽學說，因為人的情緒總是兩兩相對，矛盾統一的，如愉快的和不愉快，肯定與否定、激動與平靜、緊張與鬆弛等。具體說喜與怒、思與恐、躁與靜、悲與樂等都為兩性，從治療來說，陰必治陽，陽必治陰，調節陰陽適度為和。一種情緒過激最好用與之相反的情緒去抑制。

有一名由於高考考中，收到大學通知的學生，欣喜若狂，喜笑不休，夜不能寐，面赤多動，藥物療效很差。如果造成使之悲傷的反面情緒，那效果就會十分明顯，權謀之下，請學校再發給這個學生不錄取通知書，否定之，他一下就平靜下來，重新思考，喜笑頓失，而癒此病。

相反，用肯定的情緒也可治療否定情緒之病。清代名醫徐靈胎曾遇這樣的病人，因家境清寒而衣食不周，貧窮潦倒，悲傷苦憂，不能自拔，自信不足不能改變自己的環境，這時醫生說服他作官的哥哥，出資讓他弟弟到一個衣食無憂的地方去，改變了他以往苦惱、憂愁的心境，疾病好轉，增強了自信心，重新自食其力開始嶄新的生活。

相反情緒治療，理論上是陰陽喜怒兩極之說的原理，從理論上看類似於構造主義心理學派馮特"情感三度說"，尤其是他學生鐵欽鈉集中於愉快與不愉快的兩種情形、性質，"雖然我們發現有 50,000 種左右不同的感覺，但我們發現卻僅有兩種不同的情感"。鐵欽鈉認為馮特所謂的"激動和消沉，緊張和鬆弛，絕不是簡單的、元素性的過程：它們乃是相當複雜的經驗，它們都確定不移地包含着機體感覺，在感覺方面，它們表示——粗略地說——各種不同的肌肉態度：在情感方面，它們既可能是愉快的，也可能是不愉快的"。這種見解升華了"三度說"，集中為愉快與不愉快一個度，是有見地的。中醫的"陰陽喜怒"(《素問．調經論》)將情緒歸納為兩種性質，即陰與陽兩種屬性，概括為肯定與否定兩極評價，表現氣機鬆弛與緊張的不同，行為有趨近與遠避等兩極方面的表現。質言之，以二歧對立的方法認識情緒，即現在所謂"情二端論"、"情緒極性"、"情緒兩極性"等。陰陽情緒與馮特情緒三度說有相近的思維方法，陰陽外延大，可以包括馮特愉快與不愉快、平靜與激動、緊張與鬆弛三度。"陰陽喜怒"論，尤其是與鐵欽鈉愉快與不愉快的一對，有相當一致的看法，並有相似的語言。雖然中醫用"陰陽學說"，鐵欽鈉用"元素分析"，在理論上有很大差異，但在愉快與否(喜怒)一對情緒作為典型概括上是相當一致的，這也是東西方心理思想認識的一個重合點，證實了中醫用於醫療實踐取得的療效。

19.2.5 患恨導引治療

心理障礙，從中醫病機來看，首先是氣的紊亂使氣化升降上下失宜，須通過調順氣機而治療心理障礙。常見的靜坐、氣功是可借用調氣的方法之一，在中醫心理學中有專門調怒氣的導引氣功。患恨導引功針對有心理障礙的情志疾病而設，專治喜、怒、憂、思、悲、恐、驚七情過激，氣機紊亂之極。簡單做法是作吐納，將積壓在心中的怒氣吐出，人體上下氣機暢通，而起到治療疾病的作用。《素問．舉痛論》說"百病始於氣"就是這個意思。

患恨導引功出自國寶長沙馬王堆工筆彩繪的導引圖，用篆字寫成

"患恨"二字，意思是說對憂患勃怒、憤恨氣鬱等引起的諸種不適症狀和疼痛，採用一種吐納姿勢。其圖可見口唇前引，身體前屈，兩手平舉，收腹向外吐氣，吐得越乾淨越好。此法簡單易行，甚有效驗。筆者在成都中醫學院附屬醫院門診時曾治一人，未進診室便聽見他呃逆不止、不斷嘆氣，是因怒氣而病。因鄰居仗勢欺人，有理難伸，倍感委屈，對方霸佔房子反趾高氣揚，他憤恨已極，又不敢罵出；見其嘔逆不止，面色潮紅，舌苔白膩，知其胸肋閉滿，數日不思飲食，腹脹、便少、打屁不爽，切脈弦硬無情。顯然怒則氣上，肝木搏擊造成，遂指導其練習患恨導引功，僅數次氣外吐以後，立即見呃逆減少，痛快地放了幾個屁，肋滿明顯好轉，腹脹也隨之緩解，我當時雖然也開了中藥處方，但他並未服中藥，堅持作患恨導引功而癒。

患恨導引功在臨床上也作了一些觀察，在成都市第二精神衛生中心，對治療鬱症癲狂病(住院治療的重症精神病)作患恨導引功和上肢體操對照組，對話少、妄行、易怒、心煩、神倦、悲憂、咽喉不爽、啼哭喜笑、肋脹、幻覺、強迫動作等16個心理方面的症狀治療都有一定效果。尤其是肋脹、咽喉不爽、啼哭喜笑等屬中醫鬱症的症狀減少特別明顯。

總而言之，東方心理衛生、中醫心理治療發生發展的背景是中華本土文化。在這塊豐潤的土壤中產生了多種多樣的方法，具有濃郁的漢族文化氣息，今天應在此基礎上進一步拓展和運用，同時也應深入現代科學實驗的研究，使之能廣泛地為人們的健康保健服務。

20

中國書法心理學研究

高尚仁 • 香港大學心理系講座教授、前系主任

“書爲心畫，故書也者，心學也。心不苦人而欲之過人。其勤而無所也宜矣。”

—— 劉熙載《藝概》

“蓋必點畫寓使轉之中，即性情發形質之內……。”

—— 包世臣《藝舟雙楫》

“往時張旭善草書，不治他伎，喜怒窘窮，憂悲愉佚，怨恨思慕，酣醉無聊不平，有動於心，必於草書焉發之。”

—— 韓愈《送高閑上人序》

20
中國書法心理學研究

20.1 中國書畫

書法是一種被宣稱和中國文化一樣古老的藝術形式。幾百年來，主要手稿、產生方式和藝術秀異的標準仍然被維持着，而且至今基本上仍然相同。由於所謂書畫同源，書法的美感成分乃是基於視覺圖相的筆畫抽象成分。

在中國人的生活中，書法被廣泛應用，如墓誌銘的臨摹，古石碑、紀念碑的銘刻，歡樂聚會時的紀念詩稿，節日慶祝的書法書寫以至於現代的商業性招牌等。即使在機械和硬筆器具的書寫時代，中國書法仍然被視為一種藝術追求和健康的娛樂活動。

就書法的種類而言，篆書在西元 1 世紀時為政府全面使用，當時書寫器具承受了戲劇性的改變，包括彈性刷子的出現、直線條的發展以及在寫字時對筆的較大控制。隸書則包含了原始符號尺寸、結構、線條組成和形式構成上的不規則，以及形式及動作的多變化。它們大部分在古銅器內部的銘刻被發現，這種形式的筆畫顯示出同一厚度的線條、圓滑的彎度和一致的字母尺寸，某些字母的筆畫是延長而對稱的。這種書寫形式容許筆畫與墨水創造性的使用和字體個體化的表現。草書則是一種自由流暢的手寫體，以相當的速度和易度(ease)來執行。字體的筆畫不遵從固定的模式而根據書寫者創造性的想象力來發揮，筆畫的簡約與扭曲是慣有現象，容許自我情緒的表白和文字個體的最大自由度。楷書的特徵是筆畫形式的平均和制約下的筆畫執行，字體組合的角度較大，在開頭、結束和轉彎時呈現方正的形態。最後談到行書，它類似草書，但在線條表現上沒有草書那樣自由，它的特點是筆刷運作的易度高，字體結構簡單以及較短的筆畫長度和較少的筆畫連線（Cheng, 1984）。

書法，作為中國語文的書體，一直都包含了藝術和實用兩個方面，而且經常被認為有功於字體的建構：一個人的書法以一種特殊形式反映他的人格。此外，書法書寫因為強化精神集中力，被認為可以增進注意力，而歷代書法家的經驗也證明了此點。

上述五種主要的中國書法形式中，楷書、草書和行書是今日最常被使用的：篆書和隸書則較少為一般人練習應用，但仍常見於裝飾和印章的雕刻。當今中國書法藝術的潮流是中國書法的發揮不僅僅在於其傳統的筆刷筆畫，而且也在於使用如原子筆或自來水筆等硬體工具來執行的書寫。不管這是一種甚麼書法，它的使用很廣泛，為數億中國人所遵循和應用，也同樣被視為一種藝術形式。不管使用哪一種工具，在每天應用的基礎上，書法被整個書法人口視為一種溝通形式。

20.2 身體、保健和書法

傳統的中國觀念強調，心靈與身體兩者的統合可使健康和個人發展得以改善，中國的書法行為被認為有助於一個人達到心靈與身體的和諧和安寧。

在書法練習中，一個被強調的基本原則，是將環境與個人的干擾減到最低。在某些方面，這樣一個注意力高度集中的練習，可能導致或者反映出個體某些生理系統的活動。因為一般相信個體的生理情況和複雜的動作移動有兩條交互作用的路線，也許在書法書寫過程中，強烈的注意力集中和生理活動的自我監視導致一種與超覺靜坐（TM）相若的鬆弛狀態。

近來許多人致力於研究有關書法效果對生理狀態的影響，並研究書寫行為中所包含的生心理成分，特別是任何和中國書法之書寫有關連的變化。

一系列的研究已經提供了這種關連狀態的科學性證據，如心跳（HR）、呼吸率、血壓（BP）等指標。心跳和書法書寫之研究結果可簡化如下：

1. 在書法書寫開始後有立刻而逐步的心跳下降現象。

2. 在休息情境開始後，心跳頻率浮動並逐漸下降；在書法書寫過程中有規律的心跳。

3. 書法書寫年齡（書齡）的長短，對於心跳降低現象並沒有特殊效果（高尚仁等，1988）。

同樣的，在呼吸率方面的研究顯示書法書寫開始後的呼吸形態不同於正常休息時的呼吸率。研究發現在書法書寫開始後，每一呼吸時間和呼氣及吸氣的間隔的循環都有降低，此外，當和正常呼吸率比較時，吸氣和呼氣的比率增加（高尚仁等，1985）。這顯示為了在書法書寫時肌肉協調，執行順利，運用了一個自主式的呼吸率形式。

至於血壓，證據說明當書寫中國書法時，趨向較低血壓，但仍需要進一步的證實。證據已顯示，在書法書寫過程時的血壓顯著低於書寫行為的間隔階段，反映出注意力對血壓有直接的影響（高尚仁）。

三個最新的實驗，研究書寫者在進行書寫時生理活動和下列三方面的關係：（1）不同種類的筆（如刷子和軟毛筆）及不同的情境（如不同形式刺激的休息和書寫情境）；（2）兒童或成人在先前的實驗情境；（3）精神病人和先前正常受試者的研究結果作比較（高尚仁等，1989）。

這些研究測驗以心跳（HR）、指尖脈衝量（DPA）和脈搏移運時間（PTT, pulse transit time）作為依變項。這些實驗的全部結果已經驗證了下述假設：在中國書法的書寫開始後，受試者的生心理活動降低，顯示出寧靜而鬆弛的生理狀態。下述一些顯著的發現：

1. 在書寫開始時發現心跳降低；隨着書寫的進行，用筆刷書寫的心理下降率較軟毛筆書寫為大。無論如何，DPA 在書寫開始時減低，因此有較大的激發（arousal），雖然它隨書寫的進行而逐漸有些微（marginally）的增加。

2. 書寫開始後心跳的降低在中國人和非中國人的受試者中都有發現，而且也發現書寫使心跳降低的效果超越了種族與語言的界限。

3. 自中文書法書寫的開始進行，在成人和兒童中都發現有心跳降低和指尖脈衝量增加的現象。

4. 在精神分裂病人和正常受試者中，從開始書寫和休息時期，都得到心跳降低和指尖脈衝量輕微激發的結果，顯示中文書法的書寫可能導致類似的鬆弛現象。

5. 精神病人在書寫後的休息狀態較書寫前休息狀態的心跳為低，並有指尖脈衝量較高的趨勢，暗示中文書寫對生理活動的影響可能延伸至書寫後的休息狀態。此外，精神病人有較正常人心跳低和血壓顯著降低的趨勢，顯示中文書寫可以作為精神分裂病人鬆弛治療的治療技術。

20.3 書法書寫的認知與神經心理方面之研究

神經心理學在中文書法的研究是新的，而且充滿了研究潛力。筆者（高氏，1986）最近所作的研究發現，在中文書法書寫過程中，複雜的知覺、認知和動作歷程中有一獨特的右半腦參與現象。

1986 年研究的主要發現是書法書寫後，右半腦 EEG（腦電波）活化的比率比左半腦大，而且達到 0.05 的顯著水平。無論如何，EEG 在右手書寫時的變異量較左手書寫時為大。這些結果與一般認為右手動作作業時左半腦在 EEG 活動的優勢期望正相反，事實上，右半腦在右手和左手的筆刷式書寫時更加活化。

三個實驗被設計來測試 1986 年研究的假設，書法書寫與右半腦優勢之關係及其結果：

實驗一假設受試者在 30 分鐘書法書寫的認知負荷後，要求受試者對呈現 30 微秒（ms）的字母命名作業作反應，受試者的右半腦可由較短的反應時間（RT）推論得知受到較多的喚起／激發。研究結果顯示左視野一右半腦之反應時間在認知負荷作業前（也即書寫前）和負荷後（也即書寫後）有顯著不同，誤差率小於 0.05；而右視野一左半腦的反應時間並未達顯著差異，這表示右半腦在書法書寫過程中所扮演的角色較左半腦為大，也顯示右半腦在中文書寫此一複雜作業的過程中有右半腦優勢，這和 1986 年右半腦 EEG 活動被提高之發現結果相一致。

實驗二的研究方法和實驗一的研究方法類似，顯影時間改為 100 微秒，用來進一步驗證在實驗一觀察到的右半腦優勢現象。實驗結果和實驗一的結果相同，只不過在書法書寫此一認知動作負荷作業 30 分鐘後的反應時間差異達到 0.001 顯著水平，使得右半腦優勢現象更加顯著。

這兩個實驗結果進一步證實了原先的假設，即右半腦優勢與中文書法書寫有某種連結關係存在。實驗三被設計為一附加測驗來證實已得之發現，但使用不同的依變項即命名作業中的反應正確率，而非原先之反應時間。

在實驗三中，刺激變項字母按照筆畫數目之多寡分為高筆畫複雜度和低筆畫複雜度兩類，平均分配到作業前及作業後命名表內。當筆畫複雜度為低時，書寫前和書寫後之命名正確率在左視野一右半腦或右視野一左半腦情境均無不同。然而在高筆畫複雜度的情境下，在 30 分鐘的認知一動作負荷階段後，左視野一右半腦的反應正確率顯著增加，達到 0.05 顯著水平，但是此現象在右視野一左半腦之情境下並未發生。因此，在高複雜度情境下，中文書法書寫在右半腦的效果較在左半腦的效果更加顯著，此發現與上述實驗一、二之發現一致。

上述三個實驗的主要發現如下：實驗證據證實了在中文書法書寫此一複雜活動中的右半腦優勢現象。此外，實驗證據證實在書法書寫的視覺一空間元素過程中，左半腦的參與遠較右半腦之參與程度為低。因此，我們可以看到，包含了三度空間的動作控制活動——書法書寫行為，由於密集的筆刷書寫工作的結果，對於受試者的認知能力有增強的效果。

藉着右半腦在這些書寫作業的支配現象，上述結果可以被解釋為是由於視覺空間圖形如幾何圖形、方向改變的感覺和形狀的認知操作等都必須經過右半腦。這是中文字知覺一認知一動作過程的右半腦特徵，這方面的研究具有重要的理論、教育以及發展意義。

除了大腦側化(laterality)和書法書寫練習的關連之外，另一個共通的發現是認知反應在此作業結束後的整體增強。為了進一步來驗證這一增強效果，兩個實驗被用來檢驗是否用毛筆書寫英文也有用毛筆書寫中文一樣的效果。

使用和上述各實驗相同的實驗設計及程序，實驗四和實驗五包含受試者用毛筆依序書寫中文字和英文字母 30 分鐘的認知負荷過程。反應時間和反應正確率在作業開始前和作業結束後進行測量，但本實驗並沒有測量左右兩半腦的區別。結果發現：不管是書寫中文或是書寫英文，反應時間和反應正確率在毛筆書寫作業完成後都有顯著增加。這些結果再度證實了書法書寫對中文和英文兩種不同語文的認知增強作用，也似乎證實了書法書寫行為對一般認知過程的全面增強現象，如實驗五觀察而得的報告。

在上述知覺認證作業的認知基礎上，我們似乎可以合理的預測在正常問題解決作業中，書法書寫練習和被增加的認知能力有一個正向的相關存在。因此，實驗者對受試者在 30 分鐘的中文書法作業前後實施心理測驗，以一問題解決的練習，來看是否測驗表現會受到書寫作業的影響。使用同一格式不同內容的文書測驗、抽象推理和空間測驗測量測驗表現，在密集的書法作業後，書寫後的測驗分數顯著改善。作為控制組，其他組受試者分別是從事算術計算、看中國書法帖子、靜坐、和實驗者聊天，各為 30 分鐘。四組中沒有任何一組測驗反應時如書法書寫組般有所改善。

將這些發現放在一起，證實書法書寫的增強作用不僅僅在於簡單的知覺區別工作和認知神經心理作業，而且也作用於較高等的心理過程，例如抽象推理和空間關係。這些實驗和測驗的研究結果已足以令人相信中文和英文書法書寫對知覺和認知的加強作用，而中文書法書寫在這方面的效果顯著較英文書法書寫為高。此向度的研究具有理論上的顯著意義，而且在增加我們有關書法行為對神經心理學具有貢獻的知識外，也使我們了解到書法行為對認知方面的功能。

20.4 書法的藝術欣賞

中文書法書寫的第三個功能應用於藝術欣賞，以及產生欣賞過程中愉悅的心理狀況。

書法和書寫行為在西方文明的歷史中並未被分開對待，除了中古時期有過一段黃金時期，被抄寫者視為一種藝術形式外，英文書法僅被書法家以較優良的形式書寫，對書法既沒有甚麼改良，成員人數也不多。西方書法並未如中國書法般受到一般人的歡迎和同等的對待，如果我們忽視了中國書法的美學貢獻和顯著意義，那麼中國書法的功能性分析將不夠完整。由於從美學觀點來回顧西方書法研究的歷史，我們所能得到的知識有限，我們有需要藉助中國書法的藝術傳統來開始我們的分析工作，並且在稍後的階段檢驗它相關的實質意義。

即使在目前打字機、原子筆風行的時代，在台灣、韓國、日本及其他中國人社區，書法仍被視為一種嚴肅的藝術追求和社交的媒介工具。甚至某些西方藝術形式，例如抽象派藝術家，他們對線條和形狀的即興式表達，也和中國書法有極深的姻親關係，因為線條和形式是中國書法美的基礎。書法書寫有四種工具：筆、墨、紙及硯。毛筆的種類及硬度的適當選擇、墨汁的濃度、紙的質料及吸水性、執行不同筆畫的技巧是書法的重要因素，因為每一筆書寫後是不能重來的，直覺和技巧的組合是基本要件。

書法被視為一種藝術而幾乎和古典音樂同時並進。兩者在高等知識分子的教育中都扮演了重要角色，兩者都需要學習過去所使用的形式，而且對藝術都有嚴肅的承諾。具有天賦的優秀書法家，在他們創造性的作品裏經常顯示出個人的獨特性，而此種藝術的書法家亦和樂痴一樣，從不厭倦欣賞同一件書法作品在幾代前或現代的不同表現方式。

中國書法的基礎，總而言之，是線條以一種無止境的節奏變化和動態組合的被執行，一般來說，字的結構是由一系列的相對動作和毛筆移動作指引，例如折衝法、輕重法、強弱法、乾濕法、快慢法、疏密法以及濃淡法等等。他們同樣能被解釋為平衡、對稱、對照、和諧、比率、折衝（confrontation）以及變形（yielding）（Chang, 1974）。

雖然書法與中國語文的認知成分相連接，但它的美感並不限於作品的品質或者是寓於其內的感情成分。一個筆跡學家的眼光追尋筆刷的一筆一劃，甚至於逐字的移動，觀察其細節，在筆跡被執行的程序中，可以發現前述研究中不同的變化的心理顯示(manifestation)。書法的美感成分可以以心理學的角度來測量，而且好比對於音樂的親切反應一般，經常發現情緒被召喚。每一件書法樣本就好像一件時光賦予榮耀的表現形式，而一整集的樣本就好像一冊由可回憶的過去表現的紀錄。這形成了對書法藝術的欣賞基礎(Chang, 1974)。

書法作為一種藝術，其欣賞角度可從下列幾方面來看：第一，書法有許多不同的區分形式，例如刻在骨頭上、龜背上，或者是古銅器上、石面上、竹簡上、磚或懸岩上等等。用來陳列書法藝術的豐富媒介使得人們在畫廊、博物館、廟宇、山頂或家中都能有直接的視覺享受。第二，書法藝術發生於它的創造過程中，而此是筆跡行為學(graphonomic)視覺—認知系統的一部分。這是書跡被執行過程中的動態視覺與認知投入，並不必然局限於有經驗的書法家，而是任何一個喜歡用毛筆刷、墨水和紙來塗抹中文字的人。由Kao(1991)最近所作的研究顯示，當進行中文書法行為時，受試者會表現出平靜形態的心靈鬆弛狀態(Kao等人，1992)。

書法作為藝術欣賞的第三種形態是在於社會交往的向度。書法藝術家經常在羣眾的場合陳列他們的作品，例如團體聚會或晚餐時，他們的作品被公開的討論，因而技術和經驗得到交流，藝術的品質得到互補。這是書法除了在生日或其他慶祝等節日場合作為禮物外的社交功用之一。事實上，這種形式的社會交換在創造書法作品的動機上經常較美學價值更為重要(Kao等人，1993)。書法相較於其他種類的藝術形式，是最被中國人欣賞的，這是因為它和語文有姻親關係、它是手稿書寫，以及它是一種受歡迎的視覺藝術。

通過真正的中國書法美學鑑賞，真正的行家們收集、分析和確證過去偉大書法家的作品或是當代他們所喜愛的書法家的作品。在週期性的拍賣行內進行交換，商業交易及美學價值等並存，這是在西方從未見聞過的社會現象。有價值的書法作品的收集是受讚賞的財產，其價值超越了物質價值而產生一種擁有的喜悅與美感的享受。

20.5 書法與人格

人格與書寫行為的關係的研究已經有很久的歷史。筆跡學的研究曾經領導並促進了這方面的研究，並且也導致混合的、科學的結果(Neud, 1987)。心理學家對此方面的研究興趣在近年來有所增加(Wing et al, 1991)，包括英文書寫行為及中文書寫行為(Goan, 1993)。無論不同的語言其發現如何，人格特質和筆跡書寫樣本的關係一直是簽名的分析與辯證、人格剖面圖的分析及其他廣泛不同用途等的密集研究目標。

和書寫行為與人格特質相關研究取向相反的，是另一個受歡迎的中國取向，此取向分析長期書寫練習對人格發展的影響及結果，特別是書法書寫練習這種書寫形式。幾世紀以來，書法家和學者們一直在討論持續的中國書法練習發展與改變性向、氣質與人格特質的功用，並且已有豐富的理論與經驗證據。這個確切陳述的基礎是工具使用行為在創造、培養及保持活動、環境及工作方式超過一段時間之後，對一個人人格的塑造會有所影響。這足以說明書法家們傾向於在相當簡單、一致及不受打擾的情境中進行非常具有特性的書法工具使用行為，此活動並經過數年或數十年的每天練習。這中國傳統對人格的看法也同時為心理學家所讚同分享(Smith, 1965)。但是，這層關係以往並沒有進行直接的實證研究，最近完成了兩個特別的研究，旨在處理這個問題。第一個研究(高氏，1993)在北京及廣東展開，研究中國書法的書寫與人格特質異化的關係。受試者有1,500人，分別具有不同程度的書法書寫經驗，分別形成0、5、15、30，甚至45年的書法書寫經驗組。每一組受試者的生理年齡及職業都經過適當的控制。實驗者使用中國修訂版的16人格因素問卷(16PF)作為人格剖面圖的測量工具，所有受試者均於1992年的夏、冬季進行測驗，共有總數24個因素被拿來作比較，它們是由16個人格因素加次因素以及四個應用因素所組成。

研究結果令人鼓舞，書法書寫經驗被發現和內向性、保守性、人際適應及警覺性等因素有顯著正相關。這顯示一個人練習中國書法越久，他們變得越保守、內向、警覺及穩定，並且比較能夠適應環境。統計結果證實了經由書法練習經驗所產生的這些人格因素的分化：長期暴露於書法練習情境具有和人格特質產生因果關係的功能。

除了上述四個因素，和書法練習產生交互作用的人格因素尚包括下述因素：這些結果指出當一個人繼續他們的書法練習時，他們可能變得較不容易激動。當無書法書寫經驗的受試者與最具經驗的受試者(職業書法家)作比較時，在上述人格因素發現有顯著不同，雖然在書寫年齡及人格特質兩者間的發展趨向並未呈現線性關係。

此次大規模研究的整體結論，已在中國書法書寫和人格剖面圖之間的高度功能性連結建立了效度，而且為人格發展沿着工具使用行為的理論化研究開闢了一條新的道路。

第二個研究之實施乃基於上述研究發現所得，比較書法家和受西方藝術訓練的畫家，作為測試兩組不同藝術組羣之間任何人格剖面圖塑型差異的比較方式。受試者為中國藝術學院的高年級學生，兩組受不同藝術教育的學生各 50 名。16PF 再度用來驗證在書法受訓者及油畫受訓者兩者間人格特質的可能差異。

上述兩個研究的結果證實了書法練習和職業性人格發展的正向關係，因而支持了工具使用行為和人類人格特質向度之間形成的正向關係的假設，藉着發現兩種本質相同但使用工具、行語常規、方法、心理表達及藝術教育的藝術行業之間人格特質的清楚劃分，這種關係的進一步證據得到支持。就筆刷書寫此動作而言，書法練習在相關人格特質發展的顯著功能性角色已從上述討論的兩個特殊研究得到高度的實證研究證據。因此，我們可以得到一個令人信服的論點，那就是如果書法練習行之以常，持之以恒，對於人格特質的發展、修正、鑄造會產生正面影響，這形成中國書法在個人行為發展上第四個功能性的貢獻，對一個人的氣質、性向的陶鑄有所啟發。

心理激發曾經實驗性的用來分析書法藝術的欣賞(Berlyne, 1969、1971)，經常被報告的這類激發指標有如下幾個：EEG的持續度不同速進行(dessynchronization)；X波的豐富度；心跳及膚電反應(galvamic skin response)。Berlyne 主張適度的激發以及任何激發的降低都是令人愉快的。激發被認為是藝術欣賞中主觀愉悦反應的指標。暗示了喜好

（perference）與激發近乎對等的關係。

有關書法作品欣賞和觀賞者之激發及其心理變化指標的測量並沒有直接的研究，但是近來書法書寫者的相關研究則有不少。在書法書寫期間，研究者經常發現受試者（即書法書寫者）產生豐富的X波，心跳降低，由指尖脈衝量測得的激發度漸減（Kao, Shek, Chai & Lam, 1986; Kao, Lam, Robinson & Yen, 1989; Kao, Lam, Guo & Shek, 1984）。這暗示主觀性愉悅的藝術成分在書法書寫期間可能對身體的放鬆、激發度的降低有所影響。被檢查的生理指標間接的支持及證實書法的藝術本質，而此本質書法家已體驗了數個世紀。這些實證發現也支持了Berlyne的理論（1971），但進一步分析觀賞書法作品者的生理變化仍是必要的。

20.6 結論與摘要

本章討論一個中國傳統文化向度的科學性研究——從數個心理角度研究中國書法。

從書法和人的古老觀念，以及他們之間的關係，甚至過去書法家豐富的行為經驗，此項研究採取一個全盤性的觀點來研究書法影響練習者心理發展的功能性角色。除了某些由於書法行為所產生的令人驚喜的研究發現之外，本研究是探討動作控制模式、動作有效性的知覺區辨角色、認知過程階段和書寫作業有效性等基礎的書寫活動面。本研究從書寫活動的生理與健康的相關、書法被視為一種藝術欣賞、認知及神經語文的關係、書寫者的人格剖面與性格發展等向度着手。

中國書法練習的四個功能性角色，都在本章上述章節進行了簡短討論，而每一個都報告了實證性研究的主要發現。所採取的向度有如下幾個特徵：

第一，中國式的整體觀照法幫助界定和鳥瞰將書法行為視為有潛能影響一個人心理塑造的所有向度（目前被研究的只有四個），而這正與目前西方書寫行為研究注意枝節的形式形成強烈對比。

第二，本向度從下述兩項堅持中得到很大的益處，即堅持從過往數世紀的中國書法家的文化承傳中找尋靈感來源：堅持觀念的發展與未來努力的方向在於研究現今存在的人。努力的結果已經顯示目前的研究結果可在書法史上佔有一席之地。

第三，對於中國書法的科學性研究，其根源是傳統中國所謂的藝術，也即繪畫及書法。在將書法問題作為科學心理學新門派的努力中，我們首先必須深入文獻，將書法視為純粹的藝術形式去體驗和觀察，只有在接近主觀物體，研究和發現具有重要意義的新東西時，中國書法的科學本質始能明確。這個向度，換句話說，說明了研究的態度和整體觀，試圖結合科學與藝術的努力，來作系統性的心理探索。

第四，本研究說明了探索一個中國本土性行為並以不同的行為向度探測它、實驗它的優點和成績。就如同印度的超覺靜坐，顯示了基於社會或區域的範圍基礎，心理學家對本土性行為的有效反映以及本土心理學發展的可能性，甚至有可能對心理學的一般以及宇宙性規律有潛在的貢獻。

最後，本系列的書法研究從多向度的研究取向得到很多益處。包括人格、認知、神經語文、生理心理學和情感覺察，甚至書法行為的角色以及其在健康、認知增強、藝術欣賞、性格陶冶、機能和人格發展等各方面的啟示。

本次經驗指出，我們需要在對人類行為的分析上採取更大角度及多重因素分析的視野，以便取得人類行為更顯著以及實證性的反映與透露。本章所報告的有關中國書法的研究是上述本土性心理學研究的一個良好典型。

參考資料

高尚仁(1986)，《書法心理學》。東大圖書公司，頁131-246。

高尚仁(1991)，“書法的心理學研究”，見高尚仁、楊中芳合編，《中國人、中國心——傳統篇》。台北：遠流，頁 405－457。

管慶慧、高尚仁（1992），"書寫行為與人格特質研究"，見匡培梓、張嘉棠主編《中國語文——認知科學第五屆國際研討會論文選編》。北京：科學出版社，頁 183－198。

Berlyne, D. E.（1971）*Aesthetics and Psychobiology*, New York: Appleton Century-Crofts.

Gou kejiao, Henry S. R. Kao. "Effect of calligraphy writing on cognitive processing in the two hemispheres", *Motor Control of Handwriting*. Edited by G. E. Stelmach, 1991.

J. F. L Chang,（1974）"Introduction", *Chinese Calligraphy*, T. C. Lai, Editor. Hong Kong: Swindon Book Company.

Kao, H. S. R.（1982）. "Psychophysiological responses in Chinese calligraphy", Kao, H. S. R. and Cheng, C. M.（Eds）. *Psychological Aspects of the Chinese Language*, 257－294. Taipei: Wenhe Publishing Company.

Kao, H. S. R.（1986）. *Psychology of Chinese Calligraphy*. Taipei: Great Eastern, 310.

Kao, H. S. R. Lam, P. W., & Robinson, L.（1988）. "Psychophysiological correlates of perceptual-motor variations in Chinese writing and drawing tasks", *XXIV International Congress of Psychology*, August 1988, Sydney, Australia.

Kao, H. S. R. Lam, P. W., Guo, N. F., & Shek, D. T. L.（1984）. "Chinese calligraphy and heartrate reduction: An exploratory study", H. S. R. Kao, & R. Hoosain（Eds.）, *Psychological Studies of the Chinese Language*. Hong Kong: The Chinese Language Society of Hong Kong, 137－150.

Kao, H. S. R., Shek, D. T. L., Chau, A. W. L., & Lam, P. W.（1986）. "An exploratory study of the EEG activities accompanying Chinese calligraphy writing", H. S. R. Kao & R. Hoosain（Eds.）, *Linguistics, psychology and the Chinese Language*. Hong Kong: University of Hong Kong.

Wing, A. M., F. Wets & V. Sharma（1991）: "Developmental dynamics of handwriting: appraising the relation between handwriting and personality", J. Wann, A. M. Wing & N. Sovik,（Eds）, *Development of Graphic Skills*, London: Academic PRess. 163－178.

Smith, K. U.（1962）*Behaviour Organization and Work*. Madison: College Printing.

本書由香港商務印書館有限公司授權在台灣地區出版發行

心理學新論　　心理學叢書 20.

編　　著／高尚仁
出 版 者／揚智文化事業股份有限公司
發 行 人／林智堅
副總編輯／葉忠賢
地　　址／台北市新生南路三段88號5樓之6
電　　話／(02)3660909 3660313
傳　　眞／886-2-3660310
登 記 證／局版臺業字第4799號
印　　刷／偉勵彩色印刷股份有限公司
初版一刷／1996年9月
ＩＳＢＮ／957-9272-71-9
定　　價／新台幣500元

國家圖書館出版品預行編目資料

心理學新論 / 高尙仁主編. -- 初版. --台北市
: 揚智文化, 1996[民85]
面； 公分. -- (心理學叢書 ; 20)
ISBN 957-9272-71-9(平裝)

1. 心理學 - 論文,講詞等

170.7　　　　85007575